Kohlhammer

Kompendium Behindertenpädagogik

Hrsg. von Heinrich Greving

Christian Wevelsiep

Pädagogik bei emotionalen und sozialen Entwicklungsstörungen

Verlag W. Kohlhammer

1. Auflage 2015

Gesamtherstellung: W. Kohlhammer GmbH, Stuttgart

Print:
ISBN 978-3-17-023435-2

E-Book-Formate:
pdf: ISBN 978-3-17-026803-6
epub: ISBN 978-3-17-026804-3
mobi: ISBN 978-3-17-026805-0

Vorwort des Herausgebers

Es existieren zurzeit relativ unterschiedlich strukturierte und gestaltete Lehrwerke zu den verschiedenen Ausprägungen der sog. Behindertenpädagogik, diese sind jedoch häufig recht kategorial orientiert und nehmen aktuelle disziplin- und professionsbezogene Diskurse auf den Feldern der Behindertenhilfe kaum einmal auf. Zudem konzentrieren sich viele dieser Lehrwerke auf das Handlungsfeld der Schule: in diesem und von diesem ausgehend scheint somit ein Großteil der Behindertenpädagogiken stattzufinden.

Die Bände mit dem Reihentitel „Kompendium Behindertenpädagogik" versuchen dieser Situation Abhilfe zu schaffen, da in jeder der geplanten Publikationen alle Ausprägungen einer je spezifischen behindertenpädagogischen Grundlegung sowohl durch die Perspektiven der Disziplin und Profession als auch durch eine organisations- und handlungsfeldbezogene Lebenslauforientierung beschrieben, analysiert und konzeptuell verortet werden. Auf diesem Hintergrund ist auch die Gliederungslogik aller Bände zu verstehen, in welcher die Autorinnen und Autoren ihre Inhalte durch die Perspektiven dieser drei größeren Kapitel (Disziplin – Profession – Organisationen/Handlungsfelder) fokussieren und darstellen.

Im Hinblick auf die Beschreibung der Disziplin wird es jeweils darum gehen, die theoretischen Begründungsmuster einer je spezifischen Behindertenpädagogik darzulegen, diese historisch zu verorten, die begründenden Leitideen und Modelle vorzustellen sowie Aussagen zu jeweiligen ethischen Positionierungen im Kontext dieser Pädagogik einzunehmen bzw. zu formulieren. Auch wenn der Begriff der „Behinderung" zurzeit intensiv diskutiert wird, er zudem nicht in allen Punkten kohärent ist, erscheint er im Rahmen der Gesamtdarstellung der hier zu bearbeiteten Themen als Brücke zwischen den einzelnen Teilbereichen und Problemen nutzbar zu sein. Dennoch wird er in den unterschiedlichen Bänden dieser Reihe, im Hinblick auf die jeweilige Thematik, konkret beschrieben, analysiert und gegebenenfalls kritisiert und modifiziert werden. Die Aussagen der einzelnen Bände stellen folglich auch eine kritische Differenzierung und Weiterentwicklung des Begriffes der „Behinderung" dar. Im Rahmen der Professionsorientierung, also dem zweiten größeren Kapitel des jeweiligen Bandes, werden dann Konzepte, Methoden und Handlungsansätze dargelegt, so wie sie sich im Rahmen dieser Pädagogik, für die jeweils entsprechende Organisation als zielführend erwiesen haben bzw. als relevant erweisen können. In einem letzten größeren Kapitel wird dann die institutionelle Begründung und organisatorische Differenzierung einer je spezifischen Pädagogik erläutert. Hierbei wird auf die lebenslauforientierte Darstellung des pädagogischen Ansatz eingegangen, so dass dieser nicht nur für den Bildungsbereich, sondern auch für weitere behindertenpädagogische Handlungsfelder beschrieben wird. Hierbei unterscheidet die Differenziertheit der Lebenslaufperspektive die verschiedenen pädagogischen Disziplinen, d. h. dass diese in jenen höchst unterschiedlich ausgeprägt ist, wahrgenommen wird und (strukturelle wie inhaltliche) Konsequenzen erforderlich macht.

Einen zentralen weiteren Inhalt bildet der, auch kritisch zu führende, Inklusionsdiskurs: dieser stellt das Querschnittsthema dar, welches in allen drei Unterkapiteln bearbeitet wird – eine innovativ, diffizil und kritisch differenziert dargelegte Positionierung der Inklusion ist folglich das Netz bzw. das Referenzsystem aller Kapitel und Aussagenkomplexe der jeweiligen Bände. Hierbei wird es jedoch, je nach Autorin und Autor und konkretem Thema zu unterschiedlichen Gewichtungen kommen. In der wechselseitigen Durchdringung einer inklusiven Perspektive mit den Themen der Disziplinorientierung, der Professionsbezogenheit und der hierbei relevanten Organisationen und Handlungsfelder leistet demzufolge jeder Band dieser Reihe eine in sich schlüssige und kohärente Gesamtdarstellung des jeweiligen Themenfeldes.

Heinrich Greving

Inhaltsverzeichnis

EINLEITUNG

Eine Einführung in eine wissenschaftliche Disziplin steht immer vor besonderen Schwierigkeiten. Dem Ziel, den Lesern Übersicht und Orientierung zu vermitteln, steht der Vorsatz zur Seite, die Dinge nicht allzu stark zu vereinfachen. Und auch wenn man versucht, möglichst viele wissenschaftlich relevante Aspekte eines Fachs unter einem Dach zu vereinen, ist die Ausweisung einer Position, zumindest eines Leitfadens unverzichtbar. Was könnte ein solcher Leitfaden sein, wenn es um die nicht ganz einfache Disziplin der Pädagogik bei emotionalen und sozialen Entwicklungsstörungen geht? Der Aspekt der *Störung* bzw. des störenden, des auffälligen und vielfach belasteten Kindes drängt sich auf. Aber damit erscheint schon eine erste, durchaus charakteristische Schwierigkeit der fachlichen Reflexion. Denn die Störung ist nie ganz auf das einzelne Individuum zentriert, sondern sie betrifft immer auch soziale Umstände, Kontexte, Situationen und Gruppen. Die Darstellung des Fachs zentriert sich insofern nicht um einen einzelnen „Störer", sondern um ein vielschichtiges Phänomen herum.

Die Pädagogik bei emotionaler und sozialer Entwicklung beschreibt etwas, das man ganz einfach nachvollziehen kann und das doch ein Stück weit entzogen bleibt – nämlich das Störende und Auffällige einer individuellen Entwicklung. In der Geschichte gab es eine Vielzahl von Versuchen, dem Auffälligen einen Namen zu geben und es dementsprechend einzuordnen. Wenn wir im Folgenden dieser klassischen Herangehensweise *nicht* folgen, dann bleibt zunächst die Reduktion auf das Sichtbare. Im pädagogischen und sozialen Miteinander zeigen sich Störungen des erwarteten Ablaufs. Etwas entspricht nicht den gängigen sozialen Erwartungen, etwas verweist auf eine gestörte Interaktion – aber vielleicht auch auf eine tiefgreifende gestörte Entwicklung. Wie wir – als Vertreter einer Profession – mit dieser Irritation umgehen, darum geht es bei der Pädagogik bei sozialen und emotionalen Störungen. Das Bild, das wir als Praktiker vor Augen haben, könnte eingängiger nicht sein: ein Kind schmeißt sich während des Unterrichts immer wieder auf den Boden und blockiert das Geschehen in der Klasse, es provoziert vielleicht sogar durch sexuell gefärbte Anspielungen, es unterläuft geschickt oder ungesteuert alle Anweisungen und Regeln. Das Bild des „störenden", des „auffälligen" Kindes ist eingängig und plakativ. Aber die Einordnung in eine widerspruchsfreie Pädagogik fällt trotzdem schwer: wir können es uns einfach machen und das Verhalten, das wir erkennen, als unerwünschte Störung bezeichnen und dementsprechend drastische Maßnahmen ergreifen. Wir können es uns aber auch etwas schwerer machen und nach den Hintergründen und Verflechtungen, nach den offensichtlichen und versteckten Zusammenhängen fragen. Wir können also anders formuliert versuchen, das Störende und Auffällige auch in der Tiefe zu erfassen. Wenn wir diesen Weg wählen, wird es schwierig, für die Entstehung von sozialen und emotionalen Problemen eindeutige Erklärungen zu erhalten, noch schwieriger wird es sein, die Herkunft der Disziplin, ihr professionelles Selbstverständnis, ihre institutionellen Formen zu beschreiben – schwierig, aber nicht unmöglich.

Teil A: Grundfragen der Disziplin

Die vorliegende Darstellung unterliegt einer Dreiteilung – Grundfragen der Disziplin, Grundfragen der Profession, schließlich Aspekte der Orientierung im Lebenslauf. Der erstgenannte Abschnitt folgt einer Überlegung, die man sehr vereinfachend begründen kann. Es wäre zu fragen, wie es dazu kam, dass störende oder „gestörte" Kinder in das Zentrum der pädagogischen Aufmerksamkeit gerieten und mit welchen Folgen. Die Pädagogik bei Behinderung hat einen historisch negativen Kern, der immer wieder zum Anlass von Selbstkritik der Disziplin wurde. Der Stachel des Negativen sitzt tief, insofern wir das Negative und Zerbrechliche, den „Defekt" oder die Schädigung als den Kern einer Profession verstehen. Diesen Widerspruch muss jeder praktisch Tätige für sich aushandeln, von einer nachhaltigen Lösung dieses Problems bleiben wir aber entfernt. Es macht aber durchaus Sinn, wenn wir in pädagogischen Zusammenhängen zunächst einmal von einer Grundbedingung des Menschseins ausgehen, der sogenannten „conditio humana". Diese besagt ihrer begrifflichen Tradition gemäß nichts anderes, als dass zum Menschsein eine ursprüngliche Verletzbarkeit zählt. Diese „Vulnerabilität" ist das Gemeinsame der menschlichen Situation, es kennzeichnet aber auch das, was wir mit einer konkreten Schädigung, einem Nachteil, einem „Förderbedarf" verbinden. Individuelle und soziale Verletzungen können nachhaltig sein und gravierende Folgen haben. Sie können zu Verhaltensauffälligkeiten und Desintegration, zu einer erhöhter Aufmerksamkeit des Umfelds, sprich zu einem Mehraufwand der pädagogischen, diagnostischen und therapeutischen Mittel führen. Aber die Kategorie der Vulnerabilität greift wohl dann zu kurz, wenn sie individualpsychologisch verkürzt wird, wenn die Fachdisziplin lediglich als eine *Theorie der Verhaltensgestörten* verstanden wird. Sich von dieser Selbstzuschreibung zu distanzieren, ist keineswegs selbstverständlich. Denn jahrzehntelang gab es eine Deutungshoheit der medizinischen und psychotherapeutischen Disziplinen, die von „Verhaltensgestörten" als einem objektiven Forschungsgegenstand zu berichten wussten. Die „Verhaltensgestörtenpädagogik", die hiermit eng verbunden war, folgte zwar der Begrifflichkeit des „Störers", aber dass die Gründe für die Auffälligkeit nicht allein in einer Person zu suchen sind, das war den meisten Vertretern des Fachs wohl von Anfang an bewusst.

Die Darstellung in Teil A soll daher dem Ziel dienen, die besonderen Bedingungen verständlich zu machen, die von einer Semantik der „sittlichen Verwilderung" oder des „kranken Kindes" zu einem zeitgemäßen Verständnis sozialer Unsicherheit und sozial/emotionaler Verletzlichkeit führen. Wir versuchen daher, eine Bresche in das Dickicht der verschiedenen Zuschreibungen zu schlagen, indem wir von der *Verletzbarkeit der sozialen Bezüge* sprechen. Mit dieser Begrifflichkeit soll natürlich keinesfalls der Mensch aus dem Zentrum gerückt werden, er soll auch nicht in dem Sinne entlastet werden, als sei er gerade nicht der aktive Gestalter seiner eigenen Gegenwart. Um dem Selbstverständnis der Disziplin aber nahe genug zu kommen, benötigen wir ein grundlegendes Verständnis der Situation des Menschen. Pädagogik bei emotionalen und sozialen Entwicklungsstörungen ist keine Pädagogik *der* oder *des* Verhaltensauffälligen, sie ist hiermit jedenfalls nicht identisch. Weiter kommen wir mit der Erkenntnis, dass es zu Verletzungen und Irritationen, Abweichungen vom normalen Gang der Dinge in sozialen Systemen kommt und dass auffälliges Verhalten wohl erst in diesem sozialen Sinnzusammenhang zu begreifen ist. Die Pädagogik muss sich daher als eine wissenschaftliche Disziplin verstehen, die das soziale Feld, das zugrunde liegende System oder einfach die je individuelle Situation in den Blick bekommt. Nicht umsonst hat sich die sonderpädagogische Leitformel des „Kindes in erschwerten Lebens- und Lernsituationen" als wegweisend erwiesen.

Gleichwohl können wir den Ansatz der Verletzlichkeit in einem weiteren Sinne verstehen. Die Verletzung betrifft bestimmte Kinder unter bestimmten Bedingungen in besonderem Maße und eine besondere, aufmerksame Pädagogik lässt sich demnach auch gut begründen. Kinder sind nicht nur verletzbar, sie sind in bestimmten Zusammenhängen auch hochgradig gefährdet. Es gibt dementsprechend ein bestimmtes Erkenntnisinteresse der Disziplin, aber auch ein diskretes Berufsethos der Professionellen, das an der Artikulation des jeweiligen Leidensdrucks ausgerichtet ist. Kinder mit einer hyperaktiven Auffälligkeit können zwar ihr Umfeld stören, aber sie unterliegen meist einem schwierigen Selbstkonzept. Kinder mit Depressionen und Angststörungen fallen nicht selten durch die sozialen Raster, Kinder, die unter Traumatisierungen oder gar Missbrauch leiden, können oberflächliche Zuwendung gar nicht verarbeiten und benötigen tiefreichende Hilfestellungen. Auch das historische Beispiel des klassisch ausgegrenzten „hyperaktiven" Schülers, der mit einer Eselsmütze in der Ecke einer Schulklasse steht, gehört in diese Aufzählung. Die berufsethische Dimension kommt in diesem Zusammenhang also in besonderem Maße zum Tragen. Es geht zwar oberflächlich betrachtet um die Kompensation von Schädigungen, um pädagogische Hilfestellungen bei Missachtungserfahrungen, aber die konkrete Ausgestaltung dieser Hilfe ist komplex und voraussetzungsreich. Vieles, was als Schädigung objektivierbar ist, zum Beispiel frühkindliche Traumatisierungen und Vernachlässigungen, ist in der konkreten Begegnung gar nicht zum Ausdruck zu bringen; das Naheliegende des störenden und lästigen Verhaltens macht es schwer, zum hintergründigen Leidensdruck des Kindes vorzustoßen, vieles, was an schädigenden Einflüssen aus dem jeweiligen Umfeld auf eine Entwicklung einwirkt, kann nie ganz kompensiert werden. Die Pädagogik und Förderung von Kindern mit sozialen und emotionalen Entwicklungsstörungen steht immer vor der Gefahr, die Sinnhaftigkeit des eigenen Tuns zu bezweifeln, die Hoffnung auf positive Entwicklung aufzugeben, schon weil die Beziehungsdimension immer wieder an Grenzbereiche führt.

Der erste Teil schlägt angesichts dieser besonderen Bedingungen einen Bogen von historischen Zusammenhängen zu gegenwärtigen Grundfragen der Erziehung unter schwierigen Bedingungen. Es soll gezeigt werden, wie sich die sozialgeschichtlichen, aber auch die ideengeschichtlichen Linien bis in die Gegenwart erstrecken, welche wissenschaftlichen Modelle sich als prägend erwiesen haben und schließlich inwiefern man diese Entwicklungsschritte in der gegenwärtigen Aufgabe eines intensiven pädagogischen Arbeitsbündnisses zusammen fassen kann.

Teil B: Grundfragen der Profession

Die Ausführungen in Teil A nehmen das Phänomen der Entwicklungsstörung in einem grundlegenden Rahmen in den Blick, sie integrieren anthropologische, historische und pädagogische Aspekte. Der zweite Teil stützt sich auf diese Grundlage und rückt eher praktische Fragen in den Mittelpunkt. Die Orientierung an der Praxis, der pädagogisch-therapeutische Umgang mit emotional-sozialen Störungen ist in seiner Breite darzustellen. Natürlich können in diesem Rahmen nicht alle professionellen Modelle, Ansätze und Konzepte erschöpfend dargelegt werden. Es bietet sich an vielen Stellen eine exemplarische Darstellung an. Aber es kann doch auch die Behauptung gewagt werden, dass die dargestellten Ansätze im Großem und Ganzen das mögliche Spektrum dessen darstellen, was zum Rüstzeug, zum Instrumentarium gegenwärtiger Entwicklungsförderung betrachtet werden kann. Am Leitfaden der Frage, wie mit Störungen bewusst und zielgerichtet umgegangen werden kann, soll ein Handlungsrahmen gezeichnet werden, der diagnostische und interventionsbezogene Aspekte und entsprechende Hilfen umfasst. Exemplarische Modelle wie die kognitive und kooperative Verhaltensmodifikation, psychodynamische Unterstützungsmodelle oder etwas komplexer: systemische Konsultationen zeigen sinnvolle Möglichkeiten auf, Entwicklungsförderung unter emotional/sozialen Gesichtspunkten zu gestalten. Nicht übersehen werden sollte aber die Rolle des Erziehers und der Erzieherin selbst. Dieser Hinweis mag überraschen, aber er entspringt einer für das Fach nicht unwichtigen Erkenntnis. Im Horizont von pädagogischen Techniken, effektiven „Maßnahmen" und optimierten Verfahren bleibt der Vorrang der Beziehungsstiftung zu beachten, der jede „technische" Orientierung durchdringt.

Teil C: Orientierung im Lebenslauf

Im abschließenden Teil wird die Darstellung etwas komplizierter und widerspruchsvoller. Dies hat eine Reihe von darzulegenden Gründen, die in der Natur des Fachs selber liegen. „Die" Pädagogik bei sozialen und emotionalen Entwicklungsstörungen gibt es nicht. Eine Vielfalt therapeutischer Angebote und „Schulen", die fachlichen und administrativen Verzweigungen tragen ihren Teil dazu bei. Des Weiteren ist die Orientierung an den individuellen Entwicklungsverläufen der Betroffenen im Sinne des Lebenslaufs ein schwieriges Thema. Vereinfacht gesprochen: die Individuen, die am Beginn ihres Lebens durch sozial-emotionale Entwicklungsstörungen beeinträchtigt wurden, können ihre Probleme durch pädagogische und therapeutische Einflussnahme zum Verschwinden bringen – sie können ihre problematische Situation aber auch weiter mit sich führen und sie gewissermaßen intensivieren. Beide Möglichkeiten der Entwicklung sind zu beachten und es ist wohl keine Schwierigkeit, sich die Problemstellungen vorzustellen, die sich etwa in sozialpädagogischer, präventiver oder gar kriminalpädagogischer Hinsicht ergeben. Thematisiert werden müssten in diesem Zusammenhang neuere Diskurse über Inklusion und Prävention, über Gewalt und Transkulturalität, ohne diese Themen allzu leichtfertig auf die populären gesellschaftlichen Diskurse zu projizieren.

Die „Kultur der Inklusion" ist als Thema in diesem Kapitel unter besonderen Bedingungen zu lesen. Die inklusive Pädagogik hat weite Teile pädagogischer, aber auch gesellschaftlicher Bereiche erfasst und wartet auf ihre Umsetzung. In unserem Zusammenhang ist freilich von jedem Positivismus Abstand zu halten, vielmehr ist zu fragen, welche Kosten möglicherweise die Semantik der Inklusion für soziale Problemstellungen mit sich führt und dies bedeutet hier, auch kritische „Randaspekte" der Pädagogik bei emotionalen/sozialen Störungen zu thematisieren: Gewaltphänomene, kulturelle Konflikte, Anerkennungsprobleme. Die abschließenden Überlegungen zu berufsethischen Fragestellungen versuchen eine neue Lesart in das Feld pädagogischer und psychologischer Theorien einzubringen: was sehen wir, wenn wir sozial-emotionale Entwicklungen auf das anthropologische Fundament der Erziehung zurückführen?

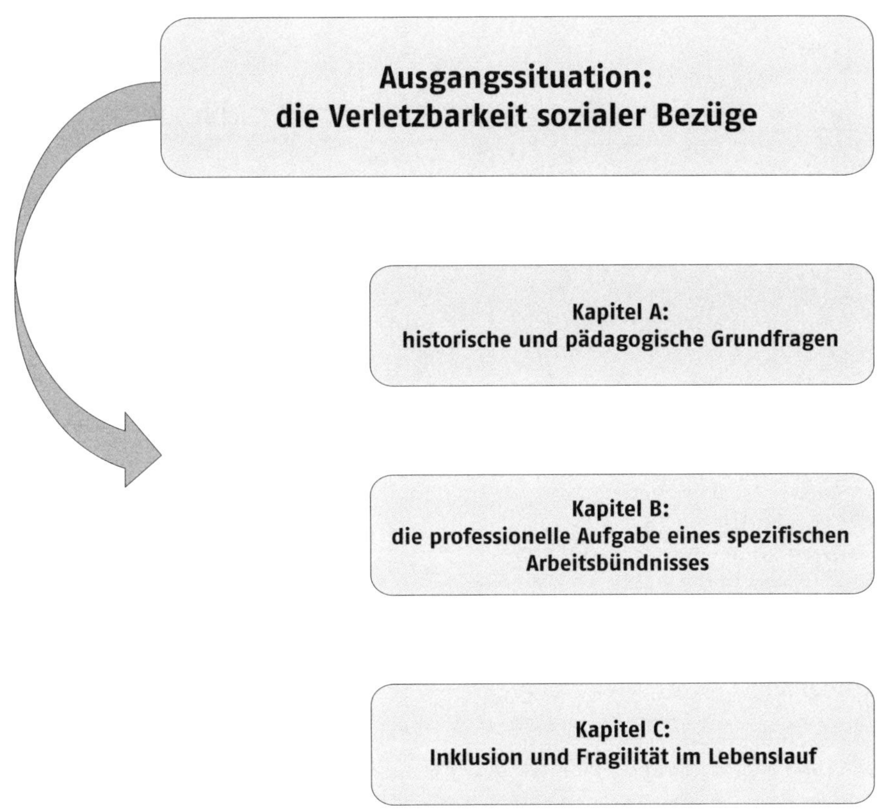

Abb. 1: Ausgangssituation und Gliederung des Bandes

TEIL A: GRUNDFRAGEN DER DISZIPLIN

Die folgenden Überlegungen zur Disziplin stellen einige Grundgedanken in den Mittelpunkt, die sich in verschiedenen Wendungen aufgreifen lassen. Der erste Abschnitt A, der die *Grundfragen der Disziplin* berührt, beginnt mit einer historischen Verortung sowie einer anthropologischen Grundlegung. Die historische Dimension zu kennzeichnen, fällt insofern nicht schwer, als sich hier Überschneidungen mit allgemein erziehungswissenschaftlichen und allgemein sonderpädagogischen Entwicklungen ergeben. Im Zusammenhang mit der anthropologischen Dimension aber erhalten diese Überlegungen eine notwendige Erweiterung. Denn es gilt zum einen, nach den konkreten Menschen und Menschenbildern zu fragen, die für die Entstehung der Disziplin überhaupt maßgeblich sind; es müssen gleichermaßen aber auch die wissenschaftlichen, medizinischen, pädagogischen und institutionellen Entwicklungen auf einen Nenner gebracht werden, obwohl sie möglicherweise in vielerlei Hinsicht differieren. Die nachfolgenden Punkte – die Entstehung und Konsolidierung von Organisationsformen, Leitgesichtspunkte der Pädagogik bei Entwicklungsstörungen und inklusive Streitfragen – verstehen sich also aus diesem historischen Entwicklungsprozess heraus. Wenn sich nun zwar kein einheitliches und widerspruchsfreies pädagogisches Gerüst ergibt, so wird es doch die Aufgabe sein zu klären, welche Sinnkriterien für die Disziplin leitend sind. Diese Aufgabe ist, wie wir sehen werden, alles andere als simpel. Denn man könnte sich natürlich an dieser Stelle mit dem Leitziel der sozialen und personalen Integration begnügen und forthin fragen, welche methodischen und praktischen Entscheidungen diesem Ziel dienlich sind. So einfach wird die Selbstbeschreibung der Disziplin allerdings nicht ausfallen und von daher rechtfertigt sich die Beschreibung eines voraussetzungsvollen Perspektivwechsels. Für die Grundlegung der Disziplin ist der Wechsel von einer *individualisierenden zu einer verstehenden Sichtweise* zentral. Wie sich diese verstehende Perspektive auszeichnet, welche Vorteile sie für die Konsolidierung der Disziplin hat, auf welchem Fundament das Verständnis kindlicher Auffälligkeit fortan aufruht und wie schließlich der Signalcharakter kindlichen Verhaltens einzuordnen ist, dies alles soll im Zusammenhang dieses Perspektivwechsels deutlich werden.

1 DIE GESCHICHTE DES FACHS

Beim Versuch, die Geschichte der Pädagogik bei emotionalen und sozialen Entwicklungsstörungen zu erfassen, trifft man unwillkürlich auf eine Schwierigkeit. Als eigenständige Disziplin gehört sie zu den jüngeren Fachrichtungen der gängigen Behindertenpädagogik, wenn man diese spezielle Pädagogik von der Entwicklung verschiedener Einrichtungen her betrachtet. Zugleich scheint es, dass sich dieses Fach eine diskrete Eigenständigkeit und Legitimation bewahrt hat, dass es sich also im Hinblick auf eine unbestimmte Zukunft eine gesellschaftliche Autonomie bewahrt hat. Die Geschichte der Pädagogik bei emotional-sozialer Störung ist nicht gleichzusetzen mit der herkömmlichen behindertenpädagogischen Geschichtsschreibung, aber können wir hieraus auch schlussfolgern, dass dieser besonderen Pädagogik innerhalb der gegenwärtigen Umstellung auf inklusive Strukturen eine Sonderrolle zufällt? Dies versuchen wir im Folgenden zu prüfen, indem wir auf die historischen Bedingungen blicken, die zur Entstehung der Disziplin beigetragen haben, indem wir ferner nach den historischen Kategorien fragen, die in der Gegenwart nichts von ihrer ursprünglichen Bedeutung eingebüßt haben. Das Ziel soll es demensprechend sein, die disziplinäre und historische Verortung des Fachs mit der Frage nach den gegenwärtigen Aufgabenstellungen zu verknüpfen.

Dazu wäre allerdings einleitend zu fragen, ob man überhaupt sinnvoll von einer Einheit der Disziplin, von einem eigenständigen Fach sprechen kann. Die Wahrnehmung der Autonomie des Fachs ist ja davon abhängig, ob man es lediglich als Anhängsel einer allgemeinen Pädagogik, als Hilfswissenschaft oder als spezialisierte Lehre begreift, die im Zuge der Umstellung der Rechtsvorstellungen nach und nach überflüssig wird. Insbesondere der Leitgedanke der Inklusion könnte ja dazu beitragen, dass eine eigenständige „Lehre" der Pädagogik bei emotionaler und sozialer Auffälligkeit nur noch als Schwundstufe wahrgenommen wird, als eine pragmatische Hilfspädagogik. Eine Darstellung der Geschichte der Disziplin müsste sich daher verstärkt mit der Frage nach ihrer einheitlichen Form beschäftigen. Tatsächlich ist die Rede von einem einheitlichen Fach dann missverständlich, wenn wir von den betreffenden Institutionen und nicht nur von individuellen Abweichungen ausgehen. Das, was lange Zeit als „Verhaltensgestörtenpädagogik" bezeichnet wurde, hat zwar psychologische und pädagogisch-therapeutische Wurzeln der Disziplinierung und Normalisierung. Aber sozialgesellschaftlich und institutionell können wir hier an ganz verschiedenen Punkten ansetzen (im Folgenden Myschker 1990). Die Gründung von eigenen Anstalten für *hilfsbedürftige Kinder* etwa lässt sich bis in das Mittelalter zurückverfolgen. *Rettungs- und Waisenhäuser* folgten zunächst christlichen Leitvorstellungen, die mehr oder minder christlichen Unterweisungen gleich kamen. Im Zuge der frühen Neuzeit wurde dann auch die Frage der Erziehung und Bildung verwahrloster, bedrohter und unversorgter Kinder und Jugendlicher ins Zentrum gestellt. Die Entwicklung des Jugendstrafvollzugs verlief ähnlich, begann aber erst im ausgehenden 16. Jahrhundert und ist dem Sinneswandel Rechtsbrechern gegenüber geschuldet, der durch religiöse, ethische und ökonomische Entwicklungen flankiert wurde. Beide Entwicklungsstränge sind also in historischen Zusammenhängen zu betrachten, in denen sich der Umgang mit Andersartigkeit, mit hilfebedürftigen Kindern und Jugendlichen, aber auch mit Kriminalität jeweils unterschiedlich ausprägte. Die Entwicklung von Einrichtungen innerhalb öffentlicher Schulen bildet einen weiteren Aspekt, der einer spezifischen Geschichte unterliegt. Zwar lassen sich Vorläufer Ende des 19. Jahrhundert im Rahmen schulhygienischer Forschungen benennen, in denen es um Fragen „moralischer Gesundheit“ und drohender Verwahrlosung ging. Aber die Entwicklung und Entstehung von Beobachtungs-, Erziehungs- und Kleinklassen ist im 20. Jahrhundert zu verorten, während der Ausbau von eigenständigen Sonderklassen, Sonderschulen und integrierten Fördereinrichtungen im Zusammenhang mit Entwicklungen im westlichen Teildeutschland nach dem 2. Weltkrieg zu betrachten ist (Myschker 1990, S. 174 ff.). Die „Sonderschule für Verhaltensauffällige“ ist ein Kind der Moderne, besser gesagt: ein Kind der funktional differenzierten Gesellschaft.

Wenn man sich also die Mühe macht, nach einer distinkten Geschichte einer pädagogischen Disziplin zu fragen, in der es zu differenzierten Betrachtungen und Vorstellungen des Umgangs mit psychischen Störungen kam, ist man auf verschiedene Entwicklungsstränge verwiesen, die hier noch um die Einrichtungen der Kinder- und Jugendpsychiatrie ergänzt werden müssten. Was ist nun aber das Gemeinsame und Verbindende, das diese getrennten Teilordnungen zusammen führen kann? Tatsächlich lässt sich für alle genannten Entwicklungsstränge – Fürsorge, Justiz, Bildung, Psychiatrie – ein verändertes Muster des Verständnisses und des Umgangs mit Abweichung postulieren. So unterschiedlich sich die jeweiligen Institutionen historisch entwickelt haben, so ist doch das Verständnis der Entwicklungsstörung weiter entwickelt und ethisch vertieft worden. In den frühen Waisenhäusern blieb die Hilfe noch in der entmündigenden Fürsorge stecken, nicht wenige Rettungshäuser wurden unter merkantilistischen Vorstellungen zu Ausbeutungsinstitutionen kindlicher Arbeitskraft. Die Institutionen des Strafvollzugs unterlagen lange Zeit rigiden institutionellen Zwängen, bis sie durch Reform- und Demokratiebestrebungen gelockert wurden. Die Logik der Sonderklasse/Sonderschule entsprach lange Zeit bekanntlich den gesellschaftlichen Vorstellungen der scheinbar notwendigen Aussonderung und Separierung, bis schließlich Demokratisierungs- und Integrationstendenzen die schulische Isolation ein Stück weit auflöste. Hier wie dort lassen sich also, wenn auch zeitlich versetzt und mit unterschiedlichen gesellschaftlichen Leitvorstellungen, Humanisierungs- und Demokratisierungstendenzen beobachten, welche die moderne Disziplin in ihren wesentlichen Zügen beschreiben. Heute besteht die Aufgabe der Disziplin bekanntlich darin zu fragen, welche Hilfen für Menschen mit sozial-emotionalen Störungen vor dem Hintergrund gesellschaftlicher Funktionserfordernisse sinnvoll und zielführend sind (Abb. 2). Aber diese Aufgabe ist natürlich von einer verbindlichen Lösung weit entfernt, so dass wir im Folgenden von einer Notwendigkeit sprechen können, die Sinnkriterien der Disziplin im Horizont ihrer historischen Entwicklung zu reflektieren. Anders ausgedrückt: welche Leitvorstellungen haben sich als prägnant und sinnvoll erwiesen und müssen in der Gegenwart neu, aber nicht *vollkommen* anders bestimmt werden?

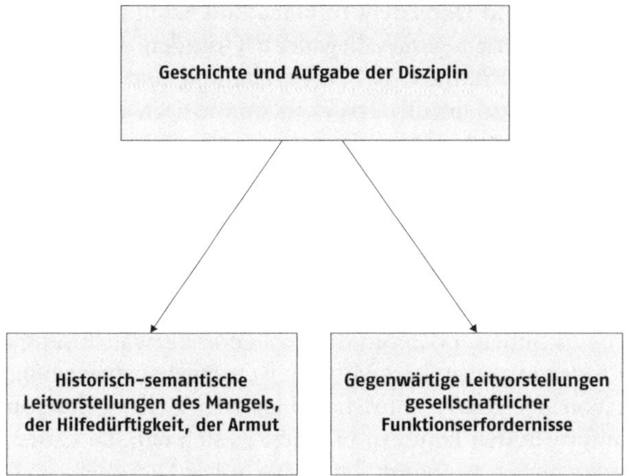

Abb. 2: Bezüge zwischen Disziplin, Hilfen und Funktionserfordernissen

1.1 Der Aspekt der Unterversorgung

Dass Sondererziehung auf Kompensation hin angelegt sei und dass die Heil- und Sondererziehung gewissermaßen als wohltätige Antwort auf eine gescheiterte Erziehung hin zu verstehen sei, dies umschreibt eine ältere Leitvorstellung. Ebenso wie die Orientierung an der defizitären kognitiven Lernsituation, galt der Aspekt der Bedürftigkeit, des emotional-sozialen Mangels als grundlegend. Dieser Aspekt leitete Erziehungsmethoden innerhalb der Disziplinen an und diente berufsethischen Leitvorstellungen. Es dürfte nicht weiter schwierig sein zu erklären, dass dies zu einem eingeschränkten Blickwinkel auf das Wesen einer Behinderung und zu einem problematischen Professionsverständnis führte, insofern es in der jeweiligen Sprache um die Separierung der Störenden, um die Disziplinierung der Abweichler oder auch nur um die „Rettung" Unterversorgter ging. Die Probleme sind heute natürlich anderer Natur und die Sprache hat sich vom diskriminierenden Unterton distanziert. Gleichwohl soll ein besonderer Aspekt in den Vordergrund gerückt werden, der nach wie vor schwierig ist – der Aspekt der Bedürftigkeit. Der Aspekt der seelischen Bedürftigkeit kennzeichnet den engen Zusammenhang zwischen allgemeiner Pädagogik, Sozialpädagogik und Heilpädagogik, der in bestimmter Hinsicht auch heute noch gilt, freilich unter veränderten sozialgesellschaftlichen Vorzeichen. Blicken wir in die Geschichte, fallen u. a. zwei Persönlichkeiten besonders auf: Johann Heinrich Pestalozzi erfasste nicht nur die Unzulänglichkeit des Elementarunterrichts, sondern er erkannte auch die destruktiven Folgen der Industrialisierung und insbesondere die grassierende Erziehungsnot in den Familien (im Folgenden Möckel 1988). Sein Bestreben ging bekanntlich dahin, gesellschaftliche und erzieherische Gegenkräfte zu entwickeln, um das unverschuldete Leid verwahrloster Kinder abzuwenden. Dem Niedergang aller sozialen Ordnungen hielt er die Selbstheilungskräfte von Erziehung und Unterricht in Haus und Schule entgegen. Grundlegend erscheint in seinem Werk aus naheliegenden Gründen die Orientierung an den Kategorien der Leidbedrohtheit, der Verletzbarkeit und der kindlichen Bedürftigkeit. Die Erziehung zu einem nützlichen und tätigen Leben findet ihren logischen Ausgangspunkt in der Orientierung an der „Errettung der im niedersten Stand der untersten Menschheit vergessenen Kinder" (Pestalozzi 1775, S. 3). Auch die oben bereits erwähnte Rettungshausbewegung versteht sich in diesem Zusammenhang als eine Veranstaltung zur Linderung kindlicher und familiärer Not. Johannes Falk (1768-1826) erkannte im Angesicht der Destruktivität des Krieges, dass die Kraft der Familien nicht ausreichte, um aus Armut und Verelendung heraus zu finden, noch um die drohende Verwahrlosung und Unterversorgung der Kinder abzuwenden. Mit der Rettungshausbewegung sind die Namen Adalbert von der Recke, Christian Heinrich Zeller oder Johann Heinrich Wichern verknüpft. In den Häusern bürgerte es sich ein, die Leiter als Vater und Mutter anzureden, einen religiösen Ernst mit hoher Disziplin zu verknüpfen und vielseitige Erzieher und Helfer auszubilden. Man wusste, dass die leiblichen Eltern nicht ersetzt werden konnte, dass es mitunter notwendig war, die familiären Brücken abzureißen, um der elementaren Not und Aufsichtslosigkeit entgegen zu wirken (Möckel 1988, S. 75-88). Man verstand Armennot durchweg auch als Erziehungsnot und dachte über Wege und Methoden nach, um der Ausweglosigkeit der sozialen Hintergründe zu entrinnen. Wo alte Wege der Erziehung in Sackgassen mündeten, wurden neue Wege beschritten. Ohne dass wir hier den Maßstab der modernen Pädagogik gebrauchen, erkennen wir doch einige wesentliche Sinnkriterien: Aus der Erkenntnis der seelischen und gleichermaßen sozialen Notlage zog man den Schluss, den Kindern zu einer eigenen Existenz verhelfen zu müssen. Die Gründung eines eigenen Hausstammes, mit allen dazugehörigen sozialen Verpflichtungen war das wesentliche Ziel. Rettung hieß hier, die Jugendlichen zu Mitgliedern der Gemeinde zu machen, die Strenge und Zucht, die Strukturierung des Tages, das Exerzieren und die Kontrolle, der religiöse Eifer und der unbedingte Konformitätsdruck, den man natürlich heute kritisch sieht, dienten der fundamentalen Sozialisation, wenngleich dies natürlich mit vielen Schwierigkeiten, auch nicht seltenen Verfehlungen verbunden war.

Wir erkennen also hier eine wichtige Kategorie der Haltgebung, die sich aus der Erkenntnis einer seelischen Not, einer Bedürftigkeit ergibt. „In den Rettungshäusern fanden die Jugendlichen in einer Gemeinde Halt. Mit diesem Rückhalt konnten sie bis zu ihrem Eintritt ins Erwerbsleben rechnen" (ders. S. 80). Das Sinnkriterium des Halts auszuzeichnen, heißt nun nicht, die Schwächen und fundamentalen Nachteile zu leugnen. Es gibt Beispiele, dass die Erziehung missglückte; viele „erzieherische" Grundannahmen waren problematischer Natur. Man ging etwa davon aus, dass es darauf ankomme, eingetretene *Schäden* zu beseitigen und dem Verfall der christlichen Sitten und des christlichen Glaubens mit allen Mitteln entgegen zu wirken. Die Erziehungslehre war restaurativ und rückwärtsgewandt, aber die grundlegenden Reformen und Institutionen, die sich der Rettung der Schwächsten annahmen, waren es nicht. In gleichem Maße ist auch die Leitvorstellung nicht zu unterschätzen, die der Not kindlicher Unterversorgung und der Bedürftigkeit entspringt. Entziehen wir dieser Sinnfigur die hypermoralische und missionarische Hülle und ziehen wir den Vergleich mit modernen gesellschaftlichen Verhältnissen, dann bleibt doch stets die Grundfrage der Unterversorgung – und wie man dieser begegnen könnte – bestehen.

1.2 Die Leitvorstellung der Industriosität

Pädagogische Leitvorstellungen und Entwicklungen, die wir in der Geschichte der Pädagogik erkennen können, sind in einem Horizont von wirtschaftlichen Bedingungen zu betrachten. Es gibt einen engen Zusammenhang zwischen der Entwicklung besonderer Einrichtungen und den jeweils herrschenden ökonomischen Verhältnissen. Dies mag nicht weiter überraschen, aber es ist des Weiteren zu fragen, in welchem Maße pädagogische und ökonomische Leitvorstellungen in der Gegenwart zusammen gelesen werden können. Die Darstellung einer speziellen Pädagogik bei Kindern mit psychischen Störungen und Verwahrlosungstendenzen kommt insofern an einer Kritik an systematischen Ausbeutungsverhältnissen, wie sie sich in der Geschichte abzeichnen, nicht vorbei. Während sich die disziplinäre Struktur der traditionellen Bildungseinrichtungen bekanntlich auf Maßnahmen gründete, die das Verhalten nach den vorhandenen Ordnungsangeboten auszurichten versuchte und Erziehung in der Geschichte nicht selten durch rigide Strenge geprägt war, so lässt sich in der Geschichte der Waisen-, Rettungs- oder Erziehungshäuser eine spezifische Verflechtung mit wirtschaftlichen Imperativen nachlesen. Zwar waren planvolle Erziehung und Bildung für verlassene und verwahrloste junge Menschen ein nach und nach prägendes Element, aber in gleichem Maße wurde auch die Orientierung an gesellschaftlicher Nützlichkeit erkennbar. Nicht wenige Rettungs- und Waisenhäuser entwickelten sich in Anwendung merkantilistischer Vorstellungen zu „Ausbeutungsinstitutionen kindlicher Arbeitskraft“ (Myschker 1989, S. 158). Gleichwohl gilt es zu differenzieren: zwar wurde eine Beschäftigung der verwahrlosten und „verwilderten“ Kindern und Jugendlichen mit Arbeitsaufträgen als notwendig erachtet und die Verbindungen von Anstalt und Arbeit sowie von Schule und Arbeit mit wachsender Verbreitung praktiziert. Aber die gesellschaftspolitischen Konstellationen, insbesondere die wirtschaftlichen Imperative in Folge von Kriegen, gesellschaftlichen Krisen und auch gesellschaftlichen Transformationsprozessen, geben in einem weiten historischen Bogen den Ton an.

Hervorzuheben ist das Beispiel der Entwicklung von Industrieschulen, die unter anderem 1784 in Göttingen gegründet wurden (ders. S. 159). In diese Schulen wurden nicht nur verarmte und obdachlose Kinder, sondern auch die „schwierigeren“ Kinder aufgenommen, die mitunter auch aus gut situierten Familien stammen konnten. Hier erkennen wir das Erziehungsziel der Industriosität, also der Brauchbarkeit für ökonomische Imperative. Wie stellt sich dieser kritische Punkt, dass sich in der Geschichte der Fürsorge und Heilpädagogik auch repressive Formen der Arbeitserziehung nachlesen lassen, zu gegenwärtigen Aufgabenstellungen des Fachs? Hier ist in zwei Richtungen zu denken: einerseits gilt es einem Rückfall in vormoderne Verhältnisse entgegen zu wirken; andererseits ist es notwendig, Erziehungsziele und Sinnkriterien moderner Erziehung im Bewusstsein dieser Tendenzen zu formulieren. Die dominierende pädagogische Diskussion, in der es um gegenwärtige Desintegrationsphänomene geht, stößt sich an einem kritischen Punkt. Die moderne Gesellschaft scheint von ökonomischen Kalkülen in fast allen Bereichen durchdrungen zu sein. Der Staat befindet sich auf vielen sozialen Feldern auf dem Rückzug, sozialpolitische Errungenschaften werden dramatisch zurück gestuft, insgesamt befindet sich die Gesellschaft in einem globalisierungsbedingten Transformationsprozess. Da die Verantwortung für weite Teile der Lebensgestaltung mehr und mehr den Einzelnen überlassen wird, aber auch Individualisierung und Prekarisierung um sich greifen, erleben wir einen „Evidenzverlust des Sozialen" (Wilken 2002, S. 57). Zu dieser Diagnose zählen die ambivalente Freisetzung des Einzelnen, ein gewisses Maß an Autonomiegewinn und Freiheit, aber insbesondere existentielle Verunsicherungen am unteren Ende der sozialen Leiter. Dass in der Dominanz ökonomischen Denkens eine diskrete Randständigkeit des Sozialen und damit auch eine Gefahr für behinderten- und sozialpädagogische Perspektiven angelegt ist, erweist sich auch im Hinblick auf moderne Arbeitsverhältnisse, insbesondere dort, wo Behinderung und Entwicklungsstörungen als individuell zu verantwortendes Schicksal verstanden werden. Für Kinder und Jugendliche, aber auch junge Erwachsene, die auf der Schwelle zum Arbeitsleben stehen, ergibt sich in der modernen Arbeitsgesellschaft eine nicht zu unterschätzende Gefahr der sozialen Herausnahme. Die gegenwärtige Gesellschaft ist bekanntlich eine Arbeitsgesellschaft, in der Arbeit eine Schlüsselfunktion hinsichtlich der zentralen Einkommens-, Teilhabe- und Lebenschancen zukommt. Für Individuen mit gestörten Entwicklungsverläufen droht in diesem Zusammenhang der faktische Ausschluss aus verschiedenen Funktionssystemen. Die faktische Ausschließung aus einem Funktionssystem – keine Arbeit, kein Geldeinkommen, keine stabilen Mitgliedschaften und Freiheiten – beschränkt den Zugang zu anderen Systemen, mithin aber auch den interpersonalen Zugang, es bedingt also ein soziales Unsichtbarwerden (Gröschke 2002a, S. 273; Luhmann 1997, S. 630).

Spitzen wir die Verhältnisse also versuchsweise zu und erklären die Aufhebung gesellschaftlicher Exklusionsverkettungen zu einem Leitziel der behindertenpädagogischen Reflexion, dann wäre die ältere Kategorie der „Industriosität" in einem anderen Licht zu betrachten. Sie wäre vereinfacht gesprochen als ein Kriterium für Anerkennung zu verstehen, als ein Aspekt des pädagogischen Selbstverständnisses. Nur: dieses eigentlich unproblematische Kriterium der sozialen und personalen Integration stößt hier auf ein Leerstelle. Das hochrangige und unstrittige Leitziel der Sozialisation im Sinne gesellschaftlicher Ertüchtigung, das damals wie heute gilt, trifft heute auf vielseitige Muster der Exklusion. Vieles, was an pädagogischer Ertüchtigung semantisch harmlos wirkt („Empowerment", „Selbstermächtigung", „Selbsthilfe"), ist mit individuellen Brüchen und Versagen konfrontiert. Das Kriterium der Ertüchtigung im Sinne langfristiger Sozialisation ist immer wieder neu auszubalancieren. Dies beginnt schon bei der an sich simplen Frage, ab wann man Willensbildungsprozesse noch beeinflussen kann oder wann z. B. das Konzept der erlernten Hilflosigkeit in gesellschaftliche „Unbrauchbarkeit" umschlägt.

Ein großer Anteil der Kinder und Jugendlichen, die spezifischen Entwicklungsstörungen unterliegen, lebt in einer Situation objektivierbarer Armut. Für die Gruppe der sogenannten „Lernbehinderten" – um eine ältere Terminologie zu bemühen – gilt bekanntlich die Diagnose der soziokulturellen Benachteiligung (Weiß 2000). Für Kinder mit emotionalen und sozialen Entwicklungsstörungen sind die Bedingungen jedoch differenziert zu betrachten. Zwar gilt auch hier eine Knappheit der zur Verfügung stehenden materiellen Ressourcen, Einkommensarmut und die damit einhergehenden Entwicklungsrisiken. Aber beachten wir die sozioökonomische Lebenslage genauer, wird der Begriff der materiellen Armut doch zu ungenau. Bei prekären Lebenslagen wird die individuelle Entwicklung zwar offensichtlich gestört und irritiert, aber die Objektivierung dessen, was dem Kind in seiner Situation fehlt, ist ungleich komplizierter. Sie reduziert sich nicht auf die materielle Versorgung, nicht auf die notwendigen Mittel, um an sozialen Aktivitäten teilzunehmen und nicht auf relative Armut. Alle diese Faktoren haben Gewicht, aber die personale und soziale Situation bleibt ja bei einer solchen Engführung außen vor. Entwicklungsstörungen sind hiergegen als biopsychosoziale Komplexe zu verstehen (Greving/Gröschke 2000). Entwicklungsstörungen sind eben nicht allein als Antworten auf miserable Ökonomien zu interpretieren, sondern sie offenbaren einen Signalcharakter langfristig prekärer Situationen. Dazu gehört, dass in der frühkindlichen Erziehung Abweichungen und Störungen deutlich werden, die an bestimmten Punkten nicht mehr bewältigt werden können. Die Bezugspersonen sind nicht nur überfordert, sondern es kommt zu nachhaltigen emotionalen und sozialen Unterversorgungen – dies kann auf sozialstrukturelle Hintergründe verweisen, auf Arbeitslosigkeit, auf Krankheit, aber auch auf eine Vielzahl familiärer Sorgenkomplexe. Kinder bleiben in ihren natürlichen Bedürfnissen unterversorgt, wenn sich familiäre Krisen zuspitzen, sie entwickeln möglicherweise negative Selbstbilder und destruktive Sichtweisen, die nicht einfach wegtherapiert werden können. Das Verhalten und die Entwicklungsstörung, die in solchen Phasen ausgeprägt werden, sind natürlich nicht irreversibel. Aber es bedarf größerer Anstrengungen und einer pädagogischen Wachsamkeit, um hier rechtzeitig die geeigneten Maßnahmen zu finden und die Entwicklung positiv zu beeinflussen. Wie sich diese Anstrengungen dann pädagogisch bewerten lassen, ob sie also vom Erfolg gekrönt sind oder eher Versagen und Ohnmacht erlebt werden, ist die eine Frage. Für unseren Zusammenhang, in dem wir nach dem pädagogischen Leitziel der gesellschaftlichen Ertüchtigung fragen, ist daher festzuhalten, dass es nicht genügt, diese speziellen Probleme des Fachs unter die Kategorien und von Exklusion und Inklusion zu versammeln, sondern komplexere biopsychosoziale Zusammenhänge anzunehmen. Ein wesentlicher Teil ist dann natürlich der prekäre Fall der Kinderarmut bzw. der Exklusion durch Armut als Entwicklungsrisiko. Aber die Sinnkriterien der subjektiven Anerkennung, der emotionalen und sozialen Bedürftigkeit sind zumindest hier gleichrangig.

Wie lauten hier die berufsethischen Konsequenzen? Es ist in zwei Richtungen zu denken: Unverzichtbar für das Fach ist der Gesichtspunkt der Prävention. Es gilt, Entwicklungsstörungen frühzeitig zu erkennen und die jeweils geeigneten Hilfen zur Erziehung wirken zu lassen. Dafür bedarf es natürlich einer subsidiär organisierten Fürsorge und sozialpolitischer Weichenstellungen, die soziale Sicherheit, Chancengleichheit im Bildungssystem, Nachteilsausgleiche und mithin die politische Idee des guten Lebens für alle verfolgen. Aber wie immer man hier das politische Mandat der Behindertenpädagogik unterfüttert, es bleibt eine zweite Aufgabenstellung bestehen, die ungleich schwieriger erscheint. Denn gehen wir in einer realistischen Perspektive davon aus, dass sich die Entwicklung des Wohlfahrtsstaates und die organisierte Fürsorgepolitik in einer dauerhaften Legitimationskrise befinden, dann trifft dies die sozial Schwächeren und die Personen in prekären Lern- und Arbeitssituationen am schwersten. Hier entsteht ein negativer Kreislauf: die Integration durch Arbeit funktioniert aufgrund sozioökonomischer und sozialstruktureller Umbrüche ohnehin nicht, aber für diejenigen Personen, die sich in ihrer sozialen und personalen Sozialisation tendenziell desintegriert und ausgeschlossen erleben, stellt sich diese Situation ungleich bedrohlicher dar. Die soziale Lage der Klientel spitzt sich im schlechtesten Fall auf die Frage einer gesellschaftlichen Brauchbarkeit zu – es kann ggf. mit Gröschke (2002, S. 280) damit gerechnet werden, „das wie früher für die ‚würdigen Armen', die unverschuldet arm werden z. B. Behinderte, Alte, Kranke, Waisen – ein finanziell verschlanktes Modell von Caritas/Fürsorge wieder in Kraft gesetzt wird, während für die Arbeitsscheuen repressive Formen der Arbeitserziehung und -ertüchtigung gewählt werden, die ihre ‚imployability' (die ehemalige Industriosität) gewährleisten sollen". Wann also die pädagogisch sinnvolle Zielstellung einer gesellschaftlichen und wirtschaftlichen Tüchtigkeit in eine verengte Frage nach gesellschaftlicher (Un)brauchbarkeit umschlägt, dies zählt in besonderem Maße zur Aufgabenstellung des Fachs.

1.3 Gemeinschaft und Sozialisation

Der Grundbegriff der Verhaltensstörung hat bekanntlich in semantischer Hinsicht eine erstaunliche und wechselvolle Karriere zu verzeichnen. Die Etiketten, die Kindern mit Störungen im Bereich des sozialen und emotionalen Erlebens zugeschrieben wurden, differierten in dem Maße, in dem sich bestimmte kulturelle, soziale und politisch-historische Situationen unterscheiden lassen. Prägnant bleiben bei der Vielfalt der Beschreibungen jedoch die Begriffe der Gemeinschaftsschädigung und Gemeinschaftsgefährdung. Von einem „unbedarften" Standpunkt, der nicht nach den negativen Kosten der Etikettierung fragt, könnte man hier in die Versuchung geraten, nach dem Authentizitätsgehalt dieser Beschreibung zu fragen. Ist die relative Unfähigkeit, sich den Normen, Regeln und Anforderungen einer Gruppe zu unterwerfen, nicht in spezifischem Maße kennzeichnend für diese Gruppe? Dass sich dieser Begriff nicht als tragfähig erweisen kann und dass er den heute geltenden normativen und pädagogischen Kriterien nicht genügt, wird mit einem historischen Rückblick auf institutionelle Frühformen der sogenannten „E-Klassen" plausibel. Mit der 1949 in West-Berlin als Versuchsklasse eingerichteten B-Klasse für sogenannte „gemeinschaftsschwierige Kinder" wurde an die Tradition der E-Klassen der dreißiger Jahre angeknüpft. Die frühen Einrichtungen der E-Klassen für schwererziehbare Kinder in Berlin und Zürich stand bekanntlich im Zusammenhang mit Isolations- und Normalisierungstendenzen der Zeit nach dem Ersten Weltkrieg. Arno Fuchs, ein Magistratsschulrat in Berlin und engagierter Betreiber der E-Klassen sprach von ernstzunehmenden Überlegungen zur Ausschaltung der Schwererziehbaren aus der Normalklasse und deren Vereinigung in Fürsorgeklassen (Fuchs 1930). Galten diese E-Klassen als Zwischeneinrichtungen zwischen Volksschule und Fürsorgeerziehungsanstalten, so führten die sogenannten Beobachtungklassen die wichtigsten Elemente, relevanten Verfügungen und Ausführungsbestimmungen fort (Myschker 1989, S. 170 ff.). In den Ausführungen erkennt man, inwieweit die rigide Disziplinierung der Vorkriegszeit hier fortgesetzt wurde: Kinder in den Regelklassen gefährden demnach andere Kinder physisch und in ihren Lernfortschritten, die lernwilligen Schüler werden nachhaltig durch negatives und destruktives Verhalten gestört und irritiert, die lernunwilligen, leichterregbaren und gemeinschaftsschädigenden Schüler seien daher zumindest für eine Zeit lang von den anderen Kindern zu isolieren.

Isolierung, Disziplinierung, Schutz der Gemeinschaft – die historischen Begriffe erscheinen heute und besonders vor dem Hintergrund einer inklusiven Schulkultur als problematisch. Fragen wir aber zunächst nicht zuerst nach den veränderten schulorganisatorischen Rahmenbedingungen und den modernen Angeboten flexibler und mobiler Erziehungshilfe, sondern rücken wir die phänomenologische Ebene in den Blick, erkennen wir eine Kontinuität. Die eingespielte Klassifikation bei Verhaltensstörungen unterscheidet bekanntlich zwischen externalisierenden, internalisierenden, sozial unreifen und sozialisiert delinquenten Verhaltensweisen – für eine seriöse Einordnung dieser Klassifikation müssen zwar Persistenz, Lebensumstände, Schweregrad der Symptome und die Situationsspezifität beachtet werden (Myschker 1993). Aber auf der phänomenologischen Ebene erkennen wir die grundlegenden Probleme eines gleichsam individuellen und gemeinschaftlichen Leidensdrucks: aggressive Verhaltensweisen, impulsive Muster, starke Erregbarkeit und niedrige Frustrationstoleranz bis hin zu dauerhaft kriminellem Verhalten. Längerfristiges und in diesem Sinne unangemessenes Problemverhalten stellt eine Belastung dar, die dann doch unabhängig von gesellschaftlichen Verhältnissen besteht. Der dauerhafte Verstoß gegen soziale und kulturelle Normen beeinträchtigt die soziale Umwelt, insofern die akzeptierte Variationsbreite gemeinschaftsverträglichen Verhaltens überschritten wird. Es müssen Antworten auf die mögliche Schädigung, ja Gefährdung der Gemeinschaft, also der Schulklasse, der formellen oder informellen sozialen Gruppe gefunden werden. Die Standortbestimmung der Pädagogik bei emotionalen und sozialen Entwicklungsstörungen hängt nun davon ab, inwieweit diesem Zusammenhang konzeptionell entsprochen wird. Der negative Befund sollte an dieser Stelle keineswegs klein geredet werden: wenn Kinder und Jugendliche zu einer Gefährdung für sich und andere werden, wenn sich ihre mitunter ausufernden, unkontrollierten und impulsiven Verhaltensweisen zu einem massiv externalisierenden Störungsbild hin verdichten, muss in verschiedener Hinsicht gehandelt werden. Es muss zugleich der subjektive und der soziale Leidensdruck verringert werden, aber das heißt natürlich nicht, dass der Alarmismus, den wir unter historisch anderen Umständen erkennen können, auch heute um sich greifen sollte. Vielmehr bedarf es einer Vielzahl abgestufter Interventionen, Methoden und Hilfen, um dem Problem auf den Grund zu gehen, es bedarf in den schwierigeren Fällen einer intensivierten Zusammenarbeit der entsprechenden pädagogischen, sozialpädagogischen, psychiatrischen und ggf. juristischen Institutionen. Der Unterschied zu der abwertenden Tradition, die von einer substantiellen Gemeinschaftsgefährdung ausging, liegt in einem pädagogischen Optimismus begründet. Das problematische und sozial gefährdende Verhalten ist nicht unumkehrbar, es ist ein erlerntes Verhalten, das durch Selbstkontrolle, positive Selbsteinschätzung, empathische Vollzüge und insbesondere die Öffnung gegenüber Anderen erreicht werden kann. Gleichwohl, welchem wissenschaftstheoretischen Modell man den Vorzug geben will, das *Verstehen* von Verhaltensstörungen stellt ein zentrales Kriterium der Standortbestimmung dar. Auch die extremere Form, das scheinbar sinnlose, gewaltförmig-destruktive Verhalten hat eine Sinnperspektive und es kann insbesondere auf der Basis psychologischer Lerntheorien wieder verlernt werden. Das Interventionsrepertoire, das mitunter auch hierarchisch aufgebaute Kataloge von Eingriffen umfasst, unterliegt insgesamt einem pädagogisch relevanten Optimismus: Verhaltensstörungen sind demnach ein Ergebnis von Lernvorgängen. Sie können daher auch zum Gegenstand von positiven Modifikationen und Umdeutungen gemacht werden. Ohne diesen grundsätzlichen Optimismus ist die Pädagogik von Entwicklungsstörungen wenig wert.

Ohne dass wir hier auf die einzelnen konzeptionellen Details eingehen können (Petermann 1995; Redlich/Schley 1981), gehört zur Selbstreflexion der Disziplin aber ebenso, dass neben der pädagogischen eine gesellschaftliche Standortbestimmung vorgenommen wird. Es ist zu fragen, in welchem gesellschaftlichen Klima überhaupt das Verstehen von Entwicklungs- und Verhaltensstörungen möglich ist, und die Frage kann dahingehend zugespitzt werden, dass auch Voraussetzungen und Folgen von Ideologien gesellschaftlicher Ungleichwertigkeit in die Überlegungen einbezogen werden. Denn wenn wir für aus Sicht des Fachs für einen verstehenden Umgang mit Abweichung plädieren, was explizit nicht mit falscher „Tolerierung“ zu verwechseln ist, dann ist über den Nahbereich programmatischer pädagogischer Prozesse hinaus zu denken. Wie sind Gleichwertigkeit und soziales Miteinander zu fördern und gleichsam die gesellschaftliche Akzeptanz von Ungleichwertigkeit zu verhindern? Der Soziologe Wilhelm Heitmeyer verfolgt in diesem Zusammenhang ein Erkenntnisinteresse, das nicht nur die sozialen und materiellen Ungleichheiten der gegenwärtigen Lebensbedingungen abbildet, sondern die Entstehung des vermeintlichen „Wissens“ über grundsätzliche Andersartigkeit deutlich zu machen versucht (Heitmeyer 2008). Dieses Interesse ist von unmittelbarer pädagogischer Relevanz, aber nicht frei von Ambivalenz. In der modernen kapitalistisch verfassten Gesellschaft besteht die Gefahr, dass soziale Ungleichheit in schleichende Ungleichwertigkeiten überführt wird. Die Einführung unterschiedlicher Wertigkeiten von Menschen folgt bestimmten Rechtfertigungsfiguren, die mit wechselnden anthropologischen Festschreibungen versehen werden. Das zweiseitige und latent menschenfeindliche Weltbild sucht sich Alte, Behinderte, Migranten, Andersdenkende als wechselnde Feindbilder. Die Bewertungsstandards gegenüber Gruppen, die mit dem

Label der Ungleichwertigkeit versehen werden, variieren historisch. Sie treten aber unter bestimmten Umständen in schematischer Weise auf; etwa wenn soziale Randständigkeit mit Nutzlosigkeit überschreiben wird, wenn das Maß der Intelligenz mit ethnischer Zugehörigkeit ungut vermengt wird oder wenn Desintegrationsprozesse mit gesellschaftlicher Unbrauchbarkeit verbunden werden. Inwieweit nun soziale Ungleichwertigkeit als substantielle Quelle der Desintegration für die spezielle Gruppe marginalisierter und entwicklungsgestörter Kinder hervortritt, ist eine schwierige Frage. Sicherlich gilt unter modernen Bedingungen nicht mehr die Semantik des überflüssigen Störers, der aus regelgeleiten Kontexten „auszuschalten" wäre. Gleichwohl besteht die Gefahr einer substantiellen Abwertung dieser Gruppe in besonderer Hinsicht: Kinder mit Entwicklungsstörungen haben gemeinhin eine oft unspezifische, aber subjektiv wirksame Anerkennungsbedrohung in ihrer Personalisation erlebt. Diese Bedrohung kann auf frühe familiäre und soziale Brüche, sie kann aber auch auf institutionelle Schieflagen zurückgehen, aber meist gehen die sozialen und individuellen Prozesse in eine langfristige negative Wirkungskette über. Die Einnahme einer Außenseiterrolle, mangelnde soziale Kompetenzen, der vorübergehende Ausschluss aus sozialen Bezügen, usw. Schwierig werden solche Entwicklungen dann, wenn Ungleichwertigkeit als Zuschreibung dauerhaft erlebt wird und gewissermaßen als Selbstzuschreibung umgedeutet wird – nicht im Sinne einer klassischen Etikettierung, sondern als zunächst unspezifische Reaktion auf soziale Desintegration. Das Weltbild verengt sich, unterscheidet streng zwischen Freund und Feind, In-Group und Out-Group. Gewalt als Mittel der Durchsetzung wird zunehmend akzeptabel. Es ergibt sich im Hinblick auf moderne Pädagogik die Frage, an welcher Stelle der negative Kreislauf einer sozialen Schädigung zu unterbrechen wäre. Die soziologischen Einsichten sind leicht zugänglich, aber die pädagogischen Konsequenzen bleiben ambivalent: In der soziologischen Forschung gilt Gewalt als Konsequenz mangelnder Anerkennung. Mangelnde soziale Integration sozioökonomischer, kulturell-politischer oder privater Art gilt als Nährboden für gewaltfördernde Ideologien und Handlungen. Mangelnde Integration und mangelnde Integrationschancen gehen mit negativen Anerkennungsbilanzen einher (Küpper/Zick 2008). In soziologischer Perspektive erscheint der Zusammenhang relativ übersichtlich: Abwertung und Gewalt gegenüber Schwächeren, aber auch die scheinbar sinnlose Gemeinschaftsschädigung in sozialen Systemen hat eine psychologische Aussagekraft. Sie bietet sich als einfaches, verfügbares Mittel zur Gewinnung von Anerkennung an. So einfach sich der Zusammenhang im Kontext der Gewaltforschung darstellt, so kompliziert ist er auf der Ebene von individuellen Entwicklungsstörungen. Denn in diesem Kontext, der zumeist im Horizont von schulischen und sozialen Misserfolgs- und Erschöpfungserfahrungen steht, gibt es keine eindeutigen Bedrohungslagen für die soziale Gruppe. Galten im historischen Rückblick die Aufrechterhaltung der Disziplin und die gesellschaftliche Tüchtigkeit als unumschränkte Leitlinien, so haben sich diese nach wie vor geltenden Werte aber im Zuge der Individualisierung relativiert. Nicht die autoritative Führung der sozialen Gruppe, sondern die Wertschätzung von Vielfalt und die größtmögliche Beachtung individueller Entwicklungen geben den Maßstab her. Auf der semantischen Ebene erleben wir daher eine starke Umorientierung. Das Ziel ist nun nicht mehr der Ausschluss der „Gefährder“, sondern die Einbindung in Kulturen der Vielfalt. Vielfalt wird zum Charakteristikum einer Gruppe, mit der man sich identifizieren kann. „Menschen, die Vielfalt wertschätzen, haben ein größeres Interesse an Kontakten zu Menschen anderer Kultur“ (Wolf/Van Dick 2008, S. 149). Das pädagogische Kriterium der Offenheit gegenüber Anderem und Neuem, die Neugier auf das Miteinander und der Versuch, mögliche Konflikte und Störungen im sozialen System auszuhalten – sie stellen den erneuerten Maßstab einer Pädagogik der Vielfalt dar. Freilich besteht hier die Gefahr, die eigentliche Frage der pädagogischen Handlungsfähigkeit aus dem Auge zu verlieren. Denn: Auch die bestgemeinte Initiative zur Förderung von Universalismus und Anerkennung gibt keine *direkte, unmittelbar wirkende* Antwort auf die Herausforderung einer authentischen, also ernst zu nehmenden Verhaltensstörung.

1.4 Die Verortung der Disziplin in der Gegenwart

Fassen wir die Überlegungen zusammen, dann ergibt sich eine Reihe von besonderen Aufgabenstellungen für das Fach der Pädagogik bei emotional/sozialen Entwicklungsstörungen. Es gilt, Kompensationen für emotionale und soziale Unterversorgungen zu ermöglichen, es ist das Leitziel der gesellschaftlichen Ertüchtigung zu verfolgen und es sind die negativen Folgekosten von sozialer Ungleichheit und daraus entstehender Ungleichwertigkeit aufzufangen. All diese Aufgaben sind gesellschaftlich elementar und daher kommt ihnen eine gesellschaftliche Kontinuität zu. Der Unterschied, den wir heute im Gegensatz zu früher erkennen, liegt unter anderem im unbestreitbaren Wert der Gleichwertigkeit von sozialen Gruppen begründet. Genauer gesagt ist es diese Wertorientierung, die der Begründung der Disziplin eine Kontur verleiht und verhindert, dass sie sich alleine aus funktionalen und gesellschaftlichen Imperativen heraus versteht. Während in jener Situation die Herausnahme des „Störers“ aus dem sozialen System zwingend und unumgänglich erschien, da ja die gemeinschaftlichen Werte als hochrangige galten, erkennen wir gegenwärtig das Wechselspiel von gesellschaftlichen und individuellen Orientierungen. Ältere pädagogische Leitbegriffe sind kritisch zu bewerten, aber das heißt natürlich nicht, dass wir damit einer widerspruchsfreien Pädagogik entgegen blicken. Wie also lässt sich die moderne Reflexion des Fachs ausführen?

Im historischen Rückblick wurde deutlich, dass sich die Geschichte des Umgangs mit Behinderung eben auch als Geschichte des Verhältnisses zur jeweiligen Gesellschaft rekonstruieren lässt. Erst in der Gegenwart wird aber im eigentlichen Sinne die Frage möglich, wie sich behindertenpädagogische Reformprojekte der sozialen Integration, Partizipation und Normalisierung umsetzen lassen, wie also ein annähernd gutes Leben für alle unter den heutigen gesellschaftlichen Bedingungen möglich ist. Dies wirft zuallererst die Frage nach der Gesellschaftsdiagnostik auf (Gröschke 2002). Ohne hier auch nur im Ansatz die Vielfalt möglicher soziologischer und politologischer Zugänge entfalten zu können, sind einige zentrale Begriffe in den Mittelpunkt zu rücken. Die moderne

Bastelbiographie (U. Beck), also der Umgang mit flexibilisierten Lebenszusammenhängen gilt als Anzeichen eines ungeheuren Wandlungsdrucks. Dieser Druck erzeugt Verlierer und Gewinner in Teilgesellschaften. Insofern man von der Verschärfung von sozialer Ungleichheit und der Ausgrenzung sozialer Gruppen von elementaren kulturellen und materiellen Gütern ausgeht, stehen die sogenannten Modernisierungsverlierer auf gesellschaftlich und sozial dünnem Eis. Die sozialstrukturellen Umbrüche und Krisen des Wohlfahrtsstaats führen dazu, dass immer größere Teile der Mehrheitsbevölkerung aus der Arbeitsgesellschaft exkludiert werden oder von ständiger Exklusion bedroht bleiben. Diese Exklusionsbedingungen führen bei dem Teil der Bevölkerung, dem es an sozialem, bildungspolitischem oder materiellem Kapital mangelt, dazu, dass das psychosoziale, soziokulturelle und sozioökonomische Elend der davon Betroffenen „nur noch bürokratisch verwaltet wird“ (Gröschke 2002, S. 18). Versuchen wir, die abstrakte soziologische Sprache auf einen konkreten Fall anzuwenden: eine Familie, deren Mitglieder längerfristig von Arbeitslosigkeit bedroht sind, ist gezwungen, die sozialen und materiellen Folgekosten niedrig zu halten. Dies erzeugt Druck im sozialen System. Erschöpfung macht sich breit, wenn erlebt wird, dass soziale Beziehungen und berechenbare Lebensverhältnisse untergraben werden. Eine negative Spirale ergibt sich, wenn das subjektive Erleben des Getriebenwerdens nicht mit sozialen Entlastungen einhergeht. Dies mag in den einzelnen Fällen unterschiedlich sein, aber im schlechteren Falle erleben wir das ungebremste Freisetzen aus verlässlichen sozialen Verhältnissen. Die Entstehung von sozialen und emotionalen Entwicklungsstörungen liest sich vor dem Hintergrund der sozialen Lage wie eine natürliche Reaktion. Es entsteht ein sozialer Druck innerhalb eines engeren sozialen Systems, der sich aus der längerfristigen Mangellage heraus ergibt. Für den vermeintlich Schwächsten innerhalb dieses Systems, das sozial unsichere Kind, wirken sich die erlebte Ohnmacht, die Erschöpfung der Autoritäten und die dauerhafte Unberechenbarkeit der Verhältnisse negativ aus. Die Verhältnisse erzwingen gewissermaßen logische Antworten auf der Verhaltensebene. An diesem Punkt wird es notwendig, die pädagogische Aufmerksamkeit auf längerfristige negative Entwicklungen zu lenken, aber die negative Gesamtsicht auf die Folgekosten der modernen Gesellschaft wäre in dieser Hinsicht auch wieder zu relativieren.

Denn die Desintegrationsentwicklungen und Exklusionserfahrungen, die sich unter dem Stichwort der gesellschaftlichen Anomie versammeln lassen, führen zwar zu einem Verschwinden der Ressource der Solidarität und zu negativen Anerkennungsbilanzen, aber in die moderne funktional differenzierte Gesellschaft sind immerhin Mechanismen eingebaut, die eine Komplettexklusion verhindern oder verhindern sollten. Die anomischen Zustände in einem Teilsystem können abgefedert werden, so dass die Gesamtintegration auf kollektiver oder individueller Ebene nicht als Ganzes gefährdet ist. Desintegrationsprozesse im Bildungssystem können langfristig kompensiert werden, Brüche in der Familiengeschichte sind kein zwingender Grund für soziale Vereinzelung, die Knappheit der materiellen Mittel kann im günstigsten Fall austariert werden. Wie auch immer man das jeweilige soziale Klima in diesem Sinne bewerten mag, rein strukturell können solche Probleme in modernen Gesellschaften aufgefangen werden.

Konfliktpotentiale können eingeklammert und in ein erträgliches Wechselspiel von Inklusion und Exklusion überführt werden. Das Beispiel der möglichen Interventionen bei Verhaltensstörungen ist hier durchaus exemplarisch: bei einer wahrgenommenen Blockade bzw. der Entstehung manifester Verhaltensstörungen kommt es auf das Miteinander verschiedener Institutionen an, die insgesamt im Rahmen ihrer Möglichkeiten an der Lösung des Problems arbeiten. Im System der sozialen Arbeit, im Bildungssystem, auf der klinischen und therapeutischen Ebene werden Hilfsangebote erarbeitet, die eine dauerhafte Exklusion verhindern sollen – wenn es richtig läuft. Dass sich an dieser Stelle auch ein psychologischer Stolperstein befindet, der zu einer dauerhaften Unmündigkeit und Abhängigkeit, zu institutionell forcierter Hilflosigkeit führen kann und in der Sackgasse einer Maßnahmenkarriere münden kann, können wir hier nur am Rande notieren. Dieser Gefahr, dass es in der modernen Gesellschaft verheerende Gefährdungspotentiale gibt, stehen freilich auch soziale Räume intersubjektiver, pädagogischer und psychologischer Anerkennung gegenüber.

Für die Disziplin der Pädagogik bei sozial/emotionaler Entwicklung ist es an dieser Stelle hilfreich, sich auf die anthropologischen Grundlagen zu besinnen, um die spezifisch moderne Anspruchslogik der Disziplin zu erfassen. Es wäre wohl zu einfach, das Leitziel der Disziplinierung und Normierung an den Anfang zu stellen. Vielmehr macht es Sinn, von der Gegebenheit der anthropologischen Verletzbarkeit auszugehen. In der menschlichen Welt sind grundlegende Ausdrucksformen der Herrschaft, der Macht und der Gewalt festzustellen, die mit dieser Verletzbarkeit eng zusammen hängen (Rentsch 1999). Dies meint noch keine höhere Gesellschaftskritik, sondern fundamentale Gegebenheiten, die psychologisch und pädagogisch wegweisend sind. Die einfachste Unterscheidung besteht in der Differenz legitimierter Macht und illegitimer Gewalt. Authentische Dominanz meint zum Beispiel elterliche Autorität, die umfassende Sorge ermöglicht. Unvermeidliche Herrschaft spiegelt sich in bildungsbezogenen Organisationsformen, die auf sinnvolles Lernen abzielen. Kommt es zu Verletzungen oder dauerhaften Abweichungen dieser fundamentalen Bedingungen, stellen z. B. Verhaltensstörungen einen verzerrten Modus des gemeinsamen Lebens dar. Das heißt, das subjektive Leiden, das artikuliert wird, ist sinnvoll zu verstehen, es lässt sich an Formen kommunikativer Solidarität zurück binden. Diese Erkenntnis ist keine exklusiv moderne. Sie spiegelt die weitgespannte humane Erkenntnis, dass sich auch in idealisiert gedachten inklusiven Verhältnissen Macht nicht als entbehrlich erweist, dass es aber zugleich notwendig ist, die Aufrechterhaltung von Unrechtsverhältnissen zu identifizieren. Es ist im Hinblick auf das subjektive Leiden zu fragen, wie negative Entwicklungsverläufe gebremst werden können und wie zugleich Dominanz im guten Sinne ausgeübt werden kann. Diese zweifache Orientierung ist hoch bedeutsam und sie ist vermutlich brisanter, als sie erscheint. Denn die Schaffung und Bereitstellung inklusiver Strukturen und inklusiver Kulturen ist einfach zu postulieren, aber die basale Aufgabe kompensatorischer Erziehung – eben Dominanz im guten Sinne, die zu Selbstermächtigung und Sozialverträglichkeit führt – ist ungleich komplizierter. Denn hier hilft der Rückbezug auf ältere, vermeintlich konservative Erziehungsmuster, auf Werteerziehung, Disziplin und Gehorsam, der Wiedergewinn von pädagogischer Autorität, usf. nicht weiter. Für die pädagogischen und psychologischen Hoffnungen bedarf es vielmehr einer pädagogischen Sensibilität, die aus den genannten modernitätstypischen Entwicklungen resultiert. Die Einsicht des Erziehers in das erfahrene Ausmaß an Desintegration, an Brüchen, an vorenthaltener Anerkennung und erlebter Mangellage ist nicht selbstredend. Sie ist keine objektvierbare Qualität und geht nie ganz auf objektivierbare Aspekte zurück, sondern sie ist ein Ausdruck einer kommunikativen Solidarität. Es gilt insofern das, was schon Pestalozzi über den Unterschied zwischen natürlichem, gesellschaftlichen und sittlichen Zustand reflektierte. Neben den Naturbedingungen des Menschen und seiner Anlage, neben den gesellschaftlichen Bedingungen des Aufwachsens in konkreten Um- und Mitwelten liegt die eigentliche humane Aufgabe der Ausbildung von Individualität jedes einzelnen Menschen als Werk seiner selbst (Pestalozzi 1797). Hier erkennen wir eine gedankliche Kontinuität, die eine Pädagogik des ausgehenden 18. Jahrhunderts mit der gegenwärtigen Pädagogik verbinden kann. Es geht nicht um die technische *Herstellbarkeit*, sondern um die humane Aufgabe der Ausbildung von *Individualität*. Insofern hat sich an der Aufgabe des Erziehers und der Erzieherin heute wenig geändert: es geht darum, die Entwicklungsstufen, die sich in jedem einzelnen Menschen verdichten, zum Ausgleich zu bringen. Das Werk der Natur, das Werk der Gesellschaft und das Werk seiner selbst wirken zusammen und machen letztlich die komplizierte und widersprüchliche Existenz des Menschen aus. Die menschengemäße Erziehung bricht sich an Politik und Gesetzgebung und an der menschlichen Natur, aber sie verliert ihren Endzweck, den Aufschwung in den sittlichen Zustand der Selbstbildung und Selbstbestimmung nie aus den Augen. Nichts anderes tun wir vermutlich, wenn wir das spezifische Aufgabenfeld abstecken, das für sozial-emotionale Entwicklungsverläufe maßgeblich ist. Unterricht, Förderung, Therapie, aber auch emotionale Pflege, Beratung und Diagnostik sind Tätigkeiten, die weniger einer Logik des Bewerkstelligens, sondern vielmehr einem Handeln im Modus der Offenheit gleicht (Häußler 2002).

2 ANTHROPOLOGISCHE GRUNDFRAGEN DES FACHS

Die Anthropologie kann in einer weiten Auslegung als eine allgemeine Lehre vom Menschen verstanden werden. Verschiedene wissenschaftliche Aspekte fließen hier zusammen, humanbiologische, ethnologische, psychologische, soziologische und pädagogische Sinnkriterien führen auf je besondere Weise zu der Grundfrage nach dem, was den Menschen typischerweise ausmacht. Die pädagogische Anthropologie lässt sich als eine spezifische Teildisziplin verstehen und ebenso wie andere Ansätze ist auch sie im Allgemeinen als integrative Wissenschaft zu verstehen. Der Mensch als weltoffenes, nicht festgestelltes Wesen steht im Zentrum, anders aber als in der philosophischen Anthropologie genügt es der pädagogischen Anthropologie nicht, den Menschen als das radikal Unergründliche zu interpretieren, also als etwas, das der menschlichen Erkenntnis vollkommen entzogen bliebe. Für die pädagogische Anthropologie ist vielmehr die pädagogische Differenz kennzeichnend, insofern sie auf die Frage nach dem Verhältnis von Möglichkeit und Wirklichkeit eingeht. Den unmittelbaren Gegenstand der pädagogischen Anthropologie bildet der Mensch in seiner Erziehungsbedürftigkeit, seiner Bildungsfähigkeit, seiner Erziehbarkeit. In diesem Zusammenhang werden nicht nur „Erkenntnisse über die Natur des Menschen gesammelt, sondern auch und insbesondere Erkenntnisse über die Bedingungen menschlicher Entfaltungsmöglichkeiten" (Vernoij 1989, S. 53). Die Forderung nach einer günstigen Ausschöpfung menschlicher und kindlicher Potentiale im körperlichen, geistigen, psychischen und sozialen Bereich versteht sich als – bildungspolitisch handhabbare – Konsequenz. Wesentlich für die Formulierung einer einheitlichen, anthropologisch fundierten Bildungstheorie ist demnach das Fundament einer dynamischen Begabungstheorie, das sich als Freiraum zwischen menschlichen Bedingungen, menschlichen Veranlagungen und menschlichen Möglichkeiten versteht (Bollnow 1965, Roth 1971). Die Aufgaben, die sich von dieser grundlegenden Differenz her ergeben, umfassen bekanntlich Grundlagenprobleme menschlicher Erziehbarkeit, der Möglichkeiten und Grenzen menschlicher Lern- und Leistungsfähigkeit sowie der Erforschung der optimalen Rahmenbedingungen, um individuelles und soziales Lernen sinnvoll einzubetten. Die Entfaltung und Ausschöpfung der genuinen Dispositionen sowie die Rekonstruktion von Handlungsprozessen, mit deren Hilfe „körperliches, geistiges und soziales Wachsen und Reifen bis zum je individuellen Maximum" gefördert werden kann (Vernoij 1989, S. 54), ergänzen diese grundlegenden Orientierungen. Sie stehen freilich auch in einem weitgesteckten Horizont behindertenpädagogischen Denkens.

Es stellt sich nun die Frage, inwieweit sich die moderne Behindertenpädagogik und insbesondere die Teildisziplin der Pädagogik bei sozialen und emotionalen Entwicklungsstörungen von dieser Tradition anthropologischen Denkens her definiert bzw. in welchem Verhältnis diese behindertenpädagogische Disziplin zur anthropologischen Grundlagenforschung steht. Es liegt zunächst der

Verdacht nahe, dass sich die Disziplin von der anthropologischen Reflexion weit, bisweilen zu weit entfernt hat und dass sie vieles, was an modernen pädagogischen Streitpunkten anfällt, weitgehend unabhängig von anthropologischen Grundlagen diskutiert (Giese 2011, Wevelsiep 2011). Etwa im Zusammenhang neuerer inklusionstheoretischer Fragestellungen geht es vorrangig um institutionelle und strukturelle Aspekte, um die Erneuerung einer Schulkultur, um die Ermöglichung inklusiver Praktiken. Des Weiteren hat offensichtlich die Sprache der Systemtheorie viele pädagogische Bereiche erobert und prägt dementsprechend die pädagogischen Grundfragen: es wird von Symptomträgern, von Beobachtungen erster und zweiter Ordnung, von Systemen und Strukturen gesprochen. Die grundlegende Frage nach dem Wesen des Menschen und besonders der Grenzen und Möglichkeiten kindlicher Erziehung wird nicht selten umschifft und es scheint, dass die Beschäftigung mit anthropologischen Grundfragen eher als Störung, denn als Bereicherung der pädagogischen Praxis erlebt wird.

Dieser Problematik soll im Folgenden begegnet werden: es soll nach dem Vorteil und darüber hinaus der Notwendigkeit einer anthropologischen Reflexion für pädagogische Sinnkriterien gefragt werden. Die Frage nach der Bedeutung einer pädagogischen Anthropologie stellt sich in einem zweifachen Sinne, grundlegend im Hinblick auf allgemeine pädagogische und bildungspolitische Aspekte, dann aber im spezifischen Sinne für die Perspektive der sozial-emotionalen Entwicklung. Dazu sollen im ersten Teil der Überlegungen die Grundfragen der pädagogischen Anthropologie reflektiert werden, des Weiteren aber auch Aspekte, die das Phänomen der Verhaltensstörung betreffen. Sodann sollen die Grundzüge der gegenwärtigen pädagogischen Theorie und Praxis untersucht werden, die sich im engeren Verständnis der helfenden Professionen abzeichnen – hier im Hinblick auf die Frage, inwieweit anthropologische Grundlagendiskussionen überhaupt zugelassen werden. Dazu ist es notwendig, die theoretisch-praktische Perspektive ein Stück weit zu verengen und sie im Hinblick auf das Deutungsangebot zu fokussieren, das von der modernen System- und Kommunikationstheorie insbesondere nach Luhmann (2000) bereitgestellt wird. Dabei geht es nicht um eine künstliche Vereinseitigung, sondern um einen Nachweis, dass sich die modernen helfenden Professionen in ihrer Selbstbeschreibung von grundlegenden anthropologischen zu grundlegenden systemtheoretischen Fragestellungen hin bewegt haben. Besteht hier möglicherweise eine Vereinseitigung, so soll damit aber keiner fundamentalen Kritik das Wort geredet werden. Ebenso wie sich systemtheoretisches Denken fruchtbar und hilfreich erweist, so ist auch der Wert der anthropologischen Grundlagenreflexion für die Disziplin zu betonen. Sie besteht in verschiedenen Kriterien, etwa der Verletzbarkeit, der Angewiesenheit, der Fremdheit, die insgesamt helfen können, die Ansätze der emotionalen und sozialen Entwicklungsförderung mit Leben zu füllen.

2.1 Grundfragen der pädagogischen Anthropologie

Im Allgemeinen wird unter dem Leitbegriff der Anthropologie die Lehre vom Menschen verstanden, als eine Disziplin, in der wissenschaftliche Ergebnisse und Aussagen über den Menschen versammelt werden und zugleich Methoden zu seiner Erforschung von anderen Wissenschaften übernommen werden. Die systematische Anthropologie zeigt Elemente, Strukturen, Regelmäßigkeiten, die zwar das spezifisch Menschliche des Menschen verfolgen, sich dabei aber weder auf ein statisches Menschenbild, noch auf ein bestimmtes gesellschaftspolitisches, noch ein normatives Weltbild festlegen lassen. Die anthropologische Reflexion hat eine dienende Funktion, insofern sie nach Möglichkeiten menschlicher Individualität auf der Basis gesellschaftlicher, sozialer und individueller Bedingungen fragt. Wie Vernoij (1989, S. 53 ff.) hervorhebt, ist der wesentliche Teil eines jeden möglichen Theoriesystems für soziales Handeln im impliziten Menschenbild verborgen. Insbesondere die Reflexion der Erziehung kann nicht umhin, ein Bewusstsein über die Notwendigkeit eines spezifischen Menschen- und Weltbildes zu erlangen. Ohne eine zumindest implizite Meinung über den Menschen, über seine Grenzen und Möglichkeiten, über seine Potentiale und möglichen Verfehlungen, sind Aussagen über Erziehung schwer denkbar. Die anthropologische Frage nach dem Wesen des Menschen muss beim Nachdenken über das Wesen und die Form der Erziehung mitbedacht werden. Und dies gilt natürlich in besonderem Maße für das, was wir unter *Pädagogik bei besonderen Bedingungen* verstehen. Freilich ist die anthropologische Grundfrage nach den Bedingungen menschlicher Entfaltungsmöglichkeiten zuletzt stark ins Zwielicht geraten. Aus Sicht einer allgemein pädagogischen Anthropologie ergibt sich die pädagogische Forderung, die optimale Ausschöpfung des gesamten Potentials menschlicher Möglichkeiten im körperlichen, psychischen und sozialen Bereich anzustreben, wie aber stellt sich diese Forderung im Lichte der Behindertenpädagogik dar? Setzt man den vollkommenen, in allen Facetten und Aspekten perfekt ausgestatteten Menschen als Maßstab, erscheint die Anthropologie bei Behinderung als defizitäre Ausprägung, als „Minusvariante des Menschseins" (ders. S. 56). Dass eine solche Beschreibungsform nicht befriedigen kann, ist einleuchtend, aber dies heißt zugleich nicht, dass man auf eine behindertenpädagogische Anthropologie unter erschwerten Bedingungen verzichten könnte.

Daher sollen zuerst die grundlegenden Aufgaben einer pädagogischen Anthropologie benannt werden, um sie anschließend im Hinblick auf behindertenpädagogische Besonderheiten darzustellen. Pädagogische Anthropologie umfasst wie erwähnt die Lehre vom Menschen unter dem Aspekt der Erziehungsbedürftigkeit, Erziehbarkeit und Bildbarkeit, der menschlichen Lern- und Leistungsfähigkeit sowie der besonderen Bedingungen, die eine befriedigende Ausschöpfung dieser Potentiale bedingen. Sie umfasst ferner auch die Erforschung der gesellschaftlichen und institutionellen Rahmenbedingungen sowie die Erforschung von Methoden und Handlungsformen, in deren Rahmen Wachstum, Entwicklung, Lernen und Reifungsprozesse stattfinden können (dies. S. 54). Der Übergang von diesen Ausgangskriterien hin zu den Besonderheiten einer behindertenpädagogischen Anthropologie ist wie angedeutet vor die Schwierigkeit gestellt, in die Perfektionsgestalt des Menschlichen das Abweichende, Auffällige und Andere zu integrieren, also vereinfacht gesprochen, auch besondere Entwicklungsverläufe unter diese allgemeinen Kriterien des Menschseins zu versammeln. Dazu bedarf es aber *nicht zwingend* einer Sonderanthropologie, die den Kern des Defizitären in sich trägt, sondern zunächst nur eine fokussierte Sicht auf die Merkmalskomplexe abzuleitender pädagogischer Ziele. Gehen wir davon aus, dass auch die pädagogische Anthropologie unter erschwerten Bedingungen als soziales Handeln aufzufassen ist. Diese Handeln umfasst alle Maßnahmen, Lernprozesse bei Menschen herbeizuführen und zu unterstützen, welche die Ausschöpfung menschlicher Potentiale zum Ziel hat und es mündet in den folgenden Merkmalskomplexen: Der Mensch hat ein Bewusstsein seiner selbst, von Raum und Zeit, von seiner natürlichen, kulturellen und personalen Umwelt. Diese Faktoren werden in repräsentierenden Bewusstseinsinhalten kognitiv und sprachlich verarbeitet, es werden Verknüpfungen erstellt, neue Zusammenhänge konstruiert, Erlebtes und Vergangenes gespeichert, aber auch die Kategorie der Zukunft in das Denken einbezogen. Darüber hinaus stellen die Fähigkeit zur Kommunikation, die aktive Gestaltung und Veränderung der Lebensumwelt in historischer Perspektive sowie die Anpassungsfähigkeit an neue Umweltgegebenheiten weitere Kriterien dar, die uns schließlich zu distinkten pädagogischen Handlungszielen führen können. Etwa die Schulung der Wahrnehmungs- und kognitiven Leistungsfähigkeit, der Strukturierungs- und Abstraktionsprozesse, die Förderung von Sprache und Kommunikation, die Förderung von kritischem Verständnis, aber auch die Weitergabe von kulturspezifischen Einstellungen, Werthaltungen und Fähigkeiten stehen in diesem Sinne exemplarisch für fundamentale Erziehungsziele, die sich aus den anthropologischen Merkmalskomplexen ableiten lassen.

Es ist für die gegenwärtige Pädagogik zwar ungewohnt, aber in vielen Situationen hilfreich, an dieser Stelle das grundlegende Gefälle zu klären, das die Phänomene der menschlichen Erziehung und menschlicher Erziehbarkeit umgibt. Die gemeinsame Praxis wird von einer Reihe unvermeidlicher Asymmetrien geprägt und sie erscheint daher als eine Tatsache, die sich schwerlich mit pädagogischen Ideologien von Autonomie verträgt. Allein die zeitliche Differenziertheit der menschlichen Welt in Generationen bringt grundlegende Ungleichheiten, Erfahrung und Fähigkeiten mit sich. Pädagogische Ausdrucksformen von Lehren, Lernen und Erziehen sind konstitutiv für eine in der Geschichte real werdende menschliche Welt (Rentsch 1999, S. 175). Das heißt, zwar sind Menschen von Grund auf lernwillig, bildungsfähig und lernbedürftig, aber sie gründen auf Formen der Dominanz in der Gestalt sinnvoller Möglichkeiten von Autorität. Dies ist semantisch schwierig zu beschreiben: *Dominanz und Autorität* sind vermutlich vorbelastete und „unmoderne“ Begriffe, die gleichwohl die pädagogischen Lebensvollzüge prägen. Sie beziehen sich hier natürlich nicht auf konservativ-moralische Formeln, sie wollen keine neue „Autorität“ bemühen. Sondern: menschliche Erfahrungen sind stets von neuem in eine sinnvolle Form gemeinsamer Bezüge zu bringen. Menschen müssen stets in die Gliederung einer Grundsituation hineinwachsen. Dieses „Wachsen“ umfasst aber Umwege und Brüche. Wir sind mit psychoanalytischen Begriffen in eine fremde Welt „geworfen“, wir erfahren Prägungen durch kommunikative Dominanz – auf dieser Ebene auch unvermeidliche Herrschaft und Autorität. Es gibt aus Sicht des Fachs Dominanz im guten Sinne, die auf der Basis kommunikativer Ausdrucksformen ruht.

Es ist nun die Frage, welche pädagogischen Erkenntnisse wir von einer solchermaßen abstrakten Position erwarten dürfen. Zwar erscheint die menschliche Erziehungsbedürftigkeit als selbstredend. Niemand würde vermutlich die Notwendigkeit geplanter und absichtsvoller Erziehung in Abrede stellen, aber im Hinblick auf die Grundlagenprobleme der Pädagogik bei Behinderung und besonders bei der Pädagogik bei emotionaler und sozialer Entwicklung ergeben sich wegweisende Aspekte. Betrachten wir die grundlegenden anthropologischen Strukturmodelle, erkennen wir hier weitere bedeutsame Sinnelemente. Der Mensch erscheint als Mängelwesen (A. Gehlen), als Geistwesen (M. Scheler), als Triebwesen (Freud) oder auch als Sozialwesen. Das heißt, in einer sozialhistorischen Perspektive erscheinen die zielgerichtete Ausbildung von Wahrnehmungsmustern, die geistige Durchdringung der Welt zum Zwecke der Daseinssicherung, der Erwerb von Triebsteuerungs- und Triebbewältigungsmechanismen und die gemeinschaftsbezogene Persönlichkeitsentfaltung als grundlegende potentielle Verhaltensmuster, die auf das komplexe Gefüge menschlichen Verhaltens verweisen (Vernoij 1989, S. 61 ff.). Sowohl im medizinischen, psychologischen und pädagogischen Sinne ergeben sich von hier aus Möglichkeiten zur Bewertung der Formen und Ausprägungsgrade konformen und abweichenden Verhaltens. Wie sich die einzelne Person im Rahmen dieser genannten Strukturen bewegt, wie sie zur Entfaltung von Verhaltensmustern gelangt oder wie es zu Abweichungen und Störungen in diesem individuellen Bewältigungshaushalt kommt, ist keine geringe Frage. Kommt es im übergreifenden Sinne zu destruktivem Handeln und Handlungsunfähigkeit, zu dauerhaften Regelverletzungen und Normenverstößen, zu einer dauerhaften Fehlsteuerung in der Triebbewältigung, also zu Ungleichgewichten in sozialer Kompetenz und zu schadhafter egozentrischer Lebens- und Weltgestaltung, ist gemeinhin von Verhaltensstörungen die Rede. Damit kommen wir zum zweiten Schritt einer Begründung der Notwendigkeit pädagogischer Einwirkungen. Die oben angesprochene grundlegende anthropologische Erziehungsbedürftigkeit erfährt ein Drehmoment in dem Sinne, dass bei Verlassen der jeweils entscheidenden Norm- und Toleranzgrenzen, also bei der „offiziellen“ Diagnose einer Entwicklungsstörung Interventionen und Maßnahmen notwendig werden. Die besondere Pädagogik erscheint hier in einem fundamentalen Sinne als Hilfe in der Not, ohne dass wir hier eigens die besonderen und schwierigen Effekte von Organisationen einbeziehen. Die Not, um die es hier geht, ergibt sich aus der kommunikativen Solidarität, die sich aus der Sinnhaftigkeit menschlichen Leidens ergibt: wenn es zu dauerhaften Unterbrechungen des normgerechten Verhaltens kommt, die ursprünglich intakte menschliche Grundstruktur zerstört wird und wenn mithin die allgemeinen Spielregeln sinnvoll strukturierten menschlichen Zusammenlebens nicht mehr greifen, erkennen wir die grundlegende Notwendigkeit pädagogisch-therapeutischer Hilfe. Diese Hilfe kann verschiedene Formen annehmen und gut oder weniger gut gelingen, aber das Ziel, das ihr zugrunde liegt, hat sein Fundament in der gemeinsamen Praxis. Es geht tatsächlich nicht, wie es in anderen Zeiten der Fall war, bloß um abstrakte Wertvorstellungen einer guten Gesellschaft, sondern primär um das individuelle Leiden, das in der Form der Verunsicherung, der Erschöpfung, der Verletzbarkeit wie der Destruktivität zum Ausdruck kommt.

2.2 Moderne Pädagogik am Leitfaden systemischen Denkens

Es gibt in der modernen Pädagogik und besonders innerhalb der helfenden Professionen ein weites Feld von Denktraditionen, von Handlungsansätzen, Konzepten, Theorien und Ideen, die sich dem Ziel der „Korrektur“ von wahrgenommenen Entwicklungsstörungen widmen und die hier nicht umfassend dargestellt werden können. Es macht trotzdem Sinn, die Fundierung und Weiterentwicklung wissenschaftlich-pädagogischer Ansätze unter einem bestimmten selektiven Gesichtspunkt darzustellen. Das system- und kommunikationstheoretische Denken existiert in den Entwürfen, Modellen und theoretischen Konzepten der helfenden Professionen als wuchtiges Gegenmodell zu einer verkürzten individualpsychologischen Sicht. Seit Jahrzehnten werden pädagogische und psychologische Erkenntnis- und Handlungstheorien, Forschungsmethoden und Professionalisierungsbestrebungen von systemtheoretischen Grundannahmen beeinflusst (u. a. Rotthaus 1987; Merten 2000; Werning 1990; ders. 1998; Werning/Balgo 2002; Werning/Lütje-Klose 2003). Die Auseinandersetzung mit Systemtheorie, mit systemischem Denken und Handeln erscheint als Modernitätsnachweis, zumindest lässt sich ohne allzu große Übertreibung sagen, dass die Systemtheorie zu einer bedeutenden Strömung innerhalb der Humanwissenschaften, der Reflexion der helfenden Professionen wie der Sozialen Arbeit und Sozialpädagogik und eben auch der Behindertenpädagogik im engeren Sinne geworden ist. Das Interesse an der Systemtheorie geht dabei auch auf veränderte gesellschaftliche Fragestellungen zurück. Die Aufmerksamkeit verschiebt sich von Fragen des sozialen Konflikts hin zu Problemen der Exklusion oder ökologischer Gefährdungen, auch die menschliche Entwicklung wird nicht mehr in ihrer Prägung durch die Umwelt, sondern vornehmlich im Rahmen ihrer systemischen Bedingungen betrachtet (Luhmann 1984, ders. 1996; ders. 1999). Wissenschaftstheoretisch erscheint die Systemtheorie auf der Höhe ihrer Zeit, wenn sie ihre eigene Weiterentwicklung von kybernetischen Steuerungsmodellen zu Theorien der Selbstorganisation für ihre Analysen benutzt (v. Glaserfeld 1996), wenn sie ferner die Fronten sozialer und politischer Konflikte übergreift und sich ihr Analysepotential auf politisch bedeutsame Problemstellungen erstreckt und dabei nicht vor Disziplingrenzen Halt macht (Hollstein-Brinkmann 1993). Der Vorteil der Systemtheorie für die Behindertenpädagogik liegt des Weiteren darin, einen erhöhten Grad von Komplexität und Differenziertheit erreicht zu haben, ohne allzu sehr den Menschen zum Dreh- und Angelpunkt zu machen, ohne etwa Behinderung, Schädigungen, Menschen mit Behinderungen zu verdinglichen (vgl. Wevelsiep 2009). Die Systemtheorie eröffnet mit anderen Worten Möglichkeiten des reflexiven Umgangs mit sozialen Systemen, ohne sich allzu tief in die Untiefen psychischer Abweichungen begeben zu müssen. Diese theoretische Perspektive soll hier exemplarisch in den Mittelpunkt gerückt werden, um zu fragen, inwieweit sich die gegenwärtigen Praxis- und Handlungsmodelle, die einem Anspruch theoretischer Reflexion folgen, überhaupt mit anthropologischen Grundannahmen vereinbaren lassen. Wie lassen sich anthropologisch-pädagogische Aussagen im engeren Sinne mit der gegenwärtigen „systemischen“ Praxis vereinbaren?

Um dies zu beantworten, ist es notwendig, einige pädagogisch relevante Grundannahmen systemischen Denkens zu wiederholen. Eine systemische Denkhaltung reduziert dem eigenen Anspruch nach das Verhalten eines Menschen nicht auf seine personalen Eigenschaften (im Folgenden Palmowski 1995). Es ordnet sie vielmehr in situative und soziale Zusammenhänge ein und erweitert das Verständnis abweichenden Verhaltens. Der Anspruch, der sich hier zu erkennen gibt, ist kein geringer: es geht im systemischen Verständnis um die Vermeidung von Reduktionismus, im Sinne einer analytischen Grundhaltung, die das Soziale in seine einzelnen Teile zerlegen will und dazu auf eine unmittelbar gegebene, eindeutige Realität verweist. Der Mensch erscheint im Weltbild des systemischen und konstruktivistischen Denkens weniger als Teil einer gradlinigen kausalen Logik und seine ursprüngliche Konfliktualität ist alles andere als mechanistisch. Dem Systemtheoretiker geht es hiergegen um die Gesamtschau zwischenmenschlicher Konflikte, um die Artikulation von Motiven, Problemen, Gründen, Funktionen und Symptomen, die sich im Zwischenraum sozialer Systeme offenbaren. Soziologische, psychologische und erst recht medizinische Verengungen werden dementsprechend brüsk zurückgewiesen. Der Vorrang gilt den Zusammenhängen von Kontexten, Situationen, Spielregeln und Imperativen in sozialen Systemen und dem jeweiligen menschlichen Verhalten.

Für die sich hieraus verstehende Praxis des Umgangs mit Verhaltensstörungen gibt es mittlerweile eine Reihe von Etiketten: „systemisch-konstruktivistisches Denken“, „systemisch-ökologische Pädagogik“, aber auch „Gemeindepsychologie“, „ganzheitliche Entwicklungsförderung“, „Lebensweltorientierung“, „systemische Beratung und Konsultation“ – es dürfte schwierig sein, diese Ausprägungen hier auf einen Nenner zu bringen. Gleichwohl lassen sich im Hinblick auf das Verständnis sozial unsicheren oder gestörten kindlichen Verhaltens einige übergreifende Aussagen machen. Menschen entwickeln prinzipiell aus der permanenten Interaktion mit ihrer Umwelt eine bedeutungs- und sinnkonstituierte Lebenswelt. Die aktive Interaktion des Subjekts mit den jeweiligen sozialen Konstruktionen von Welt bildet sich zur konkreten individuumspezifischen Formation einer Lebenswelt, die dann aus Sicht eines Beobachters zweiter Ordnung rekonstruiert werden kann. Einerseits wird so ein Verstehensmodell sozialer und auch spezifisch kindlicher Lebenswelten verfügbar, insofern sich die Lebenswelt aus einer Vielzahl von Interaktionsprozessen, Kontexten, Dingen, Rollen, Zuschreibungen und Metakontexten zusammensetzt. Anderseits erhält man hieran im Anschluss ein Verständnis sozial auffälliger Verhaltensweisen, die sich Kinder aufgrund der Bedeutungen gegenüber Ereignissen, Personen und Strukturen herausgebildet haben. Entwicklungsorientierte Perspektiven, die sich als systemisch fundiert begreifen, verstehen Auffälligkeiten im Verhalten und in der sozial/emotionalen Entwicklung als Störungen im Kontext der Entwicklung in der Lebenswelt. Die Bedeutung und Sinnvermitteltheit der Lebenswelt hat Auswirkungen auf das Verstehen sozial auffälliger Verhaltensweisen. Kinder handeln in ihrer Lebenswelt aufgrund der Bedeutungen, die sie in ihrer lebensweltlichen Geschichte erarbeitet habe. Unzureichende, widersprüchliche, verletzende und insgesamt schädliche Bedeutungszuschreibungen, mit denen das Kind im Laufe seiner Entwicklung konfrontiert wird, lassen sich vereinfacht gesprochen als entscheidende Bedingungen für sozial auffällige Verhaltensweisen verstehen (Werning 1990, S. 100 ff.; Palmowski 1994, S. 49 ff.). Zu den Grundlagen systemischen Denkens, insofern es für die Pädagogik relevant ist, gehört die Erkenntnis, dass massive Störungen der Lebensweltinterpunktion keinerlei deterministische oder kausallogische Aussagen erlauben, dass diese Erkenntnis aber schlichtweg unverzichtbar für eine Gesamtschau auf das soziale und schließlich auch pädagogische Feld ist. „Unberechenbare, inkonsistente und ständig wechselnde Bedeutungszuschreibungen für kindliche Verhaltensweisen durch ständig wechselnde Reaktionen der Bezugspersonen müssen zu einer unberechenbaren Lebensweltkonstruktion führen" (Werning 1990, S. 104). Das Konstrukt der erlernten Hilflosigkeit erscheint hier als Musterbeispiel einer personalen Disposition, die sich in diesem Falle direkt aus der Strukturlogik des sozialen Systems ergeben kann. Das grundlegende Problem für die Disziplin bleibt dabei, dass Auswege aus sozial bedrohlichen Situationen für Kinder in vielen Fällen allein in der Signalfunktion ihres Verhaltens liegt, dass sie nachhaltige Störungen im Aufbau einer sinnvermittelten Bedeutungswelt nicht anders zur Sprache bringen können als über ihre eigene „Erscheinung".

Die Bedeutung der Symptomatik eines „gestörten" oder irritierten Systems ist von daher nicht gering zu schätzen, bzw. sie ist im Folgenden in ihrer weitreichenden Bedeutung auch für praktische Perspektiven abzuschätzen. Denn in der Figur des Symptomträgers verdichten sich Umorientierungen im Feld der helfenden Professionen, die weitreichender nicht sein könnten. Der Einfachheit halber sei daher ein plakatives Beispiel vorangestellt: Palmowski (2004, S. 48 ff.) gebraucht hier die Metapher vom Froschteich, um dem Denkansatz, der weniger das analytisch geschulte Parzellieren, als vielmehr ein Denken in Kreisläufen und Vernetzungen betont: zum Verständnis eines Froschteichs bedarf es keiner Einsicht in die letztgültigen Einzelteile, sondern einer Sicht auf die gültigen Funktionskreisläufe, Spielregeln und Muster. Der Teich als biologisches System kommt schon in diesem grundlegenden Verständnis einem sozialen System nahe, insofern es unterschiedliche Mitspieler, Elemente, Vernetzungen, Verschachtelungen und Beeinflussungen gibt. In einem biologischen System gibt es verschiedene Elemente zu beachten: „Die Sonne, die das Wasser erwärmt und die den Pflanzen die Produktion von Sauerstoff durch Photosynthese ermöglicht. Das Schilf, in dessen Schutz viele Kleintiere leben und brüten, diese leben von den Insekten, die sich über der Wasseroberfläche tummeln und die die Pflanzen befruchten und ihre Larven an der Wasseroberfläche ablegen. Dort sind die Larven begehrte Speisen von kleinen Fischen, diese sind wiederum Nahrung für größere Fische, usw... Die Größen der Populationen der einzelnen Arten regeln sich gegenseitig" (Palmowski 2004, S. 48).

Man hat die Übersetzung biologischer Phänomene auf die Spielregeln sozialer Systeme im Umfeld systemtheoretischen Denkens mehrfach kritisiert (Huschke-

Rhein 1992, ders. 1994). Denn hier wird schnell offensichtlich, dass die Analogiebildung von der grundlegenden Ebene vitaler Systeme hin zu den Eigenarten sozialer Systeme, in denen menschliche Eigenschaften, Verhalten, individuelle psychische Ausprägungen relevant sind, bisweilen bemüht und abstrakt bleiben kann. Können wir *soziale* Rückschlüsse von dem komplexen Zusammenspiel physikalischer, chemischer und biologischer Prozesse ziehen, ohne in argumentative Sackgassen zu geraten?

Tatsächlich ergibt sich im Anschluss an diese biologische Metaphorik ein verändertes Gesichtsfeld des Sozialen, das nicht nur ungewohnte Sichtweisen, sondern relevante Gesichtspunkte zur Bewertung sozial abweichender Verhaltensphänomene bereit stellen. Eine nicht unbedeutende Einsicht liegt in der Rolle des jeweiligen Symptoms. Symptome haben die positive Funktion, zur Stabilisierung und sogar zum Überleben des Systems beizutragen. Symptome gelten in vielen sozialen Systemen traditionell als Anzeichen einer Störung, einer Irritation, einer Krankheit, während hier das Symptom in seiner Funktionalität neu beschrieben wird. Zumindest aus der Perspektive des Beobachters – etwa eines Familienhelfers, eines Beraters, eines Psychologen – bekommt der Symptomträger eine neue Qualität zugeschrieben. Er kann bisweilen eine struktur- oder systemerhaltende Funktion innehaben und schon diese einfache Perspektivverschiebung markiert ein starkes Motiv. Denn es wird nun denkbar, die Abweichung, das störende Verhalten, die Grenzüberschreitungen, die in vielen Situationen „sinnlos" erscheinen mögen und schwer eingeordnet werden können, in Sinnkontexte und Problemzusammenhänge einzuordnen, die sich von einer krankhaften und behandlungsbedürftigen Zuschreibung distanzieren. Das kindliche Verhalten wird anders und neu bewertet, insofern der enge, aber nicht immer offensichtliche Zusammenhang von Verhalten und Kontext beleuchtet wird. Das geradezu klassische Beispiel des hyperaktiven Kindes lässt sich heranziehen, wenn sich in der sozialen Praxis einige Verengungen in der Wahrnehmung ergeben: „Das hyperaktive Kind etwa und sein genervter Lehrer erhalten neue Perspektiven für ihr Handeln, wenn aus der personbezogenen Zuschreibung ‚Hyperaktivität' eine Verhaltensweise wird, die (aus Sicht des Schülers sinnvoll) immer dann eingesetzt wird, wenn er sich (sozial oder leistungsmäßig) bedroht fühlt. Hyperaktives Verhalten kann nützlich sein in einem als bedrohlich oder sinnentleert empfundenen Kontext Schule" (Palmowski 2004, S. 50 f.).

Das kindliche Verhalten in einen Funktionszusammenhang einzuordnen, seine Handlungsweisen als ein Symptom *für etwas anderes* einzuordnen, kommt somit einer erheblichen Distanzierung gleich. Zumindest aus der vergleichsweise bequemeren Perspektive des „Beobachters zweiter Ordnung", einer beliebten Figur aus dem systemtheoretischen Universum Luhmanns (1984, ders. 2000), lassen sich individuelle Entwicklungen und psychische Phänomene als soziale Erscheinungen ausflaggen. Es ist dies eine nicht unerhebliche und wohl auch nicht unproblematische Sinn- und Ebenenverschiebung, die aus Sicht des Soziologen eine einfache Übung, für den involvierten Praktiker aber immer eine Gratwanderung ist. Denn die Rekonstruktion von Funktionszusammenhängen *des Sozialen* hat unausgesprochene anthropologische Konsequenzen. Sie sollen oberflächlich benannt werden, bevor wir uns praktischeren Fragen für die Pädagogik zuwenden.

Aus der geschilderten Perspektive systemischen Denkens ist die soziale Vernetzung eine unhintergehbare und dominante Figur, aber es bleibt zu fragen, wie stark der Gegensatz zur Individualpsychologie einzuschätzen wäre. Natürlich (und damit folgen wir lediglich gewöhnlichen entwicklungspsychologischen Erkenntnissen) ist jeder Prozess der Identitätsbildung in einem Spannungsfeld von Abgrenzung und Bezogenheit gegenüber einer Umwelt zu verstehen. Der von Stierlin geprägte Begriff der bezogenen Individuation bringt diese einfachen Zusammenhänge auf den Punkt (Stierlin 1980). Aber insofern zwar die jeweilige Entwicklung faktisch in einem bestimmten sozialen, familialen Kontext sinnvoll rekonstruierbar ist, bleibt die Frage bestehen, inwieweit die Einschätzung des individuellen Seins als Konstante oder Variable des übergeordneten Seins zu verstehen ist. Das Streben des Menschen nach sozialer Nähe, nach sozialem Wachstum und nach der reziproken Anerkennung ist ein fundamentaler Aspekt. Aber ist jedwede biographische *Gewordenheit* ein mehr oder weniger starker Ausdruck kommunikationstheoretischer, funktionalistischer und systemischer Beziehungen? Die Zusammenhänge in diesem Sinne zu verstehen, würde ja bedeuten, die Kritik, die schon am mechanistischen Menschenbild der frühen Verhaltenspsychologie geübt wurde, auszublenden. Auch im Bewusstsein, dass wir in unseren individuellen Bezügen nicht unabhängig von systemischen Bedingungen und besonders von sozialen Einbettungen sind, darf die individuelle Freiheit, die jede Entwicklung begleitet und bedingt, nicht unterlaufen werden. Ebenso – und damit erweitern wir das Gesichtsfeld hin auf weniger abstrakte pädagogische Fragen – ist die Unterscheidung biographischer, intrapsychischer und systemisch-funktionaler Ebenen unverzichtbar, was zwar einleuchtend erscheint, aber im Zusammenhang „gestörter Kommunikation“ und einer erkannten „Symptomatik“ nicht so einfach ist, wie es scheint.

2.3 Die Frage nach pädagogischen Konsequenzen

Die bisherigen Überlegungen mögen dem Leser an einzelnen Stellen wie eine simple Gegenüberstellung vorkommen. Die Anthropologie liefert der Pädagogik einige wichtige Kriterien, die Systemtheorie erweitert dieses Bewusstsein dann um eine wichtige Ebene der sozialen Bezogenheit. Wo aber wäre dann ein Widerspruch zu verorten? Möglicherweise lässt sich dies nur dann erkennen, wenn man den Blick näher auf die Eigenlogik der systemischen Praxis lenkt. Folgen wir den bisherigen Überlegungen über das Problemverhalten in einem Systemkontext, dann ist auf eine mögliche Verengung mit problematischen Folgerungen aufmerksam zu machen. Dazu ist eine wichtige Unterscheidung zu treffen: man kann abweichende Verhaltensweisen aus einem System- und Funktionszusammenhang heraus erklären, indem man die Position des Beobachters zweiter Ordnung übernimmt. Man erkennt demnach Zusammenhänge, die den Personen, die näher am Geschehen beteiligt und hierin verstrickt sind, möglicherweise verdeckt bleiben. Man kann freilich auch konsequent – etwa im Hinblick auf therapeutische, diagnostische oder einfach handlungstheoretische Einsichten – vom unbedingten Vorsatz ausgehen, Verhalten anders und neu einzuordnen, es einer Neuinterpretation zu unterziehen. Das Kind folgt etwa einer Doppelbindungsproblematik, das Verhalten der Beteiligten unterliegt unausgesprochenen Spielregeln, bestimmte Verhaltensmuster lassen in einem veränderten Sichtwinkel Problemkonstruktionen oder Problemlösungen erkennen. Diese „Supervision“ ist hilfreich und weiterführend in einem therapeutischen und diagnostischen Prozess und ihr Mehrwert im Kontext der helfenden Professionen und der psychotherapeutischen Praxis soll hier keineswegs unter Wert veranschlagt werden. Aber ein möglicher Nachteil ist dann doch zu benennen: die Orientierung an systemischen Strukturen ist in praktischer Hinsicht dann nachteilig, wenn nicht *Subjekte,* sondern *Spielregeln, Muster und Interferenzen* das individuelle Verhalten regeln oder beherrschen, wenn jenen Aspekten eine Dominanz zugesprochen wird, die für die Pädagogik selbst zu einem Problem wird. „Das konkrete Verhalten eines Menschen ist nach dieser Sichtweise das Ergebnis vor allem der Regeln, die in einem bestimmten System gelten. Überall da, wo Menschen miteinander agieren, tun sie dies nach bestimmten Regeln, die sie mit großer Souveränität anwenden, obwohl sie auf Befragen hin kaum eine von ihnen explizit benennen könnten“ (Palmowski 2004, S. 51).

An dieser Stelle aber ist es zwingend notwendig, den Blick vom „Alltag“ hin zur Phänomenologie abweichenden Verhaltens und zu den Sinnkriterien einer spezifischen Pädagogik zu lenken. Dazu wiederholen wir noch einmal die Überlegungen von Punkt 1. Die Anthropologie, auch und besonders wenn sie grundlegenden Probleme einer „Verhaltensstörung“ avisiert, stellt die fundamentale Frage, wie der Mensch zur Aktualisierung und Entfaltung von Verhaltensmustern kommt und was ihn im Laufe dieser Prozesse zu bestimmten individuellen Schwerpunktsetzungen veranlasst. Dieser Prozess, der auf die je individuelle biographische Gewordenheit anspielt, ist mit den Mitteln einer Funktionslogik nicht zu bewältigen. Man kann zwar eine Funktionsdiagnostik erstellen, man kann Teilbereiche des Menschen bewerten und sinnvoll in eine Förderkonzeption einordnen; aber es bleibt ein Bereich der Freiheit oder genauer ein Zwischenbereich zwischen Selbstfestlegung und Normativität, über den man wissenschaftlich nicht verfügen kann. Dies aber impliziert die Rede von einer „systemischen Pädagogik“, in der es um Spielregeln, um Muster oberhalb individueller Unzulänglichkeiten und um unsichtbare, unausgesprochene Funktionszusammenhänge geht. Sie sind dann nichts oder wenig wert, wenn sie nicht auf die Ebene individueller Erfahrungen und auf die individuellen Sinnkonstruktionen durchgreifen.

Viele „systemisch“ denkende Praktiker mögen zwar an dieser Stelle Einspruch erheben. Eine „gute“ systemische Praxis zeichnet sich etwa dadurch aus, dass sie psychische und soziale Referenzen strikt voneinander trennt, dass sie also gleichsam den Menschen als offene Frage wie auch das System als eine komplexe Angelegenheit betrachtet, dem man sich nur als distanzierter und vorurteilsfreier Beobachter nähern kann. Das Problem liegt gleichwohl auf einer Ebene der Latenz: es besteht eine latente Gefahr, die pädagogische Praxis im Hinblick auf systemische Dominanzstrukturen zu degradieren; es besteht ferner die Möglichkeit, dass die abstrakte Störfaktizität der sozialen Systeme den einfacheren, unmittelbaren Blick auf Subjektivität trübt. Das Einfachste bzw. Fundamentale im Bereich der Erziehung, nämlich die unmittelbare Einwirkung auf andere Menschen, mit dem Ziel, ihnen zu einer konstruktiv handelnden Daseinssicherung zu verhelfen, ihnen bei der Triebsteuerung und Triebbewältigung Hilfen zu geben oder ihnen Wege aus egozentrischen und unsozialen Persönlichkeitsentfaltungen heraus zu weisen, bedarf auf dieser Ebene der Argumentation einer Revitalisierung.

Dieses Plädoyer ist weder wertkonservativ noch rückwärtsgewandt, es blendet weder die Bedingungen moderner Kindheit aus noch will es eine uralte erzieherische „Autorität" in neuem Gewande beschwören. Man kann sich den Unterschied dessen an einfachen Beispielen vor Augen halten. Sozial abweichende Verhaltensweisen, die auf eine relativ tiefgreifende Verletzbarkeit und auf massive soziale Anpassungsstörungen verweisen, können nicht in dem Sinn „korrigiert" werden, wie dies in technisch-operativen Systemen der Fall wäre. Den Menschen kennzeichnet stets ein Moment unverfügbarer Freiheit wie auch jede Biographie in ihrer je besonderen Entwicklung der Verfügung eines Anderen entzogen bleibt. Inwieweit sich diese wohl unstrittigen Grundannahmen auch für den Nahbereich pädagogischer Interaktionen und für einzelne Elemente aufrechterhalten lassen, ist die Frage. Das pädagogische Alltagsgeschäft des Förderns und Forderns, spezifischer und allgemeiner Erziehung zielt seinem Wesen nach *auch* auf die technische Korrektur einzelner Verhaltensweisen und distinkter Teilleistungen. Bildung ist zwar in der Geschichte mit höheren Weihen versehen worden und die einschlägigen Diskurse haben sich nie ganz mit der vermeintlich niederen Ebene operativen und technologisch beschreibbaren Lernens anfreunden können – der ironische Gebrauch einer Semantik der Schüler als „Trivialmaschinen" spricht hier Bände (Luhmann/ Schorr 1979). Gleichwohl führt ja die pädagogische Grundstruktur, vermittelt durch Handlungsnotwendigkeiten und -fähigkeiten, Geistigkeit und Sozialität in genau jenen Bereich, in der sich eindeutige Möglichkeiten positiven und negativen Verhaltens abzeichnen. Wie individuell sich dies auch immer ausprägen mag, die Reflexion der Erziehung muss sich mit der Tatsache der Notwendigkeit von Korrekturen einzelner Verhaltensweisen auseinander setzen, ohne natürlich eine mechanische Logik solcher Abläufe im Menschen zu Grunde zu legen. Dies ist von daher zu betonen, weil die „dispositionelle hohe Plastizität und Lernfähigkeit des Menschen" (Vernoij 1989, S. 67) die Möglichkeit der Ausprägung schädigender Verhaltensmuster einschließt und damit der Bezug auf Maßnahmen vorrangig ist, mit denen jene Lernprozesse bewusst herbei zu führen wären, welche eine bessere Ausschöpfung individueller Möglichkeiten zur Folge hat. Auf diese selbstverständlich anmutende Position, die man als pädagogische Herausforderung lesen mag, hat aber die systemische Theorie möglicherweise keine Antwort, da sie ihrem theoretischen Wesen nach über keine Theorie des Menschen verfügt. Der Mensch, so Luhmann (1984), ist für die Soziologie viel zu komplex und unbestimmt, um als ein festes Element einer Theorie von Systemfigurationen und Relationen zu sein. Dies aber sollte einer Pädagogik, die sich systemisch inspirieren lassen will, stets bewusst bleiben. Für Verhaltenskorrekturen, die auf destruktives Handelns, auf die Produktion von Daseinsverunsicherung und egozentrische Tendenzen abzielen, bedarf es einer pädagogischen Differenzsensibilität. Zwischen Reglementierung und Kontrolle, Direktiven und Lenkungen einerseits und der Ermöglichung selbsttätigen, selbstbewussten und unbeeinträchtigten Handelns steht der *ermöglichende* Erzieher/die Erzieherin.

3 PÄDAGOGISCHE FORMEN DER HILFE ZUR ERZIEHUNG

Wie gezeigt ist es möglich, mithilfe einer anthropologischen Grundlagenreflexion das grundlegende Verständnis für Institutionen, ihre anthropologische „Funktion" und ihr Verhältnis zur Macht zu klären. Gehen wir zunächst von einem grundlegenden Begriff eines gemeinsamen Lebens aus: Kinder wachsen in einer Welt mit wechselnden Bezügen und Loyalitäten auf, sie lernen mittlerweile von früh auf den wechselhaften Charakter möglicher Umweltbezüge kennen. Aber es gibt auch eine davon getrennte sinnvolle Ebene einer Welt primärer Erfahrungen, in denen Schutz, sinnvolle Autorität und ganzheitliche Bindungen erfahren werden, die in gewissem Sinne unaustauschbar sind. Aus dieser Einmaligkeit der primären Welt erwachsen individuelle Möglichkeiten von Handlungsweisen und Sinnentwürfen. Erscheint dies manchem Leser als eine Harmonielehre ohne Bodenhaftung, so muss betont werden: die primäre Welt ist nur als einmalige Ganzheit sinnvoll begriffen, egal wie brüchig und fragil sie erscheint. Tritt an die Stelle der Einmaligkeit ein nur „hergestellter" oder „imitierender" humaner Bezug, dann greift diese tief in die Autonomie der primären Welt ein. Eine nur „sekundäre" Erfahrung deckt die primäre Erfahrungswelt zu.

Auch wenn wir die Institution auf ihren Charakter eines Zwangsverhältnisses reduzieren, so können wir freilich nicht die Augen davor verschließen, dass die menschliche Praxis nie vollkommen gewaltlos ist. Im Gegenteil, das, was wir in der primären Welt an vernünftigem und solidarischem Miteinander erleben, steht in keinem Gegensatz zu denkbaren Gewalterfahrungen. Die primäre Welt ist zwar unaustauschbar und nicht „herstellbar", weil wir stets in ihr leben, aber ist sie durch unvermeidliche Asymmetrien geprägt. Menschen erleben sich als lernfähig und lernbedürftig und hieraus können wir auf Formen der Dominanz in der Gestalt sinnvoller Möglichkeiten von Autorität schließen. Mündigkeit, Autonomie und kommunikative Solidarität stehen in keinem Gegensatz zur Erkenntnis der menschlichen Angewiesenheit in der humanen Grundsituation. Hieraus resultiert in einem fundamentalen anthropologischen Sinne ein Gefälle zwischen Kind und Erzieher/in .

Wie oben angedeutet, ermöglicht dies eine wichtige Unterscheidung: es gibt Formen legitimierter Macht, die sich von illegitimer Gewalt unterscheiden lassen. Und in diesem Sinne ließe sich sagen: in praktischer Perspektive lassen sich institutionelle Formen danach beurteilen, ob sie sich an Ausdrucksformen kommunikativer Solidarität zurück binden lassen. Wie lassen sich nun Organisationen und Institutionen beschreiben, die im engeren Sinne als institutionalisierte Hilfen fungieren, wenn wir die genannte Unterscheidung zwischen technischer Verfügbarmachung und sinnvoller Integration im Auge behalten? Dies ist von elementarer Bedeutung, wenn wir den betreffenden Institutionen die Qualität einer Sinngestalt zuweisen wollen, wenn diese mehr als nur technische und administrative Mittel darstellen sollen, in denen sich die Individuen nach und nach verlieren können.

Im Rahmen der Selbstbeschreibung des Fachs emotionaler und sozialer Entwicklung ist die Frage nach der institutionellen Organisation eine wesentliche. Welche Organisationsformen sich in der Geschichte des Umgangs mit sozialen und emotionalen Entwicklungsstörungen als nachhaltig im Guten und Schlechten erwiesen haben, kann als Leitfaden dienen. Dabei gilt es im Blick zu behalten, dass die unvermeidliche Bewertung dieser Organisationsformen im Hinblick auf den Gedanken der Prävention voreingenommen bleibt. Prävention im elementaren Sinne der Verhinderung individuellen Leids und individueller Gebrechlichkeit gilt als hohes Gut. Unter dem Gesichtspunkt, dass eine „Behinderung" zu „verhindern" sei, erscheinen organisatorische Formen also bis zu einem gewissen Grade als unvollkommen. Es genügt daher wohl nicht, die einzelnen schulischen, psychiatrischen, sozialpädagogischen Institutionsbildungen zu rekonstruieren und sich etwa am Ende mit einem Plädoyer für intensivere Kooperation oder der Kritik der Lebensweltferne zu begnügen. Wir versuchen hiergegen, die Eigenlogik und die Zwänge der jeweiligen Organisationsformen zu betonen, also das, was sie möglicherweise zum Problem macht (3.1). In einem zweiten Schritt könnte man nun in vergleichbaren Zusammenhängen auf die Vorzüge der Prävention zu sprechen kommen, also idealtypisch „offene" Prävention und die „geschlossene" Institution gegenüber stellen. Aber dies führt hier zunächst zu einer weiteren negativen Bestandsaufnahme, denn auch der ideale Gedanke der Prävention (3.2.) hat ein ambivalentes Gesicht. Aus dieser negativen Frontstellung führt, wie zu zeigen sein wird, kein einfacher Weg hinaus, denn die Externalitäten, die wir den stets unvollkommenen Institutionen entnehmen können, haben ja ursprünglich die Funktion, den Menschen zu entlasten. Es stellt sich insofern die Frage, wie wir den Institutionen „Sinn" abgewinnen können.

3.1 Die Organisationsform der Kinder- und Jugendpsychiatrie

Die Organisationsform Psychiatrie hat bekanntlich eine lange Geschichte mit einem langen Schatten (Basaglia 1985, Keupp 1979). Dieser Schatten scheint sich noch auf die gegenwärtigen Einrichtungen der Kinder- und Jugendpsychiatrie auszuweiten. Die „Einweisung" in ein mehr oder minder seperates, geschlossenes System hat keine guten Ruf. Das müsste eigentlich verwundern, denn die vorübergehende Betreuung in dieser Organisationsform entspringt – wenn man es sich sehr einfach macht – einem moralischen Impuls der Verhinderung von etwas Schlimmeren. Die Einweisung ist angezeigt, wenn Kinder eine Not offenbaren, wenn sie und ihre Umwelt von Schädigung bedroht sind, wenn es um dringende psychosoziale Stützung geht. Gleichwohl erleben wir im Alltag, aber auch im wissenschaftlichen Diskurs eine tiefe Abneigung gegen „stationäre Unterbringungen". Diese erscheinen von daher als Problem und als eine Bedrohung, weil sie einer fachlichen Einseitigkeit unterliegen, weil sie die interexistentiellen Dimensionen in der Lebenswelt des Kindes möglicherweise nie ganz erfassen könnten (u. a. Speck 1996; Theunissen 2000). Wenn wir im Folgenden die Organisationsform der Kinder- und Jugendpsychiatrie in ihren Grenzen erfassen wollen, dann ist man dementsprechend auf eine Verhältnisbestimmung von Psychiatrie, Heilpädagogik und Behindertenpädagogik verwiesen. Es bedarf hierzu eines kurzen geschichtlichen Rückblicks.

Die vieldeutige Begriffsklammer Medico-Pädagogik verweist auf eine höchst problematische Entwicklung, die für das 19. und das frühe 20. Jahrhundert zu beobachten war und noch in der Gegenwart in Teilbereichen nachwirkt: die Priorisierung des ärztlichen Heilens im Gegensatz zu einem langfristigen In-Beziehung-Treten der Heilpädagogik (im Folgenden Speck 1996, S. 50 ff.). Die pädagogische Pathologie, flankiert von einer „heilenden Erziehung", sprach von Kinderfehlern, sie gab einer systematischen Pathologie kindlicher Abweichung Raum und prägte die Begrifflichkeit der Störung der kindlichen Bildsamkeit (v. Strümpell 1910). Mag diese Semantik noch für das „mechanistische" 19. Jahrhundert typisch gewesen sein, so lassen sich auch für das beginnende 20. Jahrhundert Ansätze verfolgen, in denen Pädagogik und Medizin in ein asymmetrisches Verhältnis, eine Schieflage gebracht wurden. Natürlich lässt den modernen Leser die raue Begrifflichkeit „die Physiologische Erziehung der Schwachsinnigen" zusammen zucken (hierzu: Hänsel 1974), aber es ist zu fragen, in welchem Zusammenhang ärztliche Behandlung und pädagogische Beeinflussung gefasst werden. „Mit aller Bestimmtheit weisen wir Heilpädagogen jene Hybris zurück, die auf psychiatrischer Seite hie und da zum Ausdruck kommt und in welcher der Heilpädagoge nur als eine Art Unterassistenz oder als besserer Wärter betrachtet wird, der nichts anderes tun sollte, als ärztliche Befehle auszuführen" (Hanselmann 1930, S. 544, zitiert nach Speck 1996, S. 51). Es gab in dieser Zeit also sowohl eine schwierige Tradition, die in der kindlichen Auffälligkeit etwas moralisch Defizitäres entdeckte, es gab gleichwohl auch hier schon erste Stimmen, die sich für das Recht des Kindes auf sinnvolle und umfassende Erziehung aussprachen, die sich mithin gegen die mechanistische *Bekämpfung des Krankhaften* aussprachen. Die Heilpädagogik dieser Zeit wandte sich mit Recht gegen ihre Unterordnung medizinischer Verfügungen.

Der Wandel im Selbstverständnis der Heilpädagogik ist für das gegenwärtige Verständnis des medizinisch-psychiatrischen Bereichs nicht unwichtig. Im Horizont der fragwürdigen Geschichte der medizinischen Behandlung *Krankhafter* erscheinen die gegenwärtigen Probleme doch eher relativ. Allenfalls kann man von Gefahren und Mängeln eines hochdifferenzierten Systems sprechen, das sich wie allgemein das Gesundheitssystem auch durch gesellschaftliche Zwänge, aber auch durch Autonomieentwicklungen auszeichnet. Die Behandlung von Kindern und Jugendlichen, die sich auffällig zeigen, ist in einigen Bereichen anfällig für problematische Entwicklungen. Zu nennen ist die zunehmende medikamentöse Behandlung von Problemen, deren „Ursachen" eher im sozialen Bereich angesiedelt sind. Des Weiteren sind eine isolierende und lebensweltferne Praxis, die individualisierende Diagnostik und die Reduzierung der Subjekte auf behandelbare Merkmale mit bestimmten Krankheitswerten zu nennen. Es ist schwer zu sagen und soll hier auch nicht vertieft werden, inwieweit diese angedeuteten Entwicklungen eher gesellschaftlichen Konjunkturen unterliegen und ob sich realistischerweise eine Medikalisierung auffälligen Verhaltens behaupten lässt, die der Tendenz nach rezeptologisch nach funktionalen Problemlösungen im sozialen Bereich sucht. Aber der Nachteil des medizinisch-psychiatrischen Bereichs liegt auf der Hand: schon auf der Ebene der Strukturen eines „Stationslebens" erfahren Kinder fundamentale Enteignungen und zwangsläufig systematische emotionale Entbindungen. Die Institution Psychiatrie hat einen nicht unbedingt entwürdigenden, aber doch gewaltförmigen Aspekt: die sinnvolle Einbettung in eine soziale Umgebung wird durchbrochen, Kontakte zur bisherigen Lebenswelt werden ein Stück weit reduziert, bisher erfahrene Selbstbestimmung wird systematisch negiert. Man hat mitunter aufgrund dessen argumentiert, dass die Intervention – allerdings bei zugrunde gelegten inhumanen Zuständen – zur Verschärfung der Probleme beitrage, dass sie zumindest ihren ursprünglichen Zweck verfehle (Illich 1975; Sichrovsky 1984). Die diagnostische und therapeutische Zergliederung bietet zu wenig Ansatzpunkte, um einer sinnvollen, einer ganzheitlichen und rehabilitativen Perspektive Raum zu geben.

Der medizinisch-psychiatrische Diskurs, wie er hier zugespitzt auf seine wesentlichen Kritikmerkmale dargestellt wurde, entstammt einer Zeit, in der die Effekte des Institutionswesens nach und nach aufgedeckt wurden. Es soll hier keineswegs behauptet werden, dass sie sich in die Gegenwart übertragen ließen, und es sollen auch nicht die Anpassungen und Entwicklungen verschwiegen werden, die den diversen Psychiatrieenqueten, Kritiken und Reformplänen folgten. Letztlich bleibt aber nach all dem eine Grundsatzfrage erhalten: die psychiatrische Form der Organisation gründet dem Wesen nach auf einer zeitlich selektiven Aussonderung, nicht auf einer „ganzheitlichen" Entwicklungsförderung. Die Institution hat einen dämpfenden und streng interventionistischen Effekt, sie reduziert die Komplexität der Auffälligkeit auf das Wesentliche individuellen Leidens und individueller Gefährdung. Setzen wir an diesem Punkt an, erkennen wir die Schwierigkeit einer Position, die von der Faktizität institutioneller Zergliederung und Isolierung ausgeht. In der polemischen Wendung, dass dort das Störende, das Krankhafte und Defekte vom Gesunden ferngehalten werden soll, liegt ein offensichtliches Missverständnis, das für die folgenden Überlegungen relevant ist, denn es unterläuft die humane Ebene der fundamentalen Vulnerabilität im sozialen Nahbereich. Die Tatsache, dass Menschen in der primären Welt dauerhaft angewiesene und schutzlose Wesen sind, dass ferner nicht nur die „instrumentelle und verdinglichte Praxis", sondern schon die gemeinsame Lebenswelt durch Erfahrungen der Gewalt und des Ausgesetzt-Seins geprägt sind, bleibt hier unthematisiert. Es bleibt daher in einem ersten Schritt das Sinnvolle der institutionellen Form von allen illegitimen Verfehlungsgestalten zu trennen. Der Sinn dieser spezifischen Institution besteht in Versuchen der Herstellung menschlicher Orientierung, einer Rehabilitation im einfachsten Sinne, die nur bis zu dem Punkt gelten soll, an dem das sinnvolle Erleben der menschlichen und kindlichen Grundsituation ermöglicht wird. Unbeachtet aller organisatorischen Sackgassen, aller strukturellen Gewalt liegt der sinnvolle Kern der Institution doch in etwas Unverzichtbarem. Um dies zu erkennen, müssen wir wiederum auf der Ebene menschlicher Praxis argumentieren: Entfremdung und Gefährdung sind im Zusammenhang menschlicher Sinnentwürfe, aber auch stets im gesellschaftlichen Zusammenhang menschlicher Komplexitätsreduzierung zu betrachten. Die Erfahrung menschlicher Verletzlichkeit, wie sie in bestimmten emotional-sozialen Störungsmustern zum Ausdruck kommen kann, ermöglicht sinnvolle *Hilfe in der Not* – in alltäglicher, interaktiver ebenso wie in institutioneller Großform.

3.2 Sozialpädagogische Hilfen zur Erziehung

Unter den differenzierten Institutionen der Erziehungshilfe stellen sozialpädagogische Hilfen ein wesentliches Standbein dar. Sie sollen hinsichtlich der rechtlichen Rahmenbedingungen und organisatorischen Formgebungen knapp skizziert werden. Bekanntlich bildet das Jugend- und Sozialhilfegesetz die rechtliche Grundlage für die Aufgaben, die sich aus der fundamentalen Grundlage des Rechts auf Erziehung, Förderung und Entwicklung ergibt (im Folgenden Keller 1993; Hillenbrand 1999). Obwohl die öffentliche Jugendhilfe keinen eigenen Erziehungsauftrag besitzt und eine primäre Sorgeberechtigung auf seiten der Eltern besteht, so ist doch zu bemerken, inwieweit mittlerweile die öffentliche Jugendhilfe primäre Aufgaben der Sozialisation, des Schutzes und der Schaffung einer entwicklungsfreundlichen Umgebung übernommen hat. Der Staat hat bekanntlich eine Wächterfunktion und diese Funktion kann versagen, sie kann aber auch über ihr eigentliches Ziel hinausschießen. In diesem Spannungsfeld bewegen sich die folgenden Überlegungen zur sozialpädagogischen Organisationsform, wobei wir uns im Folgenden auf selektive Formen beschränken, die für das Fach emotionaler und sozialer Entwicklungsförderung vorrangig sind. Neben der generellen Förderung der Entwicklung im Rahmen der allgemeinen Jugendarbeit sind es vor allem die vielfältigen Formen der Hilfen zur Erziehung, die durch erzieherisch orientierte Träger wahrgenommen werden. Beratung der Familie in Notsituationen, die Förderung von Kindern in Tagesreinrichtungen, sozialpädagogische Familienhilfe, Erziehungsbeistandschaft oder betreute Wohnformen stellen exemplarische Möglichkeiten dar, um bestimmte negative Entwicklungen auszugleichen. Aber aus dem Blickwinkel eines entwicklungsgefährdeten Kindes ergeben sich auch intensive Hilfen und Interventionen der Fremdunterbringung in Pflegefamilien, in Heimen sowie therapeutische Intensivmaßnahmen. Es macht durchaus Sinn, sich auf diese ernsteren Erziehungsproblematiken und Krisensituationen zu konzentrieren, um wesentliche Sinnkriterien zu gewinnen.

Sehr einfach formuliert, ergibt sich die Notwendigkeit der Organisationsform aus einer längerfristigen Benachteiligungsperspektive; eine Benachteiligung keineswegs im materiellen Wortsinne, sondern aus der Perspektive des Kindes gesprochen. Die Gründe für nachteilige Entwicklungsperspektiven sind meist gravierend. Natürlich sind auch Fälle dokumentiert worden, in denen Jugendämter offensichtlich ihre Grenzen überschritten und illegitime Eingriffe verfolgten, ebenso haben sich aber auch Fälle gravierenden Verantwortungsverzichts ergeben, in denen das Kindeswohl fundamental missachtet wurde. Jenseits der politischen Diskurse, die sich hieran entzünden, ist der Fokus auf die pädagogischen

Innovationen zu lenken, die in Kraft treten, wenn die primäre Lebenswelt der Familie nicht weiter tragfähig ist. Zu diesen Innovationen zählt mittlerweile die Erkenntnis, dass die Unterbringung in Heimen zu Syndromen des Hospitalismus, zu sekundären Gefährdungen der individuellen Entwicklung aufgrund mangelnder Bindungen führen kann bzw. faktisch geführt hat. Die Interventionsmöglichkeiten haben sich dementsprechend weiterentwickelt: neben den Hilfen im primären Familienumfeld ergeben sich nun Möglichkeiten der Unterbringung in Pflegefamilien, der familienanalogen Einrichtungen, der ambulanten Versorgung, weiterer ambulanter Lebens- und Wohnformen. Die massive Kritik an der Fremdunterbringung hatte demnach positive Effekte. Träger investierten erhebliche Mittel in die Einrichtungen, die Ausbildung der Mitarbeiter wurde schrittweise verbessert, pädagogische Vernetzungen und neue innovative Konzepte der Erziehung wurden bereitgestellt (Hillenbrand 1999, S. 159 ff.).

Gleichwohl darf man die humanen und finanziellen Investitionen, die hier offensichtlich getätigt wurden, nicht überbewerten. Welche Interventionen sich auch jeweils ergeben – die Übernahme der primären Sorge ist das Anzeichen einer tiefgreifenden Störung, die lange vorher begonnen hat und sich in die individuelle Entwicklungsgeschichte eingeschrieben hat. Die primäre Verletzung der Sorge steht gewissermaßen unsichtbar am Anfang und jegliche Intervention trägt die Bürde einer nachträglichen Kompensation. Weiter ist zu bemerken, dass es eine widerspruchsfreie und reibungslose Intervention schwerlich geben kann – das heißt, die Übernahme der Pflege in einer „zweiten" Familie kann scheitern; die Betreuung im Rahmen der Familie kann sich möglicherweise erst nach längerer Beobachtung als unmöglich erweisen, selbst die Aufnahme in ein Heim kann einen Schwerpunktwechsel bedeuten, mit weitgehend „offenem" Vollzug, in größeren Gruppen oder im Rahmen einer intensivpädagogischen Maßnahme, wenn der individuelle Leidensdruck zu groß wird.

Es bedarf keiner ausführlichen Begründung, um die Relevanz der Systeme der Jugendhilfe im Gesamtsystem öffentlicher Erziehung, aber auch in ihrer Bedeutung für das Fach darzulegen. Die angedeuteten Institutionen, Maßnahmen, Einrichtungen und Hilfesysteme sollen die seit der Industrialisierung erheblich komplizierter gewordene Aufgabe der Erziehung unterstützen, ergänzen, zum Teil auch ersetzen. Sie stellen von daher einen erheblichen Eingriff in die Bildungs- und Lebenswirklichkeit von Individuen dar, da es in vielen Fällen letztlich darum geht, die Erfahrungen der Missachtung, der Schutzlosigkeit, des Ausgesetzt-Seins und der Überforderung auszugleichen. Vorsichtiger formuliert, geht es darum, im Dickicht der familiären und sozialen Probleme handlungsleitende Erkenntnisse zu gewinnen, um überhaupt sinnvolle Perspektiven zu gewinnen – das Ziel der „Wiedergewinnung" von Autonomie und Ähnliches steht oft erst am Ende eines langen Diagnostikprozesses. Dies scheint auf eine Zwangsläufigkeit zu verweisen, denn es geht gar nicht darum, dass die Institutionen zu langsam laufen, dass es administrative Barrieren gibt oder dass zu wenig Personal vorhanden sei. Der Sache nach geht es um eine eingetretene soziale Gefährdung und Desintegration, die nie isoliert auf *eine* störende Ursache oder auf *einen* störenden Faktor in der familiären Grundsituation zurückzuführen ist. Vielmehr handelt es sich um soziale Gefährdungslagen, die eine lange und komplexe Geschichte haben, die von außen gar nicht als solche wahrgenommen werden muss. Erst wenn der soziale Druck im sozialen System steigt und etwa auf einen tiefreichenden Mangel des Kindes deutlich hinweist, tritt die Logik der Ausfallbürgschaft in Kraft. Dies ist nicht unbedeutend für die Formulierung institutioneller Leitperspektiven.

Bei der Beschreibung disziplinärer Aufgaben kommt in diesem Zusammenhang meist die Bedeutung und Tragweite kooperativer Arbeitsformen zum Ausdruck. Die sozialpädagogische Jugendhilfe versteht sich als integrierendes erzieherisches System, das in andere Erziehungszusammenhänge, in die Bereiche der Familie, der Schule, der Freizeit und der Arbeit hineinwirkt. Insbesondere die „mangelnde Erziehungsfähigkeit der Eltern“, die sozialpädagogisch erkannte „Unfähigkeit der Schule“, aber auch die Kinderfeindlichkeit des Lebensumfelds zwingen dazu, Formen des Ausgleichs, der Kompensation und der Hilfe zu erlangen (Speck 1989, S. 211). Dies alles mündet im Ruf nach verstärkter Kooperation zum Wohle des Kindes – zwischen Schule und Jugendamt, Schule, pädagogischer Hilfe und Familie, zwischen dem Behindertenpädagogen, dem Integrationshelfer und der Fachlehrerin, usw. Nicht zuletzt die Kooperation zwischen Schule und Jugendhilfe wird nicht selten „angemahnt“, als sei dies gerade *nicht* eine selbstredende Notwendigkeit der helfenden Profession. Es stellt sich die Frage, ob sich die Selbstbeschreibung der institutionellen Logik hierauf reduzieren kann oder ob nicht noch andere Sinnkriterien hinzuzufügen wären. Die Notwendigkeit der Kooperation lässt sich schnell begründen: sozial- und behindertenpädagogische Systeme finden ihren Ausgangspunkt in der Bereitstellung der erzieherisch notwendigen Hilfen für sozialbenachteiligte und desintegrierte Kinder, auf der einen Seite mit dem Schwerpunkt der Sozialerziehung, auf der anderen mit dem Akzent der allgemeinen Bildung und Wissensvermittlung. Dieses übergeordnete Leitziel sollte in der Praxis auch noch die letzten getrennten administrativen und juristischen Eigenarten überwinden. Denn: die betroffenen Kinder und Jugendlichen, „denen die Dienstleistungen von Sozial- und Sonderpädagogik gelten, sind dieselben und haben einen Anspruch auf eine abgestimmte, sich verständigende öffentliche Erziehungshilfe“ (ders. S. 212). Um diesen gut begründeten Zwang zur Kooperation nahe zu kommen, ist es hilfreich, die Barrieren der Praxis ohne Umschweife zu benennen. Man wäre gezwungen, die zunehmende Verdichtung administrativer und organisatorischer Regelungen zu durchdringen, die Aufgaben der jeweiligen Institutionen anschließbar zu halten und insbesondere die alltäglichen persönlichen Missverständnisse, Entfremdungen und Unzulänglichkeiten aus dem Weg zu räumen. Eine intensive sozialpädagogische Hilfe wäre demnach nur dann sinnvoll, wenn sie mit offenem Visier zu ihrer Umwelt handelt, wenn sie es schafft, die verschiedenen Fachkompetenzen, Richtlinien, organisatorischen Differenzierungen und Interessen in einen gemeinsamen Zusammenhang zu stellen. Im Idealfall bedeutete dies eine ganzheitliche Entwicklungsförderung, bei der jedes System, insbesondere das sozialpädagogische Hilfesystem, sich als Teil eines sinnvollen und widerspruchsfreien Ganzen versteht (Werning 1990). Dass es sich hier um Notwendigkeiten der professionellen Praxis handelt, ist eindeutig. Aber, wie wir sehen werden, gibt es weitere Kriterien, die über die bloße Einsicht, dass es sinnvoll und notwendig ist, mit anderen zusammen zu arbeiten, hinaus führt. Wir greifen diesen Punkt weiter oben auf und fragen aber zunächst nach der institutionellen Logik des Bildungs- und Schulsystems.

3.3 Organisationsformen im Bereich der Schule

Die Organisationsform Schule ist vermutlich der schwierigste Bereich, schwierig aus folgenden Gründen. Es gibt vermutlich eine weite Grauzone, in der eine undefinierte Masse von Schülern mit Lern- und Verhaltensauffälligkeiten ein Eigenleben führt, ohne dass dies zu offiziellen Maßnahmen führte; zugleich ist es schwierig, gravierende und manifeste Störungsbilder von alltäglichen und halbwegs tolerablen Verhaltensauffälligkeiten eindeutig abzugrenzen. Nach wie vor stellt das jeweilige Ausmaß an Verhaltens- und Disziplinstörungen den schwierigsten Aspekt der modernen Schulorganisation dar, vor allem weil die Problematiken nicht selten auf einer oberflächlichen Ebene von vermuteten Symptomen verhandelt werden. Auf der einen Seite werden Klagen über die ständig zunehmende Aggressionsbereitschaft, Disziplinprobleme und intensive Verhaltensauffälligkeiten als unspezifischer Druck von außen laut, auf der anderen Seite werden vermeintlich innovative Reformen und Konzepte der Schule erdacht, die vereinfacht gedacht eine „bessere" Schule mit primärer Offenheit für die besonderen Bedürfnisse der Schüler verlangen. Die folgenden Überlegungen zur spezifischen Organisationsform des Bildungssystems versuchen, diese Engführungen zu vermeiden. Um Schüler mit emotionalen und sozialen Entwicklungsstörungen in das Schulsystem zu integrieren, gibt es eine Reihe von organisatorischen und institutionellen Konzepten und Alternativen. Der gegenwärtige Innovationsschub, der mit dem Anspruch der Inklusion verknüpft ist, stellt jedoch eine besondere Herausforderung dar, weil sich dort die Frage nach den Geltungsbedingungen einer „besonderen" Pädagogik auf neue Weise stellt. Diese raumgreifende Problematik ist daher in einem gesonderten Punkt aufzugreifen (vgl. Kap. 6/7). Unterhalb der radikalen Alternative eines inklusionstheoretischen Zugangs gibt es freilich eine Reihe von sinnvollen Beschulungs- und Unterrichtsformen. Der Einfachheit halber könnte man zwischen ambulanten, mobilen und schulintegrierten Erziehungshilfen und therapeutischen Einzelfallhilfen unterscheiden. Im Rahmen schulpsychologischer und sonderpädagogischer „Dienste" wird institutionalisierte Beratung im Erziehungs- und Bildungsumfeld ins Zentrum gerückt, im idealen Falle arbeiten dann Eltern, Klassenlehrer, Fachlehrer, Sonderschullehrer/in präventiv und kooperativ an einem gemeinsamen Problem. Das Modell einer dezentrierten Erziehungshilfe ist mittlerweile in vielen Bildungseinrichtungen fest installiert, es geht hierbei um die Möglichkeiten einer weitestgehend integrativen Beschulung auch bei dichten Problemkonstellationen. In welcher Form sich diese institutionelle Neuerung ausprägt, ist bisweilen sehr unterschiedlich. Es gibt Möglichkeiten des Gemeinsamen Unterrichts, bei dem Fachlehrer und Sonderpädagogin kontinuierlich zusammenarbeiten und das gesamte Erziehungs- und Bildungsspektrum im Blick behalten; es gibt das wahrscheinlich sehr häufig gebrauchte Modell der Binnendifferenzierung, bei dem eine Sonderklasse bzw. eine Sondergruppe gebildet wird, es gibt ferner eine Reihe organisatorischer Differenzierungen, die von therapeutischer Einzelfallhilfe, selektiver Herausnahme von Problemschülern, sozialer Integration durch erhöhte Ressourcenzuweisung bis zur Bildung von Beratungsgremien reicht. Und es gibt weiterhin die Organisationsform der *„Schule für Erziehungshilfe"*, die zwar auf dem Papier *soziale und emotionale Entwicklungsstörungen* wahrnimmt, aber durchaus einen seriösen *Erziehungshilfeauftrag* verfolgt. Diese Organisationsform besitzt keinen guten Ruf, aber wir werden sehen, dass sich auch in diesem Kontext sinnvoll nach den Möglichkeiten schulischer und sozialer Integration fragen lässt. Hier geht es jedoch zunächst darum, die eigentliche Aufgabe der Pädagogik zu umschreiben, Kompetenzen und Ziele der Erziehungshilfe sinnvoll in das allgemeine Bildungssystem zu integrieren.

3.4 Das Problem der Lebensweltferne

Es gibt nun mindestens zwei markante Zugänge, um die Rolle der Institutionen in den größeren Zusammenhang der Entwicklung des Fachs einzuordnen. Der erste, positiv ansetzende Zugang fragt nach den Möglichkeiten intensivierter Hilfe im Rahmen bestehender Institutionen. Im Rahmen dieses Zugangs werden die Schwachstellen, etwa die administrativen Zwänge und die Lebensweltferne der bestehenden Organisationen benannt, aber gleichwohl Möglichkeiten erkundet, um eine Perspektive sinnvoller Entwicklungsförderung zu entwerfen. Der andere Zugang setzt eher an notwendigen Einschnitten und Reformprozessen an, er fordert ein Umdenken, um den rigiden Prozessen der „Aussonderung", der „Disziplinierung" und der „Stigmatisierung" zu begegnen, die als die Ursache des Übels identifiziert werden. Wir versuchen hier diese Ansätze nicht zu bewerten, sondern konzentrieren uns auf die dritte Möglichkeit. Die Erfahrungen der Fragmentierung, der Entfremdung, der Brüchigkeit haben eine sinnvolle anthropologische Dimension, die selten thematisiert wird. Aber sie eröffnet, wie wir im Folgenden sehen werden, eine sinnvolle, durchaus mit integrativen Zielen verknüpfbare Perspektive, wenn man den negativen Ausgangspunkt erst einmal „durchdrungen" hat.

Von pädagogischer und soziologischer Seite wird der Zusammenhang, um den es hier geht, zunächst einmal als gesellschaftspolitisches Strukturproblem erkannt. Es wird von einem negativen und schädlichen Prozess der institutionellen Aussonderung ausgegangen, der in der Tat für längere Zeiträume prägend war und ist. Kinder und Jugendliche mit sozialen, emotionalen und kognitiven Entwicklungsschwächen wurden aus für sie bedeutsamen Lebenskontexten herausgenommen, stigmatisierenden Kontexten zugeführt und auf eine Laufbahn negativer Selektionsmechanismen gezwungen (im Folgenden Werning 1989, S. 33 ff.). Die Rolle, die diverse Institutionen hier einnehmen, erscheint wenig schmeichelhaft. Die Überführung in eine „Sonderschule", die Einweisung in ein Heim, die vorübergehende Aufnahme in die Psychiatrie lassen sich als Korrekturmaßnahmen beschreiben, die dem Muster einer fragwürdigen gesellschaftlichen Notwendigkeit folgen. Da die Normen und Regeln des Zusammenlebens durch die Auffälligkeiten gestört und „gefährdet" werden, müssen kompensatorische oder korrektive Anpassungs- und Reintegrationsversuche eingeleitet werden. Der schwerwiegende, dauerhafte und umfängliche Verstoß gegen die Leistungs- und Interaktionsnormen „der Gesellschaft" bzw. gegen den gesellschaftlichen Auftrag der Schule, legitimierte das Procedere. Unter anderem der Integrations- und der neueren Inklusionsbewegung ist es zu verdanken, dass diese Form des institutionellen Umgangs mit „Problemkindern" kritisiert und nachhaltig verändert wurde. Die Form der Kritik lässt sich auf folgende Aussagen zusammenfassen: Im Falle einer auffälligen Entwicklungsproblematik wird nicht der vorhandene Lebenskontext hinterfragt, sondern die störende Person isoliert und besonderen Institutionen zugeführt. Der kritische Prozess der „Entkontextualisierung" (ders. S. 33) bezeichnet die Interpretation menschlichen Verhaltens als Fehlfunktion, das heißt, hier wird von einem Zuschreibungsprozess ausgegangen, der strikt von institutionellen und dahinter stehenden gesellschaftlichen Variablen und Notwendigkeiten ausgeht. Zwar unterliegen solche Zwangsmechanismen keinem totalitären Verhältnis, aber es wird durchweg von einer subjektiven Bewertung und einer sinnvollen, umweltorientierten Auseinandersetzung des Problems abstrahiert. Wie oben angesprochen haben sich freilich in neuerer Zeit Veränderungen gezeigt, die durchaus einen Fortschritt im Selbstverständnis der Institutionen erkennen lassen. Aber die Grundüberlegung hat nach wie vor Geltung. Die Möglichkeit des Verständnisses von Entwicklungsstörungen als subjektive Bewältigungsformen – jenseits institutioneller Zwänge – ist gering; die Antwort auf diskreten sozialen Problemdruck in komplexen modernen Gesellschaften liegt nach wie vor in nichts anderem als im puren *Funktionieren* bestehender Institutionen.

Fassen wir die Kritik noch einmal zusammen, dann wäre zu sagen, dass es vorrangig der Aspekt der Lebensweltferne ist, der auffälliges Verhaltens aufrecht erhält und verstärkt, indem es entkontextualisiert wird. Entkontextualisierung heißt, das Bedingungsgefüge, das Verhaltensauffälligkeiten aufrecht erhält, wird nicht oder nur unzureichend wahrgenommen. Schulische, sozialpsychiatrische, psychosoziale oder medizinische Institutionen zerlegen die individuelle Biographie. Der primäre Lebenskontext, in den Kinder und Jugendliche hineinwachsen, wird durch den Prozess der institutionellen Zuweisung – also im Extremfall bei psychiatrischer Aufnahme, dem Wechsel auf eine Förderschule, der Zwangsaufnahme in eine familienanaloge Einrichtung, usw. – zergliedert. Diese Form der Trennung fällt bei totalen oder geschlossenen Systemen natürlich besonders auf, aber der Prozess lässt sich durchaus ein Stück weit verallgemeinern. Denn kennzeichnend für die Organisation ist die künstliche Trennung von verursachenden und problemlösenden Feldern, zwischen Lebenswelt und institutionalisierter Reparaturstelle. Helfenden Institutionen ist der selektiv-administrative Blick eingeschrieben. Es herrschen Kriterien der diagnostisch-pädagogischen und therapeutischen Zergliederung, die leicht nachvollziehbar sind. Für die Feststellung erhöhten Förderbedarfs – unabhängig von Förderorten – bedarf es einer diagnostischen Erfassung durch „Experten"; für die Einweisung in eine sozialpädagogische Fördergruppe müssen Nachweise einer spezifischen Bedürftigkeit erbracht werden, für medizinische Diagnosen bestehen ausgeklügelte differentialdiagnostische Programme. In einem Bereich wird das Kind auf seine Schulleistungsfähigkeiten hin bewertet, im anderen auf seine soziale und emotionale Gesamtentwicklung oder auf seine somatischen Auffälligkeiten und Symptome im Verhaltens- und Erlebensbereich. Anamnestische Befragungen sind durchzuführen, Risikofaktoren auszuloten, Fragebögen zur Analyse von Verhaltenssyndromen auszufüllen, um die Komplexität der Auffälligkeit handhabbar zu machen.

Gegen diese Engführungen von Institutionen, gegen ihre Lebensweltferne und mechanische Kälte mag man nun ein integratives Verstehensmodell kindlicher Auffälligkeit im Sinne einer ganzheitlichen Entwicklungsförderung stellen (Werning 1989; Theunissen/Plaute 1995). Spezifische Lebensweltkonzepte, die sich aus einem verstehenden soziologischen Horizont, gemeindepsychologischer und interpretativer Familienarbeit heraus verstehen, beziehen sich auf die gemeinsame Nähe und Konkretheit einer gemeinsamen Praxis. Man entwirft, vereinfacht gesagt, Gegenkonzepte zu kausal und funktionalistisch operierenden Ansätzen. Der Begriff der Lebenswelt erhält in diesen Gegenkonzepten ein vergleichsweise hohes Gewicht. Er bezieht sich zwar faktisch auf die unmittelbar primäre Welt des Menschen und besonders auf die Modalitäten, in denen Welt, Umwelt, Personen und Zusammenhänge wahrgenommen werden. Aber der Lebensweltbezug dieser „Innovation“ bürdet sich auch eine normative Last auf. Denn die Lebenswelt wird in gewissem Maße zum Gegenbegriff der Institution. Herrscht dort Lebensweltferne, Kälte, ein instrumentelles und distanziertes Verhältnis zu den Menschen, so klingen im Bezug auf die Lebenswelt subjektive Bedeutung, Nähe, Ganzheit, Verständnis mit. Dort wird der Mensch zergliedert und in funktionelle Abläufe eingespannt, hier wird er in einen sinnvollen Zusammenhang diskret eingebettet – es wird im Folgenden zu fragen sein, in welchem Sinne diese Form der Sozialkritik angemessen ist.

Die Kritik an der Lebensweltferne, die sich bei emotionalen und sozialen Problemverdichtungen besonders aufdrängt, muss gleichwohl eine selbstreflexive Distanz wahren. Tut sie dies nicht und idealisiert, wie angedeutet, einen Dualismus, dann wäre sie wohl nicht in der Lage, die eigenen Sinnbedingungen des Fachs zu klären, die nie ganz widerspruchsfrei erscheinen können. Als primäre Bedingung stellt sich das Problem der Desintegration und der Zergliederung des Menschen. Durch den Wegfall primärer sinnstiftender Sozialisierungskräfte entsteht menschliches Leid; aber eine integrative, ganzheitliche Problemlösung können wir höchstens auf dem Papier verwaltungsrechtlicher Absicherungen erkennen. In der primären Welt herrscht keine *behebbare Versorgungslücke*, sondern die Unmittelbarkeit sozialer Fragilität. Junge Menschen, denen der emotionale Boden unter den Füßen entzogen wird, müssen zwar in vielen Fällen sogenannten „Prothesenlösungen“ zugeführt werden (Kozdon 1997, S. 125). Der erlittene Kälteschock des Aussetzens ist jedoch nicht mit der strukturellen Gewalt der Instanzen und Organisationen auf die Weise verknüpft, wie es suggeriert wird. Die folgenden Aussage ist nun keine Relativierung, sie folgt dezidiert keinem Interesse an Entpolitisierungen: die primäre Verletzung und die primäre Erfahrung des Ausgesetzt-Seins findet *in der primären Situation* des Menschen statt. Die sich an diese Erfahrung anschließende Expansion der Professionen, das Hochschrauben von legitimen Ansprüchen, das Wachstum und die Vermehrung der

Experten, der unbedingte Wille zum Mehr, der sich, wenn auch schleichend, in den Sozialdisziplinen abzeichnet, kann stets nur als mehr oder minder vernünftige Antwort auf die primäre Erfahrung verstanden werden. Die Kritik an der Zergliederung des Menschen durch die Institutionen kann daher wohl immer nur ein Stück weit gelten, aber sie kann wohl nie auf ihren „Grund" zurückgeführt werden. Die ganzheitliche Wiederherstellung des Menschen ist in diskretem Sinne eine Illusion.

Was bedeutet nun diese Schonungslosigkeit, die auf den zweiten Blick gar nicht so radikal ist? Der zwangsläufige praktische Impuls besteht verständlicherweise in der Verbesserung des Bestehenden. Das überfrachtete Erziehungsfeld ist auf einen gemeinsamen Nenner zu bringen, die in Gang gebrachten institutionellen Differenzierungsprozesse wären ein Stück weit abzubremsen und die organisatorische Zwangsläufigkeit der logischen Zergliederung des Menschen ist ein Stück weit zu hinterfragen. Auch der Blick auf Möglichkeiten lebensweltlicher, sinnvoller Erfahrungen ist angebracht. Aber: die primäre Erfahrung der *Aussetzung* – jetzt in einem fundamentalanthropologischen Sinne – kann das Verständnis der Sinnhaftigkeit von Institutionen vertiefen. Der Mensch ist nicht in der Institution, sondern schon in der allerersten primären Erfahrung des Geborenwerdens ein Ausgesetzter. Die phänomenologische Erfahrung ist grundlegend: das Neugeborene verlässt den schützenden Uterus der Mutter und wird abrupt in eine fremde Sphäre ausgesetzt. Dieses Ausgesetzt-Werden ist gleichsam eine universelle traumatische Erfahrung, die menschliche Erziehung sinnvoll umrahmt. Entwöhnung, Ablösung, das Überwinden von Kälteschocks, die Prozesse des Ausstoßens und Verselbständigens bilden das Vokabular, um den erzieherischen und sozialisatorischen Sinn der menschlichen Existenz zu erfassen. Tatsächlich ist es nicht so, dass ein bestimmter Mangel, eine Verletzung oder ein Unrecht die gemeinsame Praxis *kurzzeitig und plötzlich* durchbricht in einer ansonsten unverzerrten gemeinsamen Situation, sondern es ist von einer fundamentalen negativen Grundsituation auszugehen. Dass dies keineswegs in pessimistischen Weltanschauungen mündet, sondern zur fundamentalen Begründung pädagogischer Nähe zählt, soll im Folgenden erläutert werden.

Wir können diese Einsichten – nun ohne zwanghaften Blick auf die pädagogische Handlungsfähigkeit – versuchsweise zuspitzen. Zur vollen Gliederung der menschlichen Grundsituation gehören Aspekte, die man unter die Überschrift der menschlichen Fragilität stellen kann. Das Leben bewegt sich nicht gleichförmig, sondern es ist zwischen Momente der Bedrohtheit und Gebrechlichkeit, der Erfüllung und der Versagung eingespannt (Rentsch 1999, S. 163) – diese Einsicht erscheint einleuchtend und selbstverständlich. Sie ist es freilich dann nicht, wenn wir die modernen pädagogischen Selbstbeschreibungen heranziehen, die von Autonomie und Anerkennung, inklusiver Kultur und dem Ideal der wiederherstellbaren Lebenswelt ausgehen, in denen sich lernwillige Subjekte begegnen. Etwas ganz anderes wird freilich über den mühsamen und unbequemen Weg der anthropologischen Reflexion ausgesagt. Der reflexive Erkenntnisgewinn, der für das Verständnis der Institutionen hilfreich ist, liegt in der Einsicht in die interexistentielle Konstitution der menschlichen Praxis, die durch eine primäre Verletzbarkeit und eine primäre Ferne gekennzeichnet ist. Erst aus der primären

Ferne entwickeln sich Formen der Nähe und erst die unhintergehbare Zerbrechlichkeit ermöglicht die Erfahrung von Sinnentwürfen und Erfüllungsrichtungen inklusive aller ethischen, pädagogischen Narrative, schließlich inklusive institutioneller Arrangements und organisatorischer Differenzierungen, die immer nur von dem Punkt der Schwäche in der menschlichen Grundsituation ausgehen können. Kommunikative Solidarität und Autonomie sind logisch nicht von den Grenzerfahrungen der Verletzbarkeit zu trennen und wir können dementsprechend nicht in das gemeinsame Leben eintreten, ohne diese Bedingung in Kauf zu nehmen.

4 DIE PÄDAGOGISCHE SINNGESTALT DER BERATUNG

Vor dem Hintergrund der bisherigen Überlegungen, welche die Zwiespältigkeit bestehender Institutionen betonen und die Beachtung anthropologischer Bedingungen aufzeigen, ist es schwierig, nach praktischen pädagogischen Sinngestalten zu fragen. Aber die Orientierung an der Fragilität der sozialen Grundsituation ist kein Selbstzweck. Sondern dieser Blick rückt die pädagogischen Verhältnisse in rechte Licht. Die Institutionen, die sich dem Problem emotional-sozialer Auffälligkeiten widmen, reagieren auf eine strukturelle Verletzbarkeit und alle pädagogischen Ansprüche, die sich auf diesen Zusammenhang richten, müssen diese Faktizität realisieren. Dies befreit möglicherweise von einem pädagogischen Konzeptdruck und ermöglicht sensible Zugänge zum Menschen im Feld der Institutionen.

Es ist im Folgenden nun zu fragen, welche Sinnformen sich denn nun für das Fach als prägend erwiesen haben, nachdem die institutionellen und historischen Bedingungen ein Stück weit geklärt sind. Wir können in diesem Zusammenhang die Sinnfigur der „pädagogischen Beratung" eigens hervorheben. Diese Figur ist mit einem hohen Anspruch verknüpft. Sie beansprucht, den herkömmlichen Dualismus zu überwinden, der sich lange Zeit in den Köpfen und Selbstbeschreibungen der Pädagogik eingenistet hatte. Die „moderne" Beratung auf der Höhe der Zeit ist keine bloße *Fachberatung*, sie vollzieht keinen *Expertenanspruch*, sie gelingt nicht im Ideal der *Instruktion*. Desgleichen lässt sich behaupten, dass die Handlungsform der Beratung, die ja ihrem Wesen nach eher Interaktion und Zusammenkunft, weniger eine feste Institutionalisierung beschreibt, die gewohnte Einteilung und Einordnung von institutionellen Hierarchien ablöst.

Es lässt sich, wie angedeutet, schwerlich von einer einzelnen Organisationsform berichten, die einen vermeintlichen Durchbruch einer institutionalisierten Erziehungshilfe vollbracht hätte. Vielmehr ist nach den Kategorien der individuellen Hilfe, der allgemeinen und fachlichen Beratung, der Bildung von speziellen Gruppen und der Bildung mehrdimensionaler Einrichtungen zu unterscheiden. Wir können diese Kategorien hier nur oberflächlich skizzieren. Bei jeder der genannten Organisationsformen kommt die Notwendigkeit einer intensiven Kooperation zum Tragen. In mehrdimensionalen Einrichtungen wie einer Heimschule ist die Zusammenarbeit zwischen therapeutischen, sozialpädagogischen Fachkräften und dem Lehrpersonal grundlegend, in sonderpädagogischen Förderzentren sowie zum Teil auch in der klassischen Förderschule kommt es zu einer punktuellen Kooperation, die von Fall zu Fall unterschiedlich ausfällt, aber besonders bei dem Gedanken der Rückführung und der Reintegration entscheidend sein kann. Um die Bildung von Förderklassen und Fördergruppen mit bestimmten Förderschwerpunkten innerhalb eines Regelschulsystems zu flankieren, arbeiten besonders Fachlehrer, Behindertenpädagogen und ggf. Integrationshelfer dauerhaft zusammen. Neben all diesen Erscheinungsformen ist gleichwohl das erst in jüngster Zeit hervorgetretene System der schulischen Beratung stärker akzentuiert worden. Die dahinter stehende Idee könnte einfacher nicht sein und verbirgt doch eine soziale und psychologische Komplexität mit einiger Tragweite. Der Begriff der Beratung selbst wird uneinheitlich gebraucht: er meint in den seltensten Fällen die punktuelle und isolierte Fachberatung eines Experten, der zielgerichtet von außen an ein System herangetragen wird. In diesem Falle käme ein speziell ausgebildeter Fachmann oder eine Fachfrau in ein System mit einem offensichtlichen Beratungsbedarf, die Beratung bestünde dann in der Bereitstellung von Informationen, der Beobachtung und einer zielgerichteten Diagnose. Das Ideal der Beratung, das in diesem Fall zum Tragen kommt, gibt einer weitläufigen Erwartung Raum, dass es bei pädagogischen und psychologischen Problemen einer gezielten Beratungsintervention von außen bedarf, um notwendige Korrekturen anzubringen.

Die pädagogische Beratung, die im Folgenden beschrieben wird, lässt sich jedoch nicht auf solche einfachen Kausalitäten reduzieren. Individuelle Unterstützungsleistungen und die Bildung von Beratungssystemen stellen im Rahmen der institutionalisierten Erziehungshilfe vielmehr eine dauerhafte Kooperationsbeziehung dar. Beratung ist mehr als ein bloßer gezielter Austausch oder die Übertragung von Informationen, sie bedeutet mehr als pädagogische Korrektur von außen. Beratung im Rahmen der institutionalisierten Erziehungshilfe ist von daher grundlegender zu verstehen, weil sie unter anderem einem veränderten Blickwinkel auf Entwicklungsauffälligkeiten und pädagogische Interventionsmöglichkeiten entstammt. Sie ist Ausdruck eines gewandelten Selbstverständnisses der pädagogischen Arbeit mit emotionalen und sozialen Auffälligkeiten. Das Selbstverständnis einer „Beratungsarbeit“ ist alles andere als eine bequeme Arbeitsplatzbeschreibung. Sie lässt sich nicht mehr auf die einfache Formel der „Arbeit am Kind“ reduzieren (im Folgenden Reiser 1996, S. 183 ff.). In einem traditionellen Verständnis folgte die Pädagogik dem Leitbild des Expertentums. Um sonderpädagogische Arbeitsformen sinnvoll zu umschreiben, war man auf fachliche Kategorien, auf eine spezielle Zuständigkeit und fachliche Qualifikation des Pädagogen für die besonderen Bedürfnisse des Kindes sowie auf räumliche Segregation verwiesen. Der Sonderpädagoge zeichnete sich diesem Bild entsprechend durch Nähe, fachliche Expertise, professionelle Erfahrung, mithin also durch ein Spezialistentum aus. Diese Selbstbeschreibung der „sonderpädagogischen“ Arbeit am Kinde weicht nun dem Vernehmen nach einer Erweiterung der sonderpädagogischen Berufsrolle. Fachlichkeit meint nicht mehr nur Alleinzuständigkeit und Expertentum, sondern das Changieren zwischen unterschiedlichen pädagogischen Anforderungen und institutionellen Schnittstellen. Lehrkräfte haben dementsprechend „als Arbeitsplatz nicht mehr ein Klassenzimmer, in dem sie mit den von ihn beschulten Kindern die vorgeschriebenen Zeiteinheiten verbringen. Ihr Arbeitsplatz ist mal ein Klassenzimmer in einer Grundschule, wo sie hospitieren, mal ein Raum, in dem sie mit einer Lehrerin sprechen, mal das Dienstzimmer einer Grundschulrektorin; mal ein elterliches Wohnzimmer, mal ein Arbeitsraum im Zentrum, in dem sie sich mit einer Sozialarbeiterin oder dem Sozialarbeiter austauschen, mit dem sie gemeinsam einen Fall bearbeiten; mal der Platz in der Runde der Kollegen bei der Fallbesprechung oder der Supervision und oft der Platz am Telefon“ (Reiser 1996, S. 184).

Im Mittelpunkt des gemeinsamen Unterrichts in integrativen Klassen steht ein Orientierungsprozess, in dem die Öffnung für Kooperation, Konfliktfähigkeit, Ambiguitätstoleranz und weiterhin fachliche Qualifikationen nicht in Widerspruch geraten sollten. Die zentrale Aufgabe besteht im Erfinden und Begleiten, in der Schaffung einer lernförderlichen Bildungsumwelt für Kinder mit schwerwiegenden Verhaltensmustern. So einfach diese Berufsrollendefinition erscheint, so schwierig ist jedoch die Umsetzung. Die Aufgabe der Integration stellt die Beteiligten vor erhebliche Schwierigkeiten der Rollendefinitionen, der Aufgabenteilung, der Kompetenzzuweisung, der Ressourcenallokation und dem sicherlich nicht zu unterschätzenden Zwang zur Kooperation. Die Organisationsform des Gemeinsamen Unterrichts ist von daher betrachtet überaus komplex und anspruchsvoll, vor allem, weil sie von den Erwartungen, Selbstbeschreibungen und Erfahrungen der Beteiligten abhängt. Mehrere Punkte können hier zunächst nur angedeutet werden: die Umstellung von der vereinzelten und isolierten Lehrerarbeit zu kooperativen Bezügen steckt noch in den Anfängen. Man blickt zwar auf herausragende Modellkonzepte zur Integration zurück, aber die erheblichen Barrieren, die sich zwischen der leistungsorientierten Mehrheitsgesellschaft und Bildungsaspirationen einerseits und normativen Konzepten der gleichen und gerechten Beschulung andererseits auftun, können nicht wegdiskutiert werden. Nicht nur die gesellschaftlichen Erwartungen, nicht nur die konkreten Imperative des Wirtschaftssystems nehmen Einfluss auf Bildungskonzepte, sondern auch die konkreten Erwartungen und Forderungen einer selbstbewussten Elternschaft. Mit diesen Problemen sind die Pädagogenteams, die emotionale und soziale Entwicklungsstörungen als gemeinsame Aufgabe definieren sollen, als erstes konfrontiert. Es gibt daher eine Reihe von Desideraten, die an die jeweiligen regionalen Integrationskonzepte herangetragen werden und sich etwa wie eine Wunschliste lesen lassen. Dies hilft, um zumindest die gröbsten Probleme und Widersprüche der pädagogischen Arbeit zu benennen. Dazu zählt unter anderem die Notwendigkeit, verbindliche und einheitliche Konzepte zur sonderpädagogischen Grundversorgung bereit zu stellen, um insbesondere die konkrete sonderpädagogische Integrationsaufgabe in Korrespondenz zur organisatorischen Struktur des Unterrichts zu bringen. Einfacher gesprochen: Sonderpädagogen sind keine Feuerwehrmänner und -frauen, die zur Lösung brenzliger Situationen bereitgestellt werden. Ihre Kompetenz sollte vielmehr kontinuierlich in den Unterrichtsprozess eingebracht werden, was allerdings schon eine erhebliche Umorientierung auf seiten der allgemeinen Schule bedeutet. Inhaltlich ausdifferenzierte Konzepte zur sonderpädagogischen Grundversorgung in allgemeinen Schulen erscheinen daher als ein wesentliches Leitmuster zur Verbesserung der Praxis (vgl. Lütje-Klose et. al. 2005). In diesem Rahmen können dann verschiedene schwierige Punkte behandelt werden wie die Frage, in welchen Arrangements Kinder mit festgestelltem sonderpädagogischem Förderbedarf betreut und gefördert werden; inwieweit etwa eine Präferenz für innere Differenzierungen im Kontext offener Unterrichtsformen denkbar ist (oder ob die pädagogische „Festlegung“ gegen das Prinzip der pädagogischen Freiheit verstößt), wie die Gesamtverantwortung für den pädagogischen Prozess verankert wird, ob also egalitäre oder asymmetrische Verantwortung wirksam ist und nicht zuletzt, inwiefern sich auf dieser Grundlage starke und gleichzeitig flexible pädagogische Berufsidentitäten ausbilden können.

Für alle diese genannten Punkte ist die Notwendigkeit der wechselseitigen Beratung gegeben und für diese Notwendigkeit bedarf es der Orientierung – hinsichtlich der Erwartung aller Beteiligten, des zugrunde liegenden Professionsverständnisses, des Spannungsfeldes zwischen Gleichzuständigkeit und Spezialisierung, fachlicher Expertise und gemeinsamen Interessen.

4.1 Das sozial unsichere Kind im Netz der Institutionen

Es ist schwierig, die geschilderten Eigenarten der beteiligten Organisationen in einem Punkt zusammenzufassen. Gleichwohl könnte man vermuten, dass es zu den wesentlichen Aufgaben der institutionalisierten Erziehungshilfe zählt, zum Wohle des Kindes ein tragfähiges Bildungs- und Lebensumfeld zu schaffen und zu diesem Zwecke kooperative professionelle Bezüge aufzubauen. Will man die weitere Entwicklung gefährdeter Kinder zielgerichtet und effektiv beeinflussen, so könnte man weiter zuspitzen, dann ist man auf die enge Verzahnung und das Miteinander der unterschiedlichen Hilfen und institutionellen Formen verwiesen. Auch wenn dieser Anspruch keineswegs zu bestreiten ist, versuchen wir im Folgenden, diesem Anspruch etwas mehr Tiefe zu verleihen.

Zunächst ist offensichtlich, dass am Beginn der professionellen Arbeit nicht die selbstverständliche Zusammenarbeit, sondern ein loses Nebeneinander von offenen Bezügen, regen Kontakten, kooperativen Formen, aber auch konfrontativen Situationen herrscht. Dass sich eine problemlose Zusammenarbeit aus der Sache und dem guten Willen der Beteiligten heraus ergibt, ist selten wahrscheinlich. Erschwert wird dies durch die Tatsache, dass es im Umfeld der sozial-emotionalen Hilfen nicht um die Sache bzw. das pädagogische Ziel allein geht, sondern eine Vielfalt von Sinnbedingungen in den Prozesse hineinspielen. Zwar können sich alle Beteiligten auf minimale Ziele der sozialen und personalen Integration einigen; aber die institutionellen und handlungsbezogenen Differenzen lassen sich nicht immer überspielen, bezieht man die Überlegung mit ein, dass auch das pädagogische Feld ein Spielfeld der Macht sein kann. Mit einigen Fragen lässt sich andeuten, wie stark und intensiv der erlebte und artikulierte Dissens sein kann. Denken wir an die Konsequenzen, die eine fortlaufende Verwahrlosung eines Kindes haben kann – es kann die Herausnahme des Kindes aus der Familie dringlich angezeigt sein, es kann aber ebenso sinnvoll sein, die Elternautorität zu stärken. Im Falle einer groben Gefährdung des Kindeswohls stellt sich nicht nur die Frage der Intervention, sondern auch die Frage der Diagnose: eine Gefährdung ist eine stark subjektive Bewertung, die nicht zwangsläufig auf die Unversehrtheit von Leib und Leben zielt, sondern besonders auf die psychische Gesamtsituation abzielt. Des Weiteren stellt sich die Frage der therapeutischen und pädagogischen Nachsorge. Im Falle von Missbrauch etwa unterscheidet man zwischen täter- und opferorientierter Therapie, was in der sozialen Praxis mit ganz unterschiedlichen Konzepten einhergehen kann. Auch im Rahmen von vermeintlich „einfacheren" Fällen von Entwicklungsgefährdungen und

-störungen können sich erhebliche Divergenzen hinsichtlich der denkbaren Maßnahmen ergeben. Nicht selten dominiert dabei der Wunsch, die „Ursache" bei der Wurzel zu packen und eine rasche Lösung zu erzwingen. Die pädagogische Erfahrung lehrt hiergegen, dass Ursachen keine substantiellen Größen sind, die zu „eliminieren" sind, sondern dass wir bei der Suche nach Bedingungen auf ein komplexes Geflecht treffen, auf ein soziales Feld, in dem man dann mehr oder weniger sinnvolle Anstöße geben kann.

Die Kooperation im sozialen Feld ist also durch die strukturelle Möglichkeit des Dissens` erschwert, aber nicht unmöglich. Eine minimale Kooperation, in deren Rahmen sich alle Beteiligten über die strukturellen Zwänge und Leitmuster der Institutionen bewusst sind, könnte insofern als Königsweg betrachtet werden. Die Praxisformen beispielsweise der systemischen Konsultation und ähnliches können als Beleg für eine solche minimale Kooperation gelten. Gleichwohl macht es auch Sinn, wenn man von der Perspektive der organisatorischen Koordination und den professionellen Selbstbeschreibungen ein Stück weit absieht und stattdessen die biographische Ebene des entwicklungsgefährdeten Kindes in das Zentrum stellt. Damit verfolgen wir nicht die Mythologie der *Pädagogik vom Kinde aus*, sondern zielen auf etwas ganz anderes: die Erkenntnis über die grundlegende Fragilität der Praxis. Wie erfahren Kinder mit emotionalen und sozialen Belastungen, Kinder in schwierigen Lebenssituationen die Funktionalität von Institutionen?

Hierzu ein Beispiel: Lili (9) hat frühkindliche Traumatisierungen erlebt. Nachhaltige Gewalterfahrungen mit dem Stiefopa, längere Zeiträume, in denen sie aufgrund der Drogenabhängigkeit der Mutter allein gelassen wurde – gleichzeitig schmerzte sie der Verlust des leiblichen Vaters. Die Kindesmutter versuchte lange Zeit, die drohende Entwicklungsgefährdung wie auch die eigene Situation zu kaschieren, aber mit dem Eintritt in die Schule wurden die Probleme der emotionalen und sozialen Unterversorgung dann doch zu gravierend. Für diese spezielle Situation des Kindes lässt sich zeigen, dass es keine institutionelle *Lösung* gibt, die der grundlegenden interexistentiellen Ferne dieser Situation nahe kommen kann. Vorsichtiger formuliert: es ist zu fragen, welche Formen der Nähe, der Vertrautheit und der Sicherheit gebildet werden können, um der besonderen Situation gerecht zu werden. Aber am Beginn der Reflexion über Lilis spezielle Situation steht die Konfrontation der unabänderlichen Verfassung in der menschlichen Grundsituation. Dies mag irritieren und missverständlich klingen. Dürfen wir Lilis Situation achselzuckend registrieren und jedwede praktische institutionelle Hilfe als nachrangig bewerten? Natürlich nicht. Aber die Perspektive der Fremdheit, der Unvertrautheit und Gebrochenheit in der menschlichen Grundsituation, die wir hier exemplarisch und zugespitzt nachvollziehen können, schärft den Blick auf die möglichen Sinnkriterien, die wir der Form der „helfenden Institution" entnehmen können. Welcher „Sinn" liegt den Institutionen zugrunde? Die moderne politische Vernunft spricht von sozialer und personaler Integration. Aber der Blick auf die menschliche Grundsituation, in der die Zerbrechlichkeit erlebt wird, spricht für etwas anderes. Keine wie auch immer geartete Institution kann den ursprünglichen Verlust, den Schmerz und die Schutzlosigkeit der frühen Lebensjahre ausgleichen, kompensieren, keine institutionelle Verfassung ist in der Lage, existentielle Missachtungserfahrungen „auszugleichen“. Erkennen wir diese Aussage nicht als anthropologischen Pessimismus, sondern als Öffnung gegenüber der menschlichen Grundsituation an, dann können wir auf dieser Grundlage fragen, was denn dann der „Existenzgrund“ einer Institution wäre, die sich der Sinnfigur „Hilfe in der Not“ verschrieben hat. Wir können nach dem Sinn der Institution also nur dann fragen, wenn wir den grundlegenden Zusammenhang von menschlicher Autonomie, Unaustauschbarkeit und menschlichen Grenzerfahrungen im Blick behalten.

Die Frage nach den institutionellen Formbildungen und den Möglichkeiten professioneller Kooperation ist in diesem speziellen Sinne als nachrangig zu betrachten. In Bezug auf die geschilderte Situation des Fallbeispiels müssen wir vergegenwärtigen, dass die institutionellen Möglichkeiten auf einem schmalen Grat zu verorten sind. Das Verbleiben in der Familie stellt für Lili keine tragfähige Option dar, insoweit sie grundlegende Sicherheit, Bezogenheit und Struktur hier vermisst. Die Auffangverantwortung der helfenden Professionen kann jedoch strukturell keine Wiederherstellung der primären Bezüge leisten. Man kann in diesem Zusammenhang die Auswirkungen der Verberuflichung von Humandiensten auf die Temperatur menschlicher Beziehungen beklagen und den Begriff der Humaninvestition kritisieren, bei dem ursprüngliche primäre Lebenserfahrungen durch sekundäre „Dienste“ durchkreuzt werden (Kozdon 1997). Aber auf der Höhe dieser zivilisationskritischen Plädoyers müssen denn auch widerspruchsoffene Beschreibungen erlaubt sein. Es führt hier kein Weg an der Beschreibung zweier Polaritäten vorbei, die nur benannt, keineswegs gelöst werden können. Die Kritik an modernen Auffanginstitutionen, am Anstalts- und Entfremdungscharakter vieler sozialpädagogischer Einrichtungen ist der vermeintlich einfachere Weg. Es bedarf hier lediglich eines Blicks auf die Phänomenologie „hospitalisierter“ Kinder. Ausgesetzte Kinder, Kinder, die schon in früher Lebenszeit in Obhut genommen wurden, sind nicht selten als entwicklungsgefährdet *durch diese Aussetzung* beschrieben worden. „Heimaufenthalte im Säuglings- und Kleinkinderalter sind die wichtigste isolierbare Ursache von Kriminalität. Die Fähigkeit, positive soziale Gefühlsbindungen zum Motiv des eigenen Handelns zu machen, konnte sich nicht entwickeln. In den Säuglingsheimen, die noch heute fast durchweg nach dem Altersklassenprinzip aufgebaut sind, wird die Technik der Fließbandarbeit an den Menschen angewendet“ (Spitz 1967, zitiert nach Kozdon 1997, S. 62). Man kann also die Aufnahme in einer Fremdunterbringung mit allen Stilmitteln menschlicher Entfremdung beschreiben: Befremdlichkeit, Unterkühlung, Abweisung, Angst, mangelnde Bindung. Die Erfahrung des Ausgesetzt-Seins wird zu einer Grunderfahrung, die eigentlich im Horizont frühkindlicher Erfahrung das unbedingt zu Vermeidende wäre. „Die Verletzlichkeit des Kindes beruht auf seiner tiefen Verwurzelung in Gefühlssphären, die für die meisten Erwachsenen nicht mehr erreichbar sind. Legt es sich dennoch ein dickes Fell zu, so zeugt das nicht unbedingt von besonderer Robustheit. Ein ins kommunale Tierheim abgeschobener Schäferhund gibt seinem Kummer lautstark Ausdruck; ein Menschenkind kann sich letztlich beherrschen – und sich amphibienhaft in eine Art Kältestarre versetzen“ (Kozdon 1997, S. 63). Die Kulturkritik an der sozialprothetischen Vernunft liest sich gut, denn sie orientiert sich an der sinnvollen Einbettung des Menschen in die primäre Welt. Aus Sicht der Disziplin, die von einem gleichrangigen Gefährdungsverhältnis des Individuums ausgeht, kann man jedoch hier nicht stehen bleiben. Auch im primären Nahbereich kann es zu einem fundamentalen Ausgesetzt-Sein kommen, zu einem nachhaltigen Verlust an sinnvoller Lebensperspektive. Der Sinn der Institution ist in diesem Spannungsverhältnis zu verorten, er kann bisweilen dialektisch aufgelöst werden, wenn sich die bezogene Individuation „erfolgreich“ gestaltet. Aber es zählt zur notwendigen skeptischen Ethik der Disziplin, nicht vom Erfolg, sondern vom Verbleiben in der genannten Polarität auszugehen.

4.2 Der „Sinn" der Beratung

Fassen wir die bisherigen Überlegungen zusammen. Die Frage, welche institutionelle Sinngestalt sich als prägend erwiesen hat oder welche organisatorische Form sich gewissermaßen durchgesetzt habe, bricht sich an der Wirklichkeit einer sozialen Praxis, in der die Entfremdung des Kindes in seiner primären Welt zu thematisieren ist. Diese ganz simple Unterscheidung hilft, den möglichen Sinn einer helfenden Institution im rechten Licht zu betrachten. Im Falle einer Krankheit tritt die Logik einer ärztlichen Behandlung in den Vordergrund – diagnostizieren, prüfen, untersuchen, therapieren. Im Falle einer Entwicklungsgefährdung greifen diese Mechanismen nicht und im schlechteren Falle können sie zu einer Verstärkung des Phänomens führen; der Sinn einer Institution ist vereinfacht gesprochen kein mechanistischer, an der individuellen Heilung orientierter, sondern ein sekundärer Sinn. Was das bedeutet, gilt es im Folgenden zu fragen.

Man kann sich den sekundären Sinn einer helfenden Institution dann vor Augen halten, wenn man eine systemisch-strukturelle und sozialtechnologische Ebene von einer anthropologischen Ebene unterscheidet. Auf einer strukturellen und systemischen Ebene anzusetzen, heißt beispielsweise, die verwickelte Grundstruktur, in der Auffälligkeiten geäußert werden, hinsichtlich der Beziehungen zwischen den Professionellen zu analysieren. Es gibt bekanntlich eine Flut von Literatur über Evaluations-, Beratungs- und Konsultationsmechanismen, mit der versucht wird, die scheinbar unbewältigbare Komplexität von Bildungssystemen zu reduzieren. Sogenannte sonderpädagogische Konsultationen können als ein Praxisbeispiel herangezogen werden. Hierbei mag es in den meisten Fällen darum gehen, die Erfüllung der beruflichen und erzieherischen Aufgaben zu ermöglichen und den Umgang mit „schwierigem Verhalten“ zu verbessern (Willmann 2007). Systemische oder sonderpädagogische Konsultation stellt eine ernsthafte Alternative zur direkten Form der pädagogischen Förderung und Unterstützung dar; sie fragt nach strukturellen Bedingungen, Unterstützungsformen, die der Verbesserung und Optimierung der Lernbedingungen für betroffene Schüler gelten. Sie zielen dabei freilich auf indirekte Unterstützung, das heißt, sie strukturieren, modifizieren, aktualisieren oder hinterfragen den Rahmen des jeweiligen Systems (sie geben dem Selbstverständnis nach „bescheidene Anstöße“), sie führen langwierige Beratungsgespräche, initiieren Förderkonferenzen, vermitteln externe Hilfen oder sie setzen eine organisatorische Ebene höher an. Diese institutionelle Logik folgt dem Muster der Beobachtung und Handlung zweiter Ordnung auf multiplen Ebenen. Es kann sich bei den genannten Formen um durchgängige Praxisreflexionen handeln oder um eine gezielte Beratung zu Fachfragen. Es kann sich um punktuelle oder langwierige Unterstützungen bei Problemlösungsprozessen handeln oder um präventive Konzepte, jeweils aber handelt es sich um die Einnahme einer Metaposition – die langfristig mit dem Problem Beschäftigten werden zu „Konsultierenden", die auffälligen Kinder zu „Klienten", der Prozess des Lernens und Lehrens zu einem Gegenstand einer „Konsultation" (ders. S. 216). Wie auch immer man nun zu den formalisierten Begriffen steht, die im Zusammenhang einer pädagogischen Praxis bemüht werden, so müssen doch zwei Punkte hier kritisch hervorgehoben werden. Nicht zu unterschätzen ist – auch im Gewande einer egalitär und zwanglos erscheinenden Beratung – die Abstrahlung struktureller Gewalt. Kritische Beobachter erkennen in dem gegenwärtigen Aufgebot an Betreuung, Beratung, Förderung und dem gleichzeitigen Anteil an Kontrolle, Bürokratie, Ökonomie und Technik den zwiespältigen „Segen einer Betreuungsapparatur" (Kozdon 1997, S. 130). Die Instanzen stahlen ungewollt etwas Strenges, Forderndes, Kühles, eine nicht geringe Form struktureller Gewalt aus. „Wer sich in ihre Obhut begibt, kann sich ihren Reglements, ihren Methoden und Instrumentarien nicht widersetzen. Geringe Quanten struktureller Gewalt strahlen selbst von denkbar harmlosen Einrichtungen, z. B. Kindergärten oder Schulen ab. In ihrer Konzentrierung können sie durchaus Beklemmung auslösen und als bedrohlich empfunden werden. In einem Wald von Einrichtungen erlangen die Systemzwänge eine dominante Position" (ders. S. 131). Man sollte diese Kritik in unserem Zusammenhang nicht überbewerten. Denn strukturelle Gewalt meint im Allgemeinen die Ausbeutung und Entrechtung Unterprivilegierter, die gesellschaftliche Spaltung, einen rigiden Ausgrenzungszusammenhang. Dies alles greift in diesem Zusammenhang nicht. Aber das Argument eines funktionalistischen Überdrucks kann hier weiter helfen. Denn die ursprünglichen oder primären Phänomene, die wir am Leitfaden einer einfachen Erziehungsproblematik erkennen, werden unter der Hand in die Kälte professioneller Problemlösungen übersetzt. Das Grundschema, das wir am Beispiel der sonderpädagogischen Konsultation erkennen können, organisiert Phasen von Problemlösungsprozessen – Probleme sind zu klären und zu vermessen, Interventionen und Handlungen zu entwickeln und in langfristige Pläne zu implementieren, schließlich müssen die beteiligten Programme evaluiert werden. Das Schwierige und für den Praktiker Irritierende erschließt sich im Blick auf den ursprünglichen Sinn eines einfachen pädagogischen Selbstverständnisses, der sich auf primäre Sinngestalten einer gemeinsamen Praxis reduzieren müsste. Es herrschen aber Probleme, Problemlösungsdeutungen, neue Hierarchien, umfassende Programme, umfassende Schließungseffekte. Die institutionelle Logik der Unterstützung hat sich verselbständigt.

Demgegenüber können wir aber auch eine weitere Ebene unterscheiden, in der sich der Sinn der Institution in anthropologischer Hinsicht erschließt. Wiederum können wir zunächst von einer bestimmten pädagogischen Handlungsform ausgehen, sprich der sozialkommunikativen Sinnform der Beratung, die man auch in einen weiten Rahmen der Entwicklungspädagogik stellen kann. Freilich stellt sich die Frage der äußerlichen Bestimmung von Beratung als pädagogische hier in einem fundamentalen Sinne (im Folgenden: Ellinger/Hechler 2012). Beratung wird zu pädagogischer Beratung, indem sie in einen pädagogischen Begründungszusammenhang gestellt wird. Beratung und die sie umrahmenden Institutionen, Rollen, Organisationen und Personen antworten auf die anthropologische Tatsache der Erziehungsbedürftigkeit des Menschen. Genauer gesagt, Beratung entspringt der Einsicht in die Bildsamkeit des modernen Menschen, seiner Lernfähigkeit und seiner Möglichkeit, personale Selbstständigkeit und Mündigkeit zu erreichen. Pädagogische Beratung wurzelt in dieser positiven und hoffnungsvollen Einsicht, aber auch in der Einsicht in die Grenzen der Möglichkeiten kommunikativer Wesen. Wir haben es hier also zusammengefasst mit zwei ganz unterschiedlichen Herangehensweisen zu tun, zwei pädagogischen Modellen, die einen spezifischen Ausgangspunkt wählen. Den erstgenannten Ansatzpunkt können wir einen szientifischen Ansatz nennen, der zwar intersubjektiv von einer sinnvollen Verständigungspraxis ausgeht. Aber die Erfüllungsrichtung der Praxis wird hier in einem technologischen Sinne durch den Schein der Steigerung von Daten und Informationen verdeckt. Für den zweiten Ansatz muss man freilich tiefer ansetzen. Hier geht es nicht primär um technische Verfügbarmachung durch scheinbar zwanglose Steigerung kommunikativer Problemlösungen, sondern um die existentielle Verfassung der primären Welt. Das Selbstverständnis von Menschen, die sich mit ihren Sinnentwürfen in der gemeinsamen Welt begegnen, werden hier nicht als Funktionen weiterer höherer Entwürfe verstanden, sondern auf den Grund ihrer Hoffnungen, Wünsche oder Begehren zurückgeführt. In diesem basalen Sinne fragt die pädagogische Beratung, ob sie als Form erzieherischer Hilfe denkbar ist, ob sie eben als nicht medizinische, somatische, psychiatrische oder logopädagogische Hilfe verstanden werden sollte. Zur Bildung eines sinnvollen pädagogisch-beraterischen Feldes gehören daher *Ratlosigkeit und Fragilität* als Grundbedingung, die Zuschreibung der *Vernunftbegabung* sowie die potentielle *Situationsüberlegenheit* des Menschen (Ellinger/Hechler 2012). Man geht von einem positiven Konzept der menschlichen Beratungs- und Lernfähigkeit aus. Die Zugänglichkeit gegenüber rationalen und plausiblen Gründen, Urteilsbildung und Lernmöglichkeiten wird angenommen, aber die dahinter vermutete Ratlosigkeit lässt sich nie ganz auf eine Hierarchie technischer Vollzüge reduzieren. Daher ist es durchaus sinnvoll, im Zusammenhang der Begründung einer pädagogischen Handlungsform zu betonen, dass die pädagogische Beratung die Probleme in einen pädagogischen Bezugsrahmen stellt, mit all den dazugehörigen Erfüllungsgestalten und Verfehlungsmöglichkeiten, mit allen Brüchen, Missverständnissen, Fehlern und Irrwegen. Das pädagogische „Problem“ ist grundsätzlich kein technologisches, keines, das einem sozialtechnologischen Verständnis zugänglich wäre. Dies gilt in einem spezifischen Sinne: natürlich können wir Diagnosen erstellen, Kausalzusammenhänge zwischen Verhalten und einer besonderen z. B. familiären Vergangenheit herstellen, wir können Ratschläge erteilen auf der Grundlage vorläufiger Informationen, wir können Entscheidungshilfen anbringen, um die Betroffenen von ihrem Leidensdruck zu befreien. Aber es gilt, dass die pädagogische Beratung erst dann authentisch wird, dass sie erst dann sinnvoll begriffen wird, wenn sie sich Klarheit über die Sinnkriterien der gemeinsamen Praxis verschafft. Und das heißt hier, den Zusammenhang von negativen Einsichten mit bestimmten Grenzerfahrungen zu thematisieren. In den besonderen Situationen, die zur Nachfrage nach Beratung führen, kommen Menschen im Horizont möglicher Erfüllung oder Versagung zusammen, zugleich im Horizont von Sinnentwürfen. Dies meint die Rede vom primären Charakter der gemeinsamen Praxis: die mit der Aufgabe der Bewältigung des Lebens verbundenen Grenzerfahrungen lassen sich nicht sinnvoll ohne Bezug auf kommunikative Solidarität explizieren, man kann aber auch nicht sozialarithmetisch über sie verfügen. Der tiefere Sinn einer Beratung fußt auf einer Grenzerfahrung. Wir knüpfen an Situationen an, in der sich die interne Komplexität der Praxis zeigt, in der immer schon Perspektiven der Versagung und Erfüllung umgriffen sind. Wir können diese Grenzen unserer Praxis authentisch darstellen: Menschen können das Leben nicht alleine bewältigen, sie sind auf Hilfe anderer angewiesen. Wir stehen nicht noch einmal hinter uns, es gibt eine unentrinnbare Unaustauschbarkeit; wir verfügen nicht über die Mitmenschen als Personen und wir können unser Leben nicht ohne die Hilfe anderer bewältigen. *So tief* muss man ansetzen, um Sinnkriterien einer pädagogischen Beratung zu erfassen.

Aber natürlich darf man es bei einer negativen Grenzziehung nicht belassen. Der Sinn einer Beratung erschießt sich im Blick auf interexistentielle Kriterien. Es ist nicht das bloße „Interesse“ mehrerer Betroffener, das in einen kommunikativen Zusammenhang gebracht werden muss, sondern es sind mindestens drei Aspekte zu benennen, die die Begründung dieser pädagogischen Handlungsform flankieren. Das Ziel der Wiederherstellung der Autonomie und der sozialen Integration, das Erleben einer guten und authentischen Autorität und die Rolle der Demut, die für diese Prozesse unverzichtbar ist. Für die Beschreibung dieser Kriterien ist es sinnvoll, auf der konkreten Höhe menschlicher Bezüge zu bleiben. Stellen wir uns eine „typische“ Beratungssituation im Kontext des Faches vor: eine Familie fragt eine pädagogischen Konsultation nach, die der schwierigen Entwicklungslinie des jüngsten Sohnes gelten soll. Der Leidensdruck innerhalb des familiären Systems ist hoch; das Kind zeichnet sich durch extreme Verhaltensauffälligkeiten auf, die seit längerem zur Belastung aller Mitglieder wird. Es gibt offensichtlich tieferliegende Ängste auf seiten der Kindesmutter; zugleich zeichnet sich der Erziehungsstil des Vaters durch übertriebene Strenge und Gewalt aus, so dass die Information des Jugendamtes angezeigt erscheint. Die sozioökonomischen und sozialpsychologischen Belastungen innerhalb dieses Systems tragen ihren Teil zu Verschärfung der Situation bei. Wie kann, wie muss Beratung hier ansetzen? Vereinfacht gesprochen, ist es nicht „möglich“, die Ängste der Mutter, die Gewaltfähigkeit des Vaters und die Verhaltensstörungen des Kindes durch Beratung zu durchbrechen. Es helfen an diesem Punkt weder die überlegene Fachkenntnis noch die moralisch vertretbare Anweisung. Wir können uns dieser Situation nur dann adäquat annähern, wenn wir die Grenzlinien des Sozialen hier beachten. Es geht nicht darum, eine Information an den Mann oder die Frau zu bringen. Das heißt, Beratung reduziert sich hier nicht auf den Anspruch, die Auffälligkeit zu behandeln, die Familienprobleme von einem überlegenen Standpunkt her zu „entschlüsseln“. Da das grundlegende Ziel, die Autonomie und soziale Integrität des personalen Systems wiederherzustellen, ein fundamentales ist, müssen sich alle Entscheidungen am Maßstab einer guten Autorität messen lassen. Was aber ist eine sinnvolle und positive Autorität? Gehen wir davon aus, dass die Perspektive der Mündigkeit und Integrität mit Lernen, Erkennen und Reifen, schließlich mit Veränderungen und Anpassungen kognitiver Rahmungen zu tun hat, kann pädagogische Beratung nur als Hilfe zu einem Entscheiden über sich selbst begriffen werden (Ellinger/Hechler 2012, S. 270). Pädagogische Beratung gilt hier als prototypische Hilfe zur Selbsterziehung und dies wiederum kann nur dann funktionieren, wenn Handlungsspielräume der Erziehenden erweitert werden. Die Sinnfigur der Autorität wird an diesem Punkt unverzichtbar. Verweist der Begriff dem Wortsinne nach auf „fördernde Überlegenheit“ (ebd.), so erschöpft er sich jedoch weder im rechtlichen noch im machttheoretischen Sinne. Es gibt eine fundamentale anthropologische Dimension, die gegenwärtig jedoch unter Wert gehandelt wird. Ziehen wir an diesem Punkt die Erkenntnisse der praktischen Philosophie zu Hilfe, dann lassen sich Einsichten benennen, die zur Explikation der menschlichen Grundsituation gehören. Es gibt eine grundlegende Notwendigkeit, den Heranwachsenden ein gutes Leben im minimalen Sinne zu ermöglichen, es gibt desgleichen eine gewisse Pflicht, etwa im Falle eines elterlichen Verantwortungsverzichts konkrete Hilfen zu vermitteln. Diese Hilfe findet in einem umgrenzten Raum der Macht statt, die schon durch die generationelle Asymmetrie, aber natürlich auch durch weitere gesellschaftliche Ungleichheiten bedingt ist. Wir können im Verlaufe des Hilfeprozesses natürlich die gesellschaftliche Bedingtheit und etwa illegitime strukturelle Gewalt als solche benennen. Aber dies dispensiert nicht von der Einsicht in zeit- und situationsbedingte Formen legitimer Macht. Eine gute Autorität ist sich dessen bewusst, sie kann die denkbaren Formen der anthropologischen Dominanz von möglicher struktureller Gewalt unterscheiden. Schon dieses Wissen macht einen erheblichen Unterschied, wenn wir konkret auf die „therapeutische“ und „beraterische“ Haltung eingehen, die in der konkreten Praxis angenommen wird. Jede gewaltsame Vereinnahmung und repressive Deskription verbietet sich, dies verweist auf die Sinngestalten der Freiheit und der Würde. Gleichsam gilt es die Angewiesenheit, die möglichen Erfahrungen des Alleingelassenseins und der Hilflosigkeit zu explizieren und hierfür die sinnvolle Autorität im vollen Wortsinne *auszuspielen*.

Merkwürdigerweise erschließt sich die volle Macht der Autorität eines Helfers nur in der Ausstrahlung einer gewissen Demut. Dies hat zum einen damit zu tun, dass in der Geschichte das Bewusstsein vom ursprünglichen Inhalt wirklicher positiver Autorität verloren gegangen ist – denken wir an menschenverachtende religiöse Praktiken, an Verfehlungsgestalten „autoritärer“ im Sinne gewaltförmiger Erziehung oder an die politischen Pervertierungen in der Geschichte der Gewalt. Die Notwendigkeit, eine Haltung der Demut zu entwickeln, entspringt aber auch der Einsicht in das Wesen einer pädagogischen Beratung. Für diese Form ist die Einmaligkeit und Unaustauschbarkeit entscheidend bzw. die Bereitschaft der Handelnden, sich dieser Einsicht unterzuordnen. Dies kennzeichnet eine Schwelle, an der wir als Pädagogen, als Berater an ein anderes einmaliges menschliches Leben als konkrete Lebensform herantreten. Die Erkenntnis der Einmaligkeit ist kein philosophischer Selbstzweck, sie ist konkret handlungsleitend. Sie impliziert, dass die Ganzheit des Lebens nie außerhalb von singulären Situationen erfahrbar ist. Man kann die Tiefe dieser Erkenntnis durchaus verfehlen: wenn wir zum Beispiel von oben herab den Betroffenen autoritative, aber entmündigende Hilfe anbieten, wenn wir Lösungen außerhalb des Systems suchen, wenn wir die pädagogische Autorität dazu nutzen zu zeigen, wie man das Leben „besser", „moralisch intakt" usw. führen mag. Dass der ratsuchende Mensch den Berater als positive Autorität ansieht, darf nicht dazu verleiten, diese Autorität als Handlungsmacht zu missverstehen und den Betroffenen das Heft des Handelns abzunehmen. Im Zentrum der Beratung steht die Aufforderung zur Selbständigkeit der Ratsuchenden und das heißt hier, es gibt sowohl eine Unvertretbarkeit für Andere wie eine Unvertretbarkeit durch Andere. „Wir wachsen in bestimmte natürliche Gestalten des Lebens – Tochter oder Sohn, Mutter oder Vater, Schwester oder Bruder – hinein, unsere Sinnentwürfe führen zu Gestaltungsaufgaben im gemeinsamen Leben als Schüler oder Lehrer, als Arbeiter in verschiedenen Berufen. Diese nur von außen als Rollen zu bezeichnenden Lebensgestalten eröffnen jeweils gemäß den individuellen Kompetenzen spezifische, näherhin existentielle Erfüllungs- und Versagungsmöglichkeiten" (Rentsch 1999, S. 138).

Im Zentrum der Beratung steht also die Einsicht in etwas Unverfügbares, und dies bedingt die Notwendigkeit einer diskreten Demut. Ist es überflüssig zu betonen, dass diese Demut in vielen Situationen aufs Äußerste gespannt wird? Die fatale Einsicht, dass zum Beispiel grobe Missachtungen und Vernachlässigungen zu Entwicklungsproblemen führen, dass hier und dort anders gehandelt werden müsste, dass die grundlegenden Sinnkriterien der „Sorge" zu kurz kommen – in all diesen denkbaren und erfahrbaren „Beratungsanlässen" wird gewissermaßen eine unerträgliche Spannung auf seiten der Professionellen aufgebaut. Gleichwohl gilt als Maxime: pädagogische Beratung als Handlungsform der Erziehung tritt als feinfühlige, aufmerksame, demütige Haltung auf. Sie ist weder einseitige Tätigkeit, noch gelingt sie in der Form der Instruktion. Beratung findet in einem Feld der Macht und des Wissens statt, aber sie ist auf die Elemente der Macht nicht zu reduzieren, nur als „gemeinsam vollzogener Gestaltungsprozess" und nicht als einseitiges „Tun und Erleiden" macht sie Sinn (Ellinger/Hechler 2012, S. 270). Dies ist letztlich der tiefere Grund dafür, dass mit dem Übergang der professionellen Handlungen von Instruktionen, von dem überlegenen Expertenwissen hin zur Dimension der unterstützenden Beratung ein hochkomplexes und bisweilen überfordernder Anspruch verknüpft ist.

5 DIE PÄDAGOGISCHEN SINNGESTALTEN VON FÖRDERN, ERZIEHEN, INTERVENIEREN

Es sind drei verschiedene Ebenen, mit denen wir einige Schlüsselprobleme des Fachs durchleuchten. Die oberste Ebene liegt im Bereich der organisatorischen Differenzierungen, hier geht es vor allem um Fragen, wie Individuen im Netz der helfenden Institutionen zu verorten sind und welcher der tiefer liegende Sinn dieser Institutionen im Rahmen dieser Reflexion sein kann. Auf einer weiteren Ebene geht es um einen besonderen Handlungsaspekt des Fachs, der pädagogischen Beratung, die freilich mehr als nur ein bestimmtes Handlungsfeld meint, sondern auf grundlegende Aspekte der behindertenpädagogischen Professionalität abzielt. Stehen diese beiden Aspekte also im Zentrum weitgespannter Reflexionen zur modernen Erziehungshilfe, so bleibt die letztgenannte Sinnfigur von Fördern, Erziehen, Intervenieren ein wenig unbestimmt; es scheint, sie habe einen minderwertigen Rang und bliebe nur ein Anhängsel einer durch strukturelle Prozesse vorbestimmten Professionalität. Dass dies nicht so ist und dass diesem Aspekt viel mehr Aufmerksamkeit gebührt, soll im Folgenden ausführlich dargelegt werden. Dabei ist vorab zu betonen, dass es hier (noch) nicht um Aspekte der berufsspezifischen Professionalität, um den vielseitigen Wandel eines „Berufsbildes" oder um hochtrabende pädagogische Selbstfindungen gehen soll. Viel einfacher geht es im Folgenden um einen Aspekt, der einen zentralen Wert der menschlichen Praxis beschreibt und für das Fach in bestimmten Sinne „selbstredend" ist – die Frage nach der Praxis der Erziehung. Für einen relativ langen Zeitraum galt als zentraler Ort der Disziplin die „Erziehungsanstalt", Schulen vertraten einen Auftrag der „Erziehungshilfe" und die entsprechende Schülerschaft wurde als „erziehungsschwierig" eingestuft. Haben sich die Nomenklaturen und Etiketten gewandelt und hat man nun den Fokus auf frei schwebende emotionale und soziale Dispositionen gelegt, so bleiben die Probleme natürlich die gleichen: *Max ist impulsiv und unbeherrscht, Lea akzeptiert keine Autorität, Dennis verstrickt sich dauerhaft in Konflikten.* Alle benötigen intensivierte Erziehung und Sozialisation, sie benötigen einen pädagogischen Halt. Wie ihnen dieser Halt zu vermitteln ist, verweist auf die grundlegende Sinnfigur der Erziehung.

Wie es nun um diese Begrifflichkeit, aber auch um die konkrete Praxis, die „Tätigkeit" des Erziehens bestellt ist, ist keine geringe Frage. In den Medien kursieren nicht wenige Diskurse, die von den klassischen Ideen über Erziehung in aufklärerischer Absicht abrücken oder auf der anderen Seite eine typisch moderne Erziehungsunfähigkeit, zumindest aber eine tiefe Verunsicherung diagnostizieren wollen. Die Beratungs- und Beglückungsliteratur über die Not der Erziehung ist dementsprechend breit gestreut; es scheint beinahe, dass ein über Jahrhunderte eingeübter natürlicher Aspekt menschlicher Praxis im Durcheinander der Moderne verloren gegangen ist. Das Einfachste des Menschlichen gelingt nicht mehr.

Freilich zeigen sich die Dinge unter den besonderen Bedingungen der Behindertenpädagogik in einem anderen Licht. Fragen wir zunächst nach den Wandlungen und neuartigen Bedingungen der klassisch sonder- und behindertenpädagogischen Berufsrolle, dann ist auffällig, dass es doch zu einer gewissen Marginalisierung des Erziehungsphänomens kommt, was auf unterschiedliche Motive verweist. Zum einen wird gesehen, dass der frühere Optimismus der Veränderungsfähigkeit von Menschen mit Beeinträchtigungen sowie der Veränderungsfähigkeit von Institutionen mittlerweile einer nüchternen Sicht der Dinge gewichen hist. Die rapiden Veränderungen moderner Gesellschaften und der pädagogischen Praxis offenbaren Grenzen der Wandlungsfähigkeit auf beiden Seiten. Es gilt daher nicht mehr ein unumschränkter pädagogischer Machbarkeitswille, sondern die Einsicht in Antinomien und Ambivalenzen, ohne das langfristige Ziel der Humanisierung des Erziehungs- und Bildungswesens aufzugeben (Reiser 1996; Theunissen 2002). Auf die Frage nach der Möglichkeit von Erziehung in modernen Gesellschaften erhält man freilich keine Antwort, die dem Phänomen selber ins Auge blickt. Das heißt, es geht vorrangig um *Argumentationsfiguren*, die neue *Paradigmen* und ausgeklügelte Fördersysteme beschreiben, integrative und kooperative Modelle aufzeigen, kategoriale und dekategoriale Bezugssysteme unterscheiden. Die Profession ist gezwungen, in einem Dickicht von Repräsentationen, Ideen, Normüberzeugungen und Innovationen eine flexible Identität zu entwickeln, aber diese berufliche Identität ist erstaunlicherweise vom Geschäft der konkreten Erziehung, also vom Nahbereich der Pädagogik erheblich entfernt. Andere Fragen scheinen vorrangig: hinsichtlich der Behinderungsarten gelte es, klassifikatorisch zurückhaltend zu agieren; nicht die individuellen defizitären Momente der Kinder, sondern die dahinter liegenden systemischen Strukturen gelte es zu erkennen, die Rolle des Pädagogen erfährt demnach einen Wandel vom Anwalt des Kindes hin zur Mehrparteilichkeit (Reiser 1996, S. 183). Der hier angedeutete Umstieg auf neue Formen behindertenpädagogischer Arbeitsplatzbeschreibungen ist anspruchsvoll und sinngebend, er verlangt eine pädagogische Selbstreflexivität, die über das gängige Verständnis hinausgeht. Ein *Anwalt des Kindes* zielt wohlmeinend auf das Richtige, aber er missversteht seine Kompetenzen und das grundlegende Verständnis von Autorität. Der *mehrparteiliche Pädagoge* hingegen führt einen Balanceakt durch, insoweit er zwischen psychischen und sozialen Referenzebenen vermittelt und sich zwischen diesen Ebenen sinnvoll behaupten will. Diese Rolle ist insoweit anspruchsvoller, umfassender, sie geht über die exklusive „Arbeit am Kind" weit hinaus. Die folgenden Überlegungen halten an diesem Berufsbild, das einen Ausgleich zwischen individuellen und systemischen Strukturen sucht, durchaus fest. Aber sie fragen explizit nach der Möglichkeit, Notwendigkeit und Schwierigkeit der Erziehung in einem fundamentalen Sinne – zunächst im Hinblick auf das Phänomen der Erziehung in modernen Gesellschaften, danach in einem erweiterten sonderpädagogischen Sinne.

5.1 Vom Anfang und Ende pädagogischer Professionalität

Die moderne Gesellschaft geht mit einem diskreten Abschied von der Erziehung einher. Der Grundgedanke, der keiner ernsthaften Prüfung standhielte, aber trotzdem viele Leitdebatten beherrscht, geht von einer normativen und politischen Pluralisierung der Moderne aus. Die aus modernen Verhältnissen resultierende Individualisierung von Lebensläufen, die nicht rückgängig zu machende allgemeine Autonomie und Selbstverfügung lässt den herkömmlichen Begriff der Erziehung verblassen. Die pädagogischen Berufe befinden sich daher in der Krise, weil normative Intentionen beliebig geworden seien und weil diesseits der Legalität die gesellschaftlichen Alltagsnormen, die für die Erziehung von zentraler Bedeutung sind, freigegeben würden. Die Erziehung in der modernen Gesellschaft verliert die typischen Dimensionen „der" Erziehung aus dem Auge, allenfalls ist es denkbar, Bedingungen der Möglichkeit dafür zu arrangieren, Herausforderungen eines guten und sinnvollen Lebens zu bestehen (im Folgenden Giesecke 1996, S. 391 ff.). Wir folgen zunächst dieser allgemeinpädagogischen Bestandsaufnahme zum nahenden und unvermeidlichen Ende der Erziehung, bevor wir die Fragestellung für den speziellen pädagogischen Bereich emotionaler und sozialer Entwicklungen noch einmal aufgreifen. Die Frage nach den Möglichkeiten der öffentlichen Erziehung ist nicht widerspruchsfrei. Kinder, die in der Schule einen Teil ihrer Sozialisation erfahren, treffen nicht auf einen einheitlichen Handlungswillen, sondern auf verschiedene Einflüsse. Sie müssen sich nicht nur mit unterschiedlichen „Erziehungsstilen" arrangieren, sondern mit einer Vielzahl an Eindrücken und Wirkungen, die bewusst, zielgerichtet, aber auch beiläufig geschehen. In diesem Geflecht von Umwelteindrücken sind stabile und sinnvolle Beziehungen heraus zu filtern, sind möglichst produktive und sinnvolle interexistentielle Verhältnisse zu suchen. Nicht immer kann dies unter fragilen Bedingungen gelingen – das vermeintliche Ende der Erziehung steht hier am Rande der Risikogesellschaft (U. Beck). Aber so grenzwertig und anfällig vieles erscheint, so bedeutet es nicht die Negation des Sinns pädagogischer Einflussnahmen. Tatsächlich können wir zunächst davon ausgehen, dass die Wirkungen und der Sinn pädagogischen Handelns heute weit bedeutsamer ist, als es der allgemeine kulturpessimistische Tenor vorgibt; aber es gilt zu bedenken, dass es keine Widerspruchsfreiheit und Einheitlichkeit der Erziehung geben kann. Die Möglichkeiten pädagogischer Einflüsse haben sich ebenso wie die weiteren gesellschaftlichen Faktoren pluralisiert, vervielfältigt, sie können schon an einem einzigen Tag vom Individuum „als widersprüchlich oder einander relativierend empfunden werden" (ders. S. 392). Die Sozialisation selbst wie der Sozialisationsverlauf in der Zeit ist vielschichtig und dies gilt es besonders im Hinblick auf ungewöhnliche Entwicklungen zu beachten. Familie, Vorschule, Kindertagesstätte, Schule, Freizeit und informelle Gruppen bilden keinen authentischen Sinnzusammenhang, von dem aus der Sozialisationsprozess im Ganzen gesteuert wird, sondern sie stellen lediglich die Sinnbedingungen im selbstläufigen Prozess der Individualisierung. Zwischen den pluralen Einwirkungen, unterschiedlichen Verhältnissen und geplanten Einflussnahmen ist eine subjektiv überzeugende Balance auszubilden. Die traditionelle Sicht, die man der Erziehung im Sinne etwa von Formeln der Mündigkeit, der Selbstbildung usw. zuschrieb, ist heute schwierig. Sie scheint heute nicht mehr authentisch zu sein und sie mündet wohl dann in Überforderungen, wenn Kindern etwa die Aufgabe zugemutet wird, ihr Leben selbständig und bewusst zu führen, sie aber gleichfalls den überbordernden negativen Einflüssen zu überlassen. Wir können also authentisch nur von einem Überblick über Spielräume im Gesamtprozess der Sozialisation sprechen, wir können Interventionen dementsprechend sinnvoll präzisieren, aber niemand kann folglich für sich behaupten, den Prozess der Erziehung im Ganzen zu beherrschen und über ihn zu verfügen. Wir sind daher genötigt – da man vernünftigerweise an einem diskreteren Verständnis von Erziehung festhalten mag – Sinnkriterien moderner pädagogischer Professionalität im Angesicht des Unverfügbaren zu entwickeln. Erziehung bleibt dabei notwendigerweise eine „Kontingenzformel" (Luhmann/Schorr 1979), denn das Eigentümliche und Besondere der Erziehung bleibt notwendig unvollkommen und der Begriff rechtfertigt vermutlich das eigene Handeln mehr, als das er es fundiert.

Dazu müssen freilich erhebliche Begriffsumstellungen vorgenommen werden, um die moderne Professionalität um das pädagogische Bewusstsein herum positionieren zu können (im Folgenden Giesecke 1996, S. 394 ff.). Wir nähern uns der Frage der professionellen Identität über anthropologische und lerntheoretische Zugänge. Erinnern wir uns an die Tatsache der menschlichen Erziehungs- und Lernbedürftigkeit. Pädagogische Handlungsformen von Lehren und Erziehen verbinden sich mit der Abfolge der Lebensalter. Schon hieraus kann man auf Formen der Dominanz in Gestalt sinnvoller Autorität schließen (Rentsch 1999, S. 175). Aber diese Aussage zielt nicht auf eine zwingende „Menschenmacherei", sie zielt auf die Einsicht in die lebensermöglichende Prägung durch sinnvolle Dominanz. Sie ermöglicht Selbsterfahrung, Selbstentfaltung, Auseinandersetzung, Abgrenzung, Verarbeitung von Eindrücken und Anforderungen – die individuelle Sozialisation ist nicht auf diese Teile im einzelnen zurück zu führen, sondern es sind die subjektiven Aneignungen, die als Leitfaden individueller Entwicklung gelten können. Einfacher: das Leben besteht aus einer Reihe von Lernprozessen, in denen sich zwar eine dauerhafte Angewiesenheit auf Erfahrung und Kenntnisse anderer zeigen kann. Aber hieraus ergibt sich lediglich die Möglichkeit der Gliederung der menschlichen Grundsituation – wir sind von Beginn an gezwungen, dem Leben, „unserem" Leben eine existentielle, nicht vertretbare Konfiguration zu verleihen. Dies meint die alltägliche Rede vom „Führen" des eigenen Lebens, das nur als einmalige unvertretbare Ganzheit zu verstehen ist. Faktisch „ist" jeder Mensch nur sein ganzes Leben und jeder Mensch seine ganze Welt. Diese existentielle Sicherheit erfährt jedoch dann einen Bruch, wenn die technischen Vollzüge und die partikularen Zugänge zum Menschen zutage treten. Ärzte, Therapeuten, Pädagogen, Soziologen suchen einen partikularen Zugang zum einzelnen Menschen und können diesen nur aus ihrem begrenzten Horizont heraus verstehen. Das heißt, sie müssen ihn zugleich als Ganzes denken, um das eigene Handeln sinnvoll auszurichten, aber sie handeln immer nur mit und in partikularen Bezügen.

An diesem Punkt nun ist es notwendig, das Besondere, wenn man so will, das Unverwechselbare der behindertenpädagogischen Professionalität herauszuarbeiten. Im Allgemeinen verstehen sich professionelle Pädagogen als genuine Lernhelfer, als Personen, die ein planmäßiges und zielorientiertes Handwerk ausüben und den Begriff des Lernens als verantwortbaren Leitbegriff nutzen. Schon aber bei der Frage, inwieweit ein solches planmäßiges Handeln besonderes Fachwissen voraussetzt, kommt es zu spezifischen Widersprüchen. Pädagogen und Pädagoginnen wissen und können „etwas“, sie sind einem professionellen Selbstbild entsprechend in der Lage, mit anderen zusammen eine Lerngemeinschaft zu bilden. Hierfür benötigen Pädagogen verschiedene Kompetenzen, zumindest aber kulturelle und sozialkommunikative Fähigkeiten. Es ist unschwer zu erläutern, warum nun gerade die Arbeit mit emotional und sozial auffälligen Kindern ein hohes Maß an sozialkommunikativen Fähigkeiten erfordert. An diesem Punkt aber entgleitet die Sicherheit einer pädagogischen Selbstbeschreibung, die sich auf eine besondere Kompetenz beruft oder die sich sogar in besonderem Maße als „qualifiziert“, „berufen“ fühlt, um dem sozial auffälligen Kind zu begegnen. Pädagogisches Handeln gerät an eine Grenze, wo es zu therapeutischem Handeln wird oder sich hiervon nicht mehr abgrenzen kann, es gerät an eine Grenze, wenn nötige Lernprozesse nicht mehr durch rationales Vermitteln und konfliktfreies Miteinander angeschoben werden können, oder wenn Bildungsaspekte nicht mehr oder nur fragmentarisch ins Bewusstsein aufgenommen werden können. Alle diese Punkte aber können im Rahmen einer Pädagogik bei sozial unsicherem Verhalten nicht widerspruchsfrei vorausgesetzt werden. Die Selbstbestimmung der pädagogischen Professionalität als Lernhilfe ist an diesem Punkt zu erweitern und zu vertiefen. Denn an einem Punkt, der in konkreten pädagogischen Situationen vermutlich schneller erreicht wird als erwünscht, bedarf es einer unspezifischen Kompetenz: der Akzeptanz eines widerspruchsoffenen Theoriekonzepts und der Öffnung für Ungewissheit (im Folgenden: Reiser 1996; ders. 1998; Wimmer 1996). Es ist vermutlich sehr einfach darzulegen und doch immer wieder problematisch, auf die Eigenlogik einer behindertenpädagogischen Spezialkompetenz hinzuweisen. Pädagogik bei emotionalen und sozialen Auffälligkeiten ist Pädagogik an der Grenze. Auch eine vertiefte und intensive Ausbildung in soziologischen, medizinischen, psychologischen Fachaspekten kann in spezifischer Hinsicht nicht ein tragfähiges Fähigkeitsprofil „hervorbringen“, sondern es höchstens ermöglichen. Fachdisziplinen gehen berechtigterweise davon aus, dass sich die Inhalte einer Ausbildung in widerspruchsfreie Tätigkeitskonzepte umsetzen lassen. Die konkrete Begegnung in der Praxis hingegen zeichnet sich durch Gegensatzeinheiten aus: eine scheinbar unbezähmbare Vielfalt von Bedürfnissen und Erwartungen, eine besondere Spannung zwischen allgemeiner und helfender, unterstützender Pädagogik wie auch der durchgehende Zwang zur Kooperation in geschlossenen Systemen – die Strukturlogik der pädagogischen Arbeit ist eben durch zahlreiche Widersprüche gekennzeichnet. Die Öffnung für Ungewissheit (Wimmer) ist in diesem Zusammenhang kein geringer Punkt, sondern offensichtlich eine notwendige Zumutung. Nur derjenige Professionelle, der sich gegen normative Schließungen wendet und sich dem Unvorhersehbaren und Ungewissen der Zukunft öffnet, kann auf Dauer eine tragfähige Berufsrolle entwickeln. Man versteht sich folglich nicht mehr als Experte/Expertin für die bestmögliche Förderung, sondern als Person zur Moderierung von pädagogisch sinnvollen Prozessen (Reiser 1998, S. 51). Im Zentrum der Debatten stand bekanntlich die längste Zeit das Verhältnis zwischen den unterschiedlichen Professionen und insbesondere das Selbstverständnis, das den Unterschied zwischen pädagogischer und sonderpädagogischer Praxis ausmachte. Aber es ist an diesem Punkt wichtig festzuhalten, womit im allgemeinpädagogischen Sinne die Öffnung für Ungewissheit verknüpft ist.

Dass die Pädagogik sich immer wieder an der Unwägbarkeit stößt und dass sie immer wieder mit einem letzten Rest von Nicht-Wissen und Nicht-Wissen-Können arbeiten muss, ist dabei eigentlich ein gewöhnlicher Topos. Die pädagogischen Narrative handelten wohl schon immer ein Stück weit mit der beidseitigen Fähigkeit zur Distanzierung und mit der Komplexität von Bildungsbedingungen. Bei aller Ambiguität blieb der pädagogische Optimismus ungebrochen. Schwierig wird es an dem Punkt, an dem die spezifische kindliche Vulnerabilität und die Fragilität der menschlichen Grundsituation in die Praxis hineinspielen. Die dominante Sinnfigur, die von Seiten der schulischen Sonderpädagogik auf diese Problematik hin entwickelt wurde, war lange Zeit das Konzept der *exklusiven pädagogischen Bindung*. Die Logik, die dahinter stand und bis heute sicherlich noch eine Rolle spielt, lautete: da es einen offensichtlichen Bedarf bestimmter Kinder an Nähe, Fürsorge, exklusiver Bindung und besonderer Zuwendung gebe, müsse die pädagogische Praxis die hierfür notwendigen institutionellen Einrichtungen bereitstellen. Begegnet man dem Leidensdruck der Kinder auf Augenhöhe, lässt man emotionale Nähe, sogar emotionale Offenheit zu und erzwingt in diesem Sinne eine „authentische" Atmosphäre, dann erst werde man der Bedürftigkeit der jeweiligen Kinder gerecht. „Wenn Kinder einen bodenlosen Bedarf nach Versorgung zeigen, dann sind Sonderpädagogen schnell geneigt, dem Konzept Nähe zu folgen, um den spürbaren psychischen Hunger des Kindes zu befriedigen, ohne vorauszusehen, dass psychische Gier durch psychische Fütterung keine Sättigung finden kann" (Reiser 1996, S. 182; ferner: Ziehe 1991). Es ist wohl überflüssig, auf die besonderen institutionellen Verengungen und Sackgassen hinzuweisen, die sich im Hintergrund dieser Legitimationsfigur entwickelten. Aber die grundlegende Spannung zwischen dem Wechselspiel von Nähe und Ferne, zwischen exklusiver Zuständigkeit und professioneller Distanz ist mit der Kritik an der Institution nicht vollkommen bewältigt. Sie begleitet die pädagogische Praxis dauerhaft und sie stellt einen Prüfstein der behinderten- und sonderpädagogischen Reflexivität dar.

Die charakteristische Sinngestalt einer pädagogischen Professionalität bei emotionalen und sozialen Entwicklungsstörungen scheint also im Nicht-Wissen, in der Unwägbarkeit zu liegen. Aber dieses Eingeständnis kommt keiner Resignation gleich, denn es ist durchaus möglich, professionelle Leitlinien nachzuziehen. Eine Leitlinie besteht im Zusammentreffen genuin pädagogischer und genuin administrativer Handlungsfähigkeiten. Pädagogik versteht sich als sinnvolle Lernhilfe, was Ermutigung, Unterstützung, dialogische und kommunikative Kompetenzen erfordert; Pädagogik ist aber auch stets in einen administrativen Rahmen eingespannt, um vorgegebene Normen und Verfahrensweisen auf Einzelfälle anwenden zu können, um gleich und gerecht definieren und handeln zu können. Das umschließt auch die von der jeweiligen Institution verliehene

Macht zur Herstellung und Aufrechterhaltung der für das Zusammenleben nötigen Ordnung, auch wenn dies im Falle des Fachs mit einem Operieren an der Grenze zu tun hat. Pädagogische Rationalität kommt hier mit selbstverständlichen Kriterien überein; es gilt, gerecht und intersubjektiv nachvollziehbar zu „benoten", es gilt, Sanktionen bei schweren Übergriffen und Devianz pädagogisch sinnvoll einzusetzen, es gilt die Sinn- und Zweckaspekte der schulischen und sozialen Ordnung deutlich zu machen. Dies ist zwar trivial im Hinblick auf allgemein pädagogische Reflexionen, aber es ist auch zwingend für die besonderen Bedingungen des Fachs. Den Kernaspekt der Praxis macht *die Unlösbarkeit dessen* aus, was in einer allgemeinpädagogischen Perspektive zugrunde gelegt wird: die minimalen Sinnbedingungen guten und sinnvollen Zusammenlebens zu ermöglichen.

Damit soll nicht einer verschärften Etikettierung der Klientel das Wort geredet werden, sondern die Spannung der professionellen Bezüge verdeutlicht werden. Denn: schon mit dem Einverständnis in die genannten Ordnungsfunktionen der Gesellschaft ergibt sich eine kognitive Dissonanz, die in der konkreten Praxis nie ganz einfach zu lösen ist. Als Pädagogen verstehen wir uns als Lernbegleiter, vielleicht auch als Lernhelfer mit einem besonderen Mandat, aber dieses Mandat darf weder naiv noch sachlich undifferenziert erscheinen. Es ist nicht als unbedingte Parteinahme, sondern als reflexive zu verstehen, da die Attitüde der Anwaltschaft einen Kern der Entmündigung enthält und sie ohnehin keiner ernsthaften pädagogischen Hilfe gleichkommen kann. Dies zu verstehen, verlangt in der konkreten Auseinandersetzung allerdings einen erheblichen Selbstdisziplinierungsdruck. Die gestörte Emotionalität, die man zu verstehen glaubt, wird man wohl nie ganz „von sich fernhalten" können, und keine pädagogische Situation wird sich dadurch auszeichnen, dass man sich von den besonderen Bedürfnissen auf Dauer distanzieren kann. Umso wichtiger erscheint es, die besonderen Leitlinien der pädagogischen Professionalität in ihren Grundzügen zu skizieren, was im Folgenden geschehen soll.

5.2 Die Sinngestalt der Hilfe zur Erziehung

Die Grundfragen der Disziplin emotional-sozialer Entwicklungsförderung leiten hier bereits zu ersten Fragen der Profession über. Das ist insofern problematisch, da weder innerhalb der Disziplin noch innerhalb der Profession Klarheit über das besteht, was das pädagogische Handeln leisten kann. Eine systematische Reflexion über das Wesen der Erziehung bleibt ein Stück weit unvollkommen und die plakative Formel des Praxisbezugs, der alles Weitere klären soll, setzt sich dem Verdacht aus, der selbstläufigen Praxis die Rechtfertigung eigener Ansichten und Absichten überzustülpen. Gute Pädagogik erkennt man dann am „Gelingen" der Praxis, ohne diese in verfügbare Sinneinheiten zerlegen zu können. Erfahrung, Praxis und konkrete Begegnung einerseits und die technologischen Bezüge, welche die Ungewissheiten der Praxis beherrschen wollen, bilden streng getrennte Sinneinheiten. Dies ist ein für die Logik der Disziplin und auch für die konkrete Selbstverständigung heikler Punkt, daher sei eine pädagogische Introspektion vorangestellt. Die pädagogische Begegnung im Nahbereich der emotionalen Entwicklungsförderung ist zumeist ein offener und ungewisser Anfang. Die Individuen begegnen sich zwar vielleicht unvoreingenommen und voller Neugierde, aber beide Parteien bringen bestimmte Erfahrungshorizonte mit. Insofern kann die pädagogische Begegnung sowohl durch ein „Austesten" der Authentizität, durch wechselseitige Instrumentalisierungen oder durch glaubhafte Anerkennung des Gegenübers geprägt sein. Diese Prozesse können also ganz unterschiedliche Verläufe erhalten, für die Prognosen kaum zu vertreten sind. Die Möglichkeit des Scheiterns, des Abbruchs und der Abwehr dürfen dabei keineswegs ausgeschlossen werden, sondern sie gehören in die Mitte der pädagogischen Verständigungen. Sie machen den Kern einer *sonderpädagogischen* Rationalität aus. Wie man diesen offenen Anfang ermöglicht, wie man Schließungsprozesse und psychodynamische Verengungen möglichst verhindert, verweist auf die genannte Kernkompetenz. Aber eine wesentliche Barriere bleibt auch dann bestehen, wenn man ein höchstmögliches Anspruchsniveau verlangt. Da die simplen Zweckrationalitäten und methodischen Kalküle, die klassische „Erziehung" mit sich bringt, der Komplexität der Auffälligkeiten und der Vorgänge nicht gerecht werden können, sieht sich der Pädagoge und die Pädagogin immer ein Stück weit alleingelassen. Das Wechselspiel des miteinander und gegeneinander Handelns steckt voller irrationaler Momente, voller Ungewissheiten über Abläufe und Ergebnisse. Das Handeln, das zwar im Nachhinein natürlich bequem als gelungene Umsetzung eindeutiger Ziele beschrieben werden kann, ist trotzdem kein objektiver Sachverhalt, sondern ein „Standpunkt, von dem aus das professionelle Wissen zweckgerichtet mobilisiert wird" (Giesecke 1996, S. 399). Man darf diese Überlegungen nicht dahingehend missverstehen, dass man einer postmodernen Beliebigkeit das Wort redet. Tatsächlich benötigt pädagogisches Handeln einen zweckrationalen Sinnbezug, eine rationalisierbare und intersubjektive Absicherung und dies gilt in besonderem Maße für den prekären Bereich der Intensivpädagogik bei Auffälligkeit. Die innere Struktur, die eine pädagogische Handlungsfähigkeit sichern sollte, umfasst gemeinsame Zielsetzungen, diagnostische Aussagen, die Antizipation zu erwartender Schwierigkeiten und die kontinuierliche Prüfung der Ergebnisse und ggf. die Korrektur der Lernprozesse. Dies alles mag man in eine moderne „Förderdiagnostik" übersetzen, die dem neuesten Stand der „Förderpädagogik" entspräche. Aber dies scheint doch eher eine Zweck-Mittel-Rationalität darzustellen, die der Rechtfertigung des professionellen Handelns dient und insofern sozialpsychologische Effekte sichert. In dem Zwischenbereich von schulischer Förderpädagogik, institutionalisierter Erziehungshilfe und sozialpädagogischen Arbeitsbereichen aber wäre diese pädagogische Rationalität zu erweitern, zumindest um folgende Sinnkriterien.

Die pädagogischen Handlungen unterliegen Zweckbestimmungen und Zielsetzungen. Man kann dementsprechend sinnvoll pädagogisch handeln, indem man definiert, was am Ende eines Lernprozesses herauskommen soll. Im übersichtlichen Bereich schulischer „Lernziele" können zwar die gesetzten Ziele nie vollständig und ausschließlich erreicht werden, aber hier gibt es zumindest handhabbare Kausalitäten. Der „Erfolg" eines Lernprozesses ist objektivierbar und überprüfbar, auch wenn es versteckte Curricula gibt, wenn immer auch andere und unbeabsichtigte Ziele erreicht werden und wenn sich andere Aspekte im Prozess ergeben, die jenseits des Geplanten liegen. Schwieriger erscheint der Begriff des Lernens, der sich nicht kognitiv und sachlich ausdifferenzieren und zerlegen lässt, sondern der mit dem Verhalten und der Gesamtentwicklung der Person verknüpft ist. Die Möglichkeit, mit Konflikten sinnvoll umzugehen, die inneren Konflikte nicht destruktiv nach außen zu tragen, die Ambivalenzen und Mühen der Praxis zu ertragen – all dies sind sinnvolle Kriterien absichtsvoller Erziehung, die der Verfügung einer Autorität entzogen sind, die zumindest in der konkreten Praxis verunsichert werden. „Soll zum Beispiel der Pädagoge angesichts eines konkreten Konflikts eingreifen in der Erwartung, dass die Beteiligten aus seiner Lösung ihre Lehren ziehen? Oder soll er nicht eingreifen in der Erwartung, dass die Beteiligten aus dem Scheitern ihres Versuchs das Nötige lernen werden?“ (Giesecke 1996, S. 400). Pädagogik, die sich auf Augenhöhe der konkreten Praxis bewegt, sieht sich einem Spielraum der Unbestimmtheit ausgesetzt. Man kann sowohl das Handeln wie das Nichthandeln sinnvoll begründen; man kann das erwünschte Verhalten einer „Methode“ zurechnen, aber man muss zumindest den Spielraum der Autonomie der Beteiligten anerkennen.

Wir erkennen an diesem Punkt eine starke Heteronomie und ein starkes Dilemma. Im Bereich der Wissenschaft dominiert die logische Reihenfolge, eine analytische Vernunft, in der Zielsetzungen, Methoden, Diagnosen scheinbar eine sinnvolle Einheit bilden. Aber in der gemeinsamen Praxis der Erziehung kann sich niemand auf diese Kausalitäten berufen. Die genannten Kriterien stehen in Spannungen und Wechselverhältnissen, Prüfungen und Korrekturen geschehen ständig und wohl auch unbewusst, Ziele und Diagnosen werden immer wieder revidiert. Der Handelnde ist auf sich gestellt, weil er nur Interpretationsleistungen von hoher Ungewissheit erstellen kann und in dieser Ungewissheit immer wieder neue offene Anfänge ermöglichen muss. So unbefriedigend es im Hinblick auf eine disziplinäre Verortung erscheint: weiter als bis zu diesem Punkt wird man nicht gelangen. Alles Weitere regelt die Praxis – so lautet die wenig tröstende Konsequenz. Aber, wie wir im Folgenden sehen werden, können wir von diesem Punkt aus weitere Überlegungen zur Professionalität und zur Disziplin anstellen, die auch praktisch weiter helfen. Es geht darum, die grundsätzliche Widerständigkeit der pädagogischen Professionalität in der Tiefe zu erfassen und den Kern pädagogischen Handelns hinter vorläufigen Selbstbeschreibungen zu erfassen. Die Verortung der Disziplin mündet hier bereits in die Grundfragen der Profession.

5.3 Grundfragen der Erziehung – Antworten der Disziplin

Die Frage, was die pädagogische Professionalität ausmacht, ist schwierig. Ein Pädagoge muss, wie jeder andere Berufstätige, Rechtfertigungen für sein Handeln angeben. Er sollte wissen, was er tut, und er sollte nach Möglichkeit besondere Kompetenzen und Qualifikationen besitzen. Das gilt vermutlich in besonderem Maße für die professionelle Arbeit bei Entwicklungsverzögerungen. Aber worin besteht genau dieses spezifische Können?

Man könnte eine hochtrabende soziologische Antwort geben: Professionen haben – im Allgemeinen – einen Wissensvorsprung gegenüber Klienten. Dieser Wissensvorsprung entstammt einer höhersymbolischen Sinnwelt, wissenschaftlichen Erkenntnisquellen, die in einer einschlägigen Ausbildung angeeignet werden können. Die Profession, und dazu zählen pädagogische Berufe, gleicht einem machtvollen Handlungsverfahren. Aber diese Definition kann uns nicht in dem Maße befriedigen, da in ihr eine zu starke Hierarchisierung enthalten ist. Die behindertenpädagogische Profession verfügt zwar über die „Lizenz" wissenschaftlicher Problembearbeitung zu systematischen Fallanalysen, aber sie geht ja in der Praxis ein besonderes Arbeitsbündnis ein, sie übernimmt ein spezielles pädagogisches und politisches Mandat. Aufgrund dieser Ambivalenz können wir die Frage nach der pädagogischen Professionalität nicht einfach mit dem Verweis ausweichen, dass Professionen sich über einen besonderen Kompetenz- und Wissensvorsprung auszeichnen. In besonderem Maße zeigt sich dies im Spannungsfeld von inklusiver Pädagogik und Behindertenpädagogik. Daher soll im Folgenden die Frage nach der pädagogischen Professionalität erneut gestellt und sie in einem weiten Bogen beschrieben werden, in folgenden drei Schritten:

Die Frage nach pädagogischer Professionalität verlangt zum ersten, die wesentliche Unterscheidung zwischen einer natürlichen sozialisatorischen Praxis und dem besonderen pädagogischen Handeln zu treffen. Sie verlangt zweitens, anthropologische Aspekte der menschlichen Verletzbarkeit einzubeziehen – damit wären dann explizit behinderten- und heilpädagogische Aspekte betroffen. Und sie verlangt drittens – und insbesondere unter den Vorzeichen inklusiver Pädagogik – eine besondere Kompetenzzuschreibung, die sich aus den ersten beiden Sinnbereichen her ergibt. Die These lautet also, dass wir Professionalität nur dann in der Tiefe erfassen, wenn wir von dem Wechselverhältnis der genannten Ebenen ausgehen.

Fragen wir in einem grundlagentheoretischen Sinne nach dem Besonderen der pädagogischen Professionalität, dann müssen wir uns zunächst eine offensichtliche und gewöhnliche Tatsache bewusst machen. Wir müssen pädagogisches Handeln von einer naturwüchsigen sozialisatorischen Praxis unterscheiden. Kinder werden in eine Familie, Verwandtschaft, in eine Siedlungsgemeinschaft, in eine kulturell und sozial primäre Welt hineingeboren, Hier machen sie ihre primären sozialen Erfahrungen. Pädagogisches Handeln zielt hierzu im Gegensatz auf eine zusätzliche Erziehung und Bildung außerhalb dieser primären Praxis und schon hieraus folgt eine Rollenspezifizierung und Expertisierung der pädagogischen Agenturen. Es ergibt sich gleichsam der Zwang, diese sekundäre pädagogische Praxis, Prinzipien, Methoden zu begründen und zu rechtfertigen und auch Kompetenzkriterien festzulegen (diagnostizieren, Methoden anwenden, Ziele festlegen, Handlungsfelder auswählen). Aber mit dieser Differenzierung wird – und dies ist nicht unbedingt ein bewusster Vorgang – eine Abgrenzung zur naturwüchsigen sozialen Praxis vorgenommen. Denn die Eltern sind ja eigentlich die „Normalagenten" der naturwüchsigen sozialisatorischen Praxis, sie stehen eigentlich in der Mitte des gemeinsamen Lebens des Kindes und müssen nun Teile ihrer sozialisatorischen, erzieherischen Autorität abgeben, sie müssen und wollen sie delegieren. Man könnte also sagen, dass die natürliche Autorität der Eltern als ergänzungsbedürftig deklariert wird.

Nun könnte man natürlich Einspruch erheben und diese Ergänzung und die soziale Delegierung viel früher ansetzen: von der frühen Geburt oder eigentlich ja sogar vor der Geburt gibt es eine Vielzahl von unterstützenden, begleitenden Agenturen, die Zugriff auf die naturwüchsige Praxis haben – denken wir an Sexualaufklärung, Geburtsvorbereitung, pränatale Diagnostik, Geburtshilfe, die Nachsorge durch Hebammen usw. Beschränken wir uns hier auf pädagogische Übergänge, dann scheint sich dieser Prozess eigentlich problemlos in eine Reihe von Delegationen, Unterstützungen und Hilfen der primären Praxis einzufügen. Dass die Eltern zu einem Teil ihre Nichtzuständigkeit erklären und ihre natürliche Autorität delegieren, kann also gar nicht überraschen, sie ist scheinbar selbstverständlich. Gleichwohl kann man mit einigem Recht behaupten, dass mit dem Wechsel einer pädagogischen Teilzuständigkeit doch auch ein latenter, unbewusster Konflikt angelegt ist. Denn in der Pädagogik wird auf Mechanismen und Struktureigenschaften der primären naturwüchsigen Praxis zugegriffen und damit wird eigentlich eine latente Konkurrenz zwischen Erziehern und Eltern angelegt. Denn die Prinzipien der pädagogischen Praxis werden hier ja nicht neu erfunden, sondern sie werden der naturwüchsigen Praxis entnommen und nur durch bewusste methodische Prüfung gesteigert und geklärt (im Folgenden Oevermann 1996, S. 142 ff.). Natürlich ist zu bedenken, dass die Normensysteme der öffentlichen Erziehungsagenturen sich um die Vermittlung von Wissen, Tradition, Bildung und Technik herum konfigurieren, die von einem bestimmten gesellschaftlichen Entwicklungsgrad an von einem naturwüchsigen Herkunftsmilieu nicht mehr gewährleistet werden kann. Aber jenseits dieser historischen und gesellschaftlichen Prozesse ist zu bedenken, dass für die Strukturbestimmung pädagogischen Handelns das besondere Verhältnis zwischen Erziehern und Elternautorität zu beachten ist. Wie auch immer man zu diesem Verhältnis stehen mag, so kann man nun schon in diesen allgemeinpädagogischen Zusammenhang eine therapeutische Dimension hineinlesen. Therapie im weitesten Sinne verstanden ergibt sich aus dem Normalfall, dass im Zuge der Wissens- und Normenvermittlung am sozialen Lernort die Interaktionspraxis einen offenen Bildungsprozess eröffnet, der für das Kind und seine personale Integrität folgenreich ist. Denn es geht zwar um Wissens- und Normenvermittlung, aber in der konkreten Interaktionspraxis zwischen Kind und Erzieher wird ja das Kind in seiner Totalität als ganze Person erfasst und es wird offen oder implizit das thematisiert, was folgenreich für das Kind in seiner sozialen und personalen Integration, seiner psychosozialen Gesundheit ist.

Man muss das nicht zwingend Therapie nennen, aber wir erkennen eine psychologisch-therapeutische Teildimension in dem Verhältnis zwischen Kind und Erzieherin. Das Kind zeichnet sich durch Ungefestigtheit von Autonomie, durch eine unfertige Rollenhandlungssicherheit aus und es durchläuft verschiedene Krisen und Latenzphasen – es lernt beispielsweise den ersten Sinn der Kooperation, die Dimension von Zwang und Autoritätsrespekt und auch die Teilautonomie moralischer Urteile. Für die Strukturbestimmung des pädagogischen Handelns ist daher festzustellen, dass aufgrund des Übergangscharakters, der Latenz, und der Ungefestigtheit die Entwicklung des Kindes als Ganzes zu beachten ist. Einerseits sind Schüler bzw. Kinder zu einer vollständigen Übernahme der Strukturlogik von Rollenhandeln noch nicht fähig wie auch Teilentwicklungen verzögert, gehemmt sein können. Die erwähnte therapeutische Dimension ergibt sich daraus, dass die pädagogische Praxis im Hinblick auf das schlummernde Potential des Kindes gerichtet ist und dort erkennen wir die Möglichkeit der sozialen und personalen Integrität einerseits, wir erkennen andererseits die Möglichkeit einer pathogenen, unerwünschten Entwicklung.

5.4 Die Struktur eines möglichen Arbeitsbündnisses

Damit können wir nun die ersten Momente einer pädagogischen Strukturbestimmung nennen: Um dem Kind in seiner Ungefestigtheit hilfreich zu begegnen, sind auf der Erzieherseite Rollendistanz, Rollenkomplementarität, Rollenambivalenz und Rollenflexibilität zu bemühen. Wir begegnen dem Kind auf Augenhöhe, wenn wir seine persönliche Lebenssituation nachvollziehen, wir geben Halt, wenn es einen Krisenprozess durchläuft, wir stellen Autorität dar, wissen aber auch um die Begrenztheit dieser Autorität. Da nun auf beiden Seiten Unsicherheiten, Unfertigkeiten und Brüche bestehen, und da es aber auch einen Unbestimmtheitsbereich kindlicher Entwicklungen gibt, ist auch die Beziehung nie ganz eindeutig. Das Kind trifft in Bildungseinrichtungen nicht auf einen einheitlichen Erzieherwillen, sondern auf Personen, die auf subjektive Weise auf es einwirken. Umgekehrt trifft auch die Erzieherin auf verschiedene Sozialisationsverläufe, geprägt durch verschiedene soziale Orte, Kulturen, Regeln und Erwartungen. Aufgrund der sozialen und normativ diffusen Entwicklungen muss die Pädagogik davon Abschied nehmen, den Prozess der Erziehung im Ganzen in den Griff zu bekommen und zu verantworten. Was aber dann? Die weitere Grundfrage ist es daher, ob und wie es gelingt, die widersprüchliche Einheit von spezifischen und diffusen Sozialbeziehungen in der pädagogischen Praxis in ein professionelles Arbeitsbündnis zu überführen (Oevermann 1996, S. 148 f). Es wäre im Folgenden zu fragen, mit welchen Aspekten und Anforderungen ein solches Arbeitsbündnis verknüpft sein müsste. Es fällt auf, dass an diesem Punkt das Selbstverständnis der Allgemeinpädagogik sich dann doch auf die Wissens- und Normenfunktion beschränkt und die besondere störungsanfällige Dimension ausblendet. Es kommt zur Differenzierung zwischen der Allgemeinen und der Heilpädagogik, Behindertenpädagogik, schulischer Sonderpädagogik. Und im historischen Rückblick kann man sagen, dass an die sich ausdifferenzierende Sonderpädagogik Fälle delegiert wurden und werden, die als manifeste Abweichung, als Störung aus dem Normalbetrieb herausfallen, die Behindertenpädagogik wäre dann eine besondere Pädagogik, die einen objektiv gegebenen Professionalisierungsbedarf von der Nichtzuständigkeit der allgemeinen Praxis zugewiesen bekommt. Das hieße, dass die Behinderten- und Sonderpädagogik sich viel mehr professionalisieren und profilieren müsste, als es im Normalbetrieb der Fall wäre. Dies ist natürlich eine Entwicklung, die innerhalb der Pädagogik kritisch diskutiert wird, aber immerhin kann man für die Bestimmung der spezifischen Professionalität ein Ziel festlegen: die Professionalisierung der Behindertenpädagogik verdichtet sich an der Frage, in welcher Form sie das besondere Arbeitsbündnis zwischen Kind und Erzieher gestaltet, einem Arbeitsbündnis, das in besonderem Maße auf Vielfalt und Heterogenität angewiesen ist.

Wir definieren also Professionalität nicht so sehr als einen besonderen Wissensvorsprung, der medizinisches, psychotherapeutisches, funktionales Wissen in bestimmten Fällen anwendet. Sondern wir definieren Professionalität als mögliche Struktur eines pädagogischen Arbeitsbündnisses (Oevermann 1996, S. 152 ff.). Wie sich dieses Arbeitsbündnis bestimmen lässt, soll im Folgenden ausführlich im Hinblick auf behindertenpädagogische Aspekte gefragt werden. Dabei werden insbesondere drei Dimensionen zur Sprache kommen, die dieses Bündnis in spezifischer Form prägen und die fundamentale anthropologische Gegebenheiten zur Sprache bringen.

Der Aspekt der Autonomie

Es ist wohl nicht übertrieben, die Kernfrage der Pädagogik an dem Punkt zu vermuten, wo es um die Notwendigkeit der Hilfe zur Selbsthilfe geht. Das pädagogische Wollen richtet sich auf die Ermöglichung einer autonomen Praxis angesichts besonderer und erschwerender Bedingungen. Man kann das Mündigkeit, Selbsttätigkeit, Verantwortung nennen. Das Ziel ist unstrittig, aber der schwierige Punkt ist, wie wir die widersprüchliche Einheit von diffusen und spezifischen Beziehungsdimensionen lösen können. Dieses Verhältnis von diffusen und klaren, spezifischen Verhältnissen zwischen dem Kind und Erzieher berührt eine unbewusste, latente, unausgesprochene psychologische Ebene. Wenn diese Ebene nicht geklärt und das heißt reflektiert wird, ist die pädagogische Praxis erheblich erschwert. Man kann sich ganz unterschiedlich zu dem genannten Arbeitsbündnis positionieren, man kann das Kind als Unterweisungsbedürftigen verstehen und die Beziehung im Sinne von Autorität, Gehorsam, Regelbefolgung definieren, man könnte ebenso eine Auseinandersetzung auf Augenhöhe zu Grunde legen und kooperierende, verstehende, beratende Beziehungsdimensionen bemühen. Entscheidend ist jedoch, dass wir als Pädagogen uns darüber bewusst sein müssen, dass sich die Teile der relativen Autonomie nie ganz von den Teilen der Heteronomie, also der Abhängigkeit und Bedürftigkeit sauber trennen lassen.

Eine autoritäre, eine instruktive Erziehung ist in diesem Sinne eine Illusion und man kann dies an wenigen Punkten vor Augen halten. Kinder sind im Allgemeinen wissensdurstig, neugierig. Sie wollen mehr über sich und ihre Umwelt wissen und sind in diesem Sinne auf ihre besondere Weise lernwillig; ob sie freilich zum Beispiel moralische Urteile, Entscheidungen und Handlungen treffen können, ist fraglich. Kinder verfügen entwicklungspsychologisch von vornherein noch gar nicht über bestimmte Möglichkeiten und genau dies macht den Kern des pädagogischen Arbeitsbündnisses so komplex. Eine einfache Unterscheidung hilft weiter: ein Patient kommt zum Arzt aufgrund eines Leidensdrucks und damit ergibt sich eine klare therapeutische Arbeitsdefinition, die sich auf der Autonomie und Selbstverantwortlichkeit des Patienten gründet, aber auch in der Kompetenz, sich selbst zum Patienten zu machen. Diese Definition gründet auf dem selbstbewussten Entschluss, den eigenen Leidendruck anzuerkennen und zu beseitigen. Es ist genau dieser Punkt, den man in der behindertenpädagogischen Begegnung nicht zu Grunde legen kann. Der Leidensdruck ist zwar vorhanden, sichtbar, aber unbestimmt und unspezifisch. Das Kind ist wahrscheinlich nicht in der Lage, sich zu sich selbst zu äußern, es hat oft keine anderen Mittel, als Signale einer Störung zu vermitteln, solche Signale wären entwicklungspsychologische Barrieren, sozialer Rückzug, Verhaltensstörungen usw. Festhalten können wir an diesem Punkt zunächst lediglich, dass es eigentlich kein Äquivalent für den Leidensdruck und die Autonomie des Patienten gibt, die wir bei der Formulierung des Arbeitsbündnisses zu Grunde legen können. Wir sind pädagogisch „ausgeliefert", weil sich die Anteile der Hilflosigkeit und Autonomie stark vermischen. Der pädagogisch Handelnde ist in bestimmtem Sinne auf sich allein gestellt, denn die Diagnose, die Prüfung, Antizipation und gezielte Intervention sind keine Gewissheiten, sondern sie sind primäre Interpretationsleistungen von höchst ungewisser Genauigkeit. Und genau aus diesem Grund sind wir als pädagogisch Handelnde auf das unterstützende Mithandeln der beteiligten Personen angewiesen.

Der Aspekt der Verletzbarkeit

Man sollte die Überlegungen nicht missverstehen. Aus der Bestimmung der pädagogischen Professionalität zwischen spezifischen und diffusen Merkmalen der Beziehung folgt keine pädagogische Beliebigkeit. Im Gegenteil: der Begriff der Lernhilfe hat als Leitmotiv den Vorteil der pragmatischen Anschauung. Die pädagogische Rationalität, die hinter dem Begriff des Lernens steht, richtet sich an einen partikularen Zugang zum Menschen. Die pädagogisch Professionellen können den Menschen zwar in seiner Integrität und Ganzheitlichkeit denken, aber handeln können sie nur aus einer begrenzten Sicht heraus. Der Begriff der Intervention mit den jeweils partikularen und begrenzten Zugängen und spezifischen Zielen ist insofern konstitutiv für das professionelle Selbstverständnis (Giesecke 1996, S. 394 f.). Der Begriff des Lernhelfers zielt in diese Richtung: es werden Förderpläne erstellt, es lassen sich Aussagen über einen Entwicklungsstand hinsichtlich Sprache und Kommunikationsfähigkeit, der motorischen Entwicklung, der Sozialität, der Emotionalität usw. abgeben. Und diese begrenzten Zugänge können wir dann in planmäßige und zielgerichtete Interventionen umsetzen. Gleichwohl geht es in der heilpädagogischen Begegnung um mehr als um die diagnostische Zerlegung des Menschen in besondere Teilkriterien. Es geht also irgendwie um mehr, als nur einem Kind ein schlüssiges Angebot zu machen, wie es einen besonderen Mangel beheben kann. Wenn es nur darum ginge, ein motorisches Defizit zu beheben, einen sprachlichen Mangel auszugleichen oder eine kognitive Lücke zu schließen, dann wäre man auf einen extrem verdünnten Fachleistungsbegriff verwiesen. Man *kann* so ansetzen, aber etwas bleibt doch entzogen. Dieses „Etwas" verweist uns wiederum auf die diffusen Komponenten der Sozialbeziehung, die sich in einem Punkt verdichten. Das Kind kommt in der Ungeschütztheit seiner ganzen Person auf den Pädagogen zu. Das heißt, es zeichnet sich nicht durch einen Mangel aus, den der Professionelle beheben kann, sondern es wendet sich an den Professionellen in der Ungeschütztheit, einem gewissen Ausgeliefert-Sein, die es aus seinem eigenen Universum mitbringt. Es kommt mitsamt seines sozialen Horizonts der primären Welt auf die oder den Professionellen zu – und nichts weniger. Wem das zu hoch gegriffen ist, der muss sich nur einige Beispiele aus dem Bereich sozial-emotionaler Entwicklungsförderung vor Augen halten. Es gibt Brüche in der primären Welt sozialer Erfahrungen, die tiefgreifende Erfahrungen sind: dauerhafte seelische Verwahrlosung, dauerhaft soziale und emotionale Bindungsstörungen, strukturelle und personale Gewalt, des Weiteren starke Missachtungserfahrungen in sozialen Systemen, die langfristig zu Exklusionsprozessen führen können. All dies muss nicht zu einem pädagogischen Pessimismus führen, aber doch zu einer Authentizität der Sozialbeziehung. Die Gründungsvoraussetzung des besonderen behindertenpädagogischen Bündnisses liegt zunächst in der Anerkennung der Verletzbarkeit des Kindes.

Zwei besondere Aspekte sind mit dieser Einsicht verknüpft. Zum einen zeigt uns schon ein flüchtiger Blick in die Geschichte des Umgangs mit Behinderung, dass diese Verletzbarkeit mit einer problematischen Vorprägung einhergehen kann. Das Grundmotiv des Umgangs mit Behinderung in der Sozialgeschichte ist wohl die Verknüpfung der Verletzung, des Defekts mit der Wahrnehmung des Betroffenen als etwas Untauglichem, Unheimlichen, Anderen. Für den Ethiker wie für den Historiker ist auffällig, mit welcher Stringenz die Unsicherheit des Menschen im Umgang mit seiner eigenen Andersartigkeit konstant bleibt. Die Antwort auf die Frage nach dem leitenden Verständnis von Behinderung müsste demnach lauten: ein angemessenes Verständnis von Behinderung erreichen wir, wenn wir den behinderten Menschen nicht als Forschungsgegenstand auf der Objektebene betrachten, sondern wenn wir die Person in ihrer subjektiven, sozialen und existentiellen Grundsituation betrachten. Zum anderen ist mit der Gründungsvoraussetzung der Verletzbarkeit eine professionelle Grundsatzfrage verknüpft, nämlich die Frage, wie viel Nähe und wie viel Distanz für den pädagogischen Prozess erforderlich ist.

Nähe und Distanz

Im herkömmlichen Sinne verstehen sich Behinderten- und Sonderpädagogen als Anwalt des Kindes, als Akteure mit einem eindeutigen pädagogischen Mandat, das – zugespitzt – nur von ihnen ausgefüllt werden kann. Dazu einige, nicht ganz unumstrittene Grundannahmen: Kinder mit Entwicklungsblockaden oder mit Behinderungen zeigen nicht selten und aus nachvollziehbaren Gründen einen erheblichen Bedarf an Bindung und an Nähe, welche die professionelle Praxis schnell an Grenzbereiche führt. Dieser Bindungsbedarf ist empirisch nicht streng überprüfbar, aber in der täglichen Praxis liegt er vor den Augen der Beteiligten. Kinder aus bildungsfernen oder fragilen Milieus, Kinder mit Gewalterfahrungen oder sozialer Randständigkeit fügen sich verständlicherweise nicht in vorgefertigte Konzepte, sondern sie lassen sich über einen psychologischen Hunger nach

Nähe definieren, ein möglicherweise theoretisch unterschätztes Problem. Der Wandel im professionellen Selbstverständnis der Behindertenpädagogik gegenüber diesem Problem ist hier sehr differenziert darzustellen. Kritisch zu beurteilen sind Mentalitäten, die dem offensichtlichen Anerkennungs- und Nähebedarf von Kindern pädagogische Ventile verschaffen möchten und daraus aber die Exklusivität von pädagogischen Beziehungen schlussfolgern. Da es einen durchgehenden Bedarf nach Nähe, Intimität und Bindung bei bestimmten Kindern gebe, sei es in dieser Logik notwendig, Frei- und Schonräume, exklusive Beziehungen und exklusive Nähebeziehungen bereit zu stellen. Die Authentizität der Lehr- und Bezugsperson erweist sich demnach in der Fähigkeit, für die Kinder mehr als nur eine Profession, mehr als eine Lehrkraft oder Erzieherin darzustellen, sondern der Tendenz zur Nähe Raum zu geben, man könnte also versucht sein, dies als ein Erfordernis oder ein zentrales Merkmal der oben beschriebenen Struktur des besonderen Arbeitsbündnisses festzulegen. Und an diesem Punkt, der vielleicht nie ganz gelöst werden kann, ist es notwendig, von der edlen Selbstbeschreibung des unverzichtbaren Helfers hin zu einem inklusiven Verständnis der Pädagogik zu gelangen.

6 PÄDAGOGISCHE PROFESSIONALITÄT UND INKLUSIVE PÄDAGOGIK

Es bleibt zuletzt ein Aspekt zu beschreiben, der bislang nur am Rand erwähnt wurde. Wie ist der Zusammenhang zwischen der Disziplin und der modernen inklusiven Pädagogik zu denken? Zum einen könnte man die Umstellung auf inklusive Praktiken als einen Höhepunkt verstehen, der am Ende der historischen Entwicklung der behindertenpädagogischen Disziplinen steht. Zum anderen werden hier aber auch explizit professionelle Fragen aufgeworfen, deren Beantwortung eigentlich noch aussteht und die weniger umwälzend gedacht sind. Die folgenden Überlegungen stehen insofern an einem Schnittpunkt zum Teil B, da sie professionelle Aspekte der Disziplin betreffen. Ein wichtiger Punkt ist hervorzuheben – die Bedeutung der sogenannten Zwei-Gruppen-Theorie für die Inklusive Praxis ebenso wie für die Disziplin emotionaler/sozialer Entwicklungsförderung. Wird auf der einen Seite versucht, das Zwei-Gruppen-Schema zu überwinden, so stellt doch die Wahrnehmung und der Umgang mit besonderen schwierigen Belastungen und mit deutlich artikuliertem Hilfebedarf, also die Wahrnehmung einer prägnanten Störung den Ausgangspunkt des fachlichen Selbstverständnisses dar. In den folgenden Punkten wird die Bedeutung der Zwei-Gruppen-Theorie und der Maßstab seiner unbedingten Überwindung in das Zentrum gerückt, was zugleich einer intensiven Auseinandersetzung nahe kommt – zwischen den Kernüberzeugungen der Inklusiven Pädagogik und den fachlichen Bedenken einer „besonderen" Disziplin.

Die Inklusive Pädagogik steht derzeit im Zentrum zahlreicher und intensiver Debatten (im Folgenden Wevelsiep 2015). Gegenüber dem allgemeinen Bildungssystem hat sich von seiten der Inklusionstheoretiker eine starke Skepsis ausgebreitet, die im Kern auf eine funktionalistische Beschreibung des selektiven Schulsystems hinaus läuft. Da der Schule im allgemeineren Sinne die Funktion zukommt, über die Güte der angeeigneten Kompetenzen, die Tauglichkeit für gesellschaftliche Karrieren zu befinden und sie somit fester Bestandteil einer leistungsorientierten Gesellschaftsorganisation sei, entstünden Kosten für die schwächeren Mitglieder der Gesellschaft. Der Inklusionsforscher Hans Wocken bringt es auf den Punkt: *Schule mache in ihrer gegenwärtigen Form Kinder krank* (Wocken 2013), und dies betreffe in besonderem Maße Kinder mit Entwicklungsstörungen. Die Konsequenz, die Wocken und viele andere Vertreter ziehen, besteht, sehr vereinfacht gesprochen, in der radikalen Infragestellung des Selektivitäts-, Allokations- und Leistungsprinzips. Nur eine Schule für alle, in der es zur Überwindung der sogenannten Zwei-Gruppen-Theorie käme, könne die krankmachen Effekte verhindern und einem Bildungssystem nahe kommen, das inklusive Praktiken und inklusive Kulturen ermögliche. Nicht die Trennung in zwei kategoriale Gruppen prägt demnach den schulischen Alltag, sondern ein Miteinander verschiedener Individuen, nicht die Einteilung homogene Gruppen, sondern ein umfassendes System für alle. Vielfalt gilt im idealistischen Selbstverständnis der inklusiven Pädagogik als Normalfall, was ein grundlegend verändertes Selbstverständnis der Schule mit sich bringt: vormals getrennte Schul- und Sonderpädagogik werden als synthetisierte Einheit begriffen, man geht grundsätzlich von gemeinsamen Anliegen und gemeinsamen Reflexions- und Planungsprozessen aus. Die Integration von Kindern mit Förderbedarf und die Differenzierung je nach dem Grad der Schädigung wäre demnach überflüssig, weil sich das gemeinsame Arbeiten auf der Grundlage eines individualisierten Curriculums für alle vollzieht (Hinz 2004, ders. 2009).

Die inklusive Pädagogik, die sich auf diese Kernthesen bezieht, steht nun wie gesagt im Zentrum zahlreicher Auseinandersetzungen, die hier in einem besonderen Punkt verdichtet werden sollen. Es stellen sich angesichts der weiterreichenden Umbrüche im Bildungssystem, die mit dem inklusiven Denken verbunden sind, professionsspezifische Fragestellungen, die eng mit dem geschilderten Anspruch der Theorie verbunden sind. Welche Konsequenzen zeitigt ein Selbstverständnis, das von einem *umfassenden System* für alle, von *gemeinsamen Anliegen*, *kollegialen Prozessen* und *geteilten Aufgaben* ausgeht? Damit ist nicht allein die ältere Problematik gemeint, dass sich die Sonderpädagogik im Horizont inklusiver Umstellungen gewissermaßen als Profession auflöst und verzichtbar wird, sondern es geht um die schwierigere Frage, in welchem Ausmaße sich die genannte Zwei-Gruppen-Theorie als schädlich und hinderlich für die pädagogische Praxis erweist oder ob die radikale Infragestellung des differenzierten Maßstabs nicht auch Schattenseiten und Nachteile mit sich bringt. Für die pädagogisch Professionellen ist es notwendig, sich diese möglichen Widersprüche und Probleme der inklusiven Praxis bewusst zu machen und das Selbstverständnis aus einem zu engen moralrigoristischen Rahmen zu lösen. Es geht mit anderen Worten um die Grenzen eines Maßstabs, der in der unbedingten Überwindung zweier Kategorien besteht.

Im ersten Punkt geht es um eine strukturelle Beschreibung des modernen Bildungssystems hinsichtlich primärer Funktionen, hinsichtlich der historischen Ausdifferenzierung der Sonderpädagogik und hinsichtlich rechtlicher Umbrüche. Diese Probleme lassen sich dann in den weiteren Punkten konkretisieren, indem sie auf eine professionelle, methodische Ebene heruntergebrochen werden. Dabei soll aufgezeigt werden, mit welchen besonderen Bedingungen und Ansprüchen sich die moderne Professionalität in inklusiven Kontexten beschreiben lässt. Bei allen erfreulichen Umorientierungen, die im Zuge dessen in Gang gebracht wurden, stellt sich allerdings das Problem der Macht bzw. der neuen Ordnung, die mit der Kultur der Inklusion verbunden sind. Macht scheint das übersehene Motiv der inklusiven Theorie zu sein.

6.1 Ein strukturtheoretischer Blick auf das Schulsystem

Eine strukturelle Beschreibung der Institution Schule soll von verschiedenen Seiten her angefertigt werden. Strukturfunktionalistisch betrachtet kommt der Schule die primäre Aufgabe zu, die Zuordnung von Personen zu bestimmten Positionen zu erleichtern und dabei auf spezifische Leistungen als Bewertungsmaßstab zurückzugreifen (Fend 2006; Wocken 2013). Schule hat bekanntlich eine Qualifikations- und Selektionsfunktion, die seit langem umstritten ist (Luhmann/Schorr1979), die den Prinzipien einer leistungsorientierten Gesellschaftsorganisation folgt und verschiedenen Reformschüben unterliegt. Aus Sicht der Inklusiven Pädagogik ist diese Funktion aber auch an der Produktion von Schulversagern, Verlierern und Erfolglosen beteiligt, sie produziert Versagen, wenn und insofern die konstitutiven Elemente des selektiv verfassten Schulsystems beibehalten werden.

Die strukturelle Selektivität des deutschen Schulsystems wird meist in eindeutigen Widerspruch zu inklusiven Strukturen und inklusiven Praktiken gestellt (Hinz 2009; Werning 2010). Diese strukturell-organisatorische Verengung steht in engem Zusammenhang mit Selektionsaspekten der homogenen Lerngruppe, mit stagnierenden oder gar steigenden Zahlen von Kindern und Jugendlichen in Förderschulen, mit Leistungszwängen und der daraus resultierenden Produktion von Schulversagen. Der gesellschaftspolitische Zusammenhang ist spätestens seit den PISA Studien bekannt: die Kumulation von negativen sozialen, kulturellen und individuellen Faktoren hat eine starke Bedeutung für möglichen Bildungserfolg, die soziale Benachteiligung führt oft zu negativen Effekten der Bildungskarriere. Stark pointiert ließe sich sagen, dass Jugendliche aus der Oberschicht, wenn man sie mit Personen mit gleichen kognitiven Grundkompetenzen und gleichen Fachleistungen vergleicht, eine dreimal so hohe Chance haben, ein Gymnasium zu besuchen, wie Jugendliche aus Arbeiterfamilien. „Der Zusammenhang zwischen sozialer Herkunft und Schulerfolg ist insofern in Deutschland besonders stark ausgeprägt“ (Werning 2010, S. 286, ferner: Wocken 2000, OECD 2006, PISA-Konsortium 2001).

Leistungsversagen wäre in dieser Lesart kein unerwünschter Nebeneffekt, sondern das gewollte Resultat eines gesellschaftlichen Konsens, im System der Schule fortlaufend und systematisch Leistungsgewinner und -versager zu produzieren, so explizit Wocken (2013) oder Hinz (2004). Welchen „Beitrag“ die schulische Sonderpädagogik die längste Zeit zu diesem Phänomen geleistet hat, wird mit einem Blick auf eine soziologische Beschreibung deutlich.

Der sonderpädagogische „Dienst“ definiert sich nicht alleine über eine besondere Klientel, sondern vielmehr über spezifische Wissens- und Könnensbestände, mit denen die Zusammenhänge zwischen fragilen Bildungs- und Lebenssituationen und bestimmten Subjekten thematisiert und behandelt werden (dazu im Folgenden besonders: Oevermann 1985, ders. 1996). Pädagogisches Handeln ist von der naturwüchsigen sozialisatorischen Praxis in Familie oder kultureller Gemeinschaft systematisch zu unterscheiden, insofern dieses auf eine gezielte und bewusste Erziehung außerhalb dieser natürlichen Praxis aus ist und sich hieraus Rollenspezialisierungen und Expertenrollen ergeben. Strukturtheoretisch ergibt sich aus dieser historisch gewachsenen Differenzierung zum einen eine latente Konkurrenz zwischen Erziehern und Eltern, aber auch latente Übereinstimmungen analog zu therapeutischen Kontexten: die Pädagogik muss auf Mechanismen und Struktureigenschaften der naturwüchsigen Praxis zurückgreifen und diese durch bewusste methodische Prüfung steigern. Im Normalfall wird eine therapeutische Funktion des pädagogischen Handelns, die faktisch der objektiven

Strukturgesetzlichkeit gemäß entsteht, nicht thematisch. Sie verschwindet hinter den objektiven Strukturen der Wissens- und Normenvermittlung. Aber, wie Oevermann betont, sind für die Strukturbestimmung pädagogischen Handelns die Merkmale der entwicklungspsychologischen Latenzphase von entscheidender Bedeutung. Die therapeutische Dimension kommt dem pädagogischen Handeln von daher zwingend zu, „weil die anlässlich der Wissens- und Normenvermittlung notwendig werdenden Lehrer-Schüler-Beziehungen angesichts des Übergangscharakters der Latenzphase und angesichts der Ungefestigtheit von Autonomie und Rollenhandlungsfähigkeit des Schülers in dieser Phase immer auch folgenreich sind für die Entwicklung des Schülers als ganzer Person“ (Oevermann 1996, S. 147). Die therapeutische Dimension – zunächst im weitesten abstrakten Sinne verstanden – ergibt sich aus der entwicklungslogisch zwingenden Asymmetrie von diffusen und spezifischen Sozialbeziehungen, die durch die Ungefestigtheit und Unfertigkeit der individuellen Entwicklung zwangsläufig entsteht. Die Grundfrage der Profession wäre es dementsprechend, wie ein faktisches Arbeitsbündnis zwischen Lehrer und Schüler gelingen kann, wie die Einheit von spezifischen und diffusen Sozialbeziehungen hergestellt und insbesondere potentiell negative Entwicklungsfolgen kontrolliert vermieden werden können. Vereinfacht gesprochen, erscheint die therapeutische Dimension nicht als „Spezialfall“ einer pathogenen Entwicklung, die sonderpädagogische Maßnahmen nach sich zieht, sondern als grundlegende Bedingung pädagogischer Strukturen – unter dem Aspekt des prophylaktischen Handelns im Hinblick auf Potentiale der Weichenstellung von Lebensläufen, Schulkarrieren, Biographien „in Richtung auf psycho-soziale Normalität“ (ders. S. 149). Dass für die Strukturbestimmung pädagogischen Handelns der umfassende Gesichtspunkt der Prophylaxe konstitutiv ist, wird selten thematisiert und bisweilen unterschiedlich wahrgenommen. Denn die gängige Wahrnehmung zielt natürlich auf das Selbstverständnis der Normalpädagogik hinsichtlich der Kontrollfunktion von Wissens- und Normenvermittlung; erst wenn Abweichungen pathologisch und überfordernd werden, tritt die Unterscheidung zwischen allgemeiner und besonderer, ausdifferenzierter Pädagogik in Kraft. Es ist jener Punkt, der innerhalb der sonderpädagogischen Diskussion schon seit langem besteht und mithin die allgemeine Pädagogik hinsichtlich der Beachtung dieser grundlegenden konstitutiven Dimension befragt. Aber von anderer Seite betrachtet, findet sich an diesem Schnittpunkt ein unhintergehbares historisches Moment heil- und sonderpädagogischer Professionalisierung, das sich an der Intensivierung eines fallspezifischen Arbeitsbündnisses unter erschwerten Bedingungen entzündet, wie in den vorherigen Kapiteln herausgearbeitet.

Diese Spezialfunktion der Sonderpädagogik, sich der therapeutischen Dimension der Pädagogik unter erschwerten Lebens- und Bildungsbedingungen zu öffnen, kann nun aber höchst unterschiedlich wahrgenommen werden. Lange Zeit galt die Institution der Sonder- oder Förderschule als ein gesellschaftlicher und psychologischer Kompromiss, um die offensichtliche psychosoziale Dramatik der randständigen und von Exklusion bedrohten Schülerinnen abzufedern. Die Einrichtung von seperaten Organisationssystemen diente der gesellschaftlichen und pädagogischen Entlastung und wurde als Schonraum für belastete Schülerinnen empfunden – mit den relativ eindeutigen psychologischen Folgen, dass die separierten Schülerinnen durch die reduzierten Leistungsanforderungen in ihrem Leistungsvermögen geschwächt wurden, dass sie aber auch gleichzeitig in ihrem Selbstwertgefühl – temporär – gestärkt wurden (Haeberlin et al. 2003, Haeberlin 2011).

6.2 Die Entwicklung einer inklusiven Kultur und Praxis

Was nun gegenwärtig unter dem Stichwort Inklusion verhandelt wird, lässt sich an diese strukturfunktionalistische Beschreibung anschließen und verdeutlichen. Vor einigen Jahren wurde der Begriff in der deutschsprachigen Sonderpädagogik eingeführt, um den bis dahin dominierenden Begriff der Integration zu ersetzen. Inklusion ist diesem Begriffswechsel zufolge als erweiterte und vertiefte Integration zu verstehen. Sie meint nicht mehr Einbezug förderbedürftiger Kinder in das allgemeine Schulsystem durch sonderpädagogische Unterstützungssysteme, sondern die prinzipielle Ausrichtung an Heterogenität. Inklusion betont die Akzeptanz von Unterschieden in dem Maße, dass sie als produktives Moment einer an universellen Maßstäben der Bildungsfähigkeit Aller zu verstehen ist, und nicht als nachträgliche Differenzierung einer Zwei-Gruppen Theorie (Hinz 1993; ders. 2003; ders. 2009). Der Anspruch, der sich mit einer solchen Umorientierung verknüpfen ließe, ist kein geringer. Inklusion liest sich als Konzept „zur Überwindung von Diskriminierung aller Risikogruppen in der Schule" (Werning 2010, S. 284), zu denen im deutschen Schulsystem etwa sozial benachteiligte Schüler und Schülerinnen gehören sowie Kinder und Jugendliche mit Migrationshintergrund. Im Horizont einer Schulentwicklung für alle werden damit spezifische Formen des Schulversagens und verschiedener Exklusionsprobleme thematisiert und wenn möglich verhindert. Das berechtigte Anliegen der Inklusiven Pädagogik geht bekanntlich auf rechtliche Innovationen und einen bedeutsamen Internationalisierungsschub zurück. Bildung als Menschenrecht ist in der Universalen Menschenrechtserklärung von 1948 verankert und wurde im Rahmen der „World Declaration on Education for All" 1990 in Jomtien erneut verabschiedet (Ellger-Rüttgardt 2008, S. 442 ff.; UNESCO 2005). Die Entwicklung einer Weltkultur bzw. einer Bildung für alle im Weltmaßstab lässt sich u. a. in Forderungen nach der Ausweitung der frühkindlichen Betreuung, insbesondere für benachteiligte Kinder, der Einführung einer kostenfreien Grundschulpflicht, der Absicherung der Lernbedürfnisse von Jugendlichen durch Zugang zu Lernangeboten usw. darstellen. Der bildungspolitische Diskurs in Deutschland wurde bekanntlich durch internationale Schulvergleichsstudien, z. B. den PISA Studien, angetrieben, die u. a. die Forderungen nach einer Gesamtschulstruktur bis zum 8./9. Schuljahr, der Ausweitung an Vorschuleinrichtungen mit einem qualitativen Lernangebot, der Einrichtung von Ganztagsschulen sowie die Profilierung didaktisch-methodischer Kompetenzen im Hinblick auf Heterogenität auf die Agenda setzten (Lenhart 2003; ders. 2007). Auch die bildungspolitischen Debatten innerhalb der Sonderpädagogik wurden vorrangig durch internationale Entwicklungen bestimmt, man denke hier an Ziele der Chancengleichheit und gesellschaftlichen Teilhabe und an die Vielzahl der Studien, die sich vorrangig mit Fragen der beruflichen Bildung und Eingliederung sowie der schulischen Bildung befassten – exemplarisch das Aktionsprogramm HELIOS, die Konferenz von Salamanca der UNESCO 1994, die eine eindeutige Positionierung zugunsten inklusiver Settings vornahmen, auf europäischer Ebene schließlich die Charta von Luxemburg 1996, die eher von einer an integrativen Maßstäben orientierten schulischen Organisationsvielfalt ausging (Ellger-Rüttgardt 2008, S. 444 ff.). Allgemeine Menschenrechte wie das Recht auf Bildung setzen also einen normativ-rechtlichen Rahmen für die Bildungspolitik, aber weniger Aussagen über die konkrete Umsetzung in die Praxis. Sie haben einen Empfehlungscharakter in mehrfacher Hinsicht. Rechtlich und institutionell lassen sich Bemühungen nachvollziehen, Standartregeln für die Rechte behinderter Menschen in rechtlich bindende Konventionen zu überführen. 2007 wurden die von der Generalversammlung der Vereinten Nationen verabschiedeten Resolutionen „Convention on the Rights of Persons with Disabilities" von Deutschland unterzeichnet und der Ratifizierung durch den Bundestag vorgelegt. Damit hat die Idee der Inklusion durchaus einen weiten und mithin erfolgreichen Weg hinter sich gebracht – Leitideen der Dignität von Personen mit Behinderungen, menschlicher Vielfalt und dem Vorrang der Nichtdiskriminierung auf allen gesellschaftlichen Ebenen, Teilhabe, Zugänglichkeit – insgesamt innovative Entwicklungen im Hinblick auf die Rechtsposition behinderter Menschen, die gerne im Horizont des Selbstverständnisses moderner demokratischer Gesellschaften thematisiert werden, als bedeutender Entwicklungsschritt einer Gesellschaft, die sich von einer falsch verstandenen Gesundheitsfixierung lösen kann und ein inklusives Bildungssystem auf allen Ebenen als Bedingung und Motor dieses gesellschaftlichen Fortschritts betrachtet (Bielefeld 2006).

Wie lässt sich nun aber pädagogische Professionalität unter diesem Maßstab bestimmen, wenn man unterhalb der Ebene gesellschaftlicher Wertvorstellungen argumentiert? Dies ist ungleich schwieriger aufgrund verschiedener Aspekte, vor allem aber hinsichtlich der Konzeptualisierung des pädagogischen Gegenstandfeldes. Der Versuch eines integrativen Konzeptes pädagogischen Handelns, das man im Kontext der Inklusion als wünschenswert betrachten würde, ist mit der widersprüchlichen Grundstruktur pädagogischen professionellen Handelns konfrontiert (Combe/Helsper 1996; Ellger-Rüttgardt/Wachtel 2010). Galt der Anspruch der Inklusion vor einigen Jahren noch als Innovation, gar als „Vision", die eine lange europäische Tradition einer „Bildung für alle" umzusetzen versprach, galt Inklusion also als Zukunftsentwurf und Herausforderung, so steht man nun vor der Herausforderung, wie mit den faktisch vollzogenen Umbrüchen im Erziehungssystem umzugehen ist, nicht *ob*, sondern *wie* Inklusion zu gestalten ist (Ellger-Rüttgardt 2007, dies. 2008; Werning 2010). Letzterer Aspekt verweist auf eine erziehungswissenschaftliche Notwendigkeit – jenseits der institutionellen, rechtlichen und sozialmoralischen Entwicklungen ist die praktische Frage pädagogischer Professionalität in inklusiven Bezügen zu stellen. Wie und an welchem Leitfaden ist pädagogische Professionalität im Horizont einer inklusiven Pädagogik, einer „Schule für alle" zu beschreiben? Diese Frage soll hier in drei aufeinanderfolgenden Schritten beantwortet werden. Inklusive Praktiken lassen sich auf der Ebene des methodisch-didaktischen Selbstverständnisses explizieren, hier erscheint eine Vielfalt zum Teil ungenutzter Möglichkeiten auf, Lernprobleme in inklusiven Strukturen zu ermöglichen (6.3). Diese methodischen Aspekte gehen mit Veränderungen der sonderpädagogischen Berufsrolle und konkreten Arbeitsplatzbeschreibungen einher (6.4). Schließlich sind jedoch auch die widersprüchlichen und konflikthaften Elemente dieses Berufsprofils zu benennen, die sich im Kern daran bemessen lassen, inwiefern sie dem Motiv der Macht in pädagogischen Prozessen Raum geben können (6.5).

6.3 Präventive Praktiken in inklusiven Strukturen

Betrachtet man die genannten Krisenprozesse in Bildungsverläufen nicht unter einem soziologischen, sondern aus einem bildungstheoretischen Blickwinkel, dann lässt sich ein auf verschiedenen Stufen differenziertes Ordnungsschema der Krisenfälligkeit von Bildungsverläufen beschreiben (Katzenbach/Schröder 2007, S. 202 ff.), das entscheidende Aspekte des professionellen Profils in inklusiven Bezügen thematisiert. Auf der ersten Ebene wird die notwendige Passung im Bereich der Lerngegenstände diskutiert: Lernangebot und Lernvoraussetzungen dürfen demnach nicht zu stark auseinander treten, wenn man Selektionsdynamiken verhindern will. Dieser Punkt wirkt äußerst trivial, hat aber eine intensive faktische Komponente im Zusammenhang strukturell-organisatorischer Gliederungen. Leistungsversagen von Schülern und Schülerinnen, das sich auf soziale Exklusionsverkettungen zurückführen lässt, kann mit Mustern der institutionellen Separierung, aber gleichsam mit bestimmten Bildungskonzeptionen verstärkt werden. „Kultursoziologische wie auch ethnografische Untersuchungen zur Unterrichtskultur belegen immer wieder neu, dass wir im Schulsystem allen ein und dieselbe Bildung bieten. Diese orientiert sich an den Lebensentwürfen und Bildungsbedürfnissen der gesellschaftlich dominierenden Gruppe – also dem Bildungsbürgertum. (..) Es ist ein nicht zu unterschätzenden Verdienst der Sonderpädagogik, unermüdlich darauf hinzuweisen, dass unser Schulsystem nicht nur durch seine äußere Organisation ausgrenzend wirkt, sondern auch in seiner inneren Verfassung dazu tendiert, soziale, kulturelle und sprachliche Heterogenität unerbittlich zu nivellieren und dem bürgerlichen Habitus anzunähern“ (Katzenbach/Schröder 2007, S. 211). Die intensive Kritik, die sich hier abzeichnet, muss freilich nicht zwangsläufig in Einbahnstraßen münden, denn vielmehr lässt durchaus darlegen, das zum Beispiel die Einführung von Feedback-Strukturen in Leistungs- und Bildungsstandards, Strukturierungen zur Lernunterstützung vereinbar mit inklusiven Praktiken sind, denken wir etwa an die vielfältigen Konzepte zur Entwicklung einer positiven Lernkultur (Jürgens 2005; ders. 2006). Immerhin wird aber hier ein schwieriger Punkt gesellschaftlicher Bildungsdiskurse angesprochen, der sich zugleich auf die zweite Ebene krisenanfälliger Bildungsprozesse auswirkt. Neben der intersubjektiven Ebene der passenden Methodiken wäre die subjektive Seite des Bildungsprozesses zu benennen, mithin diejenigen Strategien und Einstellungen, die Schüler gegenüber der Schulorganisation, den Lerngegenständen und allgemein gegenüber schulischem Lernen entwickeln. Dass sich in dieser Wahrnehmung Klüfte und Abstände bilden können, ist leicht nachvollziehbar, denken wir etwa an die Differenz von bildungsnahen und bildungsfernen Milieus, die sich als Leitfaden durch die diskursiven Formationen zieht. Ohne hier einzelne Positionen und methodischen Schlussfolgerungen zu nennen, so bleibt doch der grundlegende negative Zusammenhang diskutabel: fehlen die Grundbausteine für den Eintritt in eine an der Schriftkultur orientierten Bildungssphäre, drohen die subjektiven Verhaltensreaktionen und Lernmotivationen in eine negative Spirale zu münden.

Auf der methodisch-didaktischen Ebene wird dieser Problematik unter anderem mit präventiven Modellen schulischen Lernens begegnet, die sich insbesondere durch die Angebotsstruktur der Lernumgebung und den bewussten Einsatz hochgradig differenzierter Lern- und Fördermaterialien auszeichnen. Solche didaktischen Modelle erscheinen vielen als unverzichtbar in dem Maße, in dem die zum Teil extreme Heterogenität der Schülerschaft die konkrete Wirklichkeit an Schulen kennzeichnet, die bislang wenig Erfahrungen mit inklusiven Praktiken zu verzeichnen haben (Lütje-Klose 2013; Wember 2013). Sowohl die Neugründung inklusiver Schulen als auch die Erweiterung des bisherigen schulischen Angebots erfordern die kooperative Entwicklung eines effektiven und verantwortlichen gemeinsamen Unterrichts, der jedoch möglicherweise noch viele Fragen offen lässt. Eine dieser Fragen zielt auf die Möglichkeiten, angesichts extremer Leistungsheterogenität präventiv orientierte Modelle schulischen Lernens zu entwickeln. Präventiv bedeutet hier: die Voraussetzung der Heterogenität mündet nicht in der Einteilung in homogene Gruppen der Schwachen und Starken, sondern es wird eine differenzierte Basis-, Erweiterungs- und Unterstützungsstruktur entwickelt. Solche Modelle sind curricular ausgerichtet, weil „sich die Interventionen an den Inhalten und Methoden des Unterrichts orientieren und nicht an den Eigenschaften der Lernenden oder an den sogenannten basalen Lernvoraussetzungen" (Wember 2013, S. 381). Es wird mit anderen Worten auf der grundlegenden Planungsebene versucht, das kategoriale Zwei-Gruppen-Denken zu umgehen und bei Lernproblemen nicht immer nur bei „Behinderungen", manifesten Störungen, Abweichungen zu intervenieren, sondern durch das Angebot differenzierter Niveaustufen der Vielfalt der Lernmöglichkeiten zu entsprechen. Das überlieferte sonderpädagogische „Schema", demzufolge einzelne Individuen durch Leistungsversagen auffallen, dem gleichschrittigen Unterricht nicht folgen können oder durch mangelndes Können und Wissen auffällig werden, wird hier unterlaufen. Das Schema des „entwicklungsgestörten Kindes" wird zunächst – einem idealen Praxisvollzug entsprechend – nicht thematisch.

Gleichwohl gilt es hier, den Anspruch der Prävention im Sinne der Überwindung des Zwei-Gruppen Schemas nicht zu überstrapazieren. Die vielfältigen Niveaus von Basis-, Unterstützungs- und Erweiterungsstufen decken das allgemeinbildende Curriculum ab und beugen somit der Verfestigung von Lernblockaden und Verhaltensstörungen vor, aber im weiteren Verlauf der Bildungsgänge werden sowohl Vertiefungs- und Erweiterungsangebote für begabtere Schülerinnen gemacht als auch Unterstützungsmodelle angeboten, die dem Ziel der besonderen pädagogischen Förderung bei manifesten Lernschwierigkeiten gelten. Und an diesem Punkt wird es dann auch notwendig, „unverzichtbare Lernvoraussetzungen zu fördern“ (ebd.), die für den Erwerb elementarer Qualifikationen wichtig sind, was im weiteren Verlauf mit der Diagnostik individueller Stärken und Schwächen einher geht.

6.4 Pädagogische Professionalität in inklusiven Strukturen

Eine der entscheidenden Variablen der professionellen Reflexion in inklusiven Bezügen geht auf die spezifischen Wissens- und Könnensbestände in krisenhaften Lernprozessen zurück, die oben ansatzweise besprochen wurden. Diese Variable zielt freilich nicht auf isolierte individuelle Subjekte, sondern auf das Zusammenspiel von subjektiven Strategien und sogenannten inklusiven Praktiken und inklusiven Strukturen. Kernidee der inklusiven Pädagogik liegt darin begründet, die bislang geltenden, rigiden Unterscheidungen von behindert/nichtbehindert zu unterlaufen – zugunsten einer an universalen Heterogenitätsbedingungen orientierten schulischen Praxis. Die Diskussionen, die sich am Problem der Spezifikation des „besonderen Unterstützungsbedarfs“ entzünden, sind weiterreichend, aber die professionelle Kernfrage besteht wohl darin, ob sich der sonderpädagogische „Dienst“ über eine besondere Klientel oder vielmehr über spezifische Wissens- und Könnensbestände definiert. Der Unterschied wird in sonderpädagogischen Kontexten intensiv seit Jahren diskutiert (u. a. Eberwein 1996; Reiser 1997), aber es ist die Frage, inwieweit die Gültigkeit dieser Unterscheidung in der inklusiven Praxis „angekommen“ und akzeptiert ist. Welche Konflikte konkret vor Ort mit dieser Unterscheidung verbunden sind, lässt sich einfach darlegen: versteht sich die sonderpädagogische Lehrkraft als unterstützende Fachkraft, die alle sozialen, emotionalen und unterrichtlichen Ebenen an einer Schulform beachtet, von umfassenden Lernprozessen in der Allgemeinen Schule und damit von einem individualisierten Curriculum für alle Schüler und Schüler ausgeht, kann dies mit unterschiedlichen Integrationsvorstellungen, mit ganz anders gelagerten Erwartungen vor Ort konfligieren. Die Zwei-Gruppen-Theorie, die rigide zwischen Kindern *mit* und *ohne* sonderpädagogischen Förderbedarf unterscheidet, wäre mit einem solchen Ansatz zunächst erfolgreich umgangen worden – aber inwiefern die Ansprüche einer trennscharfen Differenzierung zwischen Schul- und Sonderpädagogik unter Schädigungsgesichtspunkten nicht doch faktisch von außen an die Professionellen herangetragen werden, steht auf einem anderen Blatt.

Ein hochgradig differenzierter Unterricht lässt sich, wie oben geschildert, bewerkstelligen, wenn sich auf der methodischen und didaktischen Ebene Öffnungsprozesse ergeben, die aktives und eigenständiges Lernen ermöglichen, die dann vorrangig denjenigen Lernenden entgegen kommen, die sich durch gravierende und persistierenden Lern- und Entwicklungsstörungen auszeichnen. Dies beinhaltet wie gezeigt die Entwicklung didaktischer Erweiterungs- und Unterstützungsmodelle, aber auch weitere Formen unterrichtlicher Öffnung, etwa nonpersonale Hilfen als Mittler zwischen Lerner und Lernstoff, den Einsatz offener und teiloffener Aufgaben, variierende Hilfen und Materialien, Regeln, Rituale, Routinen (Klippert 2007). Die Entwicklung einer solchen Lernumwelt, die als entwicklungsförderlich eingestuft werden kann, hat nun aber weitreichende Implikationen für die pädagogische Professionalität und das Selbstverständnis. Zwar ist die Forderung nach lern- und entwicklungsförderlichen Umwelten an sich hoch zustimmungswürdig, aber mit welchem Rollenverständnis diese Prinzipien einhergehen, bleibt zu fragen. Denn gemäß der zu Beginn beschriebenen Leitlinien inklusiven Handelns muss auch die herkömmliche Rolle eines Sonderpädagogen, der sich exklusiv um die sozialen, emotionalen und motivationalen Belange einer besonderen Schülerschaft kümmert, überdacht werden. Die Leitmuster integrativen Handelns sind insofern in einem weiteren Schritt darzulegen, wobei es Sinn macht, sich auf die Ergebnisse von Regionalen Integrationskonzepten zu stützen (im Folgenden Lütje-Klose 2013; Lütje-Klose et al. 2005). Die wesentlichen Probleme integrativer Arbeit an Schulen seien zuvorderst benannt: Integrationskonzepte erzeugen Kontakt, Kooperation, aber auch Konfrontation zwischen Sonderpädagogen und Lehrkräften der allgemeinbildenden Schulen, nicht nur die äußeren Strukturen und Ressourcen prägen das Selbstverständnis und Erleben der Sonderpädagogen, sondern auch die Rollenanforderungen und -zuschreibungen. Hier ist zu bemerken, dass es nach wie vor strukturelle Blockaden gibt, die integratives pädagogisches Handeln erschweren: die pädagogische Arbeit der Sonderpädagogen richtet sich oft explizit auf die Arbeit mit förderbedürftigen Kindern in Form äußerer Differenzierung, die durch die geringe Ressourcenbasis noch verstärkt werden kann. Sonderpädagogen fühlen Rollenunsicherheiten ihrer Berufsidentität, wenn ihnen exklusive Funktionen zugeschrieben werden und es in der Schule keine bewussten Auseinandersetzungen über den Qualitätsbegriff und Qualitätsmerkmale gibt (Lütje-Klose et al. 2005, S. 85 ff.). Werden etwa Sonderpädagoginnen als Integrationsverantwortliche gesehen, die sich vereinfacht gesprochen um störende und auffällige Kindern kümmern müssen, um sie nach Möglichkeit aus dem zentralen Unterrichtsgeschehen herauszuhalten, werden sie mehr oder weniger als „Eindringlinge" oder Störfaktoren betrachtet. Externe Räume, externe Rollen, äußere Differenzierungen, Funktionalisierungen – solche Bedingungen widersprechen der oben geschilderten inklusiven Lernkultur. Inwieweit solche Bedingungen an Schulen gegenwärtig anzutreffen sind, inwieweit auch die mentalen Umorientierungen im Hinblick auf die professionellen Leitmuster überhaupt vollzogen wurden und inwieweit die notwendigen Bedingungen inklusiven Handelns – grundlegende Kooperation, innere und äußere Differenzierung, kollegiale Beratung und kollegiales Konfliktlösen – gegeben sind, ist schwer zu beurteilen, aber eine diskrete Skepsis ist hier angebracht. Insgesamt verweisen diese Überlegungen aber auch auf einen besonderen Punkt der Reflexion, der auf ein Dilemma des Zwei-Gruppen-Denkens verweist.

6.5 Inklusion und Macht

Die letzten Anmerkungen zum Aspekt einer inklusionspädagogischen Professionalität verweisen auf einen Punkt, der eher selten thematisiert wird. Wie ist das Verhältnis einer inklusiven Kultur zum Problem der Macht in sozialen Bezügen zu verstehen? Im Selbstverständnis der Inklusiven Pädagogik erscheint ein Vorgriff auf eine zukünftige inklusive Gesellschaft, die sich gegen soziale Benachteiligung, gegen Marginalisierung und Diskriminierung wendet und sich auf Dimensionen von Heterogenität unabhängig von Geschlechterrollen, ethnischen Herkünften, sozialen Milieus, religiösen oder weltanschaulichen Orientierungen bezieht (Hinz 2009). Die dichotome Vorstellung zweier Gruppen von Menschen, „Deutsche und Ausländer, Behinderte und Nichtbehinderte, (...) Heterosexuelle und Homosexuelle, Reiche und Arme" (ders. S. 171), gilt als Kern eines Bildungssystems, das zur Ausgrenzung benachteiligter Gruppen beiträgt. Die Wege, die sich aus Sicht der inklusiven Pädagogik ergeben, um diesen grundlegenden Orientierungsrahmen zu verändern, wurden in den letzten Punkten dargestellt. Diese Überlegungen, die zum Teil bereits auf einer veränderte Unterrichtswirklichkeit verweisen, vermitteln freilich den Eindruck, dass es sich hier um soziale Prozesse handelt, die sich dem Abbau der Macht und der Stabilisierung radikal egalitärer Verhältnisse nähern. Dies ist aber eine Vorstellung, die zumindest differenziert werden müsste.

Exemplarisch auf der Ebene von funktionalistischen Beschreibungen und professionellen Ordnungsvorstellungen zeigt sich, dass es hier um soziale Prozesse handelt, die keineswegs unabhängig von Macht- und Ordnungsvorstellungen situiert sind. Die Funktion eines Sonderpädagogen in der Doppelbesetzung einer integrativen Klasse nähert sich etwa der eines pädagogischen Beraters an (Willmann 2007; Reiser 2006). Die expertokratische Komponente tritt hinter die Aufgabe einer kollegialen Kooperation zurück. Dies ist aber ein Anliegen und eine Wunschvorstellung, die nur zu einem Teil auf ein egalitäres professionelles Verhältnis auf Augenhöhe zielt, sie ist zugleich ein Prozess, in dem und durch den eine neue Ordnung pädagogischer Verantwortung und pädagogischen Handelns etabliert werden soll. Dass die therapeutische Dimension nicht mehr in der Zuständigkeit der Sonderpädagogik verbleibt, sondern in die alltägliche Pädagogik zurück wandert, gehört zwar zum seit Jahren vermittelten Selbstverständnis radikaler Inklusionsideen. Aber es ist auch bei größtem angenommenen Anpassungs- und Veränderungswillen eine *neue* Ordnung, die, wenn man es zugespitzt formuliert, einseitig gefordert wird. Die Illusion der gleichförmigen Normalität und Anormalität wird zurückgewiesen, aber sie wird einem Imperativ einer Allzuständigkeit aller Beteiligten versehen. Damit wird zumindest deutlich, dass die Umstellung auf inklusive Verhältnisse nicht unabhängig von Prozessen einer neuen Ordnungsvorstellung einher geht.

Allgemeiner formuliert ist zu beachten, dass pädagogische Professionalität in Organisationssysteme eingebettet ist, in denen sich vielfältige Macht- und Normprozesse abspielen. Macht, verstanden als Medium der Kommunikation bzw. als ein Code generalisierter Symbole, steuert Selektionsleistungen und bindet soziologisch gesprochen Alter und Ego aneinander. Macht ist ferner an Freiheit und Freiheitsgrade gebunden, insofern beim Machtinhaber mehr als eine Alternative vorliegt, während beim Machtunterlegenen in Bezug auf die Selektionen des Machtinhabers Unsicherheit vorliegt (Luhmann 1988). Dies ist ein sonder- und heilpädagogisches Thema par excellence, denn sowohl die pädagogische Tätigen als auch die pädagogischen Subjekte haben es mit vielfachen und undurchschauten Unsicherheiten zu tun. Auf Seiten der Profession begegnet man dieser Unsicherheit mit der Trias von Diagnostik, zielorientierter Förderplanung und Umsetzungsstrategien, auf seiten der Klientel sind lediglich die ungeplanten und bisweilen unbewussten Verhaltensreaktionen verfügbar. Die inklusive Pädagogik zieht aus diesen Phänomenen grundlegende Konsequenzen der notwendigen Machtreduktion in verschiedener Hinsicht: zum einen ist die Erziehung unter erschwerten Bedingungen als solche anzuerkennen, zum anderen sind Organisationen der Bildung dahingehend zu modifizieren, dass strukturelle Ungleichheiten, Ungleichbehandlungen, Ungerechtigkeiten und mithin latente Ungleichwertigkeiten schrittweise abgebaut werden (Feuser 2002). Aus diesem Machtverständnis heraus resultiert der „Auftrag" bzw. das pädagogische Mandat der Inklusiven Pädagogik: machtgenerierende und machterhaltene Prozesse sind zu hinterfragen und durch eine Lockerung der pädagogischen Programme und der Veränderung der Leitbilder zu durchbrechen. Diese Programmatik führt dem idealen Selbstverständnis nach weg von Abhängigkeitsverhältnissen und Verwahrungsrationalismus und hin einem Selbstverständnis der begleitenden Assistenz und subsidiären Unterstützung. Diese Programmatik bleibt gleichsam kritisch, weil sie zwar Freiräume schafft und innovative Leitideen in die Organisationen einschleust, aber sich der bestehenden Machtabhängigkeiten und Ungleichheiten bewusst bleibt (zum Verhältnis von Macht und Heilpädagogik: Greving/Ondracek 2010, S. 198-207).

Wie angedeutet, ist es aber notwendig, dieses Verhältnis zur Macht zu differenzieren und zu vertiefen. Als einer der schwierigeren Punkte erscheint vor dem skizzierten Hintergrund die Annahme, dass es zu einer radikalen Infragestellung einer dichotomen Vorstellung, der Überwindung des Zwei-Gruppen-Denkens kommen müsste. Formal-normativ betrachtet ist nichts an der Vorstellung zu kritisieren, dass Kategorisierungen und Klassifizierungen zu einer selektiven und diskriminierenden Praxis beitragen können und somit einzelnen Individuen nicht entsprechen können. Die professionellen Selbstbeschreibungen unterliegen aber gleichsam einer Illusion, wenn sie den Abbau von Macht mit der radikalen Zurückweisung von funktionalen Aufgaben verbinden: arbeitsteilige Spezialisierung, spezifische Selektionsleistungen, Zuständigkeiten für bestimmte Schülerinnen – all dies wird mit Verweis auf die krankmachenden Effekte des selektiven Bildungswesens abgelehnt. Aus fachlicher Sicht der emotionalen Entwicklungsförderung stellt sich jedoch die Frage, wie sich krankmachende Effekte *außerhalb* der Schule bemerkbar machen, zudem wäre zu fragen, ob es nicht psychologisch nachvollziehbare Ausdifferenzierungen geben kann, die sich aus der Logik von sozialen Entwicklungsstörungen ergeben und die explizit eine Herausnahme aus einem räumlichen und sozialen Kontext erzwingen.

Die neuere Ordnungsvorstellung zeichnet jedoch ein Berufsrollenprofil, in dem vorrangig systemische und beraterische Prozesse ablaufen, in dem Pädagogen ihre kommunikative Kompetenz für die Interaktion von Prozessen abrufen, in dem der klassische Sonderpädagoge explizit nicht mehr Fachmann ist für die Interaktion mit „gestörten und behinderten Kindern“ (Reiser 1996, S. 50). Diese Bestimmung der Sonderpädagogik reduziert das Rollenverständnis auf therapeutische und kommunikative Prozesse, auf institutionalisierte „Service-Leistungen“ (ders. S. 51). Diese Service-Leistungen umfassen etwa zentrale Elemente der schulischen Erziehungshilfe, sogenannte Fallarbeit, die aber nonkategorial und situativ ansetzt, bei der schwierige Situationen den Fall bilden und mit Konzepten integrierter und ambulanter Erziehungshilfe agiert wird. Dies umfasst ferner die Anwesenheit von Ansprechpartnern für alle Fragen der jeweils Beteiligten eines inklusiven Schulsystems, vorrangig für assimilative und exkludierende Momente: „Eine solche entspezialisierte Ebene vom Unterstützung braucht die Ergänzung durch Spezialisten. Auch in der Inklusiven Pädagogik sind Spezialisten in Sachen Schriftspracherwerb, Moderation bei Gewalt- und Mobbingproblemen, interkulturellen Kommunikationsproblemen, Diskriminierung aufgrund von Heteronormativität, Rassismus oder Schlankheitswahn/Fettismus und noch viel mehr gefragt, ob als ständig Anwesende oder ambulant Beratende und in variierenden zeitlichen Ausmaßen und Frequenzen“ (Hinz 2009, S. 176).

Nicht nur an diesem Punkt zeigt sich, dass die Umstellung auf inklusive Verhältnisse weit mehr gesellschaftliche Änderungsprozesse mit sich bringt als nur die gemeinsame Unterrichtung. Auch die Kultur der Inklusion thematisiert Machtfragen und ist somit Teil einer neuen Ordnungsvorstellung (Rödder 2014). Für die Ebene der professionellen Orientierungen können abschließend insofern nur einige Fragen gestellt werden: Besteht nicht die Gefahr, dass sich das sonderpädagogische Profil in einem inklusiven großen Ganzen quasi von selbst „auflöst“? Und gibt es nicht auch eine sonder- und heilpädagogische Dignität, in der besondere pädagogische Beziehungen in separierten Räumen aufgebaut werden können? Wäre es prinzipiell nicht mit inklusiven Strukturen vereinbar, eine besondere *Anwaltschaft des behinderten Kindes* zu übernehmen, die nicht von strukturellen Bedingungen ausgeht, sondern von einem Subjekt, das durch unhintergehbare soziale Brucherfahrungen geprägt wurde?

TEIL B: GRUNDFRAGEN DER PROFESSION: HANDLUNGSBEDINGUNGEN UND -PERSPEKTIVEN

1 DIAGNOSTIK UND STÖRUNGSBILD

Zielten die Überlegungen im ersten Teil auf die Geschichte, den Verlauf und das Selbstverständnis der Disziplin, so gehen die Überlegungen im zweiten Teil zunächst einen Schritt zurück. Das Selbstverständnis der Profession: Pädagogik bei emotionalen und sozialen Entwicklungsstörungen soll dargestellt werden, was vorrangig bedeutet, Handlungsmöglichkeiten und Handlungsbedingungen aufzuzeigen, also zu fragen, welche Lösungen, Konzepte, Strategien und Handlungsalternativen bereit stehen, um ernsthaften Entwicklungsstörungen zu begegnen. Dies zieht allerdings eine Reihe von grundlegenden Begriffsklärungen nach sich. Verschiedene Leitfragen wären zu klären: welchen Personen wird überhaupt das Etikett der Entwicklungsstörung verliehen und auf welchem formalen Weg? Wer entscheidet über diagnostische, therapeutische und pädagogische Schritte? Welche „anerkannten" und „effektiven" Methoden stehen Professionellen zur Verfügung, um die Störungsverläufe gezielt zu beeinflussen? In welchen institutionellen Kontexten geschieht dies und mit welchen Effekten? Und gibt es schließlich so etwas wie ein verbindliches professionelles Fundament, auf das man sich beziehen kann? Alle diese Teilfragen sollen im Folgenden nach Möglichkeit beantwortet werden, aber es sollen auch Widersprüche und Probleme aufgezeigt werden, die das Fach in besonderer Weise prägen. Dies beginnt, wie wir sehen werden, schon bei den grundlegenderen Definitionen und diagnostischen Modellen, denn hier, wie bei so vielen Teilaspekten der Behindertenpädagogik, ist von einer Umbruchsituation die Rede. Die lange Zeit gültigen Begriffe und Sichtweisen haben ihre Gültigkeit verloren und die neuen Definitionen müssen ihre Tragfähigkeit und Reichweite noch beweisen. Insofern ist eine grundlegende Vermittlung am Leitfaden der professionellen Handlungsfähigkeit vonnöten.

1.1 Der Begriff der Störung

Der Entwicklungsstörungsbegriff ist ebenso wie der Behinderungsbegriff umstritten, weil die individuelle Erscheinung und die soziale Zuschreibung auf schwierige Weise ineinander fließen. Auf den größtmöglichen Konsens dürfte im Bereich der allgemeinen Behindertenpädagogik wahrscheinlich die Formel treffen, dass es nie um die behinderte Person im Ganzen geht, sondern dass nur bestimmte soziale, gesellschaftliche und individuelle Aspekte zu thematisieren sind. Der „behinderte Mensch" weicht einer Semantik, welche Personen und belastende Situationen unterscheidet und vorschnelle, negativ prägende Etiketten zu vermeiden sucht. Eine vergleichbare Situation ergibt sich im Blick auf den Terminus der Verhaltensstörung. Die Zuschreibungen, die in vergangenen Zeiten Kindern und Jugendlichen mit auffälligem Verhalten verpasst wurden, konnten ihren einseitigen und ressentimenthaften Charakter nie verbergen. Man sprach von *Verhaltensbehinderung, Verwahrlosung, Verwilderung oder Neurasthenie*, man bemühte also entweder sozial abwertende Begriffe oder Definitionen, die medizinische Lösungen und Rezeptologien nahe legten. Es spricht angesichts dessen einiges dafür, die Unterschiede zwischen pädagogischen, soziologischen, medizinisch-psychologischen und juristischen Begrifflichkeiten zu vergegenwärtigen: Juristen sprechen auch gegenwärtig noch von der Gefahr einer seelischen Behinderung, in klinischen Kontexten werden diagnostische Etikette wie minimale cerebrale Dysfunktion, hyperkinetisches Syndrom oder ADHS gebraucht, im soziologischen Umfeld spricht man gerne von abweichendem Verhalten. Der eigentliche pädagogische Bereich hat wiederum eine Umetikettierung erfahren: die Wissenschaft sprach von „Verhaltensgestörtenpädagogik" und die entsprechenden Förderschulen hießen „Schule für Erziehungshilfe" (Hillenbrand 1999, Mutzeck 1998, ders. 2002). Mit der aktuellen Bezeichnung „emotionale und soziale Entwicklung" werden nun Personzuschreibungen aufgelockert und verengte Zuschreibungen umgangen, aber dies ändert vermutlich nichts an der inhaltlichen Orientierung. Denn es geht um Hilfen zur Erziehung, die als solche immer auf gelingende, positive Entwicklung zielt.

Wie gesagt, ist die vordergründige Frage für die Profession aber, wer für eine entsprechende Förderung in Frage kommt und in welchen Kontexten dies geschieht. Insofern wäre also vorrangig zu fragen, in welchem Rahmen überhaupt normierende und sanktionierende Begriffe angewandt werden können. Ab wann ist es sinnvoll oder unter Umständen geboten, eine gestörte und bedrohte Entwicklung anzunehmen und entsprechende formale Schritte einzuleiten? Zu den berufsethischen Prinzipien der Professionellen, die sich mit dem Phänomen befassen, zählt eine gewissermaßen implizite Auseinandersetzung mit der Normabhängigkeit, der Beurteilungsspezifität und den möglichen Erscheinungsformen (Mutzeck 2000, S. 15-30). Als entwicklungsgestört und -gefährdet gelten Kinder und Jugendliche, die aufgrund verschiedener Umstände in ihrer sozialen und emotionalen Entwicklung insoweit beeinträchtigt sind, dass ihre Teilhabe an sozialen Systemen in der Familie, der Schule, der Gesellschaft erheblich erschwert ist. Diese „Definition" kann also in zwei Richtungen gelesen werden – sie unterschlägt keineswegs den Standpunkt der Normzuschreibung und verdeutlicht doch, dass es um soziale, jedermann und -frau einsichtige Entwicklungsnotwendigkeiten und unhinterfragbare soziale Normen geht. Es geht nicht nur um das Verhältnis von Norm und Normabweichung, nicht nur um eine sanktionierende Macht und Kontrollinstitution, die alles Abweichende entwertet, sondern um ein sozialisatorisches Minimum, das intersubjektiv einsichtig ist. Zwei aufeinanderfolgende Schritte müssen insofern begangen werden, um einem belanglosen Relativismus entgegen zu treten: die Beurteilerspezifität muss klar und bewusst sein und sich von der Ernsthaftigkeit und Bedeutsamkeit der Auffälligkeit sinnvoll abgrenzen lassen. Die Beurteilung zielt auf altersangemessene Entwicklungsvorstellungen, sie beurteilt also bestimmtes Verhalten für bestimmte Lebensalter als angemessen und tolerabel, was von dieser hierarchischen Logik abweicht, gilt als Auffälligkeit. Man kann sich dementsprechend vorstellen, dass z. B. emotionale Betroffenheit, die in den ersten drei Lebensjahren „typisch" ist, ab einer gewissen Entwicklungsstufe abnehmen sollte, dass sie zumindest viele soziale Abläufe, etwa in der Schule nachhaltig beeinträchtigt. In gleichem Maße gibt es eine Kultur-, Epochen-, Gruppen- und Situationsspezifität, die bestimmte Wertungen und Normierungen bewusst oder unbewusst zugrunde legt (ders. S. 20 f.). Es gibt etwa kulturelle Wertvorstellungen der geschlechtsspezifischen Erziehung, die von der Mehrheitsgesellschaft abweichen, es gibt zeitbedingte Normen, die sich im Zeitverlauf verändern oder ganz verschwinden; und schließlich ist nahezu jede Gruppe und jede Situation durch spezifische Bedingungen, Erwartungen, Erfahrungen und Normen durchdrungen. Legt dies nicht eine achselzuckende Relativität des Beobachters, eine Variabilität des Standpunkts nahe? Es ist für die Reflexion des Fachs nicht unwichtig, hier ein gewisses reflexives Selbstbewusstsein auszubilden, das den Verdacht des unbedingten Relativismus vermeidet. Ein klinischer Psychotherapeut weiß etwa, dass Verhaltensauffälligkeiten im Kinder- und Jugendalter mit Selbst- und Fremdgefährdungen einher gehen; eine gestandene Lehrerin kann ernsthafte Störungssignale kindlichen Verhaltens meist von gängigen Unterrichtsstörungen unterscheiden, auch wenn der Aspekt der Sanktionsgewalt der Schule beachtet wird; eine Familienhelferin wird ferner das Kindeswohl als primären Bezugspunkt ihrer Hilfeplanung betrachten. Für alle diese Beteiligten gilt, dass Erfahrungen mit belastenden Lebensumständen dazu beitragen können, dass ein spezifischer Leidensdruck, eine subjektive Gefährdung und eine ernstzunehmende problematische Situation vom bewertenden Beurteilungssystem abzugrenzen ist. Beide Aspekte – das Bewusstsein der Definitionsgewalt und das Faktum menschlichen, intersubjektiven Problemdrucks – spielen in der Praxis zusammen. Woran kann sich der Professionelle aber dann halten?

Es spielt keine geringe Rolle, welche Beziehung wir dem Verhältnis von Theorie und Praxis in diesem Zusammenhang zugestehen. Es ist mit Sicherheit nicht unproblematisch, im Umfeld eines humanen Störungsbegriffs eine Wissenschaftsposition zu vertreten, die auf einer einseitigen Linie von der *Theorie für die Praxis* zu verorten wäre. Die Leitformel der *Theorie der Praxis* hilft hier aus möglichen Widersprüchen und Engführungen (Hillenbrand 1999, S. 24 ff). Theorie, auch wenn sie gut ist, kann keine widerspruchsfreie Anleitung für die Praxis sein, sie kann lediglich Beschreibungen der Wirklichkeit zur Verfügung stellen, die den praktischen Vollzug flankiert, begleitet und unter Umständen verbessert. Die Aufgabe, die Schwierigkeiten der jeweiligen Situation des Betroffenen zu analysieren, kann nicht von der Wissenschaft abgenommen werden. Man kann sich im Rahmen der Bemühungen, eine griffige Definition von Entwicklungsstörung zu erhalten, etwa auf die Kriterien, wie sie in den internationalen Klassifikationssystemen wie der ICD-10 entwickelt wurden, beziehen, aber man muss sich vor Augen halten, dass auch hier wie in jede Beschreibung heimliche Wertigkeiten, Menschenbildkonstruktionen und unklare Objektbereiche hineinspielen können. Es kommt insofern einem praktischen Kompromiss gleich, die Definition eines Störungsphänomens auf soziale Prozesse hin zu unterteilen: das Phänomen der Störung widerspricht besonderen Erwartungen von bestimmten Gruppen, es liegen unterschiedliche Variablen der Verursachung und Verstärkung vor, die nicht immer klar vor Augen liegen; das, was als abweichend und störend beschrieben wird, ist schließlich auf hilfreiche Klassifizierungen anzuwenden. Mit diesen sozialen Beschreibungen, die von verschiedenen Fachleuten angefertigt werden können, lässt sich auch eine psychosoziale Notwendigkeit ausgrenzen: ein Verhalten ruft einen artikulierten Problemdruck hervor, der in einem sozialen System verursacht wurde, aber welche Konsequenzen dies für Lern- und Entwicklungsbezüge hat und welche Hilfen denkbar sind – dies ist diejenige begriffliche Entscheidung, die in der Praxis getroffen wird. Sie ist also von einer hohen Verantwortlichkeit gekennzeichnet.

1.2 Der Stellenwert diagnostischer Verfahren

Wenn wir die Grundproblematik der schwierigen Definition des Phänomens Störung vor Augen halten, lassen sich im Folgenden praktischere Aspekte der Diagnostik bei emotionalen und sozialen Störungen benennen. Wie angesprochen, handelt es sich bei dem Phänomen der Entwicklungsstörung um ein schwer eingrenzbares Gebiet. Es gibt eine Reihe von irritierbaren Entwicklungsaspekten, die häufig vorkommen, aber nicht als auffällig zu bezeichnen sind. Gleichwohl ist es hilfreich, sich zu Beginn die eingespielte Klassifikation von Verhaltensstörungen zu vergegenwärtigen, die externalisierende, z. B. aggressive und internalisierende Störungsbilder, sozial unreifes Verhalten und sozial delinquentes Verhalten unterscheidet (Myschker 1993). Damit erhalten wir nämlich nicht allein einen Fingerzeig in Richtung der betreffenden Personengruppe, sondern wir erfahren, in welchen Kontexten sich überhaupt Anlässe der Diagnostik ergeben. Dies sind im Allgemeinen die Familie als primärer Bezugsort der kindlichen Sozialisation, pädagogische Einrichtungen der frühkindlichen Betreuung, vorschulische und schulische Einrichtungen, sozialpädagogische Institutionen, schließlich Institutionen der Kinder- und Jugendpsychiatrie. Für jede dieser Kontexte (auch die Familie, die Anlass von Beratungs- und Interventionsstrategien werden kann) gilt, dass einerseits ähnliche Kriterien für die diagnostische Beurteilung zugrunde gelegt werden, dass diese Kriterien dann aber immer auch von bestimmten Interessen geleitet werden. Eine Diagnostik der Schulleistungen ist anders zu „lesen“ als eine an psychologischen Kriterien orientierte Psychodiagnostik, ein Fragebogen zur Erfassung der sozialen Interaktion in der Familie ist von andere Interessen geleitet als ein Raster zur Entwicklungsförderung. Verbindlich sind jeweils jedoch das Beurteilungsvermögen und die Differenzsensibilität des Beobachters. Soziokulturelle Besonderheiten und Situationsspezifika sind zu beachten, die Persistenz, die Umstände, das Ausmaß und der Schweregrad der Symptome bzw. des problematisierten Verhaltens sind differenziert zu gewichten. Betrachten wir zunächst eine Reihe von Möglichkeiten diagnostischer Verfahren.

Medizinische Diagnostik

Die medizinische Diagnostik liegt aus begreiflichen Gründen ein wenig quer zu den anderen etalierten Formen der Diagnostik. Der Bereich der Ätiologie, also der Ursachenermittlung und -klärung hat hier einen Vorrang, der ihr in sonderpädagogischen Kontexten nicht zukommt. Vereinfacht gesprochen geht es darum, einen eindeutigen Befund abzugrenzen, die Entstehungszusammenhänge verbindlich zu benennen und medizinisch-therapeutische Maßnahmen zu beschreiben. Feststellbare Symptome werden mit feststellbaren Ursachen verknüpft, die gängigen Klassifikationsmuster DSM oder ICD geben Kriterien an, mit denen man das Gewirr von sozialen Zuschreibungen, Vermutungen, Hypothesen durchdringt. Es geht mit anderen Worten um die objektivierte Zuordnung von krankhaften Merkmalen und unabhängige Messungen, nicht aber um die soziale Interpretation der Sinndimension der Auffälligkeit. Daher lässt sich zunächst die Aussage schlussfolgern, dass eine medizinische bzw. eine individualpsychologische Diagnostik, die sich auf die Grundlagen der Schulmedizin reduziert, nicht für sich alleine stehen kann oder sollte. Exemplarisch können wir das Problem der Medikalisierung bei (schulischen) Aufmerksamkeitsstörungen benennen: das Problem ist objektivierbar, die Diagnose führt relativ zielgerichtet auf eine therapeutische Methodik bzw. auf etablierte Präparate. Aber werden in diesem Fall nicht auch die sozialen Komponenten bzw. die sozialpsychologischen, situativen und gesellschaftsrelevanten Aspekte einbezogen, bleibt eine solche Diagnostik auf einem reduzierten, monokausalen Niveau (Furch-Krafft 1989). Dies verweist auf eine Thematik, die ausführlich im Rahmen des dritten Teils aufgenommen wird.

Behaviorale Diagnostik

Für die sogenannte behaviorale Diagnostik lässt sich eine Reihe von praktischen Vorzügen benennen. Die Orientierung am empirischen, direkt beobachtbaren Verhalten dient bekanntlich der konkreten Umsetzung in verhaltenstherapeutischen und verhaltensmodifikatorischen Programmen, was eine enge Verzahnung von Diagnostik und therapeutischen Maßnahmen nahelegt. Damit ist der Rahmen zwar auf bestimmte Konzepte eingeengt, aber der Vorteil liegt offensichtlich in der Integration der einzelnen Arbeitsschritte. Im Zuge der Problemidentifikation wird ein isolierbares Problemverhalten explizit, die Datensammlung verläuft relativ therapieorientiert; Daten werden mit Blick auf ihre Verwertbarkeit und Nützlichkeit für die folgenden Maßnahmen gesammelt. Gewonnene Informationen werden nicht einer möglicherweise ausufernden Interpretation anheimgestellt, sondern sie fließen unmittelbar in therapeutisch-pädagogische Entscheidungen ein. Behaviorale Diagnostik ist pragmatisch. Man konzentriert sich auf das Beobachtbare, etwa auf situative Faktoren, die dem unerwünschten Verhalten zugrunde liegen. Menschliche Lernprozesse werden nicht auf tiefgreifende Persönlichkeitseigenschaften, sondern auf ungünstig wirkende Lernbedingungen zurückgeführt. Der Vorteil: die Reduktion des Geschehens auf quantifizierbare Verhaltensausschnitte, auf Auftretenshäufigkeiten in bestimmten Zeiteinheiten lässt sich als Ist-Zustand identifizieren, dem relativ problemlos positive Zielsetzungen von außen vorgegeben werden können. Solche Reduktionen sind in der Praxis, auch und gerade wenn es um komplexe Interaktionen und um kritische Gruppenprozesse geht, insofern hilfreich, weil Komplexität in der Praxis sinnvoll reduziert werden muss. Gleichwohl dürfen die Problemstellungen nicht verschwiegen werden. Im Kontext diagnostischer und therapeutischer Modelle, die von einem strikten verhaltenstherapeutischen Gesichtspunkt ausgehen, erweist sich die Steuerbarkeit menschlichen Verhaltens als zwiespältig. Nicht außer acht zu lassen ist die Vernachlässigung der nicht beobachtbaren situativen Faktoren, die Rolle der Kognitionen und Bewertungen, die nicht einfach von außen zu manipulieren sind (darauf hat die Forschung zuletzt viel Wert gelegt; vgl. etwa Lauth 1989; Lückert/Lückert 1994) und es bleibt schwierig, die weiterreichenden sozialen Faktoren, in die jede Entwicklung eingebettet ist, im Zuge der Reduktion auf das Beobachtbare und Isolierbare zu übergehen.

Sonderpädagogische Förderdiagnostik

Das medizinische und das behaviorale Modell dienen nicht nur bestimmten Interessen, sondern sie sind auch speziellen Kontexten zuzuordnen. Meist geht es um die isolierbare Identifikation einer Verhaltensauffälligkeit im engeren Sinne, die von außen in einem überschaubaren zeitlichen Rahmen durch gezielte Interventionen bearbeitet werden. Es wäre sicherlich wünschbar, wenn Entwicklungsstörungen in diesem Sinne der therapeutischen Bearbeitung zugänglich wären, aber das Phänomen einer nachhaltig gestörten Entwicklung wird so auch ein Stück weit unterschätzt. Es spricht insofern zwar nichts dagegen, diagnostisch-therapeutische Prinzipien, die sich am beobachtbaren Verhalten oder organisch beeinflussbaren Faktoren orientieren, in einen multimodalen, multiperspektivischen Ansatz einzubauen. Wie lassen sich aber alternative diagnostische Modelle charakterisieren, die von ganz anderen Annahmen ausgehen, die umfassender und tiefgreifender ansetzen? Es kommt sicherlich keiner Übertreibung gleich, förderdiagnostische Verfahren als fachlich selbstverständliches Mittel zur Bearbeitung und Beschreibung von Entwicklungsstörungen zu nennen. Innerhalb der Heil-, Sonder- und Behindertenpädagogik hat sich dieses Modell als Weiterentwicklung erwiesen, die sich aus den Kritikpunkten der isolierten Betrachtung im Rahmen medizinischer und individualpsychologischer Kategorien ergeben hat. Aber bei aller Kritik setzt man auch hier, wie bei den zuvor genannten Modellen, am problemorientierten diagnostischen Handeln an: Welche Merkmale lassen sich beschreiben, die auf veränderungswürdige Zustände verweisen, welche inhaltlichen Methoden und pädagogischen Maßnahmen können diese Veränderungen herbei führen, welche Impulse müssen pädagogische und soziale Systeme erhalten, um diesen Prozess zu flankieren (Furch-Krafft 1989, S. 1020)? Diese sinnvollen, ja unverzichtbaren Elemente der Diagnostik werden aber um solche Aspekte erweitert, die einer Horizonterweiterung des pädagogischen Prozesse gleichkommen. Förderdiagnostik umfasst Entwicklungs- und Lerndefizite im Bereich der Psychomotorik, der Perzeption und Kognition, der Emotionalität und Sozialität. Die Förderziele versuchen weite Teile des kindlichen Entwicklungsspektrums zu erfassen, sie werden aber im Gegensatz zu älteren Modellen auf abgestufte Lernprozesse, soziale Entwicklungsbedingungen und positive Handlungsmöglichkeiten hin entworfen (Bundschuh 1999). Förderdiagnostik ist nicht zwingend an Effizienz und Praktikabilität orientiert, sondern geschieht im Modus einer Suche nach positiven Umsetzungsmöglichkeiten. Sie erweitert das diagnostische Geschehen um ein unverzichtbares Sinnkriterium: die kindliche Entwicklungslogik ist nicht von außen zu verfügen, noch ist sie durch Messverfahren komplett einsehbar, noch ist sie sinnvoll in Teilbereiche von Funktionen zu zergliedern. Menschliche Entwicklung vollzieht sich ganzheitlich im Zusammenspiel bio-psycho-sozialer Aspekte – diese Erkenntnis ist eben auch auf diagnostische Prozesse hin zu beziehen. Wie Hillenbrand betont, hat die Förderdiagnostik den Vorteil für das Fach, dass die Diagnostik soziale und familiäre Bezüge, den Vorrang eines Beziehungsaufbaus und die Bedeutung der kindlichen Lebenswelt explizit einbezieht, um ein Verständnis von Kindern und Jugendlichen mit Verhaltensstörungen zu erhalten (Hillenbrand 1999, S. 111). Stellt man die grundlegenden Orientierungen einer klassischen psychologischen Diagnostik und einer sonderpädagogischen Förderdiagnostik gegenüber, dann erweist sich der Vorzug des letztgenannten Modells in seinem Vorläufigkeitscharakter. Das heißt, hier wird nicht eine überlegene, bessere diagnostische Methode ausgewiesen, sondern ein starkes reflexives Moment in die Praxis einbezogen. Gegenüber dem Maßstab einer Einweisungsrationalität, die von einem stabilen Krankheitsbegriff ausgehend über stabile Störungsbegriffe, nicht zu hinterfragende Selektionsstrategien und rigide Strukturmaßnahmen verfügt, versteht sich die Förderdiagnostik als ein Versuch, diagnostische Erkenntnisse und pädagogische Entscheidungen eng zu verzahnen und jede Entscheidung als vorläufige zu bezeichnen. Ausgehend von lerntheoretischen, sozialkommunikativen und sozialpsychologischen Ansätzen wird der diagnostische Prozess als Problemlösungsversuch beschreiben, bei dem es neben der kommunikativen und dialogischen Kompetenz der Handelnden vor allem auf die Flexibilität der beteiligten Institutionen ankommt. Nicht einmalige Festlegungen, sondern die permanente Orientierung am Kind im Netz der sozialen Systeme bildet den grundlegenden Maßstab.

Diagnostik aus Sicht der inklusiven Pädagogik

Zuletzt ist auf eine Schwierigkeit hinzuweisen. Die erwähnten eingespielten diagnostischen Zugänge erlangen im Rahmen inklusiver Praktiken eine Zuspitzung und Vertiefung, die nicht frei von Widersprüchen ist. Das „Instrument" der Diagnostik erfährt im Rahmen erwünschter oder realer inklusiver Verhältnisse eine Art Entformalisierung, auf die in einigen Stichpunkten einzugehen ist. Wie im vorherigen Teil bereits ausgeführt, wähnen sich inklusive Praktiken gegenüber herkömmlichen Integrations- oder Selektionsmodellen im Vorteil, insofern sie vom grundlegenden Faktum einer Theorie der heterogenen Gruppe ausgehen. Ein individualisiertes Curriculum für alle vermeidet alles, was mit schwierigen Etikettierungen, Einweisungsprozessen und Kontrollmechanismen zu tun hat (Hinz 1993, ders. 2004, Wocken 2013). Das einschlägige Ressourcen-Etikettierungs-Dilemma bezog sich auf die Erkenntnis, dass Diagnosen zur Erhebung eines Förderbedarfs in einem Kreislauf münden, wenn sie ungefiltert den institutionellen Interessen anheim gestellt werden. Von einem vermeintlich verengten Normalitätsverständnis ausgehend ist es denkbar, dass einzelne Schulen oder Schulträger jedwede Auffälligkeit als sonderpädagogischen Bedarf aktenkundig werden lassen, um größtmögliche Ressourcen, Stellen, Verteilungsschlüssel zu erhalten. Das ursprüngliche Anliegen, die Diagnostik an einem realen Bedarf und einer konkreten Entwicklungsgefährdung auszurichten, wird auf diese Weise von einer institutionellen Logik erfasst – durchaus auch hinter dem Rücken der beteiligten Akteure. Institutionen wie Akteure zielen verständlicherweise auf die Verbesserung ihrer Situation und insofern ist die schleichende Ausweitung des Etikettierungsverhaltens nicht von der Hand zu weisen.

Wie lautet der Ausweg aus einem solchen Dilemma? Im Horizont einer inklusiven Schulentwicklung wird ein Weg eingeschlagen, auf dem man auf die überlieferten schulischen Diagnostiken im Ganzen verzichtet, um ein für allemal den „Irrweg" der Zwei-Gruppen-Theorie zu überwinden. Das pädagogische Selbstverständnis wird dahingehend verändert, dass Unterricht und Bildung in einem System stattfinden, in denen unterrichtliche, emotionale und soziale Ebenen permanenter Überprüfung unterliegen, in dem man von einer gemischten Gruppe unterschiedlicher Mehr- und Minderheiten ausgeht, die ein individualisiertes Curriculum für alle notwendig macht. Nicht die besonderen Ressourcen für Kinder mit besonderen Auffälligkeiten oder Behinderungen gilt es „einzuwerben", sondern man geht von einem individualisierten Curriculum für alle aus. Dies lässt sich insofern plausibel begründen, da inklusive Praktiken von einer gelungenen Synthese von allgemeiner Schul- und Sonderpädagogik ausgehen, die ein gemeinsames Bildungssystem, gemeinsames Lernen und gemeinsame Anliegen formulieren. In Schulen, die Leben und Lernen in einem umfassenden System ermöglichen, befinden sich sonderpädagogische Akteure, deren Zweck es ist, in grundsätzlich heterogenen Gruppen Unterstützungsleistungen zu erbringen. Die Diagnostik umfasst, dies ist zum Teil bereits die Realität in vielen Primarschulen, eine Beachtung *aller* Kinder und *aller* Problemstellungen; die Aufmerksamkeit für besondere Schwierigkeiten und Entwicklungsstörungen wird gewissermaßen implizit erbracht, ohne formale Engführungen. Kollegiales Problemlösen im Team und die gemeinsame Reflexions- und Planungskompetenz der Beteiligten können und sollen gewährleisten, dass im Zuge dieser Umorientierung auffällige Entwicklungen Beachtung finden (Lütje-Klose 2001; Matthes 2002; Hinz 2004, S. 247 ff.).

Man kann diese Entwicklungen durchaus als Meilenstein bezeichnen, der das lange Zeit vorgedachte Anliegen der älteren Integrationspädagogik umsetzt, aber man kann sie auch als Prüfstein betrachten, um die Wirksamkeit der Kultur der Inklusion zu bewerten. Die Gefahr liegt auf der Hand: im Zuge der Auflösung von herkömmlichen Zuweisungsdiagnostiken und dem Verzicht auf differenzierte Systeme stellt sich die Frage, auf welchem Wege Schüler/innen mit Entwicklungsstörungen, die unter Umständen nur auf langem diagnostischen Umwegen zu ermitteln sind, entsprechende Fördermaßnahmen erhalten. Der Umbruch im System der pädagogischen Sanktionsmacht lässt das Prinzip der Macht nicht überflüssig werden; denn es ist denkbar, dass in einer konkreten Situation, in einem konkreten Raum bestimmte Schüler mit bestimmten Auffälligkeiten inklusive Praktiken unterlaufen, denken wir an die Möglichkeit des Schulabsentismus, die Möglichkeit, Problemschüler/innen durch Nichtbeachtung auszugrenzen und auch an die Möglichkeit, mit dem Verweis auf den Regelcharakter einer Schule Störungen des Unterrichts zu vermeiden. Die Vertreter der Theorie der inklusiven Schule betonen, dass eine solche Tendenz dann vermieden werden kann, wenn man von einem umfassenden offenen System ausgeht, das sich auf gemeinsame Reflexionen einlässt, aber es thematisiert dann doch zu selten, dass es z. B. menschliche Interessen gibt, die nicht direkt einem berufsethischen Ideal entsprechen, dass institutionelle Praktiken nie ausschließlich wertebasiert sind und dass Kinder mit emotionalen und sozialen Störungen dem skizzierten normativen Ideal zuwider laufen, wenn sie etwa der gelebten Praxis der Gemeinsamkeit mit egozentrischen Provokationen begegnen. Diese Beispiele mindern nicht die Aussagekraft der Inklusion, aber sie sollten aus Sicht des Fachs doch viel intensiver diskutiert werden (vgl. die Überlegungen im Teil C).

2 HANDLUNGSPERSPEKTIVEN: DAS PROBLEM EINER PROFESSIONELLEN EINHEIT

Rücken wir im Folgenden die Bedingungen von Handlungsperspektiven in das Zentrum, dann wären neben diagnostischen vor allem auch pädagogische Aspekte zu diskutieren. Dies ruft die Frage hervor, wie wir die professionellen Bedingungen beschreiben können, die für das Fach maßgeblich sind. Mehrere Möglichkeiten bieten sich an. Man könnte, wie dies bei maßgeblichen Einführungsschriften der Fall ist, vom Allgemeinen zum Besonderen überleiten und der wissenschaftlichen Grundlegung, der Klärung der klassifikatorischen Aspekte und der wissenschaftlichen Herangehensweisen zu praktischen Fragen erzieherischen Handelns unter erschwerten Bedingungen folgen lassen (Hillenbrand 1999, Mutzeck 1996). Dieses Vorgehen ist logisch und einsichtig, im vorliegenden Fall erfährt es freilich einen besonderen Schwerpunkt. Es sollen die grundlegenden wissenschaftlichen Disziplinen und Schulen in Erziehung und Psychologie dahingehend befragt werden, in welcher Form sie das pädagogische Handeln bei emotionalen/sozialen Entwicklungsstörungen unterstützen und sinnvoll umrahmen. Dies sind dann aber keine Handlungsanweisungen, sondern es geht vielmehr um die zentrale Frage der möglichen Einheit der Profession. Sie finden des Weiteren eine sinnvolle Verdichtung in der Frage, unter welchen Bedingungen ein sinnvolles pädagogisches Arbeitsbündnis entstehen kann. Diese Leitfrage, die gleichsam als Leitfrage einer allgemeinen Pädagogik gelten kann, gibt den Maßstab für die folgenden Überlegungen zur Professionsorientierung her. Die oben angedeuteten professionsspezifischen Themen sind noch einmal aufzugreifen und es ist zunächst zu verdeutlichen, welche Problemlagen, Streitfragen, Diskurskomplexe und Anspruchslagen dabei zu klären sind.

Auf verschiedene Aspekte wäre in diesem Zusammenhang vorab einzugehen, um Widersprüche zu minimieren. Die Zielsetzung der folgenden Überlegungen besteht vereinfacht gesprochen darin, nach Handlungsformen, Methoden, Konzepten und Ideen zu fragen, die sich im Zusammenhang der Entstehung der Disziplin als prägend erwiesen haben. Diese Zielsetzung eröffnet aber mehr Probleme, als man vermuten mag. Eine Reihe von tieferreichenden Zweifeln über das „Geschäft" der Erziehung unter erschwerten Bedingungen ist angebracht, und dies betrifft unter anderem die unterschiedlichen Konjunkturen pädagogischer Konzepte, die als „erfolgreich" gelten, es betrifft die stets brüchige Verbindung zwischen einem sinnvoll erlebten pädagogischen Handeln und individuellen Wirkungen. Es betrifft ferner die gesellschaftliche Bedingtheit des pädagogisch Möglichen. Eine bestimmte Methodik ist möglicherweise nicht „hervorragend", sondern Ausdruck einer pragmatischen Orientierung. Insgesamt ist der Zweifel, den man als philosophisches Prinzip zugrunde legen kann, im Kontext der pädagogischen Professionalität auf keinen Fall unbegründet, er ist sogar in vielerlei Hinsicht hilfreich, insoweit er auf der Einsicht in die pragmatische Entzogenheit und Unverfügbarkeit der Menschen gründet. Auf dieser skeptischen Grundlage lässt sich die folgende Frage stellen: wie ist eine *sinnvolle Einheit der Profession* zu beschreiben, die auch die Differenzen, Brüche und Widersprüche aufzunehmen vermag? Das Ziel ist insofern eher nicht-instrumentell gedacht. Es geht nicht darum, herausragende Konzepte zu prämieren oder gar Maßstäbe zur Bewertung pädagogischer Handlungsformen zu gewinnen. Es geht vielmehr darum, einen Rahmen einer sinnvollen pädagogischen Professionalität zu konturieren und von diesem Rahmen aus dann explizit einzelne methodische Probleme aufzuwerfen. Diese Überlegungen werden dann, wie man sehen wird, durchaus kritisch ausfallen, aber nicht mit dem Ziel, eine „höherwertige" Pädagogik zu entwerfen. Die Wertigkeit erschließt sich vielmehr im Rückbezug auf den Rahmen einer sinnvollen Einheit der Disziplin, den wir zuvor gesetzt haben. Drei für die Profession maßgebliche wissenschaftliche Schulen sollen im Folgenden dargestellt werden, die gewissermaßen einen grundbegrifflichen, handlungstheoretischen und berufsethischen Leitfaden von verschiedenen Seiten her konzipieren. Es ist nicht nötig, wie wir sehen werden, diese verschiedenen wissenschaftlichen Orientierungen zu vereinnahmen und zusammenzufügen, sondern sie als Komplementäre zu begreifen. Sie geben, jede für sich, sinnvolle Antworten auf die Herausforderungen der Disziplin.

2.1 Die Bedeutung der humanistischen Psychologie für die Profession

Die Bedeutung, welche die sogenannten Humanistische Psychologie für die Entwicklung der Profession der Pädagogik bei emotional-sozialer Auffälligkeit mit sich gebracht hat, kann vermutlich nicht hoch genug eingeschätzt werden. Die psychologische „Schule" im Gefolge von Carl Rogers (Rogers 1974; ders. 1978; Tausch/Tausch 1979), die sich als dritte Kraft neben Psychoanalyse und Behaviorismus etabliert hatte, kennzeichnet zwar einen lockeren Verbund unterschiedlichster Ansätze. Aber sie kennzeichnete wohl nicht nur ein therapeutisches „Konzept", sondern gleichsam eine für professionelle Selbstbeschreibungen hoch bedeutsame Orientierungshilfe. Sie erscheint als eine Aussage mit unbedingter Geltung. Auf verschiedensten Gebieten der Profession hat sie fundamentale Orientierungspunkte ermöglicht. Auf grundbegrifflicher Ebene erleichtert und verbessert sie die Kommunikation, auf der Ebene der individuellen Überzeugungen liefert sie Problemlösungsauswege, sie ist ebenso in der Lage, die mögliche Absolutierung der Wirklichkeit und den Aspekt der Macht, der in jede humane Beziehung einfließt, zu thematisieren. Wie tief diese Bedeutung reicht, können wir daran erkennen, dass es hier eigentlich gar nicht, wie oft behauptet, um eine Werterückversicherung geht, sondern um die fundamentale Auffassung des Menschen in seiner interexistentiellen Dimension. So hochtrabend und euphorisch dies klingt, so heißt dies nichts mehr, als dass die humanistische Psychologie für die Beschreibung des Fachs eine Tiefendimension bereit hält, die man zwar „praktisch" und „konzeptionell" gering schätzen kann, dass man aber kaum um die fundamentalen Merkmale in der interexistentiellen Beziehung herum kommt. Es dürfte schwer fallen, der grundlegenden Auffassung des Menschen als eines Wesens, das mit Potential, Lernfähigkeit und seelischer Dynamik ausgestattet ist, auf einer bloßen Grundlage negativer Einsichten zu widersprechen. Schließlich sind diese Möglichkeiten des Scheiterns und der Verfehlung immer in dieser Perspektive schon mitgedacht. Man könnte also soweit gehen, den Erneuerungsanspruch, mit dem die Humanistische Psychologie in einem bestimmten historischen Zeitraum angetreten war, als einen Legitimationsrahmen der behindertenpädagogischen Profession zu beschreiben und damit die Sinndimensionen zu betonen, die im fundamentalen Menschenbild und gleichsam in den Grundzügen pädagogischen Handelns verortet sind. Aber wie weit man auch die humanistische Tiefe und den verborgenen Sinn zwischenmenschlicher Bezüge auch hymnisch begrüßen möchte, so müssen auch praktische Fragen für das Fach einbezogen werden. Die folgenden Überlegungen sind durch diese spannungsvollen Punkte gekennzeichnet. Es ist von daher unerlässlich, die verschiedenen Ebenen der professionellen Selbstbeschreibung, der fachlichen Aspekte und der praktischen Übersetzungen im Blick zu behalten. Der Grundton der heilpädagogischen Tätigkeit, der ja auch das Fach der emotionalen und sozialen Entwicklungsförderung ein Stück weit begleitet, ist nicht dazu geeignet, auf praktische Wege des Erfolgs hin *gezwungen* zu werden. Der Grundton liegt vermutlich mehr im Modus der *Wegbegleitung*. Das macht natürlich einen solchen Ansatz angreifbar, wie wir im Folgenden sehen werden. Folgende Aspekte müssen beschrieben werden: zunächst sollen die grundlegenden Überlegungen der humanistischen Psychologie in ihrer pädagogischen Bedeutung angerissen werden, insoweit dies der Rahmen erlaubt. Auf der Ebene der Entwicklungsförderung stellt das Erleben des Seins im zwischenmenschlichen Bezug ein Sinnkriterium dar, das eine fundamentale Seite in pädagogischer Orientierung aufzeigt. Sie geht auf die Untrennbarkeit von Tun und Sein, Einzelheit und Ganzheit zurück und stellt gewissermaßen eine Absage an jeden professionellen Herrschaftsanspruch dar. Inwieweit sich aus dieser unbestreitbaren Orientierung praktische Konzepte ableiten lassen, ist eine gleichermaßen relevante Frage. Man kann sie exemplarisch verdichten an pädagogischen Konzepten der Resilienz sowie der Salutogenese, was dann vorrangig zu einer kritischen Rekonstruktion führt, die sich auf die Frage der Übertragbarkeit phänomenologischer Aspekte auf gesellschaftliche Sinndimensionen bezieht. Die abschließenden Überlegungen sind dann kein „fauler Kompromiss“, sondern eine Orientierungshilfe, um die entscheidenden Sinnkriterien des pädagogischen Verhältnisses deutlich zu machen.

2.1.1 Der Ausgangspunkt: singuläre Totalität und personale Würde

Die Humanistische Psychologie, so schwierig diese Sammelbezeichnung auch erscheinen mag, geht auf ein anspruchsvolles professionelles Selbstverständnis zurück. Sie zielte auf Erneuerung und alternative Deutungen, sie richtete sich explizit gegen das monokausale, mechanistische und deterministische Verständnis, das die klassische Psychologie vermeintlich durchdrang. Sie grenzte sich ebenso vom Reiz-Reaktions-Mechanismus auf behavioristischer Basis wie von biologistischen Kräften der Psychoanalyse ab. Psychologische, soziale, politische und existenzphilosophische Sinnkriterien wirken zusammen. Jenseits von absoluten Werten, Rollen und Fassaden wird nach dem wirklichen Menschen in seiner eigentlichen und wirklichen Existenz gefragt. Es öffnen sich im Zuge dieser Umkehr Perspektiven, die den Menschen zwar in Vereinzelung, Sorge und Angst erkennen, aber sich gleichsam dem Menschen von innen her annähern können. Der existentiell gelebte und erfahrene Augenblick, die Authentizität des Erlebens und die Spielräume des Autonomie und Würde stellen die fundamentalen Kriterien dar, um die es dem humanistischen Ansatz vorrangig geht (Kriz 1989, S. 173 ff.). Ein solchermaßen artikulierter Humanismus aus dem Geiste der Existenzphilosophie zieht logischerweise eine radikal optimistische Grundstimmung nach sich, was aber nicht mit Oberflächlichkeit verwechselt werden sollte. Eher scheint es so, dass es Mut, Beharrungswillen und eines Grundvertrauens bedarf, um diesen Prinzipien zu folgen und sie in pädagogische Handlungen umzusetzen. Zumindest ändert sich im Rahmen humanistischen Denkens die professionelle Semantik. Hören wir in andern Kontexten von *Evaluationen, Konzeptionen* oder *systemischen Rekonstruktionen*, so geht es hier um die Bedeutung der „Begegnung“ ohne hineinspielende Interessen, um Partnerschaft und Annahme, um menschliche Einmaligkeit und Lernen in Freiheit. Man kann die philosophische Tradition von Martin Buber bis Lao-Tse, an die im Zuge dieses Erneuerungsdenkens erinnert wird, natürlich für übertrieben halten und die mangelnde Bodenhaftung beklagen. Aber gleichwohl werden im Kontext des humanistischen Denkens elementare Fragen und elementare Sinnperspektiven eröffnet. Dies lässt sich unter anderem am spezifischen Menschenbild aufzeigen. Als grundlegende Aspekte lassen sich Autonomie und soziale Interdependenz, der Drang zur Selbstverwirklichung, Ziel- und Sinnorientierung sowie ganzheitliches Denken benennen (Rogers 1979, Kriz 1989, S. 179). Ohne hier ausführlich werden zu können, strebt der Mensch in diesem Rahmen aus seiner biologischen und emotionalen Abhängigkeit heraus nach Unabhängigkeit, entwickelt Aktivität und Selbstverantwortung. Die Selbstaktualisierungstendenz ist gewissermaßen die grundlegende Antriebskraft des Organismus, die in ständigem Austausch begriffen ist, gleichwohl in günstige oder ungünstige Konstellationen verwoben sein kann. Der pädagogische und psychologische Ansatzpunkt lässt sich genau an diesem Punkt benennen. Es gilt, Wachstumskräfte und Wachstumsbedürfnisse in Einklang zu bringen und ungünstige Konstellationen zu entzerren. Dies kann freilich nur dann geschehen, wenn Ziel- und Sinnorientierungen einbezogen werden. Neben den materiellen Grundlagen der Existenz prägen Wertvorstellungen wie Freiheit, Würde und Gerechtigkeit das Leben und Handeln der Menschen. Handlungen sind demnach prinzipiell intentional, sinnstrukturierend und zielorientiert. Sie bilden stabile oder schwankende Brücken zwischen innerer und äußerer Realität, weisen aber durch ihre Richtung auf Erfüllung über sich hinaus.

Bevor wir auf die explizit pädagogischen Konsequenzen eingehen, sollen die Grundannahmen zur Person benannt werden, die wir hier mit einer fundamentalanthropologischen Perspektive zusammen lesen. Wie beschrieben, vollzieht sich die menschliche Entwicklung von innen nach außen. Aspekte wie Lernfähigkeit, Verantwortlichkeit liegen bei keiner äußeren Instanz, sondern in der

Person selbst. Gesunde Beziehungen zwischen Menschen beruhen daher primär auf Vertrauen. Anthropologisch formuliert ließe sich sagen, dass es bei der Aufklärung der moralischen Verfassung um das menschliche Leben als einmalige Ganzheit geht. Die ethische Grundorientierung ließe sich demnach so formulieren: es gibt eine nichtinstrumentelle Basis des Menschen, die sich in der menschlichen Praxis zeigt. Zwar können bekannte und vertraute Sinnentwürfe verzerrt werden, aber insgesamt können wir vom Menschen als Sinnentwurf sprechen. Zwar ist diese Orientierung im Grundton überzeugend und positiv gestimmt, aber sie hat eine durchaus realistische Komponente. In vielen Situationen, besonders den pädagogisch relevanten, überwiegen die möglichen Formen der Verzerrung und Verfehlung. Aber diese weisen letztlich immer auf das praktische Vorverständnis der gelingenden Formen menschlicher Praxis zurück. Dass sich die menschliche Entwicklung von innen nach außen vollzieht, spricht in keiner Weise gegen die Erkenntnis, dass es sich bei gemachten Erfahrungen um Sinnvollzüge in der gemeinsamen Praxis handelt, auch wenn gerade im Fragmentarischen und in der Erfahrung von Bedürftigkeit die Gestalten des sinnvollen Lebens aufscheinen.

Praktischer formuliert: die von Rogers und anderen humanistischen Psychologen postulierten Möglichkeitsräume des Menschen gleichen moralpsychologischen Erfüllungsgestalten. Damit ergeben sich zwei gleichrangige Prinzipien. An erster Stelle sind Freiräume bereitzustellen, um ein Klima des Vertrauens und des Wachstums zu ermöglichen. Aber dieses Vertrauen, das als Basisbedingung die soziale Realität durchwirkt, hat eine widersprüchliche Seite. Es kann zu Verfehlungen und Missgestalten des gemeinsamen Lebens kommen, zu Fremdkontrolle und Missbrauch, zu Befremden und Ablehnung, zu Gewalt und Distanz. Wie diese beiden Möglichkeiten der gemeinsamen Praxis zu vermitteln und zusammen zu denken sind, wäre ausführlich zu fragen. Denn beschränkt man sich auf die eine Seite, ist die Gefahr einer Verengung gegeben. Die pädagogische Praxis, die diesen Grundorientierungen entspricht, müsste demnach eine solche Einseitigkeit vermeiden. Dann wird es möglich, anstelle von Subjekt-Objekt-Trennungen die Bedeutung eines sozialen Feldes herauszuheben, in dem das Klima förderlicher Einstellungen einen unbedingten Vorrang genießt (im Folgenden Goetze 1989, S. 773 ff.). Es lassen sich des Weiteren allgemein pädagogische und psychologische Sinnkriterien von spezifischen Kriterien des Fachs unterscheiden. Allgemein gilt, dass eine Parzellierung ganzheitlicher Prozesse zu vermeiden ist und dass es dann zu Mangelzuständen kommen kann, wenn der organismische Prozess nicht zur Entfaltung kommen kann. Dies gilt ebenso für Situationen, in denen die vitalen Bedürfnisse des Individuums nicht befriedigt und Wachstum erschwert wird wie für Situationen, die auf der Ebene der Mangelbedürfnisse verharren. Die natürlichen Selbstentfaltungskräfte werden dann gehemmt, wenn ein extrinsisches Motivationssystem etabliert wird, das offensichtlich und langfristig signifikantes Lernen verhindert (Rogers 1974, S. 13 ff; ders. S. 163 ff.). Fremde Werte, die von oben herab eingegeben werden und zumindest nicht vom Sinnsystem des Individuums integriert werden können, verursachen im gleichen Maße Diskrepanzen im Lernprozess. Diese knappen Anmerkungen verdeutlichen schon im Ansatz, welchen Wert die personzentrierte

Perspektive für das Fach bereithält. Zwar müssen die kritischen Überlegungen zur extrinsischen Motivation im Lichte einer ausführlichen Betrachtung des behavioralen Paradigmas betrachtet werden, aber die allgemeinen Prinzipien, die sich auf die Beziehungen des Vertrauens, der Wärme und der Echtheit, auf die Verhinderung von kommunikativen und sozialen Dissonanzen und mithin auf signifikantes Lernen in Freiheit beziehen, sind in ihrer wegweisenden Funktion für das Fach und für die Profession nicht zu überschätzen. Wir können diese noch sehr allgemein gehaltenen Prinzipien noch weiter ausführen. Gehen wir von einem allgemeinen Lern- und Bildungsbegriff aus, der alle fachlichen Professionen umgreift, dann ergibt sich so etwas wie eine Idealfigur des Lernförderers. Dieser trägt dazu bei, die Ausgangsstimmung und das lernförderliche Klima zu schaffen, er oder sie bringt der Gruppe und dem Einzelnen einen unbedingten Vertrauensvorschuss entgegen; er oder sie „weiß" in einem höheren Sinne, dass nur solche pädagogischen Vorhaben gelingen werden, die im Horizont der Lernenden als sinnvoll erlebt werden. Die professionelle Rolle ist zuallererst durch Zurückhaltung und Angebotsstrukturen geprägt. Sie folgt weniger der Logik des Machens und Herstellens und distanziert sich von Zwang, Kontrolle und Autorität. Der Lernförderer nimmt sich selbst aus dem Geschehen heraus und er bringt dies in seinen Stellungnahmen und Verbalisierungen zum Ausdruck, er ergreift die Initiative sich der Gruppe mitzuteilen, ohne zu fordern oder sich aufzudrängen. Es fällt an diesem Punkt nicht schwer, spezifische Typisierungen des Professionellen wieder zu erkennen. Werden hier nicht Tugend- und Eigenschaftskataloge aufgestellt, die das Bild einer Zeit des bildungsoptimistischen Aufbruchs widerspiegeln? Finden wir hier nicht die idealisierte Sinnfigur des guten Erziehers wieder, die in der Tradition der geisteswissenschaftlichen Pädagogik Erfülltheit, Zugewandtheit, Aufgeschlossenheit, Verlässlichkeit forderte? Erkennen wir hier also nicht das, was sich als mögliche Selbstverengung der Profession kritisieren ließe – Charakteristika, die in ihrer Vielzahl erdrückend, letztlich unerfüllbar und somit überfordernd wirken? Dass dies nicht der Fall ist, können wir uns an individuellen Fallorientierungen vor Augen halten. Sozial-emotionale Entwicklungsstörungen beruhen auf Sinngestalten zwischen einem individuellen sozialen Erfahrungsraum und einem spezifischen Erwartungshorizont. Die Erfahrungen selbst sind primäre Erfahrungen, die wir zwar nachvollziehen und beschreiben können, die wir dem Kinde aber nicht abnehmen können. Eine Traumatisierung, die aus einer Mangelsituation hervorgerufene Hilflosigkeit, die emotionale Unreife, die aus Beziehungsstörungen oder Beziehungslosigkeiten resultieren, sind Sinnformen, die uns auch praktisch auf den Vorrang der singulären Totalität verweisen. Wie auch immer die individuellen Stellungnahmen zum Leben ausfallen, wir sind gezwungen, dem Leben eine individuelle Konfiguration zu geben. Pädagogisch sinnvoll kann man nur an dieser Konfiguration anschließen. Mit viel Pathos könnte man sagen, jeder Mensch ist immer schon seine ganze Welt. Die pädagogische Rationalität, die vielleicht weniger hochtrabend argumentiert, zielt angesichts dessen auf die gegebenen Möglichkeiten der Erfüllung und der Versagung.

Personzentriertes Lernen ist von daher ein Lernen, das stets als konfluentes Lernen das Engagement der ganzen Person betrifft. Kognitives und Affektives wirken und fließen zusammen – selten wird dies wohl so deutlich wie beim Unterrichten und Lehren bei Kindern mit sozial-emotionalen Störungen. Der Bildungsinhalt wird entweder begierig entgegengenommen und sich auf individuelle Weise angeeignet oder Lernen wird zu einer selbstzweckhaften Übung mit all ihren Begleiterscheinungen der Ablenkbarkeit, dauerhafter Unruhe, gezielten Provokationen. Ob man aber nun Erfüllung oder Versagung erlebt, es gilt gleichsam, dass wir uns beim Lernen in einer emotional-affektiv-psychischen Ausgangslage befinden, die sowohl hohe Motivation, Abenteuerlust wie auch Barrieren, Verschlossenheit, Erschöpfung und Verharrung umfasst. Die Einsicht, dass personzentriertes Lernen die im Moment in der Lernperson wirksamen Aktualisierungsprozesse ausdrückt, kann positiv formuliert den Leitfaden für denkbare Bildungs- und Erziehungssituationen bilden. Der Kontakt, *den ich mit mir habe,* bildet den vorrangigen Gesichtspunkt. Er sollte nicht im Hinblick auf radikal antiautoritäre Prinzipien hin missgedeutet werden, sondern als Einsicht in die Grenzen fragiler Wesen. „Ist mein Kontakt mit mir schlecht, unterbrochen, dann werde ich mich auf den Prozess mit seinen möglichen Frustrationen kaum einlassen können, mich vielmehr um eine möglichst große Effektivität, einen großen Output bemühen. Habe ich dagegen einen guten Kontakt zu mir, werde ich mich auf das Lernabenteuer voll einlassen können und auch Umwege, Entsagungserlebnisse, zeitweilige Ängste ertragen können" (Goetze 1989, S. 776 f.). Die gegenteilige Schlussfolgerung, dass Ängste natürlich auf Dauer schlechte Weggenossen sind und signifikantes Lernen schwächen und hemmen können, ist in diesem Zusammenhang allerdings nicht zu vergessen. Denn es wäre an diesem Punkt wohl zu einfach, den grenzenlosen Optimismus einer Pädagogik der Stärke zu bemühen, welche die Barrieren und Ängste, Zweifel und Unsicherheiten einfach nur im Hinblick auf einen überzogenen Freiheitsbegriff missachtete. Das Gegenteil der Bemühungen wäre der Fall, wenn die psychologischen Voraussetzungen einer individuellen Erfahrung der Missachtung und mangelnder Anerkennung einfach überspielt würden, wenn sinnvolles, selbstbestimmtes Lernen fachlich unvermittelt bliebe. Der Begriff der Freiheit, der den pädagogischen Erwartungshorizont so hell erleuchtet, ist nicht nur voraussetzungsreich, sondern auch riskant. Denn es ist schwierig, wenn auch nicht unmöglich, fachliche Praktiken der Optimierung, passende Lernstrategien und effektive Konzepte zu Grunde zu legen, die dann nur noch im pädagogischen Alltag umzusetzen wären. Es bedarf daher einer kritisch-konstruktiven Aneignung und Umsetzung dessen, was mit dem fundamentalen Sinnkriterium der Personzentrierung verknüpft ist.

2.1.2 Schülerzentrierung und Resilienz

Im Folgenden soll die Bedeutung der humanistischen, personzentrierten Perspektive für die Selbstbeschreibung der Profession und für praktische Aspekte herausgearbeitet werden. Dabei werden wir zwangsläufig auf schul- und unterrichtspraktische Aspekte zu sprechen kommen, aber keineswegs in einem unvermittelten Sinne. Die Überlegungen lassen sich auch in einem übergreifenden Sinne verstehen, die Kritik, die wir im Zuge dessen an dem zugrunde liegenden verkürzten Bildungsbegriff üben werden, gilt allgemein für das Fach.

Es sind zunächst zwei Forschungsperspektiven, die einen übergreifenden Zusammenhang herstellen und auf ein spezifisches Problem verweisen: das ältere Forschungskonzept von Tausch/Tausch sowie neuere Aspekte der Resilienz und der Salutogenese. Die Auffassung des sogenannten „schülerzentrierten Unterrichts" von Tausch und Tausch (1970) ist als der Versuch zu werten, die grundlegenden Variablen und Überzeugungen, die C. Rogers noch allgemeiner als Lernen in Freiheit formulierte, auf ein unterrichtspraktisches, psychologisches Typenkonzept hin zu erweitern. Wir sind gezwungen, die einzelnen Schwerpunkte und Phasen dieser Forschung hier zu übergehen, aber ohne allzu starke Verkürzung kann man sagen, dass es vor allem der Aspekt der besonderen Erziehungsstile zwischen Lenkungs- und Gefühlsdimensionen war, der diese Perspektive strukturierte. Es führte zu Formulierungen wie autokratischer und sozial-integrativer Erziehungsstil, zu partnerschaftlichen oder autokratischen Verhaltensformen, gleichwohl zu einer besonderen Einschätzung der Wirkung von typologischen Verhaltensformen auf das Schülerverhalten. Das beobachtete und auf Idealtypen hin einschätzbare Verhalten der Lehrperson bringt Merkmale der Wertschätzung und Geringschätzung, des Verständnisses und der Verständnislosigkeit, der sozialen Reversibilität, der Ermutigung und Entmutigung zum Ausdruck. Stark verkürzt geht die Begegnung von Person zu Person von den Basisvariablen der Gesprächspsychotherapie aus: das offene Auseinandersetzen mit der eigenen Person, Achtung, Wärme und Rücksichtnahme, das einfühlende Verstehen, Echtheit und Nondirektivität fundieren dementsprechend das pädagogische Konzept. Auf einer recht oberflächlichen, aber praktisch nicht unbedeutenden Ebene erscheint in diesem Erziehungskonzept eine normative Grundorientierung durch, der man schwerlich widersprechen könnte. Es gilt die *Schule humaner zu machen*, ein normatives Statement, das sich in Variationen des demokratischen Unterrichts, der subjektorientierten Bildungstheorie, von Reformbewegungen, bisweilen auch im Anspruch inklusiver Kulturen niederschlägt. Diese Orientierung lässt sich bequem in einen normativ anspruchsvollen Dualismus überführen. Auf der konkreten Handlungs- und Interaktionsebene wird der individuellen Person die ganze Bandbreite einer therapeutisch anmutenden Haltung vor Augen gehalten, der ideale Erzieher ist dementsprechend tolerant, geduldig, achtend, höflich, ermutigend, erfreut, warmherzig, partnerschaftlich, lobend und er sollte nicht entmutigend, verletzend, beleidigend sein. Die Schüler begegnen gewissermaßen der Verkörperung eines humanistischen Ideals, was die Tolerierung eines „schlechten Tags" miteinschließt, wenn sie auf der Ebene der Selbsteinschätzungen kongruent bleibt. So weit, so übersichtlich. Nicht unberücksichtigt bleiben sollte jedoch dabei die Ebene der institutionellen Strukturen: denn die Arbeitsbedingungen der Schule zeichnen sich bekanntlich durch einen Zwangscharakter, negative und selektive Anreize, das sogenannte Auslese-Dilemma wie auch das Ressourcen-Etikettierungs-Dilemma, durch verschiedenartige Double-bind-Situationen oder einfach nur verkrustete Strukturen aus. Auch wenn die Widersprüchlichkeit durchaus gesehen wird, bleibt festzuhalten: der personzentrierten Pädagogik wird durch die Orientierung an der Person eine enorm hohe Last aufgebürdet, insofern man nicht in jeder Situation davon absehen kann, dass gewisse Strukturen durch Personen hindurchwirken. An der grundlegenden Bestimmung der Personorientierung ist nicht zu rütteln, denn sie zielt auf einen Prozess, in dessen Verlauf die Subjekte gemeinsam die soziale und unterrichtliche Struktur so verändern, dass ein zunehmend größeres Ausmaß an Selbständigkeit, Selbstkongruenz, Selbstwirksamkeit möglich wird. Dies ist, wie wir im Folgenden herausarbeiten werden, von hoher Bedeutung für die Profession.

Es sind zumindest einige Kernpunkte des personzentrierten Ansatzes, die sich in der Gegenwart des 21. Jahrhunderts erhalten haben und weiterhin Beachtung verdienen. Es geht natürlich nicht darum, einen Tugendkatalog, der sich über das gesamte Spektrum der Bildungstheorie erstreckt, noch einmal mit anderen Worten aufzugreifen. *Dass* auf Störungen einzugehen ist, dass Interesse, Begeisterung und Freude am Stoff zu vermitteln ist und didaktisch Spannung und Aufmerksamkeit aufrecht zu erhalten sind, sind Erfüllungsgestalten einer pädagogischen Erkenntnistheorie, auf die man vermutlich schon in der Antike stößt. Differenzierter erscheint die Frage nach der verstehenden Kultur des Helfens, der Bedeutung von Widerstandskräften und Resilienzfaktoren in ihrer Bedeutung für die Gestaltung institutioneller Rahmungen. Denn damit wird die individuelle Erzieher- und Lehrerinnenpersönlichkeit aus dem Zentrum gerückt und die subjektive Aneignungsperspektive der am Bildungsprozess Beteiligten einbezogen. Die Konzeptionen der Resilienz und der Salutogenese sollen daher exemplarisch in den Mittelpunkt gerückt werden (Antonovsky 1993, Theis-Scholz 2007, Theunissen 1999), ausgehend von den Prämissen einer sozialen und kulturellen Umorientierung. Nicht unbedeutend erscheint in diesem Zusammenhang die erhöhte Aufmerksamkeit, die der Begriff der individuellen Stärke erhält, eine tatsächlich bemerkenswerte, begrifflich-normative Innovation. Die Gepflogenheit einer traditionellen Heil- und Behindertenpädagogik war es bekanntlich, die Kultur des Helfens ausschließlich an Problemlagen, Krisen, Belastungsfaktoren, an allen Facetten des Krankhaften und Ohnmächtigen zu orientieren. Behinderte Menschen wurden und werden im Lichte von Ohnmacht, Hilflosigkeit, Schwäche und Erschöpfung wahrgenommen und der Weg zu einer pathologischen Brandmarkung war nie weit (Theunissen 1999). Dass die typische Klientel der Behindertenpädagogik in diesem Sinne hilfe-, belieferungs-, weisungs- und behandlungsdürftig sei, steht als negativistischer Grundimpuls im Zeichen der Kritik. Zunehmend wehren sich nun Betroffene gegen Bevormundungen helfender Mächte, zunehmend begreifen sich als behindert klassifizierte Menschen als Experten in eigener Sache, zunehmend werden auch in pädagogischen Auseinandersetzungen Entmündigungen, Hilflosigkeiten, Abhängigkeiten thematisiert und ernstgenommen. Die Konzepte der Salutogenese, der Resilienz, zum Teil auch des sogenannten Empowerment-Paradigmas (Bröckling 2003, Cruickshank 1999) fördern in diesem Zusammenhang eine alternative Sicht der Dinge zu Tage – eine Abkehr vom Defizit- und Problemorientierung, gleichsam eine Hinwendung zum Aspekt der Kompetenz.

Der Gedanke der Selbstbemächtigung bringt in dem Sinne ein urdemokratisches Anliegen zum Ausdruck, dass er den Menschen die Kraft zutraut, ihre

Dinge selbst zu regeln und zu verantworten. Das ursprüngliche Anliegen liegt in der Abkehr vom Defizit- und Problemdenken zugunsten einer Aufwertung der Rolle des Anderen als Subjekt. Der Gedanke der Anerkennung drückt sich hier in der Überzeugung aus, dass behinderte oder von Marginalisierung betroffene Menschen genügend Stärken, Ressourcen und Selbstbemächtigungskompetenzen besitzen, um kritische Lebenssituationen zu meistern und zunehmend Kontrolle über ihr Leben zu gewinnen. Das Menschenbild, auf das sich diese pädagogischen Prinzipien stützen, gründet sich bekanntermaßen auf der optimistischen Annahme eines kontinuierlichen Wachstums, das in einem Umfeld der Anerkennung ermöglicht wird. Dies mündet in praxisorientierter Hinsicht in der Eruierung von Stärken, Ressourcen und Kompetenzen der Betroffenen, die sich auf nicht-advokatorischer Basis entwickeln. Als programmatische Aufgabe hat das Stärkenmodell sein Gravitationszentrum in der Annahme, dass *erstens* „jede Person eine innere Kraft besitzt", die als „Fähigkeit zur Lebenstransformation" bezeichnet werden kann; dass diese Kraft *zweitens* eine Ressource von Wissen ist, die „personale und soziale Transformationen anleiten kann", so dass *drittens* „Menschen in ihrem Handeln immer dann, wenn ihre positiven Fähigkeiten unterstützt werden, auf ihre Stärken zurück greifen" (Theunissen 1999, S. 279; ferner Theunissen/Plaute 1995).

Die Übertragung auf fachliche und schulische Aspekte ist nicht ganz unproblematisch. Denn es lädt zumindest zu Missverständnissen ein, wenn das Prinzip der Selbstbemächtigung auf die Höhe eines Satzes förderpädagogischer Überzeugungen gehoben wird. Da es hier um Schüler in erschwerten Problemlagen geht, um emotionale Verengungen, deren Ursachen im sozio-ökonomischen Status, der psychosozialen Belastung und weiterem liegt, wäre ein oberflächlicher Bezug auf die positiven Selbstheilungskräfte möglicherweise bedenklich. Aber die verwandten Konzepte der Resilienz und der Salutogenese stellen differenzierte Konzepte dar, die (schulische) Entwicklungsprozesse in problematischen Lernausgangslagen mit qualitativen professionellen und institutionellen Weiterentwicklungen verknüpfen. Die grundlegende Zielsetzung solcher Perspektiven ist schnell geklärt: vor dem Hintergrund bildungspolitischer Innovationsschübe kommt der Behindertenpädagogik die Aufgabe zu, sich durch gezielte Forschungsaufgaben am fachspezifischen Diskurs zu beteiligen, um entwicklungsförderliche Potentiale in möglichst vielen Lebensbereichen aufzuzeigen. Wie sich erschwerte Problemlagen für Kinder und Jugendliche in Unterversorgunglagen vermeiden oder zumindest abmildern lassen, steht hier als Grundsatz, der eben jene angedeutete Oberflächlichkeit vermeidet. Das Beispiel der Resilienzforschung kommt diesen Aspekten sehr nahe, auch wenn es in forschungspraktischer sowie bildungspraktischer Hinsicht nicht unproblematisch ist. Die grundlegende These der Resilienzforschung in Bezug auf unterrichts- und bildungspraktische Aspekte besagt prinzipiell, dass die Einbeziehung stärkender Faktoren in die Unterrichtsgestaltung und in den Schulalltag zu einer Risikominderung für Schüler in erschwerten Problemlagen beitragen kann (Theis-Scholz 2007, S. 265 ff.). Das Forschungsfundament, auf dem man hier agiert, ist freilich alles andere als konsolidiert. Man bezieht sich auf Längsschnittstudien, deren Ergebnisse auf umfassende Zeiträume erstreckt sind und eine solche

Vielfalt von Variablen einbeziehen müssten, so dass Aussagen eher vage prognostischen Charakter haben (Wustmann 2005; Lösel/Bender 1994). Ergebnisse und Schlussfolgerungen, die man ziehen dürfte, zielen immerhin auf den Wert kommunikativer Kompetenz, auf Temperamentseigenschaften und Impulskontrolle, auf die Bedeutung von Selbstwirksamkeit und positive Selbstkonzepte, auf gelungene Problembewältigungen sowie auf die grundlegende Erfahrung eines Kohärenzgefühls – etwas polemisch könnte man also hinzufügen, Resilienzfaktoren beinhalten diejenigen Kompetenzen, die bei Kindern mit emotional-sozialen Störungen eben meist *nicht* vorhanden sind. Aber natürlich muss man dann auch hinzufügen: die Grundorientierung des Resilienzgedankens liegt im Bereich des Präventiven: *wenn* in der sozialen Umwelt des Kindes stabil emotionale Beziehungen vorhanden sind sowie soziale Unterstützungen, ein warmes und offenes Erziehungsklima, positive Sozialmodelle und dosierte Leistungsanforderungen, wird die individuelle Aktivierung von Widerstandsressourcen erleichtert.

Die Schlüsselstelle der gesundheitsprotektiven Perspektive liegt nun aber in einem Wechsel des Bezugssystems, was die Frage gelingender Kompensationen aufwirft. Wenn in der engeren familiären und sozialen Umwelt und in dem individuellen Erfahrungsraum des Kindes die genannten protektiven Aspekte fehlen, wie ist es dann möglich, sie in der sekundären Welt, in den schulischen und außerschulischen Institutionen zu ermöglichen? Eine weitmöglich ausholende, aber nicht uninteressante Studie von Antonovsky verweist auf einen interessanten Sachverhalt. Antonovsky untersuchte in den 1970er Jahren den Gesundheitszustand älterer Frauen in Israel und stieß dabei vereinzelt auf Personen, denen es gelungen war, dem Grauen des Holocaust zu entgehen, ohne daran zu zerbrechen. Das „Forschungsinteresse“, wenn man diese schwierige Fragehaltung einmal verfolgt, richtete sich auf gesunde Personen und die spezifischen „Gründe“, die sie psychisch gesund erhielten – sogenannte gesundheitsprotektive Elemente (Antonovsky 1993). Stark pointiert geraten dabei drei Komponenten in den Blick, die auch pädagogisch relevant sind: Verstehbarkeit, Handhabbarkeit, Bedeutsamkeit. Je eher die Umwelt von einer Person als strukturiert und erklärbar erscheint, je mehr sich die Überzeugung festigt, die Dinge selbst regeln zu können, und je mehr das Bewusstsein greift, dass sich Anstrengung und Engagement lohnen, umso eher lässt sich von gesundheitsstabilisierenden Faktoren sprechen und desto stärker erweist sich das individuelle Kohärenzgefühl. Lässt man die grenzwertige Situation des Konzentrationslagers, das von Antonovsky bemüht wird, beiseite, dann wird immerhin der pädagogische Bezug schnell einsichtig. Die Entwicklung von Kohärenz, Selbstwirksamkeit und der Sinnhaftigkeit des eigenen Tuns ermöglichen eine individuelle Kompetenz, die auch in schwierigen Lebensumständen bestehen kann. Der Transfer auf sonder- und behindertenpädagogische Perspektiven ist zunächst einmal durchaus plakativ. Der mittlerweile zum Slogan verdichtete Ruf eines Paradigmenwechsels – von der Defizitverengung zur Ressourcenorientierung – soll helfen, die pathogenetischen Fixierungen zu lösen. Im Vordergrund einer am Konzept der Resilienz orientierten Pädagogik steht nicht mehr, was die Entwicklung beeinträchtigt, sondern welche Faktoren als günstig im jeweiligen

Sinn- und Erfahrungsfeld des Kindes eingeschätzt und genutzt werden können. Die primäre Prävention erhält unter diesen Vorzeichen einen hohen Stellenwert, insofern sie die vorhandenen Befunde in der Früherkennung und Frühförderung bestätigt und in ein entwicklungsorientiertes Gesamtkonzept integriert wird (Keupp 1990, Werning/Balgo 2002). Der Grundgedanke, der am Leitfaden einer solchen ressourcenorientierten Entwicklungsorientierung verfolgt wird, versteht das Kind als einen aktiven und konstruktiven Gestalter seiner Umwelt. Wirkungsvolle Interventionen für entwicklungsauffällige und risikobelastete Kinder sind in den schulischen Institutionen dementsprechend vielfältig, sie lassen sich als Quelle sozialer Unterstützungen beschreiben (Theis-Scholz 2007, S. 267), sie betonen den „Caring“-Charakter von Gemeinschaften (Wustmann 2005), sie zielen mithin auf die Schule als Fluchtort oder Nische, als Insel der Übersichtlichkeit. Das Problem für die sonder- und inklusionspädagogische Diskussion wurde hier mehrfach benannt. Man versucht, die strenge und rigide Struktur der Bildungsinstitutionen aufzubrechen und besondere Räume der persönlichen Zuwendung, der individuellen Einbindung und der Nähe herzustellen, aber man übergeht dabei möglicherweise zu schnell, dass diese Struktur einer besonderen Bindung und Nähe in der Geschichte der Sonderpädagogik immerhin *ein* Legitimationspunkt der organisatorischen Ausdifferenzierung war. Wenn Schulen einfach nur als besondere Nischen und Zufluchtsorte begriffen werden, in denen individuelle Entwicklungen „gedeihen“ könne, dann hätte man vermutlich das bekannte organisatorische Dilemma der Behindertenpädagogik nur auf eine allgemein höhere Ebene verlagert (zu dieser Diskussion vgl. Kap. A, 6.).

Die Übertragbarkeit der Resilienzperspektive auf schulische Systeme ist in dieser Hinsicht zu problematisieren. Das Positive sei zu Beginn betont: die Orientierung an Stärken und Kompetenzen ist keine leere Rhetorik, sondern eine konkrete Anfrage an Organisationen und Bildungseinrichtungen. Insbesondere Schulen können in diesem Sinne verändert, hinterfragt, weiterentwickelt werden, um Potentiale zu fördern, Schutzfaktoren entwickeln zu helfen und Selbstwirksamkeiten zu ermöglichen. Aber diese in vielerlei Hinsicht notwendigen und zwingenden Aspekte bedürfen einer anthropologischen Vertiefung. Rein praktisch betrachtet kann man eine Fülle von Beispielen angeben, mit denen es gelingen kann, die pädagogischen Möglichkeiten der Förderung von Resilienz auszuschöpfen. Der schulische Erfahrungsraum umfasst vielfältige Anlässe zur Partizipation und konkrete Verantwortungsübernahme, die Möglichkeit eines wertschätzenden Klimas, die Sensibilisierung der Professionellen für die Qualität interpersoneller Prozesse in der Schule, des Weiteren die Öffnung für außerschulische Angebote, Kooperationsstrukturen oder die Bildung von Netzwerken (Theis-Scholz 2007, S. 268). Die Schule als Lebens- und Handlungsraum nähert sich in diesem beschriebenen Sinne dem Maßstab einer inklusiven Kultur. Aber es ist für die professionelle Reflexion hilfreich, den Fokus nicht allein auf die Seite der organisatorischen Weiterentwicklung zu legen, sondern auch die Subjekte von pädagogischen Aneignungsprozessen einzubeziehen. Denn wir unterliegen, wenn wir den organisatorischen Maßstab einer „guten Schule“ ausformulieren, möglicherweise unbewusst einer anthropologischen Verkürzung. Es wird erwartet, dass die Einbindung resilienzstärkender Bedingungen „maßgeblich zur lernwirksamen Gestaltung von Lehr- und Lernprozessen“ zur Integration beitragen (ebd.). Es wird gleichsam erwartet, dass die Beachtung der schützenden Faktoren und die schülerzentrierte Gestaltung des Erfahrungsraums Schule für die Subjekte hoch bedeutsam ist. Von diesen nicht zu hinterfragenden Gewissheiten ist es freilich ein weiter Weg zu einem langfristigen und tragfähigen Arbeitsbündnis. Der Kompetenzorientierung wird eine Bedeutung zugewiesen, die sie eigentlich in einem kritischen Bildungsdiskurs und in einem anthropologischen Kontext erst unter Beweis stellen müsste. Das heißt: was Lernen, Bildung, Aneignung, Wissen und Können in einem ideologiefreien Sinne ihrem Wesen nach sind, ist keine Frage, die man vereinseitigen darf. Die durchaus positiv zu bewertende Orientierung an der Innenseite des Lernenden, die Zentrierung auf das Subjekt, unterliegt hier scheinbar einem nicht weiter ausgewiesenen Maßstab des Guten. Die Überzeugung, dass die positiven inneren Überzeugungen und inneren Selbstwirksamkeiten nach und nach durchgreifen, ist in einem gewissen Sinne zu einseitig, sie ist anthropologisch naiv – was heißt, dass sie nach behindertenpädagogischen Maßstäben unter ihren Möglichkeiten bleibt. Es ist wiederum zu betonen, inwieweit die menschliche Grundsituation, die durch eine primäre Verletzbarkeit und eine primäre Ferne gekennzeichnet ist, den Maßstab bereitstellt. Erst aus der primären Ferne entwickeln sich Formen der Nähe und erst die Zerbrechlichkeit ermöglicht die Erfahrung von Sinnentwürfen. Die kommunikative Solidarität, die in den skizzierten resilienzstärkenden Bedingungen zum Ausdruck kommt, ist logisch nicht von den Grenzerfahrungen der Verletzbarkeit zu trennen. Wir können dementsprechend nicht in das gemeinsame Leben eintreten, ohne diese Bedingung in Kauf zu nehmen, ohne freilich auch anzuerkennen, dass zu den fundamentalen Grundbedingungen der menschlichen Existenz gehört, dass Lernen immer auch mühsame und schmerzhafte Aneignungsprozesse sind, die gleichermaßen schwierig wie sinnvoll sind – jeder Mensch erlebt beide Extreme in situationaler und persönlicher Intensität.

2.1.3 Die Bedeutung von Wertschätzung und Vertrauen

Die grundlegende Bedeutung des personzentrierten Ansatzes für die Profession zusammenzufassen, ist nun durchaus problematisch, wenn man nicht in einer oberflächlichen Wahrnehmung der Dinge verbleiben will. Es wäre dementsprechend wichtig herauszuarbeiten, dass die Begriffe der Wertschätzung und des Vertrauens behindertenpädagogischen Sinnkriterien gleichkommen, die über die „klimatischen“ Bedingungen einer guten Organisation hinausgehen. Wie oben beschrieben, lassen sich die protektiven Elemente auf konkrete Situationen im Unterricht übertragen, beispielhaft auf Anforderungen aktiven und selbständigen Lernverhaltens, auf das Anregen von Problemlösungsstrategien, den Aufbau eines positiven Selbstkonzepts sowie die Ermöglichung von Selbstwirksamkeit. Der Unterricht sollte in seiner idealen Ausprägung demnach konsistente Erfahrungen ermöglichen, wobei man an diesem Punkt nachhaken müsste, inwieweit die bekannten organisatorischen Formen des Bildungssystems eine solche Ganzheitlichkeit und Sinnorientierung strukturell überhaupt ermöglichen. Hier aber genügt es davon auszugehen, dass ein wertschätzender Erziehungsstil, angemessene Leistungsanforderungen, die Bereitstellung anregender Lernumwelten, eine vertrauensvolle Haltung und die Integration prosozialer Rollenmodelle die vorrangigen Qualitätsdimensionen des Unterrichts beschreiben. Denkbar wird an diesem Punkt der Unterrichts- und Schulforschung, wenn man von den grundlegenden entwicklungstheoretischen Überzeugungen ausgeht, die Differenzierung von Qualitätsdimensionen. Die Unterrichtsqualität richtet sich nach den Kriterien von Passung, der Motivierung, Aktivierung und Lernförderung; auf der Ebene der Handlungskompetenz fließen sachliche, methodische und personale Variablen ineinander. Diese „Optimierungen" werden schließlich durch fundamentale Bedingungen im Sinne der salutogenetischen Orientierung flankiert: Verstehbarkeit, Bedeutsamkeit, Handhabbarkeit.

Schwierig wird diese Konzeption dann, wenn wir nach den expliziten Kriterien fragen, die im Horizont einer spezifischen Professionalität zu verorten wären. Denn auch bei einem zweiten prüfenden Blick wird nicht sofort einsichtig, was das Unterscheidungsmerkmal eines resilienz- und lernförderlichen Klimas sein kann. Besehen wir uns die Einzelmerkmale der geschilderten Qualitätsdimension, erkennen wir Empathie, Wertschätzung, positive Fehlerkulturen. Richten wir den Blick auf einzelne Indikatoren, lesen wir von einem „respektvollen Umgangston", von einer angstfreien Atmosphäre, von Verbindlichkeit und Ermutigung. Lesen wir die Beispielsätze, die im Rahmen von Evaluationen genannt werden, dann können diese Qualitäten „voll zutreffen" oder nicht (Theis-Scholz 2007, S. 270 f.). Der kritische Punkt ist mit anderen Worten: diese Kriterien sind nicht nur für eine allgemeinpädagogische Grundlagentheorie kennzeichnend, sie gleichen nahezu allgemein menschlichen Sinnbedürfnissen. Man könnte exemplarisch einwenden: dass *Kevin* die an ihn gestellten Herausforderungen als vorhersehbar und sinnvoll erlebt, dass er Zuversicht und Vertrauen erhält und dass „die Klasse ein Ort ist, an dem er sich wohl fühlt" (ebd.), ist eine fundamentale Einsicht der Pädagogik. Man könnte sie schwerlich bezweifeln, ohne den tieferen Sinn von Bildung und Erziehung zu dekonstruieren. Die Qualitätsdimensionen haben geradezu einen sozialen Selbstverpflichtungscharakter, der zwingend ist, aber sie erweisen sich in professioneller Hinsicht als nicht tief genug. Differenzierung tut not.

Im Hinblick auf eine abschließende Bewertung können wir festhalten, dass der Vorteil einer personzentrierten Position doch eher auf der institutionellen Seite zu veranschlagen wäre. Denkbar sind innerschulische Qualitätsentwicklungen, die sich von der Erkenntnis leiten lassen, dass die subjektive Seite der Bildung einen diskreten Vorrang hat. Die strukturellen Probleme des Bildungssystems lassen sich demgemäß auf ein positives Modell hin befragen und kritisieren, inwiefern der individuellen Passung, der Toleranz und der Angstfreiheit Raum gewährt wird. Dies gilt allerdings nicht im gleichen Maße für die Ebene der Professionalität, hier gilt es über eine gewisse Verengung hinaus zu gelangen. Denn, wie mehrfach angemerkt, ist für die personzentrierte Perspektive das Fehlen einer fundierten allgemeinen Anthropologie kennzeichnend. Das heißt, die Orientierung an Werten wie Mitgefühl, Empathie, Vertrauen, Verlässlichkeit, Transparenz kann nicht auf einem anthropologischen Fundament aufbauen, was aber für die Formulierung einer professionellen Perspektive notwendig wäre. Die Personzentrierung reduziert sich in dieser Hinsicht auf Sollensaussagen, die zwar als positive Effekte zu beschreiben wären, aber in einem umfassenden Konzept von Bildung zwangsläufig unterbestimmt bleiben. Was müsste also ein solches umfassendes Konzept von Bildung mit sich bringen? Vereinfacht gesprochen fehlt es hier an der Fähigkeit, die negativen Grenzerfahrungen des Menschen in ein insgesamt positives Bildungskonzept zu integrieren. Es dominiert die Tendenz, die Unerfülltheit, die Mangelhaftigkeit und Bedürftigkeit angesichts der Untrennbarkeit von Selbstentwurf und menschlicher Grundsituation aus dem Geschehen möglichst heraus zu halten. Aber ein solches positivistisches Denken ist in vielerlei Hinsicht problembehaftet. Denn pädagogisch geht es ja nicht darum, den Menschen auf seine Bedürftigkeit und Mangelhaftigkeit *zu reduzieren*, sondern dem Miteinander von Mangelerfahrung und Sinngestaltung ein tragfähiges Bündnis zu entnehmen. Es gibt dementsprechend eine gewisse Dignität der elementaren und inferioren Erfahrungshorizonte, die Kinder mit emotional-sozialen Störungen mit sich bringen. An dem Umgang *mit ihnen* erweist sich der Wert einer behindertenpädagogischen Professionalität, die nicht auf kurzatmige Lösungen, auf unbedingte Bejahungen, auf Oberflächlichkeit reduziert bleibt. Das anthropologische Fundament, das in vielen Bereichen fehlt, zielt auf den Menschen als ein auf Erfüllung seiner Sinnenentwürfe im gemeinsamen Leben ausgerichtetes Wesen. Die Bezogenheit dieser Sinnentwürfe ist freilich nichthierarchisch angelegt. Wir dürfen uns die pädagogische Praxis demgemäß nicht auf ein Ziel instrumentell hingeordnet vorstellen. Der spezifische Charakter des pädagogischen Arbeitsbündnisses wird in dem Sinne verkannt, wenn er als Funktion eines höheren Entwurfs verstanden wird. In dem Moment, in dem der Erzieher das Bündnis funktionalisiert und damit depotenziert, indem er an der individuellen Sinngestalt der kindlichen Entwicklung vorbei handelt, wird die „Personzentrierung" unterlaufen. Dies gilt in besonderem Maße für pädagogisches Handeln unter erschwerten Bedingungen.

Bedeutet Beziehungen vom personzentrierten Standpunkt aus zu gestalten insofern, sowohl die positiven wie die negativen Erfahrungen in einem übergreifenden Rahmen gemeinsam zu gestalten? Nicht nur. Es bedarf primär einer Einsicht in die negativen Grenzen der Praxis, was entwicklungspädagogisch auch das Nichtveränderbare umfasst. Im Fall organischer Schädigungen ist es vermutlich nicht in dem Maße schwierig zu akzeptieren, dass die Entwicklung in diversen Bereichen stockt oder nicht stattfindet. Besser gesagt, auch hier können sich „Betroffenheit, Unzufriedenheit, Verärgerung und Enttäuschung" (Greving/Ondracek 2010, S. 302) ausbreiten, wenn ein pädagogischer Misserfolg auf verfehlte Planungen und enttäuschte Erwartungen zurückgeführt wird. Aber hier besteht eine zur Profession zugehörige Akzeptanz des Bestehenden in dem Sinne, dass u. a. irreparable organische Schädigungen eben jene Grenze der Akzeptanz ziehen, unterhalb derer dann pädagogisch gearbeitet wird. Es darf bezweifelt werden, dass dies auch für die Professionalität bei emotional-sozialen Störungen der Fall ist. In der Erziehungshilfe liegt der Schwerpunkt auf der Erziehbarkeit und der Planbarkeit einer erwünschten Entwicklung. Der Entfaltung der Potentiale darf auch bei einem gemäßigt positiven Menschenbild nichts im Weg stehen. Gerade dieser unbedingte Positivismus aber setzt die professionelle Haltung einer Spannung zwischen Erfahrung und Erwartungen aus. Und das heißt im negativen Fall, wenn also die gewünschte Entwicklung ausbleibt, geraten auch die Personvariablen einer humanistischen Haltung unter Legitimationszwang. Geduld, Beharrungsvermögen, Verständnis, weitgehende Toleranz bilden in diesem Sinne Kernvariablen, die in ihrer eigenen Leistungsfähigkeit im Sozialen nicht überschätzt werden dürfen. Halten wir uns vor Augen, was das charakteristische provokative, herausfordernde, „autonome“ Verhalten von Kindern in zwischenmenschlichen Beziehungen auslöst: wie schnell ist die Grenze erreicht, an der man *kein Verständnis* mehr aufbringen mag, an der man *nicht mehr weiter weiß* und an der dann in bestimmter Hinsicht die Grenze zwischen den sozial *Integrierbaren* und den *Nicht mehr Integrierbaren* gezogen werden muss. Dies umschreibt im Grunde den höheren Wert eines personzentrierten Ansatzes. Es gilt auf der Basis einer professionellen Beziehungsgestaltung zu verhindern, dass sich die immer möglichen Grenzziehungen zwischen den Integrationswilligen und denen, die sich nicht integrieren lassen wollen, ausbleiben. In diesem Sinne hat die Professionalität bei Kindern und Jugendlichen mit sozialen und emotionalen Entwicklungsstörungen existentielle Züge. Die primäre Aufgabe der Beziehungsgestaltung, die ein Verhältnis auf Zeit beschreibt, das Grenzen, Distanzen und Auseinandersetzungen anerkennt, findet ihre Mitte in der Annahme der Person, was ein Grundvertrauen in die Potentialität des Menschen umfasst. Der Respekt, der mit diesem Kernpunkt verknüpft ist, zielt auf die Autonomie von Lebenserfahrungen und die Schwierigkeit einer „erfolgreichen“ Entwicklungs- und Lebensgestaltung. Dem Wert eines skeptischen Menschenbildes steht auf der Höhe dieser Argumentation keineswegs das Prinzip der Personzentrierung entgegen. Man ergänzt vielmehr die genannten Variablen der Akzeptanz, der Achtung und Anerkennung um die Dimensionen der Verlässlichkeit, der Bescheidenheit und des Machtverzichts, ferner um die Tugend der Gelassenheit und Offenheit. Eine solche, in vielen Dimensionen unverzichtbare Haltung der Professionellen gibt sich als Offenheit für den Anderen zu erkennen, was sowohl eine Abgrenzung gegen fixe Erwartungen als auch eine diskrete Gelassenheit in Grenzsituationen beschreibt.

2.2 Der Wert einer lernpsychologischen Perspektive

Den Wert einer lerntheoretischen Perspektive für die Profession zu bemessen ist ein zwiespältiges Vorhaben. Lerntheorien sind gewissermaßen für die Pädagogik als Profession unverzichtbar, sie geben einen stützenden und sinnvollen Rahmen ab, in dem pädagogisch gearbeitet werden kann. Dies gilt in besonderem Maße für den Kontext einer pädagogischen Grundausbildung wie auch für die jeweiligen Bereichslogiken einer Behindertenpädagogik. Gleichwohl bleibt man bei einer Revision des Weltbildes, das als „Behaviorismus“ beschrieben wird, in weiten Teilen ratlos zurück. Dies liegt möglicherweise an wissenschaftstheoretischen Selbstverengungen. Die Lerntheorien traten bekanntlich in der Geschichte der Psychologie als wuchtige Gegenmodelle zu tiefendynamischen Ansätzen hervor. Sie vertraten den Anspruch, das von außen beobachtbare Verhalten, dessen empirische Überprüfbarkeit und Veränderbarkeit auf eine wesentliche Aussage zurückführen zu können – alles beobachtbare Verhalten sei das Ergebnis von Lernvorgängen. Der Anspruch, der wissenschaftstheoretisch verfolgt wurde, ist insofern hoch angesetzt, aber er steht in Gefahr, die Bodenhaftung zu verlieren. Dies gilt auch für die besonderen Bedingungen der Beeinflussbarkeit von „Verhaltensstörungen“. Wenn man davon ausgeht, dass auch soziale und emotionale Entwicklungsstörungen das Ergebnis von Lernvorgängen sind, benötigt man im Sinne der pädagogischen Verhaltensmodifikation lediglich eine empirisch gestützte, effiziente Programmatik für erzieherische Problemsituationen.

Es ist im Folgenden nicht möglich und auch nicht hilfreich, die theoretischen Grundlagen und praktischen Ausprägungen zu verfolgen, die sich über die Jahrzehnte hinweg etabliert und weiter entwickelt haben (Edelmann 1994). Wir konzentrieren uns wiederum auf wenige Ansätze, die sich für die Entwicklung des Fachs und professionelle Problemstellungen als prägnant erwiesen haben, was hier unter anderem zu einer Diskussion eines an der Praxis orientierten Trainingsmodells sowie alternativer Modelle mit besonderen kooperativen oder reflexiven Variablen führt. Am Ende werden wir allerdings die für die Profession unverzichtbare Frage stellen müssen, an welchen Ansatzpunkten eine „Kritik“ hier überhaupt denkbar ist, welche Sinnkriterien also zugrunde gelegt werden müssten, um die naheliegende Kritik eines „technologischen“ Denkens zu vertiefen.

Es bietet sich an Stelle einer lang ausholenden wissenschaftstheoretischen Diskussion zunächst an, die Praxis der Verhaltensanalyse und der Verhaltensformung in ihren Grundzügen zu reflektieren. Dies macht wohl schon von daher Sinn, als damit nichts anderes als das grundlegende Phänomen beschrieben wird, mit dem sich Erzieher, Pädagoginnen, Therapeutinnen, Lehrer und Eltern täglich befassen. Die negative Grunderfahrung steht hier am Beginn: ein sozial unerwünschtes, abweichendes oder störendes Verhalten wird wahrgenommen. Es müssen Umstände und Bedingungen isoliert und der Beschreibung zugänglich gemacht sowie Situationen beschrieben werden, in denen das Verhalten auftritt. Die Verhaltensanalyse führt dann im weitesten Sinne zur Planung und Durchführung eines verhaltensmodifikatorischen Programms, einer pädagogischen „Strategie“ oder einfach nur zur Erhöhung der pädagogischen Selbstwirksamkeit im Sinne gesteigerter Aufmerksamkeit. Welche Variablen und Bedingungen, welche Verstärker und Anreize sich dann auch immer eruieren lassen, sie sollten in das langfristige professionelle Handeln des Erziehers einfließen. Sehen wir von den einzelnen therapeutischen oder pädagogischen Settings ab, so kann man doch generalisierend feststellen: die Planung von Interventionsmaßnahmen zum Abbau des störenden Verhaltens und der Stärkung erwünschten Verhaltens legt die Handlungen fest. Eine für die Professionalität nicht unerhebliche Feststellung, denn die Grauzone des Unbewussten, nicht Geplanten, der Diffusität von „mitlaufenden“ und unbewussten Problemdefinitionen ist sicherlich groß. Und sicherlich kann man im Hinblick auf den Anspruch des Behaviorismus feststellen, dass die pädagogische Effektivität von der Klarheit der Formulierungen, der Planungen und Evaluationen und einer gewissen Selbstdisziplinierung abhängt.

Die Beschreibung einer idealen Situation könnte wie folgt ausfallen. Die Verhaltensanalyse setzt vage Situationsbezüge und Problemdefinitionen in ein Verhältnis zu einer Ursachenvermutung. Von diesem Punkt aus werden erste Ziele so beschreibbar, dass sie in pädagogisch sinnvolle Einheiten übersetzt werden können. Dabei unterscheidet man bekanntlich zwischen zwei Gruppen von Interventionen, Maßnahmen zum Aufbau und zur Stärkung von angemessenem Verhalten sowie Maßnahmen zur Schwächung von unerwünschtem Verhalten. Vermutlich werden beide Ebenen meist kombiniert, aber es kann schon bei dieser noch sehr abstrakten Methodenbeschreibung das Problem ins Auge gefasst werden, das mit den Kriterien des positiven Anreizes, des emotionalen Gewinns sowie der Beeinflussbarkeit und Verfügbarkeit der Variablen zusammenhängt. Die Interventionsstrategien zur Erhöhung einer Auftretenswahrscheinlichkeit wie auch zur Verminderung des unerwünschten Verhaltens sind sinnvolle, aber einfache Interpunktionen in einem realen Geschehen, das viel komplexer ist, als die Beschreibung darstellen kann. Das liegt nicht nur an der Komplexität pädagogischer Kontexte und an der Vielfalt der am Bildungsprozesse beteiligten Individuen, es liegt auch an der Funktion des individuellen Bewusstseins, das an der jeweiligen Intervention beteiligt ist. Die neueren Ansätze, die sich explizit der Formung und Beeinflussung des Verhaltens widmen, haben diese Problematik durchaus reflektiert und daraus methodische Schlüsse gezogen. Man geht nun dazu über, die spezifische Rolle, dem individuellen Bewusstsein bzw. dem kognitiven Rahmen mehr Raum bei der Gestaltung der Interventionen zuzusprechen. Aber eine weitere Problematik, die auch wieder eng mit dem Phänomen des Bewusstseins verknüpft ist, spielt eine Rolle. Die Ausgestaltung einer verhaltensmodifikatorisch strukturierten Pädagogik hängt von Sinnbedingungen ab, über die man in der Praxis meist nicht verfügt: das Wollen der Beteiligten. Besser und differenzierter, der Zugriff auf die Willensbildungsprozesse, die im Laufe einer pädagogischen Intervention zwangsläufig vorzunehmen ist, ist gewissermaßen eine gut begründete Fiktion.

2.2.1 Ein Praxisbeispiel

Eine Mitschrift aus einem Gutachten zur Überprüfung des schulischen Förderbedarfs ergibt folgende musterhafte Beschreibung eines Kindes mit tiefgreifenden Entwicklungsstörungen. Edgard ist sehr verschmust und anhänglich, kann aber Zurückweisungen nicht akzeptieren. Er lässt sich schnell ablenken und kann sich nur kurzzeitig konzentrieren. Seine Anstrengungsbereitschaft ist minimal, er hat es ferner gelernt, den Anforderungen durch eine Vielfalt von Strategien aus dem Weg zu gehen. Während andere Kinder Arbeitsblätter bearbeiten, malt er seine Hände bunt. Während der Erzählrunde steigt Edgard aus dem Geschehen aus und verweilt auf dem Boden. Während stiller Arbeitsphasen singt er vor sich hin, ruft in die Klasse, macht störende Geräusche. In den Pausen, beim Sport und offenen Arbeits- und Gruppenphasen kommt es immer wieder zu eskalierenden Konflikten.

Ein „Bericht" wie dieser ist vermutlich für die schulische Realität der Gegenwart nicht ungewöhnlich. Hier interessiert uns aber Folgendes. Das Verhaltensbild, das uns dieses Beispiel vor Augen hält, stellt eine Herausforderung für die Lehrperson dar, insofern diese mittlerweile in der Pflicht ist, passende Fördermaßnahmen und Hilfestellungen nachzuweisen, mit denen man dem problematischen Verhalten „professionell" begegnet. Die Überprüfung durch einen Sonderpädagogen, der einen Förderbedarf feststellt und ggf. einen Förderort empfiehlt, ist erst das letzte und scheinbar zunehmend verzichtbare Moment einer langen Reihe von schulischen und außerschulischen Interventionen. Man kann, salopp formuliert, das störende Kind nicht einfach an einen geeigneteren Ort verweisen, sondern man muss nachweisen, warum eine solche Überführung der letztmögliche Schritt ist, um eine nachteilige Entwicklung aufzuhalten, zumindest galt diese Möglichkeit eine Zeit lang für den Gesichtspunkt der emotionalen und sozialen Entwicklungsstörung. Dies verweist zunächst auf schulinterne und institutionelle Veränderungen. Interessant unter dem Gesichtspunkt einer pädagogischen Methode ist jedoch, inwieweit sich die begründeten Fördermaßnahmen und Hilfestellungen unter verhaltenstheoretischen Prinzipien versammeln lassen. Greifen wir das genannte Beispiel noch einmal auf und versuchen wir dem Gutachten zu entnehmen, was wir im Hinblick auf das Arbeits- und Sozialverhalten, Belastbarkeit und Selbstkontrolle, Lernbereitschaft, Motorik und Wahrnehmung an Fördermaßnahmen erkennen können. Einige Beispiele seien genannt: Edgard soll weniger Aufgaben als andere erhalten (Anreizstrukturierung), er soll sich selbst Auszeiten „verschreiben", wenn er sich überfordert fühlt. Wenn er sich meldet, wird er öfter als andere dran genommen, um seine Motivation zu steigern. Bei bestimmten Aufgabestellungen erhält er taktile, visuelle oder soziale Reize, um die Wahrnehmung zu fokussieren. Er erhält spezielle individualisierte „Regeln", die er selbständig kontrollieren soll. Insgesamt erhält er intensiver, direkter und häufiger Konsequenzen, als dies bei der alltäglichen Erziehung im Klassenverband der Fall ist. Seine positiv wahrgenommenen Verhaltensweisen werden systematisch „verstärkt" und sein Verhalten kontinuierlich reflektiert.

Dieses Beispiel entspringt, wie erwähnt, der Realität. Es verdeutlicht die Rolle, die Verhaltensanalysen und verhaltenstheoretische Programmatiken im allgemeinen Vollzug der Erziehung und Bildung spielen. Die nachgewiesenen Fördermaßnahmen, die, das sollte man dabei nicht vergessen, gewissermaßen rechenschaftspflichtige Auskünfte gegenüber einem Dienstvorgesetzten sind, finden in der Praxis statt, ohne dabei immer und zu jedem Zeitpunkt systematisch kontrolliert zu werden. Das „Verstärken" und der „Verstärkerentzug", die „Reizstrukturierung" und die „Selbstkontrolle" werden in diesem Zusammenhang zwar als besondere Maßnahmen genannt. Aber man könnte sie unter anderem Blickwinkel als alltägliche sprachliche Sinngestalten benennen, mit denen die gemeinsame pädagogische Praxis erfüllt ist. Loben und Ermutigen, Helfen und Unterstützen, Tadeln und Bewerten sind allgemeine pädagogische Sinnkriterien. Der nächste Schritt, den man von dieser allgemeineren Ebene der gesteigerten Aufmerksamkeit machen kann, geht über die Maßnahmen im Klassenzimmer hinaus. Dieser Schritt führt von der pädagogischen Ebene zu einer therapeutischen Ebene.

2.2.2 Das Muster einer Trainingssitzung

Es bietet sich in unserem Zusammenhang an, vom Beispiel einer Trainingssitzung auszugehen bzw. von der konkreten Planung eines verhaltensmodifikatorischen Programms. Aus der Vielfalt der therapeutischen Angebote und Konzepte, die sich von einem verhaltenstheoretischen Standpunkt her erschließen, sei ein interessantes Beispiel angeführt. Im Rahmen des „Trainings mit aggressiven Kindern" von Petermann (1993) werden reichhaltige diagnostische und methodische Zugänge eröffnet, unter anderem lassen sich diesem „Trainingsansatz" Elternfragebögen, Elternexplorationsraster, Beobachtungsbögen und praktische Fallbeispiele entnehmen. Der Beobachtungsbogen für das Eltern-Kind-Interaktionsverhalten ist beispielsweise gut geeignet, sich auf diejenigen Verhaltensausschnitte in der Interaktion zwischen Kind und Eltern zu konzentrieren, die für das schwierige Verhalten relevant sind. Gleiches gilt für die diagnostischen Raster, mit denen das Spiel-, Lern- und Sozialverhalten des Kindes eingeschätzt wird. Im idealen Falle folgt der therapeutische Prozess verschiedenen aufeinander aufbauenden Sequenzen: die Beschreibung des aggressiven Verhaltens des Kindes durch die genannten Informationsquellen, die Beobachtung von anderen symptomatischen Verhaltensweisen des Kindes in verschiedenen Kontexten und mit verschiedenen Interaktionspartnern. Ferner die Analyse der möglichen Ursachen wie kritischen Lebenssituationen, den Eltern-Kind-Beziehungen und Erziehungsstilen; schließlich die Herausarbeitung der aufrechterhaltenden Bedingungen des aggressiven Verhaltens. All dies mündet schließlich in einer vorläufigen Therapiezieldefinition des Therapeuten (ders. S. 192 ff.). Der Vorteil eines solchen therapeutischen Prozesses ist keineswegs gering, einige Punkte seien hier hervorgehoben. Der gesamte Prozess wird durch trainingsbegleitende Elternberatung geprägt und stellt kein isoliertes Funktionstraining dar. Eltern und Therapeuten agieren zu weiten Teilen auf Augenhöhe, indem sie die Fortschritte des Kindes mitteilen, Verhaltenszusammenhänge erklären, ohne dies von einem „expertokratischen" Standpunkt zu tun, es werden Lernprinzipien durch das praktische Tun erläutert, die ansonsten möglicherweise den Beteiligten abstrakt und verschlossen bleiben. Wertvoll sind damit die langfristigen Erziehungsziele, die über das individuelle Verhalten des „Problemkindes" hinausweisen. Das Bewusstmachen von Erziehungshaltungen und Aufgabenverteilungen, das Vertrautmachen mit Verstärkungsprinzipien und vor allem ein Verstehen der Art und Zusammenhänge von aggressivem Verhalten bilden somit die wichtigsten Punkte. Dies ist von daher zu betonen, insofern die soziale Dynamik von familiären und sozialen Konstellationen nicht unterschätzt werden darf und insofern Eltern an bestimmten Punkten an Grenzen des Verstehens geraten und der Hilfebedarf immens wird. Der therapeutische Prozess ist also dienlich, wenn es darum geht, Orientierung zu verschaffen, positive und negative Zuwendung zu unterscheiden und insgesamt familiäre Beziehungen zu intensivieren. Gleichwohl: es darf nicht übersehen werden, dass es sich bei dem genannten Beispiel um einen Therapie- und Trainingsplan handelt, der zwar von einer Diagnose der Wechselwirkungen von Aggressivität und Umweltbedingungen ausgeht, aber für ein umfassendes Verständnis der zugrunde liegenden Verhaltens- und Entwicklungsproblematik nicht tief genug ansetzt. Dies ist von daher zu betonen, weil es einen eminenten Punkt der Profession berührt. Ein professionelles Selbstverständnis, das von einem solchen *Trainingsgedanken* ausgeht, verfehlt einige fundamentale Punkte: Man kann eine tiefgreifende Störung nicht in einem überschaubaren Rahmen *wegtrainieren*. Die Probleme verbleiben bei einer „gemeinsamen" Zieldefinition auf einer Oberfläche von leeren oder zumindest halbherzigen Versprechungen, da sie immer auch auf einen sozialen Druck hin angesetzt werden. Die Verhaltensregeln werden möglicherweise für alle Mitglieder von oben herab bestimmt, die Unterscheidung zwischen richtigen Belohnungen und falschen Bestrafungen, richtigem und schädlichem Erziehungsverhalten ist zwar sprachlich vermittelbar, aber man übersieht dabei, dass vermeintlich „falsches" Erziehungsverhalten immer eine soziale Geschichte hat. Es findet gerade nicht auf einer transparenten Bewusstseinsebene statt, die man durch mehr Informationen und mehr Disziplinierungen erreichen könnte. Das Beispiel eines „Familienrats" sei genannt, um die Problematik für das professionelle Selbstverständnis zu verdeutlichen.

Als geeignete Möglichkeit zur Vermeidung und Lösung von Familienkonflikten wird im Rahmen des beschriebenen Trainings der sogenannte Familienrat benannt (Petermann 1993, S. 171 ff.). Es handelt sich um ein kommunikatives und strategisches Instrument, das auf der Grundlage von offenen Gesprächen abläuft. Das grundlegende Muster ist basisdemokratisch: regelmäßige Treffen finden mit Verbindlichkeit, aber ohne rigide Zwänge statt, Entscheidungen werden gemeinsam getroffen, der Vorsitz wechselt im wöchentlichen Rhythmus. Die Mitglieder sind gleichwertig, was Rechte und Pflichten betrifft. In dem offenen Forum haben sie die Gelegenheit, Beschwerden, Ideen und Meinungen zu sagen, jeder muss dabei Zeit und Gelegenheit haben zu reden, ohne unterbrochen zu werden. Eine Reihe von kommunikativen Kompetenzen flankiert das Gelingen des Familienrates: Zuhören und Geduld haben, den richtigen Ton treffen, Problembewusstsein erzeugen, Erfreuliches und Lobenswertes hervorheben. „Wenn Entscheidungen gemeinsam einstimmig getroffen werden, tragen alle, entsprechend ihrer Fähigkeiten, an der Verantwortung für die ganze Familie mit" (Ders. S. 171).

Man sieht auf den ersten Blick: hier handelt es sich nicht um eine bloß technokratische Übung, um wünschenswertes Verhalten „herzustellen". Es handelt sich vielmehr um einen Versuch, die Erfüllungsgestalt einer sich kommunikativ und solidarisch verstehenden Gemeinschaft zu erwecken. Dies ist zugleich die große Stärke dieses Ansatzes wie auch ihre immanente Schwäche. Nichts spricht gegen eine therapeutische Prinzipienfestigkeit, die vom Wert der geteilten Überzeugungen ausgeht und den Zielhorizont einer gleichverantwortlichen Gemeinschaft ausgeht. Aber greifen die Voraussetzungen, auf denen Problemdefinitionen und strukturierte Handlungsanweisungen aufruhen? Es geht bei dieser Kritik nicht um Fragen der praktischen Umsetzung – jede therapeutische und pädagogische Konzeption ist auf die Mühsamkeit, mithin auf die Erfahrung der mangelnden Wirksamkeit und Umsetzbarkeit verwiesen. Es geht hiergegen um die Verortung einer emotional-sozialen Entwicklungsstörung in einem familiären Umfeld, das von individuellen Erwartungen und sozialen Erfahrungen getragen wird, die eine eigene Dignität besitzen, über die man also eigentlich nicht verfügen kann. Es gilt eine Reihe von negativen Einsichten in die Eigenlogik der familiären und sozialen Praxis, die gegen eine solche Engführung sprechen, die wir hier am besten anhand von konkreten Beispielen entfalten. Es gibt einen fundamentalen Unterschied zwischen normalen, alltäglichen und handhabbaren Konflikten und einer gesonderten Ebene von Konflikten, die individuelle psychische Erfahrungsmuster bedingen, dazu gehört das frühe Alleinsein, die emotionale Entbindung, emotionale „Aussetzung", dazu gehört der prekäre Bereich der illegitimen Gewalt in all seinen Spielarten. Es gibt ferner gesellschaftspolitische und soziale Missachtungs- und Exklusionserfahrungen, die sich auf die familiale Nahwelt auswirken, ohne sich auf der Ebene des Bewussten auszudrücken. Diese Erfahrungswerte überhaupt etwa in einem gesonderten therapeutischen Prozess bewusst werden zu lassen, dazu bedarf es Zeit. Es gibt nicht zuletzt kulturelle und soziale Widersprüche, die als typisch moderne Gesellschaftsprobleme beschrieben werden (Beck 1997, ders. 1998), die auf einer anderen Ebene verhandelbar sind als im Rahmen einer Trainingssitzung, in der „Fremde" über das bestimmen, was nur im Bereich des Eigenen und Vertrauten behandelt wird. Damit soll keinem kulturellen Vorrang vor dem Recht das Wort geredet werden, sondern nur darauf aufmerksam gemacht werden, welche kulturelle, politische und soziale Komplexität sich immer auch in dem Reflexionsbegriff Familie abbildet. Genug der Kritik. Es gilt im Anschluss an dieses Beispiel zu fragen, welche positiven Möglichkeiten dem verhaltenstheoretischen Ansatz zu entnehmen sind, exemplarisch anhand der sogenannten kognitiven Verhaltensmodifikation.

2.2.3 Der Ansatz der Kognition

Wenn in unserem Rahmen etwas oberflächlich von einer „lerntheoretischen" Sicht und besonders vom behavioristischen Ansatz gesprochen wurde, so übersieht diese vereinfachende Redewendung, dass es in der gegenwärtigen Psychologie so etwas wie eine Wende hin zu Kognitiven gegeben hat. Im Rahmen von kognitiven Verhaltenstherapien wird es möglich, den Klienten über eine aufdeckende Aktualdiagnose sowie klar definierte Therapieziele für eine aktive Zusammenarbeit zu gewinnen. Ein Ansatz, der durchaus mit den Grundsätzen des Empowerments und der Selbstbemächtigung auf einer gemeinsamen Linie liegt. Als erste Voraussetzung gilt der Glaube an die eigenen Fähigkeiten und das Erkennen von Möglichkeiten, produktive Denk- und Verhaltensmuster zu erlernen. Dass Denken und Handeln in einem viel engeren Verhältnis stehen, als es die klassische Verhaltenstheorie vermutete, und dass der Ansatz an der Kognition einer Selbstbemächtigung gleich kommt – diese Punkte stellen gewissermaßen ein psychologisches Umschlagmoment dar, das auch für das Verständnis der Professionalität relevant ist.

Es würde in diesem Zusammenhang zu weit führen, die spezifischen Modelle, die sich im therapeutischen Kontext herausgebildet haben, ausführlich zu diskutieren. Es gilt im Hinblick auf professionelle Aspekte zu fragen, inwiefern komplexe Verfahren integriert werden können, die über kognitive Umstrukturierungsprozesse positiv konnotiertes Verhalten ermöglichen (im Folgenden Lazarus 1978; Meichenbaum 1979; Lückert/Lückert 1994; Lauth 1989). Die erwähnte kognitive Wende geht auf eine Art der Wiederbelebung des klassischen Bewusstseinsproblems zurück. Die Abwertung, die Bewusstseinsphänomene von den Polen der Psychoanalyse und des Behaviorismus her erfahren hatten, wird dementsprechend wieder ins Zentrum gerückt. Dies geht gleichfalls mit einer methodologischen Umorientierung einher. Ganzheitlichkeit und Phänomenologie, das konkrete individuelle Erleben und qualitative Verfahrensweisen bilden den Leitfaden für den therapeutischen Prozess. Neben dem objektiven Verhalten wird das Erleben zum Untersuchungsgegenstand, die Analyse komplexer Gegebenheiten berücksichtigt nun die „natürlichen", das heißt auch lebensweltlichen Strukturierungstendenzen und der Schwerpunkt liegt auf einer Art der Problemzentrierung.

Es sind folgende Aspekte, die auf der einen Seite die Bedeutung des kognitiven Ansatzes für die Psychologie verdeutlichen, aber dann im Hinblick auf die Profession ausführlich zu diskutieren sind: Es wird davon ausgegangen, dass psychische Phänomene von verschiedenartigen Determinanten beeinflusst werden, dass biotone, soziokulturelle, affektive, kognitive und historische Komponenten in das Einzelphänomen eingehen (Lückert 1994, S. 15). Im Zuge der Beachtung komplexer psychischer Umstände wendet man sich ferner dem Menschen in seinen *realen Lebensbezügen* zu – ein Satz, der den offenen Widerspruch des Behaviorismus auf den Punkt bringt. Die Verankerung in den konkreten Lebensbezügen führt in diesem Zusammenhang zu therapeutischen Simulationsübungen und Rollenstandardsituationen. Schließlich bemüht sich die kognitive Therapie um eine Rehabilitation der Introspektion: „Die mit der Erlebnisbeobachtung verbundenen Leistungen sind: die bewusste Feststellung des Erlebnisses, das Festhalten des Erlebnisses für die weitere Verwertung als eine Behaltensleistung und letztlich die sprachliche Formulierung des Inhalts zum Zwecke der Mitteilung. Als Fehlerquellen werden häufig angeführt: Einstellungen, Wertungen und Deutungen, die leicht in die Erfassung und Beschreibung von Erlebnissen einfließen. Wie jede Messung und Beobachtung, so muss auch die Selbstbeobachtung gelernt und kritisch geprüft werden" (ders. S. 19). Eines der zentralen Momente liegt also in der Selbstwahrnehmung der Klienten, so dass die therapeutische Ausrichtung in Richtung auf Erfahrung und Selbsterfahrung liegt. Es ist jener Punkt, der im Zusammenspiel mit der Beachtung der Alltagsrealität und der psychischen Komplexität auch pädagogisch relevant sein kann. Denn es geht hier um die Bewusstheit des Handelns, die weitgehend selbstbestimmte Einübung von Tätigkeitsmustern, die zwischen Subjekt und Realität verlaufen, und die Möglichkeit positiver Rückmeldungen. Pädagogisch sind diese Aspekte zwar umzuformulieren, aber sie offenbaren übereinstimmende Fluchtpunkte. Die subjektiv anzustrebenden Ziele und die Unbestimmtheit des kindlichen Fehlverhaltens können beschrieben werden, eine erhöhte Bewusstheit des eigenen Handelns ist anzustreben, insofern das Kind damit auch über die Bedingungen seiner Lebenssituation zu reflektieren lernt und auch negative Erfahrungswerte können, sehr optimistisch formuliert, durch konkrete pädagogische Tätigkeitskonzepte überschrieben werden. Auf der Ebene der diagnostischen Einschätzung und Bewertung der kindlichen Störung sowie auf der Ebene von diversen Interventionsformen ergeben sich sinnvolle Ansatzpunkte für die Profession.

Denn nicht nur für die Brauchbarkeit diagnostischer Manuale, sondern im Hinblick auf die grundlegenden Fragen nach dem kindlichen Störungsbild ergeben sich hier wichtige Anschlüsse. Was als Entwicklungs- oder Verhaltensstörung überhaupt angesehen wird, wie sie entstehen und was sie aufrecht erhält, ist eine Frage, die auf spezifische Kompetenzdefizite unangemessener Kognitionen, inadäquater Handlungen und Fertigkeiten zielt. Es sind verschiedene Merkmale des Denkens und Handelns, die als unmittelbare Momente am Zustandekommen abweichenden Verhaltens beteiligt sind (im Folgenden Lauth 1989). Dies schließt keineswegs aus, dass die unmittelbaren Störungsmomente auf weiterreichende soziale und familiäre Ursachen und erlebte Mangellagen verweisen und dass zwischen biographischen, somatisch-genetischen oder sozialökologischen Faktoren zu unterscheiden ist. Der Ansatz der kognitiven Verhaltensmodifikation schließt diese Momente nicht aus, sondern man konzentriert sich pragmatisch auf die unmittelbaren Momente des realen, in jeder Situation greifbaren Verhaltens. Welches Wissen, welche Situationseinschätzungen, welche subjektiven Ziele begleiten aggressive und destruktive Handlungen? Welche Kognitionen führen zu Ängstlichkeit und Zurückgezogenheit oder Handlungsunfähigkeit? Was führt Kinder dazu, inadäquate und inflexible Handlungen auszuführen und welche Fertigkeiten werden von ihnen gar nicht beherrscht? Es ist eine gleichsam defizitär-realistische Sicht auf fehlende Kompetenzen, die aber einen optimistischen Grundzug aufweist. Angemessenere Kognitionen zur sozialen Konfliktlösung und Selbstbehauptung können erlernt, bessere Strategien zur Bewältigung von Problemsituationen können integriert werden, wenn man sich auf die internen Muster bezieht, die an problematischem Verhalten unbewusst oder bewusst betteilig sind. „Dazu gehört die Vermittlung von Wissen und Strategien, sowie die Aneignung angemessenen Verhaltens und die Erhöhung der Verhaltenssicherheit. Die Intervention ist jeweils an der Gegenseite der Verhaltensstörung – nämlich dem angemessenen und förderlichen Verhalten – orientiert“ (ders. S. 854).

Die spezifische Art der Umsetzung markiert jedoch, wie wir sehen werden, den hoch relevanten Unterschied zwischen therapeutischen und pädagogischen Zielstellungen. Im Zusammenhang prinzipieller Interventionsformen werden den Kindern Verhaltenselemente vermittelt, die sie bislang nicht beherrscht haben. Exemplarisch im Kontext des kognitiven Modellierens werden die internen Anteile des äußerlich wahrzunehmenden Verhaltens sichtbar gemacht, das heißt die Prinzipien, Regeln und Strategien, die das kindliche Verhalten beeinflussen. Durch die Beobachtung eines Modells können Kinder die offenen und kognitiven Bewältigungsformen erlernen, die zur Verminderung ihres eigenen Problemverhaltens notwendig sind. Da dies in Formen des Rollenspiels, des gedanklichen Übens, der Selbstinstruktion und des Bewältigungsverhaltens geschieht, kann man im weitesten Sinne von einem pädagogischen Ansatzpunkt sprechen. Aber geht man dann doch praktisch ins Detail und sucht nach dem Erfolg faktischer Selbstregulationen als wahrnehmbare Folge eines neu erlernten Verhaltens, zeigt sich die letztlich therapeutische Fundierung des Ansatzes, der nur in einem gestuften, systematisch begleiteten und strukturierten Prozess Sinn macht (Meichenbaum 1979). Die Stufenabfolge der kognitiven Modelldemonstration, der externen Verhaltenssteuerung, der zuerst offenen, dann ausgeblendeten Selbstverbalisierung und schließlich der verdeckten Selbstinstruierung verweist auf einen technischen und isolierten therapeutischen Rahmen, der grundlegende Sinnformen der pädagogischen Auseinandersetzung außen vor lässt. Man kann dies aus professioneller Sicht registrieren und versuchen, therapeutische und pädagogische Momente im individuellen Fall aufeinander abzustimmen. Aber für die Profession gilt es, dieser Differenzsetzung ein besonderes Sinnkriterium zu entnehmen. Die professionelle Aufgabenstellung bei emotionalen und sozialen Störungen reduziert sich nicht auf die Vermittlung einer spezifischen kognitiven Kompetenz, was hier ausdrücklich nicht als Kritik an einem therapeutischen Modell zu verstehen ist. Besser formuliert: in der Pädagogik geht es zwar um die Verbesserung durch sachliches Wissen, um Vermittlung spezifischer Fertigkeiten und um die strukturierte Beeinflussung affektiv-emotionalen Verhaltens. Aber der Anteil am Störungsbild, der hier besonderen Kognitionen und internen Dialogen zugesprochen wird, ist gewissermaßen pädagogisch unterbestimmt. In dem Moment, in dem man die pädagogische Begegnung auf ein von außen gesetztes *Instruieren* verkürzt, in dem man zum Beispiel in Analogie zum Abbau von spezifischen Ängsten einen Bewältigungsdialog zu „programmieren" versucht, hat sich die Sache aus professionsspezifischer Sicht bereits erledigt. Autonomie und Selbstverfügung reduzieren sich nicht auf die Macht negativer Gedanken.

Es ist die Frage, inwieweit die Kritik an der technologischen Grundstruktur verhaltenstheoretischer und -modifikatorischer Ansätze tragen kann. Für die Gesamtheit der jeweiligen Formen kann man die Engführung über Zweck-Mittel-Gesichtspunkte beanstanden, aber damit bestätigt man im Grunde ein Klischee. Der Vorwurf, die verhaltenstheoretische Perspektive erhebe sich über den Menschen, trägt nur insoweit man die damit verbundenen konzeptionellen Ausprägungen überhöht. Der Vorwurf eines Verfügungsrationalismus, der unter der Missachtung der Würde und Einzigartigkeit die Freiheit einschränkt, führt begrifflich an der Sache vorbei. Für die Profession wäre eine Differenzierung hilfreicher – und hier gilt es vorrangig zu zeigen, dass die Weiterentwicklungen psychologischer Konzeptionen zu beachten sind. Die Konzentration auf interne und komplexe Prozesse, der Einbezug von Emotionen, Kognitionen und Motivationen hilft der lerntheoretischen Perspektive aus einer Ecke heraus, in die sie durch experimentelle und technokratische Formen gestellt wurde. Anstelle einer Zusammenfassung oder kritischen Würdigung können wir die genannten Perspektiven in einem weiteren umfassenden Modell integrieren. Anders als man vermutet, stehen lerntheoretische Perspektiven in keinem rigiden Gegensatz zu systemisch-ökologischen Ansätzen. Das ökologische „Schema", das wir zuletzt aufgreifen, bildet vielmehr eine integrale Klammer, mit der man die professionellen Leitlinien überschauen kann.

2.3 Der Wert einer ökologischen Perspektive

Die abschließende Darstellung zum Wert einer ökologischen Perspektive rundet die bisherigen Überlegungen zur Professionalität unter erschwerten Bedingungen bis zu einem gewissen Grad ab. Denn ökologische Ansätze in der Psychologie und Pädagogik bauen anders als individualtheoretische Ansätze auf theoretischen Grundlagen eines Feldes auf, in dem die einzelnen Individuen interagieren – die Fragestellungen, Methoden und Prinzipien sind von daher anderer Natur. Das muss freilich nicht heißen, dass ökologische Konzeptionen ohne eine Theorie des Subjekts auskommen und dass sie gewissermaßen oberhalb der Ebene des individuell Zurechenbaren zu verorten wären. Im Gegenteil, ökologische Konzeptionen mit handlungstheoretischen Interessen benötigen eine Theorie des Subjekts und ein spezifisches Menschenbild. Wir können an dieser Stelle nicht alle Implikationen dieses Denkmodells behandeln, daher soll ein Ansatz exemplarisch in den Mittelpunkt gerückt werden, der als pädagogisch praktikables Modell auf der Basis der psychologischen Handlungsforschung gilt.

Als ein gewissermaßen idealtypisches Modell könnte man den Ansatz von Mutzeck bezeichnen, dem es um eine umfassende Integration von Diagnostik, Erziehung, Unterricht und Beratung bei emotionalen und sozialen Störungen geht (Mutzeck 1997; ders. 1998). Keineswegs verirrt sich dieser Ansatz in einem Dschungel von Komplexität der systemtheoretischen Begriffe, sondern er baut relativ systematisch auf einem bestimmten Menschenbild, einer konkreten Wirklichkeitskonzeption und einem daraus abzuleitenden Vorgehen auf. Die Fähigkeit zur Reflexion kennzeichnet hier den Menschen, was hier einen erheblichen Unterschied zur systemtheoretischen Marginalisierung des Subjekts macht. Eigenschaften und Werte, die Fähigkeit zur Entscheidung und zur Sprache, Historizität und Selbstreflexion – entlang dieser Begriffe zeigt sich eine Übereinstimmung zu den bekannten humanistischen Variablen. Der Mensch ist fähig, über sich und seine inneren Antriebe und Impulse nachzudenken, er verarbeitet Erfahrungen und gibt ihnen Sinn. Er hat in diesem Sinne die Fähigkeit zur Selbstbemächtigung, insoweit nicht nur Reize und Triebe, sondern auch die Fähigkeit zur Reflexion das Handeln steuern kann. Die Rationalität, die diese reflexiven Fähigkeiten flankiert, beruht auf subjektivem Wissen und individuellen Informationsverarbeitungen, sie wird durch Verbalisierungsfähigkeit und Kommunikationskompetenz zur Entfaltung gebracht. Nicht Reize und Reaktionen bilden demnach das Grundvokabular des ökologischen Denkens, sondern der übergeordnete Gedanke der menschlichen Autonomie und Handlungsfähigkeit. Der Mensch nimmt in jeder seiner Handlungen Stellung zu sich und zu seiner Umwelt. Dies beinhaltet die Fähigkeit, Entscheidungen in eigener Verantwortung zu treffen, dies zieht aber auch die Konsequenz nach sich, dass pädagogisch gestaltete Situationen an der Ermöglichung und der Entfaltung der Autonomie orientiert sind. Wir erkennen hier gewissermaßen einen irreduziblen Anspruch der Professionalität, die Sinnkriterien des Vertrauens und Erstnehmens, der Gleichberechtigung und des Verstehens an den Ausgangspunkt der pädagogischen Begegnung zu stellen, mithin einen Maßstab der Ermöglichung von Autonomie zu Grunde zu legen.

Exemplarisch für eine solche ökologische oder „reflexive" Perspektive ist das Verständnis von Beratungssituationen. Zur Begründung dieses „Mediums" könnte man, wie schon in den vorhergehenden Kapiteln angedeutet, den Umbruch anführen, der die Pädagogik bei emotionalen Störungen begleitet. Zwar haben nicht alle führenden Begriffe, die sich noch unter dem Etikett der „Verhaltensgestörtenpädagogik" versammelten, ihre Gültigkeit verloren. Aber ein Paradigmenwechsel wird dann doch in vielen Fällen herbeizitiert. Das Ausmaß der Erziehungsprobleme, der Entwicklungsstörungen und allgemeiner Lern- und Unterrichtsstörungen nehme angeblich zu, daher sei auch ein erhöhter Bedarf an Beratung gegeben. Mit der Form der Beratung umschifft man offensichtlich die sozialen Widersprüche und Haken, die jede Form direkter Interventionen und Instruktionen begleitet, man vermeidet des Weiteren die pädagogische Härte einer eindeutigen Diagnose, man eröffnet mithin einen geteilten Raum gemeinsamer Initiativen. Dazu muss die Beratung allerdings „kooperativ", „symmetrisch", gleichberechtigend und nicht bevormundend sein (Ellinger/Hechler 2012). Die „kooperative Beratung" (Mutzeck 1997, ders. 1998, ders. 2000) setzt an diesem Punkt an, insofern sie vom Ansatz her eine belehrende und asymmetrische Haltung und Vorgehensweise vermeidet und schrittweise versucht, kooperierende und symmetrische Interaktionen aufzubauen. Steht bei der vertikalen Beratung das Wissen und die Situationsübersicht des Ratgebers im Vordergrund, von der sich dann niederschwellig positionierte Klienten informieren und anleiten lassen, so betont der horizontale Ansatz die symmetrische Kommunikationsbeziehung. Es werden zu gleichen Teilen Aspekte der humanistischen Psychologie der Personzentrierung als auch Elemente der systemischen Therapie gebraucht. Die Aufgabenstellung und das methodische Vorgehen seien daher kurz beschrieben. Mit der Kooperativen Beratung verbunden ist eine bestimmte Form der Gesprächsführung, die dem Ratsuchenden signalisiert, dass man auf der Basis einer vertrauensvollen Kommunikation sowie auf einer durch Akzeptanz und Kongruenz geprägten Beziehung miteinander spricht. Gleichsam ist das zielgerichtete, strukturierte und dialogische Prinzip vorrangig, das den äußeren Rahmen hergibt, in dem Lösungen erarbeitet, Handlungsschritte geplant sowie Durchführungen und Maßnahmen begleitet werden (Mutzeck 2000, S. 196 ff.). Das methodische Vorgehen beinhaltet dementsprechend folgende Beratungsschritte: Nachdem die Rahmenvoraussetzungen für eine effektive Beratungsarbeit im Sinne einer vertraulichen Atmosphäre geschaffen wurden, wird das äußere Geschehen eines Problemzustands sowie dessen Sinn- und Bedeutungsaspekt von den Betroffenen beschrieben. Ein Perspektivwechsel und eine weiterführende Analyse des Problems führen schließlich zur Fokussierung der Kernprobleme, mithin dessen, was als Veränderungsgegenstand von den Beteiligten benannt werden soll. Die wohl entscheidenden Punkte stehen jedoch erst am Ende des Beratungsprozesses, dann nämlich, wenn Handlungswege und Lösungen gemeinsam erarbeitet werden, wenn einzelne Handlungsschritte, Umsetzungshilfen und Störungsentgegnungen vorbereitet und durchgeführt werden und wenn ferner die Problembewältigungsversuche begleitet, bewertet und ggf. verändert werden.

Der Vorteil eines solchen Ansatzes muss hier nicht weiter betont werden. Der grundlegende Gedanke der wechselseitigen Autonomie und der höchstmöglichen

Nichtdirektivität für die Profession ist von hohem Wert. Bei der näheren Betrachtung der einzelnen Schritte ist jedoch die Phase der Problemzentrierung wegweisend. Im hier aufgezeigten idealen Modell gehen die Beteiligten zunächst von einem gleichberechtigten und symmetrischen Prozess aus. Denkbare Wege zur Lösung der Situationen werden reflektiert, vorhandene Mittel und Kompetenzen werden ausgelotet, erste vage Ideen und Vorschläge werden auf ihre Brauchbarkeit hin geprüft. Auch wenn es das vorrangige Anliegen vieler Beratungsmodelle ist, die vorhandenen Ressourcen in just diesem Moment heraus zu arbeiten und nutzbar zu machen, mithin „ressourcenorientiert" zu arbeiten, so wird doch an einem Punkt das Wissen und die Erfahrung des Beraters bzw. der Beraterin ins Spiel kommen.

Wenn also das spezifische Wissen und auch die methodische Kompetenz, Lösungswege sichtbar zu machen, ins Spiel kommen, dann stoßen wir an diesem Punkt auf einen oft übersehenen Zusammenhang. Denn was könnte als eine *Lösung* in diesem Zusammenhang gelten? Streng professionsbezogen würde man antworten: vieles. Bei Aggressionen bieten sich soziale Trainingskurse an; im Kontext von nachhaltigen Konzentrationsstörungen könnten flankierende therapeutische Maßnahmen ergriffen werden. Handelt es sich um genuine Unterrichtsstörungen, können geeignete Maßnahmen der Supervision, der externen Schulberatung, usw. erdacht werden. Mit anderen Worten: der Professionelle ist angesichts der denkbaren „Lösungsvielfalt" gar nicht verlegen, er oder sie kennt die dazugehörigen Maßnahmen und weiß vermutlich, wie er sie als die beste Lösung darstellen kann. Man würde bei einem solchen Vorgehen vermutlich den Weg gemeinsam weiter gehen und die Maßnahmenqualität systematisch begleiten und reflektieren. Zur Qualität der Beratung zählt dann auch die Fähigkeit, flexible Maßnahmen, die Möglichkeit des Scheiterns und der Verfehlung einzubeziehen.

Gleichwohl können wir behaupten: die wie auch immer denkbare Lösung bleibt auch dem kompetenten Berater verschlossen. Das Dritte, das den Beteiligten den Weg aus dem Labyrinth der Ratlosigkeit herausweisen soll, fehlt. Das muss erläutert werden, denn es lenkt die Überlegungen zu einem wesentlichen Punkt der professionellen Reflexivität. Wir gehen, wie eingangs beschrieben, gerade nicht von einem emotionalen und sozialen Störungsbild aus, das in einem verkürzten Sinne *verfügbar, handhabbar* ist. Der Gedanke, eine grundlegende Verletzung der individuellen Entwicklung durch ein „geeignetes" Methodenrepertoire, durch eine Form des Trainings oder irgendeiner Form der Selbstdisziplinierung zu revidieren, ist ungeeignet. Dies ist kein Plädoyer für eine tiefgreifende Psychoanalyse noch für achselzuckenden Pessimismus. Der Grundgedanke ist vielmehr, dass die zugrunde liegende Störung ein Ausdruck eines spezifischen Erfahrungshorizonts ist. Der Vorrang gebührt daher der sozialen Auseinandersetzung. Eine soziale Auseinandersetzung, was die pädagogische Begegnung ihrem Wesen nach „ist", schließt natürlich alle denkbaren Formen der Beratung ein, aber sie ist dann problematisch, wenn sie Lösungsfixierungen zu erkennen gibt. Und dies gilt wohl in gleichem Maße für die hoch ansetzenden Begriffe der Symmetrie und der Kooperation. Sie haben einen hohen Wert in der gemeinsamen Praxis, aber sie können schwerlich die Bürde einer Erfüllungsgestalt des Sozialen tragen.

Mit dieser Kritik kann man zugleich ein kurzes Resümee zur pädagogischen Reflexivität ziehen: stärker vermutlich als bei anderen Behinderungsformen ist die Pädagogik bei emotional-sozialen Störungen auf das konstitutive Moment der Ungewissheit verwiesen. Da es Grenzen pädagogischen Wissens gibt, die den Kern pädagogischen Handelns mitbestimmen, ist das reflexive und nicht dogmatische Verständnis eines „Methodenrepertoires" hoch bedeutsam. Denkschulen, Methodensammlungen, wissenschaftstheoretische Zugänge und konkrete pädagogische Modelle wie die hier beschriebenen sind hinter die Wahrnehmung der Singularität des Einzelfalls zu stellen. Professionalität wäre in diesem Sinne als die Fähigkeit zu verstehen, Handlungsungewissheiten und Unwägbarkeiten mit den tragfähigeren Kategorien der Begründungsverpflichtung und der Verantwortung in Anschlag zu bringen. Die prinzipiell verschlossene Struktur der pädagogischen Begegnung, in der sich hoch problematische Lebenswelten, Erfahrungen, Verletzungen gegen eine von oben herabzielende Verfügungslogik stellen, ist daher auf die Ermöglichung eines offenen Anfangs verwiesen (Hörster/Müller 1996). Allerdings muss man vor einer zu einfachen Lesart warnen. Der offene, latent experimentelle Umgang mit Störungen, der über die Suspension eines abstrakten Vorwissens läuft und die Singularität des Einzelfalls zu ihrem Recht kommen lässt, ist selbst ein erfahrungsgestützter Prozess. Er kann eigentlich nur dann funktionieren, wenn das Wissen über das Phänomen der Störung, die Erfahrung von Auseinandersetzungen im Rahmen eines pädagogischen Arbeitsbündnisses und die Kompetenz, Methoden zielgerichtet einzusetzen, zusammenfließen. Was hier selbstwidersprüchlich klingt, ist in einer dialektischen Logik aufzufangen. Die individuelle Begegnung mit problembelasteten Kindern und Jugendlichen wird dann erleichtert, wenn die die genannten professionellen Handlungsmuster und theoretisch reflektierten Zugänge, von denen wir hier nur die naheliegenden benannt haben, im Hintergrund verfügbar sind. Sie können zum Einsatz kommen, müssen es aber nicht, sie können den Schlüssel zum Verständnis der pädagogischen Praxis darstellen, können aber genauso gut in vielen Situationen als irrelevant betrachtet werden. Eine reflektierte Interaktionspraxis beschränkt sich daher nicht auf eine Methode, die Erfolg verspricht, sondern sie betrachtet zuallererst die Entwicklung des Kindes als ganzer Person. Dies ist keineswegs so selbstverständlich wie es klingt. Zwar ist die Behindertenpädagogik ihrem Selbstverständnis nach eine Entwicklungspädagogik, aber die Reflexivität betrifft hier auch die Bedeutung der Latenz, des Übergangs, der Ungefestigtheit individueller Entwicklungen: Nicht die punktuelle Übereinstimmung zwischen der „Entwicklungsauffälligkeit" und der entsprechenden Methode, nicht die lückenlose Passung eines Konzepts zu einem Defizit bestimmt das pädagogische Momentum, sondern die Anerkennung des ungefestigten Charakters der kindlichen Entwicklung. Die Überlegungen zur kooperativen Beratung, wie wir sie exemplarisch am Modell von Mutzeck aufgezeigt haben, offenbaren die Problematik. Ideale Modelle, die Erfüllungsgestalten der Praxis wie Kongruenz, Autonomie, Kooperation und Selbstbestimmung zum Ausdruck bringen, müssten durch ein differenziertes Autonomieverständnis flankiert werden. Das Problem der Autonomie bildet gewissermaßen den widerspruchsoffenen Abschluss der Überlegungen zur Professionalität.

Kennzeichnend für die Ausbildung eines spezifischen behindertenpädagogischen Selbstverständnisses ist es, welchen Stellenwert der Kategorie der Autonomie zugesprochen wird. Beschreibt diese Kategorie auf der einen Seite eine zutreffende und hoch anspruchsvolle Figur für Inklusions-, Partizipations- und Normalisierungsziele, so ist doch hinzuzufügen, dass der Begriff selbst in philosophischer und sozialtheoretischer Perspektive seit längerem im Zwielicht steht. Mehr noch, mit der Thematisierung von Illusionen von Autonomie wird ein Kampffeld beschritten, auf dem sich Befürworter und Gegner eines Projekts der Moderne (Habermas) begegnen. Käthe Meyer-Drawe weist darauf hin, dass die konkrete historische Konstellation, in der eine kritische oder bejahende Reflexion der Autonomie ermöglicht wird, die eigentlichen Konsequenzen der Überlegungen bestimmt (Meyer 1990, S. 7-24). Galt Autonomie zu Beginn der Aufklärung noch als ein oppositioneller Begriff, der seine Wirksamkeit daraus bezog, dass er ein Gegengewicht gegen unverfügbare Zwangsmechanismen aufbot, so hat doch dieser Anspruch im Verlaufe der geschichtlichen Wirklichkeit an Kraft eingebüßt oder besser, er hat einen Schwerpunktwandel erfahren. Es ging damals um die Plausibilität der politischen und gesellschaftlichen Veränderungen und um den Kampf der individuellen Vernunft, mithin um das Wagnis der Mündigkeit. Gegenwärtig spricht man hiergegen von einem In- und Gegeneinander von Autonomiebestrebungen und heteronomen Bestimmungen, Bestimmungen mithin, die latent, unsichtbar, schwer artikulierbar sind. Diese Problematik greift bis auf die konkreten Probleme der behindertenpädagogischen Professionalität durch. Man könnte so weit gehen und den wissenschaftstheoretischen Streit mit den Widersprüchen der pädagogischen Praxis in gewissen Strukturmomenten vergleichen. Auf der Ebene des abstrakten Vergleichs zwischen Moderne und Postmoderne zeigen sich bekanntlich Differenzen hinsichtlich der Frage, ob das Miteinander von Heteronomie und Autonomie als Durchsetzung einer lange Zeit bekannten Struktur zu begrüßen oder als inszenierte Entfremdung zu kritisieren sei. „Der Erleichterung über den Tod des Subjekts steht die Heroisierung der Ich-Stärke gegenüber. Das Kampfgeschehen erhält eine deutliche Kontur. Offensichtlich hat man sich in der Auseinandersetzung um das Problem der Autonomie des Individuums zu entscheiden zwischen dem unverzichtbaren Anspruch auf Autonomie und der Preisgabe konstituierender Subjektivität“ (ders. S. 8). Der Vergleich mag hinken, aber in Bezug auf professionelle Methoden fällt die Entscheidung zugunsten der Autonomie aus. Man kann in dem überaus breiten Angebot an pädagogischen Konzepten zur Stabilisierung eben jenen Anspruch erkennen, der im angedeuteten Kampf die Deutungshoheit beansprucht. Unter den Titeln von Selbstbestimmung, Selbstbewusstsein, Selbstverwirklichung wird ein normativer Gehalt angesprochen, der zwar das Signum einer Epoche sein mag, aber auf der Ebene pädagogischer Entwicklungen schwierig ist. Denn damit unterschlägt man gewissermaßen die gleichrangige Ebene individueller Widerstände, die ja jede einzelne Entwicklung im Kern ausmacht. Im postmodernen Diskurs gilt es bekanntlich als chic, das Fremde, Neuartige und Andere, das Ausgeschlossene und unbekannte Dritte „einzufangen“. Kann es eine plausible Übersetzung dessen für das professionelle Handeln geben? Wir müssen uns an dieser Stelle damit begnügen, erneut auf den Kern des professionellen Handelns, der Unbestimmtheit und Ungesichertheit eines pädagogischen Arbeitsbündnisses zu verweisen und das heißt in diesem Fall, dass es eine Kluft zwischen Sprache und Handeln gibt, die pädagogisch relevant ist. Es gilt eine singuläre Totalität zu beachten. Jede individuelle Entwicklung hat ein Vetorecht, das sie über den instrumentellen Umgang erhebt; es bietet sich daher ein professioneller Standpunkt an, der Deutungen wagt, für das Neue und Überraschende offen ist. Das, was den Kern des professionellen Handelns ausmacht, ist nie allein aus den pädagogischen Verfügungen ableitbar.

3 DIE EINHEIT DER PROFESSION UND DIE FRAGE NACH DER „GUTEN" ERZIEHUNG

Gibt es, so könnte man abschließend fragen, ein Idealbild des guten Erziehers und einer guten Erzieherin, um dem Problem einer sinnvollen Einheit der Profession begegnen zu können? Das erscheint problematisch, insofern Personen schwerlich für die Sinnstruktur eines gesellschaftlichen Prozesses stehen können, aber der Zugang über Personen ist auch nicht zu weit hergeholt. Rekapitulieren wir noch einmal die Ausgangsfrage: die Pädagogik unter erschwerten Bedingungen steht vor der Frage, wie sie in unbestimmten, aber anforderungsreichen Situationen den daraus sich ergebenden Anforderungen nachkommen kann. Man kann diese Schwierigkeit, wie dies im Kontext der allgemeinen Erziehungswissenschaft geschieht, auf das Phänomen des Unterrichts, auf das Problem der Lerntechnologie und auf die symbolischen Generalisierungen beziehen, die sich seit dem 18. Jahrhundert ausgebildet haben (Luhmann/Schorr 1979, S. 115-226). Aber für unseren Zusammenhang verbaut man sich durch diesen Zugang einen umfassenden Blick auf die Sinnkriterien der Profession. Die Pädagogik bei emotionalen und sozialen Entwicklungsstörungen realisiert einen Spielraum der Unbestimmtheit – an diesem Punkt überschneiden sich die Überlegungen mit den Reflexionsproblemen im Erziehungssystem –, aber der gesellschaftstheoretische Gesamtzusammenhang, der über Funktions-, Leistungs- und Reflexionsprobleme hin zu einer Pädagogik zwischen Technik und dem „Sog selbstgeschaffener Unterrichtsprobleme" (115) führt, genügt in einer Hinsicht nicht. Es ist die soziale Komplexität, das oben genannte pädagogische Dual, das hier den Unterschied macht. Die Systemtheorie meidet bekanntlich den theoretischen Zugang über den Menschen und siedelt ihn für ihre Theorieentscheidungen im äußersten Bereich von gesellschaftlichen Sinnsystemen an (Luhmann 2000). Dagegen ist freilich nichts zu sagen, wenn es darum geht, die gesellschaftliche Komplexität einzufangen. Aber für die Reflexion der Profession ist es hier unverzichtbar, das Problem einer sinnvollen Einheit aus der Mitte einer menschlichen Grundsituation heraus zu formulieren.

Dieser Zugang, den wir im ersten Teil in den wesentlichen Zügen beschrieben hatten, formuliert das Grundlagenproblem am Leitfaden einer interexistentiellen Situation. Daraus ergibt sich in erkenntnistheoretischer Sicht eine Umstellung von gesellschaftstheoretischen Fragestellungen hin zum Problem des Sozialen. Dieser Zugang erfolgt über die philosophische Grundfrage nach der Möglichkeit einer menschlichen Welt und findet eine vorläufige Antwort in den Möglichkeitsbedingungen der faktischen Grundsituation des Menschen (Rentsch 1999). So abstrakt der theoretische Feststellungszusammenhang auch sein mag – der Aufweis von Grundzügen der menschlichen Welt lässt sich auf vertraute, lebensweltliche Zusammenhänge hin ausweiten. Es ist der Grundzug der Situationalität, der eine Fülle von praktischen Anschlüssen nahelegt. Wir leben stets eingebunden in bestimmten Situationen, seien dies Lern-, Lehr- oder Bildungssituationen. Nur in ihnen sind uns „unsere eigenen Handlungen und

Intentionen überhaupt zugänglich" (ders. S. 68). Die Konsequenz dieses Blicks ist durchaus als radikal zu bezeichnen. Lebenssituationen zerfallen nicht, wie oft angenommen wird, in subjektive und objektive Teile. Sondern die Orientierungszusammenhänge der gemeinsamen Praxis können wir über einen hermeneutischen Zugang erkennen. Im Zuge dieser Öffnung gegenüber der faktischen Grundsituation wird eine professionelle Deutungspraxis problematisch, die pädagogische Situationen und Handlungsfelder als Form des sozialen Handelns zu erfassen, die objektiv vorgegebene Sachverhalte zweckrational zu ordnen und zu mobilisieren versucht. *Nichts spricht gegen die Notwendigkeit eines solchen praktischen Bezugs* – es sei denn wir verstehen Praxis nicht als lineare Ableitung eines immer schon vorhandenen Wissens. Anders formuliert: soll der pädagogische „Praxisbezug" keine Leerformel werden, muss er sich auf die Tiefendimension der pädagogischen Situation einlassen und das heißt, sich von der „reinen" pädagogischen Situation zu distanzieren. Im Sinne der erwähnten faktischen Grundsituation bedeutet dies: im Prozess der Bildung im Lehren und Lernen sind wir jeweils bereits in einem übergreifenden Horizont angekommen, der bloß subjektiven oder objektiven Momenten voraus liegt. In praktischer Perspektive bedeutet dies: es gibt keine „reinen" pädagogischen Handlungssituationen, also keinen objektiv vorgegebenen Sachverhalt, sondern lediglich diverse Möglichkeiten, vielfältige Standpunkte und nur vorläufige Gewissheiten. Diese skeptische Sicht hat verschiedene Seiten, jede dieser Seiten ergibt sich aus der Grundlagendiskussion einer allgemeinen Pädagogik, sie hat aber eine besondere Anspruchstiefe im Hinblick auf emotionale-soziale Bedürftigkeit.

3.1 Konfliktkompetenzen und Lösungen

Es wäre an dieser Stelle der Reflexion sicherlich falsch, aus der Situation der Unübersichtlichkeit radikale Schlüsse zu ziehen. Denn es geht ja nicht darum, jedwede pädagogische Kompetenz als ideologische Phrase zu entlarven. Pädagogisches Handeln folgt demgegenüber einer inneren Struktur, die zwar nicht über das Unvorhergesehene und Ungewisse vollkommen verfügen könnte, die aber als eine sinnvolle Selbstbeschreibung fungiert. Die Diagnose einer Situation, spezifische Zielsetzungen, spezifische Voraussagen zukünftigen Handelns , die Antizipation zu erwartender Schwierigkeiten, die kontinuierliche Überprüfung von Entwicklungsfortschritten sowie die Korrektur von Lernprozessen – all dies gehört zu der Struktur der Erziehung, die so selbstverständlich erscheint, das sie in der Praxis in vielerlei Hinsicht unbewusst abläuft. Dies gilt in besonderem Maße für die Entwicklungsförderung im emotional-sozialen Bereich. Hier ist es wohl unabdingbar, die erstellte Diagnose mit einer rationalen Planung zielgerichteter Interventionen zu verknüpfen. Dass Kinder, die unter bestimmten Blockaden ihrer Selbstregulation oder beispielsweise ihrer Frustrationstoleranz leiden, Hilfen erhalten, die der genannten pädagogischen Struktur entsprechen, muss nicht weiter ausgeführt werden. Die Beispiele „Konfliktverhalten" und „Aggressionsabbau“ stehen hier exemplarisch für eine offensichtliche Notwendigkeit, pädagogisch unstrittige Ziele anhand ausgewählter Methoden und Verfahren zu formulieren. Das Angebot an therapeutischen und pädagogischen Verfahren, das in diesem Zusammenhang entstanden ist, ist dementsprechend reichhaltig (Petermann 1993; Petermann/Petermann 2001; Warschburger 1995). Aber für eine Reflexion, die über die bloße Rezeption methodischer Angebote hinausreichen soll, muss ein weiterer Aspekt hinzugezogen werden. Bei aller „Effektivität“, die bestimmte Programmatiken und Methodiken der Konfliktlösung versprechen, muss doch auch die Variable gegenseitiger Erwartungen und spezifischer Erfahrungen hinzugezogen werden. Das heißt, die Umsetzung eines „Programms“ zur Konfliktschlichtung, wie es beispielhaft in sozialpädagogischen Tagesgruppen, in der therapeutischen Gruppenförderung oder in der Schule eingesetzt wird, ist durch einen Spielraum der Unbestimmtheit geprägt, der die pädagogische Logik nachhaltig bestimmt. Unbestimmtheit ist keineswegs eine soziale Zumutung, also eine zu vernachlässigende Größe. Sie kommt vielmehr mit einer sozialen Positionierung überein, die sich im Verhältnis von Erwartungen und Erfahrungen behaupten muss. Das heißt konkret: wenn beispielhaft das Lernziel: „konfliktlösendes Verhalten erlernen“ in einem pädagogischen Feld ausgerufen wird, ergeben sich verschiedene Möglichkeiten des Agierens. Mit der formalen Beschreibung einer „Umsetzung“ einer „Methodik“ wird man nicht weit kommen. Sie dient natürlich einer sinnvollen Orientierung. Die Diagnose erscheint möglicherweise plausibel, dass es in bestimmten Fällen zu einem Selbstverlust und Kontrollverlust kommt; dementsprechend lassen sich auch die Schwierigkeiten des Subjekts benennen, in bestimmten Situationen sozial erwünschtes Verhalten zu zeigen und dementsprechend lassen sich auch Zielsetzungen und pädagogische Interventionen benennen – unterrichten, informieren, beraten, arrangieren –, um Möglichkeiten der Selbstbeherrschung zu erlangen. Aber der grundlegende Konflikt besteht gleichsam darin, dass eine hohe Asymmetrie der persönlichen Einbindung besteht. Für den Pädagogen steht offensichtlich die Fähigkeit an erster Stelle, nüchterne Analysen anzufertigen, die mangelnden „Fähigkeiten“ des Kindes distanziert zu betrachten und zugleich aus einer Beobachtungssituation heraus zu ermutigen und zu schlichten. Auf der anderen Seite aber herrschen Betroffenheit und Verunsicherungen im Feld von sozialen Erwartungen und sozial-emotionalen Erfahrungen, die eigentlich nicht substituiert werden können. Die sympathische und an vielen Stellen produktive Gedankenfigur des „stellvertretend Handelnden“ ist an diesem Punkt offensichtlich nicht hilfreich. Denn gerade die Idee, aus einer individuellen Lage emotionaler Verunsicherungen und erlernter Hilflosigkeit sich einer produktiven Zielsetzung zu unterwerfen, stellt eine geradezu existentielle Aufforderung dar. Denn es geht auf dieser Seite der Konfliktsituation um die ganze Person, um die Summe persönlicher Erfahrungen und um eine unendliche interne Komplexität, an die der Pädagoge natürlich nicht heranreichen kann. In diesem Sinne bleibt also die technische „Umsetzung“ immer ein Stück weit erschwert. Was bleibt insofern als pädagogische Rationalität?

3.2 Die Notwendigkeit sich allein zu behaupten

Aus dem bisher Gesagten ergibt sich eine Schlussfolgerung, die durchaus missverständlich daher kommt. Am Anfang wie am Ende steht die Öffnung für Ungewissheit (Wimmer). Zwischen dem Handeln und der Zielsetzung stehen Räume der Unbestimmtheit. Der Pädagoge operiert auf einem schmalen Grat, der je nach pädagogischem Kontext unterschiedlich gesehen wird. In der schulpädagogischen, methodischen und didaktischen Tradition dominiert offensichtlich ein Verständnis von Wissenschaftlichkeit, das dieser Unbestimmtheit kaum Geltung einräumt. Hier dominiert die logische Reihenfolge, das Hintereinander von Diagnosen, Zielsetzungen, Maßnahmen, Prüfungen, Korrekturen, die gewissermaßen die soziale Wirklichkeit von Beginn an erfassen. In einem anderen Licht erscheint diese Bestimmung im Kontext sozialpädagogischen Handelns. Hier ist der Begriff der Zielkompetenz mit Selbstbegrenzungen verschränkt, hier gilt nicht die klassische Hierarchie, sondern das Ineinander von gesellschaftlichen Minimalanforderungen, Akzeptanz, mimetischem Verhalten, Reintegration, Stabilisierung. Es werden mit anderen Worten Ziele nicht von einem wissenschaftlichen Gipfel aus verfügt, sondern aus der Mitte der pädagogischen Praxis heraus ergeben sich Aushandlungsprozesse, fortlaufende Zielsetzungen, konkurrierende Wirklichkeitsentwürfe, Deutungen, die verschiedene Entwicklungen lediglich begleiten. Wo steht die behindertenpädagogische Kompetenz in diesem Zusammenhang? Gehen wir davon aus, dass sich in behindertenpädagogischen Kontexten schulische mit außerschulischen, lebensweltlichen Bedingungen verschränken, dann wird schnell einsichtig, dass sich die Pädagogik hier in einem Geflecht von gesellschaftlichen Bedingungen orientieren muss. Kinder mit emotional-sozialen Störungen sind faktisch in vielen Situationen erhöhtem Druck ausgesetzt, und dieser Druck kann sich durchaus auf die Professionellen übertragen. Denn im Bildungssystem werden Prüfungen, Diagnosen und Korrekturen erwartet und durchgesetzt. Die Professionellen müssen Ziele anpassen, Teilziele ausdifferenzieren, „passende" Interventionen begründen, Diagnosen revidieren, wissenschaftlich gestützte Urteile fällen – zusammengefasst müssen sie sozialen Erwartungen entsprechen und sich in einem Feld der Macht behaupten. Der Anspruch, der an Professionen in modernen Gesellschaften gestellt wird, erweist sich im Licht der spezifischen „Behinderungssymptomatik" aber als zu unspezifisch. Das heißt nicht, dass es keine „Kompetenz" geben könnte, die sich in Erfahrungswerten, in sinnvollen Routinen, im Wissen und Können ausdrücken könnte. Es heißt aber, dass angesichts der Tiefe möglicher sozialer Brüche, welche die Entstehung von Entwicklungsstörungen begleitet, Formen von Unsicherheit und Alleinstellung die Praxis begleiten. Der Handelnde, auch wenn er von einer Vielzahl von Kollegen begleitet wird, auch wenn er ständig kooperiert und kommuniziert, auch wenn er nicht eine Gesamtverantwortung tragen muss, ist auf sich alleine gestellt. Die Qualität der Pädagogik bei Auffälligkeit ergibt sich möglicherweise dann aus der Fähigkeit heraus, mit diesem Alleinstellungsmerkmal umzugehen.

Alleinstellung heißt hier, dass die Anforderungen und Prozesse, Diagnosen, Antizipationen, Interventionen, Prüfungen und Korrekturen Interpretationsleistungen darstellen, die bis zu einem gewissen Grad unbestimmt, unsicher, ungenau bleiben müssen. Auch bei einer offiziell „gemessenen“ Leistungsdiagnostik, auch bei einer wissenschaftlichen Kriterien entnommenen Bestimmung einer Förderdiagnostik bleiben Pädagogen in einem unsicheren Feld. Man kann daraus schließen, dass die spezifische Pädagogik bei Beeinträchtigung, in der es naturgemäß zu einer Verschärfung von Unsicherheiten kommt, auf kommunikative Sozialformen angewiesen ist. Aber die Bedeutung von dialogischer und kommunikativer Kompetenz, von der allseits geforderten Kooperation lenkt hier von dem eigentlichen Punkt ab. Denn auch das „Team“, das kooperiert, ist durch den gemeinten Spielraum der Unberechenbarkeit und Unbestimmtheit beeinträchtigt. Die spezifische Unsicherheit, die über der Frage nach dem „richtigen“ pädagogischen Handeln schwebt, ist eine unabweisbare Bedingung der Professionalität.

3.3 Die Notwendigkeit der Parteinahme

Die Bestimmungen dessen, was den Kern pädagogischen Handelns ausmacht, sind schließlich noch durch eine weitere Variable erschwert, eine Variable mithin, die einen Kristallisationspunkt des behindertenpädagogischen Selbstverständnisses ausmacht. Die gewohnten Formen kommunikativer Solidarität vorausgesetzt, ergibt sich die Frage nach der besonderen Parteinahme im pädagogischen Prozess. Dieser Punkt ist historisch betrachtet heftig umstritten, man kann ihn vereinfacht gesprochen als die notwendige Unterscheidung von Nähe und Distanz beschreiben. Die Sicht einer modernen Professionalisierungstheorie, die allgemeine pädagogische mit gesellschaftlichen Sinnkriterien zusammen liest, kann zunächst einmal den Kern des Problems gar nicht bemerken. Denn man kann sich zuerst mit der Unterscheidung weiter helfen, dass richtig verstandenes professionelles Handeln den Unterschied zwischen rein pädagogischen und nicht pädagogischen Aspekten des Handelns erkennt. Es werden besondere Erwartungen an Lehrerinnen, Sozialpädagogen, Integrationshelfer und Therapeuten gestellt, die in bestimmten Feldern unter bestimmten rechtlichen Bedingungen verortet sind und dieser begrenzten Aufgabe kann man dann mit ganzem Eifer und Elan folgen, aber man bleibt im Rahmen einer bewussten Unterscheidung. Punktuelle Grenzüberschreitungen sind zwar stets denkbar, aber im Ganzen kann eine dauerhafte Integration nichtpädagogischer Aspekte in das berufliche Handeln nicht akzeptiert werden. Beispielsweise würden überzogene Identifikation und Solidarisierung, die über herkömmliche Schutzfunktionen hinausgehen, den Vorwurf nach sich ziehen, dass man gewissermaßen gegen die Regeln der Profession verstoße. Agiert ein Professioneller seinem Selbstverständnis nach als „Anwalt“ des Kindes, dann kann dies in wenigen Situationen als solidarischer Akt verstanden werden, identifiziert er sich jedoch unsachlich mit den spezifischen Bedürfnissen des Kindes, würde dies den Rahmen der Profession sprengen. Gleichwohl ist das spezifische behindertenpädagogische Mandat in diesem Zusammenhang differenziert zu betrachten. Denn „Anwaltschaft“ und „Parteinahme“ waren und sind immer noch Begriffe, die eine Oppositions- und Selbstbehauptungsfunktion gewährleisten sollen, um der gesellschaftlich prekären Lage entgegen zu wirken. „Die“ Behindertenpädagogik als Profession kann nicht umhin, sich mit der Kontrollfunktion, der Selektionsfunktion, ferner der Sanktions- und Ausgrenzungsfunktion des Staates zu befassen und sie in das professionelle Selbstverständnis zu integrieren. Mehr noch, es müssen verschiedene Orientierungs-, Entscheidungs- und Handlungsdilemmata in der konkreten Situation des „pädagogischen Falls“ erträglich gemacht bzw. ausgeblendet werden, um handlungsfähig zu bleiben. Vor diesem Hintergrund ist das professionelle Problem von Nähe und Distanz zu betrachten. Natürlich folgen vermutlich die wenigsten modernen Pädagogen undifferenziert einer *Solidarität mit den Beladenen und Randständigen*, aber das Verhältnis von kommunikativer Solidarität und der professionellen Wahrung einer Distanz ist vermutlich etwas komplexer. Denn man muss zumindest beachten, dass die spezifischen Formen der Pädagogik, die sich auf das Störende und Abweichende konzentrieren, auf eine historisch einmalige Spezialisierung und Differenzierung zurückblicken. Diese klassische Sonderpädagogik war durch einen ungleich höheren Grad an Professionalisierung gekennzeichnet, weil sie sich quasi von Beginn an über die therapeutische Dimension ihres Arbeitsfeldes Klarheit verschaffen musste und weil sie professionell mit den abweichenden und störenden Aspekten der Pädagogik umgehen musste. Mit der therapeutischen Dimension der Behindertenpädagogik, die in unterschiedlichen Arbeitsfeldern zumindest ein Stück weit eine Realität darstellt, wird der herkömmliche Begriff der Pädagogik verlassen und das heißt zunächst, dass spezielle entwicklungsfördernde Interventionen und pädagogische Spezialprogramme in die Erziehungswirklichkeit integriert werden. Im besonderen Falle der Pädagogik bei emotionalen und sozialen Störungen, bei der die spezifische Beeinflussbarkeit, Steuerung und Verbesserung auf der Verhaltensebene verfolgt wird, wird gleichsam die Beziehungsdimension herausgefordert. Das heißt, es wird auf der personalen Ebene der Interaktion eine Nähe und Intimität hergestellt, die den herkömmlichen Rahmen „Erziehung“ überschreitet. Das Verhältnis von Erziehung und Therapie ist in dieser Hinsicht stark umstritten, wie auch die Gefahr der Übertherapeutisierung nicht ausgeschlossen ist. Aber *dass* in den Bereich der Erziehung und Förderung von Kindern mit Entwicklungsstörungen therapeutische Sinnkriterien verstärkt einfließen, an diesem Aspekt kommt man auf der Ebene der Reflexion schwerlich vorbei. Das Selbstverständnis der Normalpädagogik beschränkt sich bis zu diesem Punkt auf die Funktion der Wissens- und Normvermittlung und blendet zu einem gewissen Grade die therapeutische Dimension der Praxis aus. Die Differenzierung von allgemeiner und besonderer Pädagogik verdankt sich in dieser Perspektive folgender Logik: an die besondere, ausdifferenzierte Pädagogik bei Behinderung werden alle jene Fälle delegiert, die als auffällige, manifeste Störung aus dem Normbereich der Pädagogik herausfallen bzw. als Abweichung wahrgenommen und klassifiziert werden. Aber das heißt auch, dass sich von diesem Bruch aus die Professionalisierungsnotwendigkeit definieren lässt. Die allgemeine Pädagogik entzieht sich ihrem Selbstverständnis nach einer „objektiv gegebenen Professionalisierungsbedürftigkeit“ und delegiert all das, was nicht dem einem allgemeinen Rahmen einer pädagogischen Unterstellungspraxis zugeordnet werden kann (Oevermann 1996, S. 151). Man kann an diesem Punkt natürlich auf die immer wieder vorgetragene Kritik einer Nichtzuständigkeit verweisen, die einen gesellschaftlichen Verdrängungsprozess widerspiegelt (Jantzen 1993, ders. 1998; Hinz 2009). Aber in professioneller Perspektive gilt es darauf hinzuweisen, dass die Delegation der „Fälle“ keine reine gesellschaftliche Verdrängung, sondern gleichsam eine Fokussierung, Spezialisierung und Steigerung darstellt. Bestimmten Situationen, in denen Kinder mit Behinderungen und Störungen gefangen sind, wird konzentrierte Aufmerksamkeit zuteil. Es wird nicht Störendes „entfernt“, sondern es wird ein besonderer Bereich einer pädagogischen Zuständigkeit definiert, der zwar einem problematischen gesellschaftlichen „Bedarf“ entsprechen kann, aus der Perspektive der pädagogischen Praxis aber durchaus sinnvoll erscheint. In der Konsequenz konnte man beobachten, dass Professionalisierungstendenzen und -bemühungen faktisch stärker im Bereich der Sonder- und Behindertenpädagogik bestanden, während die allgemeine Pädagogik dies aus nachvollziehbaren Gründen nur am Rande beschäftigte (Luhmann/Schorr 1979; Combe/Helsper 1996).

Konzentriert man sich in diesem Zusammenhang nun auf die spezifische Selbstbeschreibung der Pädagogik bei erschwerten Situationen, dann lässt sich der zentrale Ausgangspunkt der Profession wie folgt benennen: die Pädagogik bei Behinderung macht eine *wahrgenommene* (!) Pathologie zum Ausgangspunkt ihrer Bemühungen und stellt die Notwendigkeit eines fallspezifischen Arbeitsbündnisses unter heterogenen und vielfältigen Bedingungen in den Mittelpunkt (Oevermann 1996, S. 151). Die praktisch folgenreiche Konsequenz liegt in einer asymmetrischen Rollendefinition: insofern Tendenzen zur Professionalisierung am ehesten im Bereich der Sonderpädagogik zu beobachten sind, wird eine Sicht nahegelegt und bestärkt, „eine Professionalisiertheit pädagogischen Handelns in der pädagogischen Normalsituation, das heißt mit Schülern, die nicht manifest eine Störung aufweisen, sei überflüssig“ (ders. S. 151). Zwei Auswege erscheinen an diesem Punkt. Der eine liegt in der nachhaltigen Kritik an eben jenem gesellschaftlichen Prozess der Delegierung und Isolierung, der langfristig dazu führte, dass die Sonderpädagogik schlichtweg mit der gesellschaftlichen Aufgabe der Problemlösung und Problemverdrängung identifiziert wurde. Die inklusive Pädagogik stößt sich berechtigterweise am „Missverständnis“, lediglich dafür Sorge tragen zu müssen, ein gesellschaftliches Problem zu bearbeiten, es unsichtbar oder „erträglich“ zu gestalten. Der andere Weg, der dem anderen natürlich verwandt ist, folgt hiergegen dem aufgezeigten Strukturmerkmal der Aufmerksamkeitssteigerung. Das fallspezifische Arbeitsbündnis, das wir als Merkmal einer am Rande etablierten besonderen Pädagogik definiert haben, ist eine Herausforderung, die sich letztlich nicht ohne Bezug auf die besonderen Komponenten der Sozialbeziehung begreifen lässt. In diesem Rahmen ist zu begründen, warum Aufmerksamkeit, Nähe, Bedürftigkeit, Mangel, Hilfe und Hilflosigkeit Sinnkriterien darstellen, ohne die eine professionelle Pädagogik bei Entwicklungsstörung bodenlos würde. Der Struktur des Arbeitsbündnisses ist eine Tiefe zu verleihen, um den Kern der Professionalisierung nahe zu kommen.

In den Mittelpunkt rückt daher die explizite Berücksichtigung einer objektiv gegebenen therapeutischen Dimension unter dem umfassenden Gesichtspunkt der Prävention. Das heißt, es hilft an diesem Punkt nicht weiter, die in vielen Punkten problematische Differenzierung in Allgemeine Pädagogik und Sonderpädagogik rückgängig zu machen, es ist nicht einmal hilfreich, die möglicherweise fehlende Professionalisierung zu beklagen und die therapeutische Dimension in den Bereich der allgemeinen Pädagogik zurückverlagern zu wollen. Vielmehr muss es an diesem Punkt konkret darum gehen, die Struktur des „sonder-"pädagogischen Arbeitsbündnisses zu erfassen und auf ihre fundamentalen Bestandteile zu verweisen. Die Realisierung dieser Aufgabe ist vor mehrere schwierige Punkte gestellt (Oevermann 1996, S. 152 ff.). Das leitende Sinnkriterium besteht in der Grundfrage, wie die widersprüchliche Einheit von diffusen und spezifischen Sozialbeziehungen in ein Arbeitsbündnis überführt werden kann, um potentiell negative Entwicklungsfolgen zu vermeiden und entwicklungsfördernde Potentiale zu wecken. Man könnte dies als Notwendigkeit der Hilfe zur Selbsthilfe formulieren, aber es ist hilfreich, sich die konkrete Bedeutung der spezifischen und diffusen Komponenten vor Augen zu halten. Wechselseitige Autonomie und Hilfe sind leicht zu postulieren, aber in der gemeinsamen Praxis verschwimmen diese übersichtlichen Kriterien schnell. Die spezifischen Merkmale der pädagogischen Praxis lassen sich leicht über Rollenzuschreibungen und Wissenshorizonte beschreiben. Aber insofern sich Lernen und Entwicklung immer über längere Erfahrungszeiträume erstrecken, werden die Komponenten der Latenz, des Übergangs, der Krise, ferner der Rollenambivalenz und Flexibilität prägnant. Man kann individuelle Entwicklungen immer auch im Horizont von Wissens- und Normvermittlungen betrachten, aber in der Dimension der Sozialbeziehung zeigt sich, dass in die spezifische Struktur immer auch diffuse und nicht rollenförmige Momente eingehen. Diese Momente sind für das Fach der emotional-sozialen Entwicklungsförderung konstitutiv. Es geht hier nicht einfach nur darum, dass Kinder und Jugendliche zu einer vollständigen Übernahme gesellschaftlicher Norm-, Wissens- und Rollenanforderungen *noch nicht* in der Lage sind, sondern es geht in einem besonderen Sinne um die diffusen Komponenten der Sozialbeziehung selbst. Insofern ist die pädagogische Struktur des Arbeitsbündnisses von Beginn an durch eine starke Widersprüchlichkeit gekennzeichnet. Man versucht, eine autonome Praxis zu ermöglichen, obwohl über spezifische entwicklungspsychologische Kriterien noch nicht verfügt wird. Das Erscheinungsbild des entwicklungsgestörten Schülers bleibt von daher komplex und undurchsichtig, weil sich die diffusen und spezifischen Komponenten der Teilleistungen und sozialen Kompetenzen überschneiden und nicht sauber trennen lassen. Beispielhaft: Schüler mit Entwicklungsstörungen zeigen Normwerte bei der Intelligenzmessung, aber unterdurchschnittliches Leistungsvermögen. Sie zeigen hohe Motivation in praktischen Situationen, um dann wieder in Frustration und Verweigerung umzuschlagen. Sie zeigen sich möglicherweise beziehungsfähig und versuchen doch, in vielen Situationen diese Beziehungen in Frage zu stellen und zu „testen". Dies alles zeigt einen therapeutischen Bedarf, der aber meist nie überschaubar ist und in kurzfristige soziale Arrangements übersetzt werden kann. Die therapeutische Dimension kann gewissermaßen nicht einfach aus der Mitte der sozialen Praxis abgesondert werden, sondern sie bleibt als Aufgabe des Umfeldes bestehen. Man kann sich als Pädagoge diesem therapeutischen Bedarf zwar durch klaren Bezug auf Rollenanforderungen „entziehen" und man kann dieses Verhalten, wenn man will, objektivieren und in psychodiagnostische Kriterien übersetzen. Aber auf der Ebene des Arbeitsbündnisses muss man gewissermaßen in Kauf nehmen, dass die Diffusität von Heteronomie und Autonomie zum Merkmal der Sozialdimension gehört. Man kann sich dies, wie im ersten Teil schon angesprochen, leicht am Beispiel des Arzt-Patienten-Verhältnisses vergegenwärtigen. Patienten konsultieren Ärzte aufgrund eines spezifischen Leidendrucks. Sie können zwar selbst keine Diagnose stellen, aber sie wissen, spüren und artikulieren einen Leidensdruck. Das Arbeitsbündnis zwischen Arzt und Patient ist dementsprechend klar definiert. Das spezifische Bündnis, das zwischen Pädagogen und Kindern mit sozial-emotionalen Störungen eingegangen wird, ist *nicht* durch eine solche Transparenz definiert, auch wenn es durchaus Interessen einer solchen Zuschreibung geben mag. Die therapeutische Dimension, die durch den Erfahrungshorizont des Kindes zwangsläufig ins Spiel gebracht wird, legt sich über die Struktur des Bündnisses und bestimmt die Möglichkeiten und Grenzen des pädagogischen Handelns. Es gibt an diesem Punkt zu bemerken, dass es sich um eine besondere Legitimation der behindertenpädagogischen Profession handelt – um die pädagogische Bewältigung eines Problems, das auf einen diffusen Leidensdruck, auf Interaktionsstörungen oder auf brüchige Lebensweltstrukturen zurück geht. Man kann an diesem Punkt natürlich das besondere Expertentum einer selbstbewussten Profession kritisieren, die von berufsständischen Interessen dominiert wird. Aber behalten wir die Notwendigkeit einer therapeutischen Dimension im Auge. Die Intensivierung des pädagogischen Handelns im Sinne einer Aufmerksamkeitssteigerung führt hier noch einmal zum Ausgangspunkt einer sinnvollen Einheit der Profession zurück.

3.4 Die Frage nach der sinnvollen Einheit der Profession

Man könnte nun nach all dem, was bislang gesagt wurde, resigniert nach sinnvollen und effektiven Praxisformeln fragen, die aus dem Dickicht von Unsicherheiten, Ambivalenzen und Überzeugungsschwund heraus helfen. Eine nachvollziehbare und an vielen Stellen dringende Einsicht: die pädagogische Theorie sollte helfen, Sicherheit zu vermitteln, Orientierung zu verschaffen, bewährte Konzepte zu beschreiben und dabei die Nähe zum Feld der Erziehung zu wahren. Dies alles tun die bisherigen Überlegungen scheinbar nicht. Man könnte vermutlich nicht einmal, wenn man in einem anderen Kontext nach dem Mehrwert des Gesagten befragt würde, eine kohärente Antwort geben. Aber diese Unzulänglichkeit berührt den wesentlichen Punkt. Es geht bei der Selbstbeschreibung des Fachs gerade nicht um ein überlegenes Wissen. Die „klassische" Haltung des Pädagogen, der – ohnehin aus einer überlegenen Position heraus agierend – das gemeinsame Bündnis dazu nützen will, um mit dem Kind gemeinsam *einen Mangel auszugleichen*, trifft nicht den Kern des spezifischen Arbeitsbündnisses. Natürlich wird in gemeinsamen Situationen an einer positiven Entwicklung gearbeitet, auf allen Ebenen des Wissens, Könnens, des Verhaltens und der besonderen Kompetenzen. Aber der Kern des Arbeitsbündnisses liegt eben auf einer Ebene der sozialen Fragilität. Und das heißt, die Rekonstruktion einer Einheit, die wir für die Profession formulieren können, ist nur über diesen Zugang sinnvoll.

Wir erkennen den Unterschied dessen, wenn wir die klassisch anmutende Frage nach dem „guten Pädagogen" einbeziehen. Die grundlegende und durchaus sinnvolle, gleichwohl selten gestellte Frage, welche Grundhaltung Heilpädagogen/innen zu ihrem Beruf einnehmen sollten und wie sie aus dieser Haltung heraus eine im ethischen Sinne befriedigende Professionalität gewinnen können, ist auf unseren Zusammenhang übertragbar. Die Tradition der heilpädagogischen Berufsethik kannte unterschiedliche Konjunkturen und Vorlieben einer professionellen Beschreibung. Häußler (2002) nennt verschiedene Konzepte erzieherischer Haltungen in der heilpädagogischen Berufsethik, die sowohl für bestimmte gesellschaftspolitische Zeiträume wie auch für wissenschaftstheoretische Disziplinen kennzeichnend sind: der „geborene Erzieher" der geisteswissenschaftlichen Tradition, der „Revolutionär" der materialistischen Behindertenpädagogik, sowie der „Macher" der empirisch-analytischen Behindertenpädagogik (ders. S. 244). Für unseren Zusammenhang wäre zu bemerken, dass sich in den genannten wissenschaftstheoretischen Schulen jeweils ein relativ geschlossenes, einheitliches und durchaus optimistisches Welt- und Menschenbild verbirgt, das nicht ohne Auswirkungen für die professionelle Praxis bleibt. Auch wenn es natürlich eine Kluft zwischen dem Pathos eines wissenschaftlichen Idealbildes und den Mühen der praktischen Auseinandersetzung gibt, so ist doch die dahinter stehende Haltung nicht unwichtig. Man kann die Überlegungen versuchsweise zuspitzen und nach typisch pädagogischen Haltungen fragen, die spezifische Verengungen nicht verschweigen können. Im Rahmen der klassischen Heilpädagogik werden Tugend- und Eigenschaftskataloge aufgestellt, die zwar einerseits das Bild einer Zeit widerspiegeln, aber auch einer Aussage über die sozialen Relationen gleichkommen. Vom Erzieher wurde beispielhaft in der geisteswissenschaftlichen Pädagogik Erfülltheit, Zuwendung, Aufgeschlossenheit, Verlässlichkeit gefordert, ferner Situationsbeherrschung, Furchtlosigkeit, Erfindungs- und Entdeckungslust, Charakteristika also, „die in ihrer Vielzahl erdrückend, in der Auswahl nicht begründet, letztlich unerfüllbar und somit überfordernd" wirken (242). Eine andere Problematik erkennen wir in der materialistischen und emanzipatorischen Tradition, in der es vorrangig um die Hervorbringung eines mündigen Subjekts geht. Hier dominiert, wenn man dieser Vereinfachung folgt, die Notwendigkeit der Gesellschaftskritik und des aufgeklärten Bewusstseins. Die Erzieher/innen, die dieser Linie folgten, verorten den Sinn der Erziehung in größeren politischen Zusammenhängen. Während in diesem Zusammenhang also Erziehung erst zu politischem Handeln mutieren musste, so ist schließlich noch das wirkungsmächtige Konzept der empirisch-analytischen Erziehungswissenschaft zu nennen, dessen Bildungsideal ein „konzeptionelles" ist. „Die Haltung, das erzieherische Selbstverständnis, wie es in dieser Konzeption zum Ausdruck kommt, lässt sich mit der Formel des Machers beschreiben. Angetreten mit dem

Ziel der Entmythologisierung, schuf dieser Ansatz einen noch mächtigeren, in der Heilpädagogik (und nicht nur hier) zu weitreichender Wirksamkeit gekommen Mythos: den Glauben an die planbare und herstellbare Wirksamkeit von Erziehung“ (ders. S. 243). Man kann an der typologischen Darstellung, die hier geborene Erzieher, dort revolutionäre Materialisten und dort pädagogische Macher entwirft, sicherlich einiges monieren. Aber es geht, wie der Autor schließlich auch betont, weniger um die faktische Wirkungsmacht pädagogischer Weltbilder, als vielmehr um mögliche Ausprägungen einer pädagogischen Haltung, die sich bis auf die alltägliche Praxis auswirkt. Wenn wir diese Perspektive im Auge behalten, wird die Bedeutung von Sinnfiguren und Erfüllungsgestalten der gemeinsamen Praxis deutlich. Alle die genannten Typisierungen lassen sich als prototypische Beispiele beschreiben, wie man die Struktur eines Arbeitsbündnisses verstehen (und missverstehen) könnte. Man kann das pädagogische Bündnis über die Qualität und die spezifischen Charakteristika des guten Erziehers eröffnen und damit die lebensweltliche Zentrierung des Kindes aus dem Auge verlieren. Man kann des Weiteren gesellschaftspolitische Ziele auf die pädagogische Praxis übertragen und damit wünschenswerte emanzipatorische Potentiale ersticken. Oder man kann den Zugang zu dem besonderen Bündnis durch einen Machbarkeitsglauben, technokratische Messbarkeit und grenzenlosen Optimismus von vornherein versperren. Jeder dieser Zugänge ist in weiten Teilen und Aspekten sinnvoll und denkbar, aber keiner kann die Grundlagen benennen, von denen aus das Arbeitsbündnis erst eröffnet wird. Im Rahmen eines solchen Zugangs bleibt nicht nur das einzelne Kind eine gewissermaßen vernachlässigte Größe, sondern es bleibt schwierig, zu einer subjektiv mit Bedeutung und Sinn erfüllten Haltung zu gelangen. Die großen Erzählungen der Erziehung werden dann problematisch, wenn sie sich gleichsam auf die Praxisvorstellungen übertragen, wenn das falsche Bild der herstellbaren Wirksamkeit und Programmierbarkeit die pädagogische Praxis *kolonisiert*. Man mag dies daran erkennen, dass unerfüllbare oder schlichtweg unrealistische Bilder der pädagogischen Subjekte entworfen werden, wenn einseitige Leitbilder entworfen werden oder wenn die entscheidenden sozialen Variablen einer Methode übersehen werden. Die Alternative liegt nun nicht in einer ebenso einseitigen Dekonstruktion, sondern in einem veränderten Deutungs- und Bezugsrahmen. Der Bezug auf fundamentalanthropologische Aspekte ist an diesem Punkt wiederum hilfreich. In diesem Rahmen werden keine großen Versprechungen gegeben, sondern lediglich die Grenzen eines möglichen Erfahrungsraumes abgesteckt. Dazu ist es nicht nötig, von einem Ideal im Sinne der genannten großen Erzählungen auszugehen und darüber die Innenperspektive zu vernachlässigen. Anders formuliert, ist folgende Zielsetzung ja implizit immer gegeben: Kinder, die immer wieder in gewaltförmige Auseinandersetzungen geraten, die sich und andere gefährden und verschiedene Krisensituationen als Dauerzustand erleben, *möchten* diese Situation natürlich ändern. Aber sie *können* es aus unterschiedlichsten Gründen nicht – nicht alleine, nicht sofort, möglicherweise auf Dauer noch nicht! Gleichwohl spüren Pädagogen und Helfer einen Leidensdruck, der zwischen individuellem Leid und universeller Sprache gefangen ist. An diesem Punkt stehen wir vermutlich, wenn wir die ersten Momente des pädagogischen Arbeitsbündnisses definieren wollen. Das Kind agiert aus einem spezifischen Erfahrungsraum heraus, den der Pädagoge erst schrittweise nachvollziehen kann. Der gemeinsame Erwartungshorizont, der im Sinne einer emanzipatorischen Leitvorstellung oder eines sorgsam erstellten Erziehungsprogramms aufgespannt wird, ist zu diesem Zeitpunkt noch gar nicht gegeben. Es ist gewissermaßen von einer gemeinsamen Grundsituation auszugehen, in der ein gemeinsamer Erfahrungsraum und ein Erwartungshorizont aufeinander bezogen werden, ohne dass dabei Programme umgesetzt, Interventionen ergriffen und Ansprüche befriedigt werden. Dies hat nichts mit „Erfolgen" zu tun, wie sie im Rahmen von pädagogischen Initiativen oder Forschungsprogrammen ausgerufen werden. Die Machbarkeit der planvollen Erziehung ist *zu keinem Zeitpunkt gegeben*. Dies gilt es für die bisherigen Überlegungen vor Augen zu halten. Das Einheitsbild, das sich im Ideal des guten Erziehers, des effektiven Programms oder einer überlegenen Methode ausdrückt, ist eine Illusion. Der entscheidende Punkt ist es, wie wir die Haltung der Distanz und Zurücknahme mit einer sinnvollen Interpretations- und Deutungsarbeit verknüpfen können. Letztlich stellt sich dann doch die Möglichkeit der Formulierung einer sinnvollen Einheit der Profession, auch wenn wir nicht von einem einheitlichen Bild, einer einheitlichen Erzählung oder eines einheitlichen Konzepts ausgehen können.

Für Michael Wimmer realisiert die pädagogische Professionalität eine Art Zerfall des Allgemeinen und gleichsam eine Wiederkehr des Singulären (Wimmer 1996, S. 404 ff.). Man kann diese Diagnose durchaus analog zu den bisher geäußerten fachlichen Begrenzungen verstehen: von einer allgemeinen, auf alle Sphären des Erziehungssystems durchgreifenden Grundstruktur kann nicht die Rede sein. Übergreifende Deutungen und verbindliche Selbstbeschreibungen verblassen. Dies ruft in praktischer Perspektive die Frage hervor, in welchem Verhältnis die an Handlungsfelder und institutionellen Einbindungen orientierten Professionellen zu diesen skeptischen und dekonstruktiven Diagnosen stehen. Auch wenn rein praktisch die individuellen Überzeugungen und Lebenserfahrungen von niemanden, auch nicht von der Wissenschaft übernommen oder aufgebürdet werden können, so wäre doch die Frage, wie groß die Kluft zwischen der wissenschaftlichen Semantik der Unbestimmtheit und pragmatischen Vollzügen der Praxis tatsächlich ist. Möglicherweise ergibt sich ein Pragmatismus, der sich gar nicht mehr um die mehr oder minder stimmige Problematisierung in der wissenschaftlichen Sphäre schert und die eine wie auch immer komplizierte oder hilfreiche Antwort gar nicht mehr erwartet. Dies wäre insoweit unproblematisch, als von der Autonomie der Praxis hier ohnehin ausgegangen wird und ein rezeptologischer Ansatz ohnehin vermieden werden sollte. Aber schwierig wird es ja vermutlich dann, wenn zum Beispiel die Auffassungen innerhalb eines professionellen Arbeitsfeldes so weit auseinander gehen, dass die Dissonanzen unüberhörbar werden. Schwierig wird es auch, wenn die Professionellen mit den Mühen ihrer Arbeit nicht mehr zurecht kommen, wenn Erschöpfung, Mutlosigkeit, Sinnverlust artikuliert werden, ein in den helfenden Berufen weit verbreitetes Phänomen. Die Aufgabe einer Deutungsarbeit, die nach dem Sinnzusammenhang einer professionellen Einheit sucht, kann also nicht delegiert werden. Noch einmal: es geht nicht um die Wiederherstellung einer Einheit, um den skizzierten

Einheitsverlust wieder gut zu machen, sondern um eine sinnvolle Rekonstruktion der fachlichen Grundstruktur. Dazu bedarf es eines kategorialen Rahmens, der die erwähnten Distanzen und Differenzen, den Zerfall des Allgemeinen mitzudenken vermag.

TEIL C: ORIENTIERUNG IM LEBENSLAUF

1 ZWISCHEN INKLUSION UND LEBENSLAUF-ORIENTIERUNG

Die Reflexionen zur Disziplin und zur Profession sind, wie man bislang sehen konnte, in einem Geflecht von Differenzen und theoretischen Abhängigkeiten befangen, wechselnden und scheinbar unsicheren Positionen. Einen festen Halt einer einzigen wissenschaftlichen Position, die selbstbewusst die Unsicherheiten des Fachs auf einen Standpunkt verweist, sucht man vergebens. Dies hat seine Gründe, und tatsächlich werden wir mit den folgenden Reflexionen diese Unsicherheiten nicht aus der Welt schaffen. Auch die folgenden Analysen, die als Leitfaden die Orientierung im Lebenslauf aufweisen, sind auf diese Bedingung verwiesen.

Die *Orientierung im Lebenslauf* bildet den Leitfaden der folgenden Diskussionen. Aber mit diesem Vorhaben ist eine Reihe von Unwägbarkeiten und Ambivalenzen verknüpft. Dies ergibt sich aus mindestens zwei Sachverhalten heraus: der Schwierigkeit, eine professionelle und disziplinäre Ganzheitlichkeit „herzustellen“, sowie der prinzipiellen Brüchigkeit des individuell gestalteten Lebenslaufs. Vereinfacht gesprochen kann eine kohärente Lebenslauforientierung aus diversen Gründen schwerlich zu einer widerspruchsfreien Darstellbarkeit gelangen. Die empirische Basis ist zwar stückweise vorhanden, zwar gibt es eine internationale Dimension von psychologischen und psychosozialen Langzeituntersuchungen, aber der Bezug auf eine distinkte Einheit, eine klar definierte Gruppe oder „Klientel“ ist nicht gegeben. Man muss die Einsichten ein Stück weit vereinfachen, um diesen Zusammenhang zu verdeutlichen: es gibt keine eindeutig repräsentierbare Gruppe, die über einen längeren Lebenzeitraum unter eindeutigen kategorialen Zuordnungen klar definierbar wäre. Einen Status der Förderbedürftigkeit kann man erlangen und wieder verlieren und die Umstände zum Erwerb sind milde gesprochen schwankend, eine Kinder- und Jugendpsychiatrie wird für einen kurzen Zeitraum „besucht“ und sie sagt nicht viel über die weitere Karriere aus; die Aufnahme in ein Heim oder eine sozialpädagogische Tagesgruppe stellt zwar einen erheblichen Einschnitt in eine Biographie dar, aber auch sie genügt schwerlich einer isolierten kohortenspezifischen Reflexion. Für diese Bereiche gibt es zwar einzelne Untersuchungen mit unterschiedlichen Erkenntnisinteressen, aber der übergreifende Zusammenhang fehlt. Wir können daher im einfachen Sinne nicht sagen, was eine Laufbahn über die vorschulische, schulische, berufliche und soziale Karriere hinaus ausmacht. Das schließt natürlich nicht aus, dass wir begründete Vermutungen anstellen können, die an bestimmten und bekannten Drehmomenten der Karriere ansetzen: schwierig ist bekanntlich der jeweilige Moment des Übergangs, von der Kindertagestätte in die Schule, von der Schule in den Beruf oder in die Arbeitslosigkeit, von der sozialpädagogischen Gruppe in die soziale Normalität oder, wenn es schlecht läuft, in die anhaltende Selbstexklusion. Die Andeutungen zeigen, dass es durchaus Sinn macht, sich für die Reflexion an Negativitäten und Grenzbestimmungen zu halten. Die „gelungene Integration“, in der die Schwierigkeiten der sozialen und emotionalen Entwicklung abgewendet wurden und in einem annähernd guten Leben münden, sind weniger von Interesse als das individuelle Operieren an der Grenze zwischen Inklusion und Exklusion. Letztere Differenz bildet gewissermaßen den Leitfaden für die Orientierung im Lebenslauf unter erschwerten Bedingungen.

Es ist insofern unvermeidlich, den begrifflichen Rahmen einer Orientierung im Lebenslauf (hierzu: Abott 1990, Meyer 1990) an die besonderen Bedingungen anzupassen und mithin Perspektiven und Leitfragen zu eröffnen, die aus Sicht des Fachs hoch bedeutsam, wenn auch aus Sicht einer klassisch soziologischen Perspektive ungewöhnlich sind. Zum einen ergibt sich die notwendige Anbindung an Konzeptionen zur Psychologie im Lebenslauf. Die damit zusammenhängende „Entwicklungspsychologie der Lebensspanne" geht davon aus, dass Entwicklung über die gesamte Lebensspanne stattfindet. Entwicklung hört nicht im Jugendalter auf und wird etwa durch das Altern abgelöst. Vielmehr ist Entwicklung in jedem Zeitpunkt der Lebensspanne durch Gewinne und Verluste, Reserven und Plastizität, Selektion und Kompensation, insgesamt also: Kontinuitäten und Diskontinuitäten gekennzeichnet. Je nach Fragestellung könnten damit thematische Verläufe, z. B. schulische Karrieren, individuelle Wohngeschichten, Exklusionserfahrungen auf dem Arbeitsmarkt und Weiteres in den Mittelpunkt rücken. Dieser Entwicklungsbegriff beinhaltet aber auch, dass zu jedem Zeitpunkt im Leben neue Prozesse entstehen können; Entwicklung ist insofern nicht am isolierten Individuum zu beschreiben und zu erklären, sondern es könnten z. B. der soziale und kulturhistorische Kontext in Rechnung gestellt werden. Jenseits der spezifischen Schwerpunkte, die man im Allgemeinen den Strukturen des Lebenslaufs hinsichtlich Übergang, Sequenz und Verlauf abgewinnen kann, ist hier jedoch im Interesse des Fachs nach kritischen Verläufen, Übergangsstrukturen, Wendepunkten und problematischen Zustandsbeschreibungen zu fragen. Insbesondere ist aber zu fragen, in welchen Zusammenhang die Lebenslauforientierung und der Gedanke der Inklusion zu stellen sind.

Die Orientierung im Lebenslauf stellt eine jüngere Disziplin im Schnittfeld von Psychologie und Sozialwissenschaft dar. Sie ermöglicht einen theoretisch fundierten Blick auf verschiedene Sozialisationsmuster, Karrieren und Biographien, auf mögliche Erfahrungsräume der Moderne. Die Lebenslaufperspektive ist jedoch, insofern sie mit behindertenpädagogischen Maßstäben gemessen wird, nicht unproblematisch. Denn hierbei geht es um brüchige Verläufe und unerwartete Entwicklungen, um Identitätsprobleme und Exklusionsverkettungen, die in vielen Fällen vielleicht erträglich gestaltet, in anderen wiederum zu einem lebenslangen Problem werden können. Der Begriff der Inklusion stellt insofern gewissermaßen einen Maßstab dar, mit dem man individuelle und kollektive Lebensläufe kritisch bewerten kann. Ist das Zusammenspiel von Inklusion und Exklusion, das jede Biographie in der Moderne prägt, nachhaltig gestört, dominieren also Muster der Exklusion, dann können einzelne Biographien über den Lebenslauf hinweg als gestört, prekär, gescheitert gelten. Dies lenkt die Aufmerksamkeit im Grunde auf den Kern der behindertenpädagogischen Normativität – es geht darum, Spielräume und Möglichkeiten der personalen und sozialen Integration zu eröffnen. Dazu aber bedarf es eines verbindenden Maßstabs der Inklusion, in der Frühpädagogik, in der Schule, im Beruf, im Alltag. Auf der begrifflichen Ebene kann man zunächst widerspruchsfrei argumentieren und dahingehend die soziale Wirklichkeit befragen: Haben die verschiedenen Individuen inklusive Praktiken und Kulturen erfahren und konnten sie ihre eigene Biographie zwischen den Polen von Inklusion und Exklusion produktiv verorten (vgl. Abb. 3)? Aber in einer reflexiven Perspektive, die nach der Herkunft und dem Selbstverständnis der Profession fragt, werden die Dinge komplizierter. Denn es gilt, den gesellschaftlichen Geltungsanspruch der Inklusion mit seiner puren Faktizität zusammen zu lesen und hieraus praktische Schlussfolgerungen zu ziehen. An den Punkten, an denen die Mechanismen der Exklusion dominieren, war nicht einfach nur „zu wenig" Inklusion im Spiel und auch dort, wo erhebliche pädagogische Investitionen zu registrieren sind, kann es zu Enttäuschungen und zu individuellem Scheitern kommen. Anders herum müssen schwierige Entwicklungsbedingungen keineswegs in abweichenden Karrieren münden und kann es zu gelungenen Selbstentwürfen kommen. Der Maßstab der Inklusion ist in einem Feld, das in besonderem Maße von Selbstentwürfen und Erfahrungen, frühen Prägungen und Autonomie gekennzeichnet ist, kein linearer. Er bleibt in vielen Fällen eine Hintergrundgestalt und dies macht die folgenden Überlegungen nicht einfacher. Denn anstelle eines einleuchtenden gesellschaftlichen und pädagogischen Rezepts, wie man die Erfüllungsgestalt der Inklusion entfalten könne, sind wir aus Sicht der Profession darauf verwiesen, das Ganze unter einem Zwielicht zu betrachten.

Abb. 3: Kampagne „Behinderung ist heilbar", Bundesministerium für Arbeit und Soziales

Es gibt nun eine Reihe von Abstraktionsstufen, von denen aus man den Begriff der Inklusion betrachten kann. Mit einem schwer zu übersteigbaren Grad an Allgemeinheit kann man von einer gleichursprünglichen Ausgangssituation reden und die allgemeine menschliche Grundsituation mit einem Allen gemeinsamen Mangel gleichsetzen. Inklusion wäre demnach eine nachvollziehbare und intersubjektiv einsichtige Kernforderung, die jeweiligen strukturellen Verhältnisse je so anzupassen, dass inklusive Kulturen ermöglicht werden. Auf einer anderen Stufe differenziert sich diese Forderung in institutionelle Arrangements und organisatorische Aufgaben aus. Auf dieser Ebene wird man weiterhin dem Maßstab der Inklusion gerecht, auch wenn es bei der Breite möglicher Schädigungen und schwieriger Bedingungen zu flexiblen Interpretationen dessen kommen kann, was mit inklusiven Praktiken verbunden wäre. Auf einer wieder anderen, aber keineswegs niedrigeren Stufe müssen die Erfordernisse des Fachs emotional-soziale Entwicklung am Maßstab der Inklusion gemessen werden. Nun ist es nicht so, dass an diesem Punkt die Idee der Inklusion im Treibsand desintegrativer Prozesse stecken bleibt, dass hier, anders gesprochen, die schöne Idee auf die harte Kausalität der Wirklichkeit stößt. Man muss die Dinge wohl differenzierter betrachten und man kann vorsichtig davon sprechen, dass auch aus einer engeren fachlichen Sicht der Anspruch der Inklusion bedeutsam, wegweisend und auch in vielen Aspekten tragfähig ist. Aber keineswegs durchgängig. An diesem Punkt helfen weder moralrigoristische Standpunkte noch politischer Idealismus. Nur eine Sicht, die sich auf die Erfahrungen bezieht, die in einer brüchigen Entwicklungssituation gemacht wurden, hat einen diskreten Anspruch darauf, differenziert und realitätsnah zu sein.

Fragen wir zunächst, warum es so schwierig ist, Inklusion widerspruchsfrei für das Fach zu formulieren. Die Schwierigkeiten beginnen bereits bei der Sprache. Die radikale Inklusionsbewegung hat hier einen zwiespältigen Maßstab gesetzt: Ausgrenzungen und Abgrenzungen, Entwürdigungen und Herabsetzungen beginnen bereits bei der Sprache. „Behinderungen" sind demnach Sprachformen, die individuelle Vielfalt falsch verstehen, denn sie lenken von den entscheidenden Variablen im Umfeld ab, sie rücken in unangemessener Weise die ganze Person in das Zentrum. Einige Beobachter hat dies dazu verleitet, in die Offensive zu gehen und eine vermeintliche Naivität aufzubringen. Gibt es nicht auch eine Berechtigung von Fachsprachen, von Kategorisierungen, die Mängel sichtbar machen, statt sie zu überspielen? Die Positionen, die hier doch eher selten in einen Dialog münden und sich in vielen Fällen auf den Aspekt politischer Korrektheit beziehen, sind hier jedoch nicht wegweisend.

In einem anderen Sinne muss jedoch für die spezifischen Anforderungen des Fachs der Aspekt der Sprache hervorgehoben werden. Denn welches Verständnis von Verhaltensstörungen die jeweiligen Praxen begleitet, ist hoch relevant. Behindertenpädagogische Diskurse um leitende Begriffe haben die Problematik identitätsverstärkender ausgrenzender Begriffe auf den Punkt gebracht; man spricht deswegen heute nicht mehr von dem Verhaltensgestörten, sondern von zeitgebundenen Selbstbildern, von Momentaufnahmen oder schwierigen Situationen, die das Phänomen der Störung bedingen. Aber die bisweilen zu beobachtende Tendenz, normative Festlegungen durch alternative Begriffe zu vermeiden, weist gleichsam in eine falsche Richtung. „Verhaltensoriginalität" oder „überraschendes, herausforderndes Verhalten" sind Begriffe, die ernsthafte Probleme umschiffen, sie deuten ein Problem auf der Seite des erzieherischen Umfeldes an. Sie lösen nicht nur wenig Probleme, sie tragen möglicherweise zur Verschärfung von Konflikten bei, und zwar in unterschiedlichen Kontexten: auf der pädagogischen Ebene, der Ebene konkreter Interaktionen, aber auch auf der höheren Stufe der Inklusion. Suggeriert der Begriff der Originalität nicht auch, dass Verhaltensstörungen in dem Maße unproblematisch werden, in dem sie in flexiblen Begriffen aufgefangen werden? Demnach käme es für die „gelungene" inklusive Praxis vorrangig darauf an, für die wahrgenommenen Abweichungen im Prozess der Bildung und Unterrichtung „Begriffe" bereit zu halten. Dies mag in vielen Situationen gelingen, aber im Allgemeinen wird in diesem abstrakten Zusammenhang die soziale Komplexität ausgeblendet. Zu dieser Komplexität zählen unter anderem die Erwartungen der Umwelt, die kommunikativen Standardformen in Bildungsinstitutionen, die Tragfähigkeit von Institutionen gegenüber Abweichungen – insbesondere aber wird ein Aspekt übersehen, der am Anfang sozialer Beziehungen steht: die Erwartung, relativ gewaltfrei und sinnvoll miteinander umzugehen. Wird diese Erwartung enttäuscht – und viele Verhaltensauffälligkeiten stehen dem faktisch entgegen – kommt die erwünschte Toleranz schnell abhanden (zum Umgang mit Verhaltensstörungen im Kontext Schule: Stürmer 2013). Es ist also möglicherweise zu kurz gedacht, an den Begriffen anzusetzen, um dem Phänomen auffälligen Verhaltens in einem inklusiven Rahmen gerecht zu werden. Dies ist für die Verhältnisbestimmung zwischen Lebenslauforientierung und Inklusion nicht viel – aber es verweist darauf, dass der Inklusionsbegriff tiefer gefasst werden muss. Eine solche Tiefe wird eher erreicht, wenn man von einer interaktionistischen Sichtweise ausgeht, die zwischen einer Phänomenebene und einer komplexen Erklärungsebene ausgeht. Im Hinblick auf eine gestörte Person-Umfeld-Beziehung sind folgende vier Aspekte zu berücksichtigen: die genuinen Beiträge der Person, die Beiträge und Bedingungen der jeweiligen Situation, die verschiedenen Aspekte der Interaktionsgeschehens zwischen Person und Umwelt, wenn beispielsweise Überforderungsbedingungen mit individuellen Schwächen einher gehen, sowie der Aspekt der Erwartungen und Wahrnehmungen der Umwelt (hierzu: Stein 2004, ders. 2008, ders. 2009; ders. 2012).

Ein solches Verständnis von Verhaltensstörungen, das wir im Verlaufe auf verschiedenen Ebenen angesprochen haben, ist auch für den Aspekt der Inklusion maßgeblich und sinnvoll. Abbildung 4 weist in diesem Sinne nicht eine Linearität, sondern einen verschlungenen Pfad der Orientierung im Lebenslauf auf. Inklusive Kulturen und Praktiken können zwar zu jedem Zeitpunkt die jeweilige Biographie mitprägen, aber die Exklusionsmöglichkeiten müssen stets mitbedacht werden. Die Entwicklung ist eben durch verschiedene Umweltereignisse, Situationen und Entscheidungen geprägt, die über die individuelle Ebene hinausgehen, die frühe Herausnahme aus einem primären familiären System etwa. Anders als bei anderen Behinderungsformen kann Inklusion an diesem Punkt nicht „gefordert" werden, denn es geht um Exklusionen auf fundamentaler Ebene, bei der es um sinnvolle Interventionen zur Vermeidung von weiteren Schädigungen geht. Die weiteren Interventionen im Lebenslauf, die über institutionelle Separierungen und spezielle Organisationsformen führen, können zwar an inklusiven Standards gemessen werden, aber auch hier gibt es keine Alternativlosigkeit. Auch sogenannte Intensivangebote in schulischer und sozialpädagogischer Hinsicht können inklusive Praktiken mit vorübergehenden Exklusionen verbinden (beispielsweise wenn es um das spezifische Verlernen von Problemverhalten oder um die Sicherung eines stabilen Erziehungsmilieus mit einem spe-

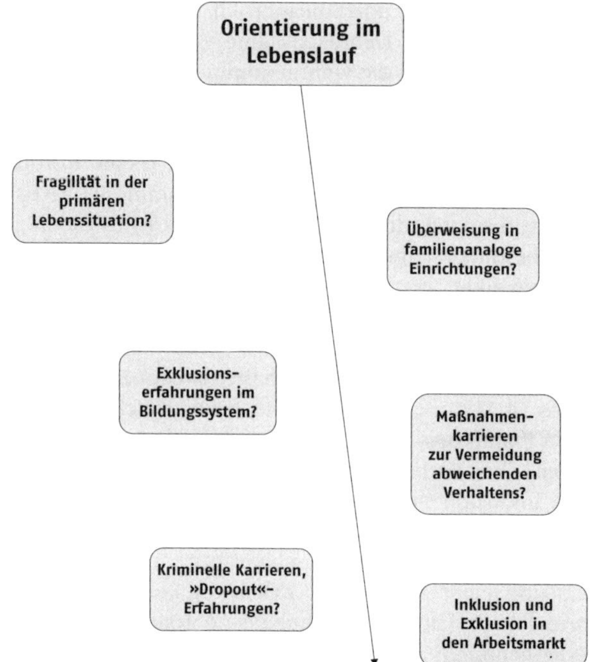

Abb. 4: Inklusive Kulturen und Exklusionsmöglichkeiten im Lebenslauf

ziellen Rückführungsgedanken geht). Allerdings ist man bei einem solchen Verständnis auf einen weiten, nicht verengten Begriff der Inklusion verwiesen. Dies gilt wohl auch für die weiteren „Stationen" des Lebenslaufs. Die Aspekte der beruflichen Eingliederung und Integration sowie die Vermeidung von Kriminalität bilden die zentralen Desiderate. Sie können hier nur angedeutet werden (weiterführend etwa: Walkenhorst 2010, ders. 2010a; ders. 2011; ders. 2011a), aber es ist zwingend notwendig, von einem diskontinuierlichen, nichtlinearen Verlauf auszugehen. Erfolge im beruflichen System können mit desintegrativen Erfahrungen auf privater Ebene einher gehen, abweichendes Verhalten in unterschiedlichen Systemkontexten kann eine Zeit lang unbemerkt bleiben oder zu schwierigen individuellen Dynamiken führen, auch auf der innerpsychischen Ebene sind die Relationen zwischen individuellen Personmerkmalen und Umweltbedingungen höchst variabel. Komplexe und negative psychische Erfahrungen können schwelen und latent bleiben, bis sie zum Ausbruch kommen, sie können aber auch jahrelang die Entwicklung blockieren, bis es zu einer befriedigenden Selbststabilisierung kommt (vgl. etwa die Unterscheidung von verschiedenen Lebensspannungstypen bei Tröster 2011).

Zusammenfassend wäre also zu fragen, in welchen Zusammenhang Lebenslauforientierung und der Gedanke der Inklusion zu stellen sind. Dies legt weniger eine „Hochrechnung" von Ereignisdatenanalysen und Verlaufstypen nahe als vielmehr die Diskussion von *Grenzzusammenhängen.* Wir können im Folgenden im Grunde nur sinnvoll nach den gesellschaftlichen Grenzen fragen, die zwar auch auf inklusive Praktiken, auf inklusive Möglichkeiten verweisen. Aber: Wie der Wechsel einer sozialen Orientierung im Lebenslauf verarbeitet wird, wie mit der dauerhaften Brüchigkeit der sozialökologischen Faktoren umgegangen wird oder wie der dauerhafte Abbruch und das Scheitern sozialer Beziehungen erlebt wird, dies lässt sich nur im Rahmen einer verstehenden Soziologie und mithin im Rahmen von bestimmten Grenzdiskursen nachhaltig thematisieren.

Zu diesen Grenzdiskursen zählen im Folgenden die Frage, wie mit „Schulversagen“ und krankmachen Effekten umzugehen ist, hierzu zählt der Gedanke der Prävention, aber auch Probleme der Gewalt und des Transkulturalismus, die insgesamt selten thematisiert werden. Die Reflexion stößt hier sicherlich auf Unbekömmlichkeiten, weil es um Dinge geht, die außerhalb der Norm liegen. Es ist daher sinnvoll, auch Perspektiven zu erschließen, die sich dem Zusammenhang von Vertrauen und Gewalt widmen, um Gewalt und Pädagogik überhaupt als Phänomene in einem Sinnzusammenhang zu beschreiben. Das Wechselspiel von Inklusion und Exklusion ist im Sinne dieser Grenzdiskurse zu betrachten; der Wert all dieser einzelnen Bereichsstudien wird sich daran zu erkennen geben, ob er sich an einem Begriff der Parteinahme und interexistentiellen Solidarität bzw. einem Begriff der Anerkennung orientiert, der zuletzt diskutiert werden soll.

2 DAS JANUSGESICHT DER PRÄVENTION

Prävention hat ein Janusgesicht. Dies gilt besonders für den Umgang mit Entwicklungsstörungen. Im Allgemeinen besteht die Ambivalenz in der ungewollten Ermöglichung einer Stigmatisierung. Im Umfeld der frühzeitigen Erkennung, Diagnose und Therapie bei emotionalen und sozialen Störungen zeigt sich diese Ambivalenz mit verschobenen Schwerpunkten. Exemplarisch können wir diese Zusammenhänge am Problem der außerfamiliären Betreuungseinrichtungen beschreiben. Dazu wäre zunächst die allgemeine gesellschaftspolitische Ausgangslage darzustellen. Aufgrund ökonomischer und globalisierungsbedingter Entwicklungen hat sich in den letzten Jahrzehnten international eine erhebliche Nachfrage nach einem System der umfassenden Kinderbetreuung bis hinab zum Säuglingsalter ergeben. Man spricht von „daycare", preschooling" und man vermutet dort einen Skandal, wo flächendeckende Betreuungsangebote noch nicht zu erkennen sind. Dieser Zusammenhang, dessen bildungspolitische und ökonomische Aspekte hier außer Acht zu lassen sind, hat jedoch eine sensible Debatte nach sich gezogen, die auch für das Fach unmittelbar relevant ist. Es geht um die Frage, ob und inwiefern kleinere Kinder in einem grundlegend veränderten sozialen Umfeld unter Umständen Schaden nehmen und ob sich ggf. ein Rückgang sozio-emotionaler Kompetenzen feststellen ließe. Die entsprechenden Untersuchungen geben hier wie stets uneinheitliche Befunde ab, aber einige Punkte wären dann doch gesondert zu betrachten. Zum einen konnte nachgewiesen werden, dass eine frühe und umfangreiche Betreuung, die von zweifelhafter oder minderer Qualität ist, mit erheblichen Risiken für das frühe Bindungsmuster zwischen Mutter und Kind einhergeht. Zu diesem wenig überraschenden Befund gesellt sich jedoch die Erkenntnis, „dass Krippenbetreuung sich unabhängig von sämtlichen anderen Messfaktoren negativ auf die sozioemotionale Kompetenz der Kinder auswirkt" (Blanke 2012, S. 7). Je mehr Zeit Kinder in bestimmten Versorgungseinrichtungen verbrachten, desto eher erhöhte sich der Grad emotionaler und sozialer Auffälligkeiten. Dissoziales Verhalten, soziale Unreife, frühe Kriminalität und Verhaltensstörungen zeigten sich „unabhängig von der Qualität der Betreuung" (ebd.). Es ist dies ein Befund, der nachdenklich stimmt. Man könnte auf einer sehr oberflächlichen Ebene hieraus den Schluss ziehen, dass der Vorteil einer innerfamiliären Betreuung oder einer nachhaltigen mobilen Erziehungsberatung in Betracht zu ziehen wäre. Aber damit wäre man schon inmitten einer sozial- und sonderpädagogischen Grundsatzreflexion, die seit mehreren Jahrzehnten schwelt und immer wieder neue Akzentuierungen gefunden hat (Weisser 2005; Weiß 2000). Eine realistische Perspektive müsste jedoch von einem nicht idealen Zustand ausgehen, was hier bedeutet anzuerkennen, dass die Herausnahme und Betreuung von Kindern in außerfamiliären Einrichtungen eine gesellschaftliche Realität ist. Und für die behinderten- und sonderpädagogische Perspektive muss man hinzufügen: die Herausnahme und Inobhutnahme ist in bestimmten gravierenden Fällen unumgänglich. Der ideale Fall, bei dem eine beratungsbedürftige Sorgeberechtigte konstruktive Anleitungen erhält, um ihr Erziehungsverhalten und langfristig die Entwicklung ihres Kindes zu beeinflussen, gehört zwar ebenso zu einer denkbaren Realität. Aber für die Reflexion des Fachs ist es wohl problematisch, explizit von einem solchen Muster auszugehen.

Wir haben es also, negativ formuliert, mit zwei besonderen belasteten Situationen zu tun, in denen sich erhöhte Stressoren für die kindliche Entwicklung ergeben. Die eine Situation können wir einem vermuteten Alltagsgeschehen entnehmen, in dem sich erschwerte soziale, materielle, ökonomische und generative Bedingungen ungut vermischen. Man spricht von einem „Nährboden", auf dem Verhaltensstörungen gedeihen können. Und man kann diese Vermutung risikosoziologisch unterfüttern (Beck 1990). Die andere Situation zielt auf den oben erwähnten unerwarteten Befund, dass auch unabhängig von der mittleren Qualität einer Betreuungseinrichtung bei Kindern erhöhte Stressbelastungen festzustellen sind, wenn sie dauerhaft der primären Bindung entzogen sind. Es macht insofern, wenn wir diese beiden ungünstigen Situationen gegenüber stellen, wenig Sinn, von einer vergleichsweise vorteilhafteren Situation auszugehen, die bildungs- und sozialpolitisch einzufordern wäre. Man muss sich bis zu einem gewissen Grade der Tatsache stellen, dass sich emotionale und soziale Entwicklungsprobleme nicht nur unter allgemeinen familiären Deprivationsbedingungen, sondern latent durchaus auch in einem kognitiv und sozial stimulierenden Betreuungsumfeld ergeben. Die primäre Situation, so kann man in anthropologischer Hinsicht schlussfolgern, kann eben nicht „kopiert" werden und diese Einsicht wendet sich gar nicht gegen das beliebte Kostenargument. Die soziale Brüchigkeit zieht zwar notwendige, aber auch vermeidbare Konsequenzen der staatlichen Sorge nach sich, aber man bleibt auf einer Ebene der mehr oder weniger günstigen Kompensation. Weit davon entfernt, aus dieser fragilen Entwicklungssituation einen Determinismus zu schlussfolgern, geht es vielmehr darum, von dieser Grenzerfahrung her zu argumentieren. Wir tun dies in den folgenden aufeinander Bezug nehmenden Schritten, die insgesamt auf die schwierige Frage der Prävention im frühen Kindesalter zielen. Die einschlägige Debatte um die frühe Fremdbetreuung von Kindern soll zunächst noch einmal aufgezeigt werden, insoweit sie für die Reflexion der Disziplin relevant ist. Der „dunklen Seite der Kindheit" entspricht dann diametral eine gesellschaftliche Tendenz zur Überbehütung. Warum solche Tendenzen, die hier nur vage erfasst werden können, überhaupt fachliche Aspekte berühren, dies wäre zunächst aufzuzeigen. Es ist der Gedanke einer „Leistungsgesellschaft", der hier erhebliche Folgeprobleme nach sich zieht, zum einen, weil er dem Gedanken der Prävention und Integration entgegen steht, zum anderen aber auch, weil damit gewissermaßen die dunkle Seite der Prävention angesprochen wird. Es wird also mit anderen Worten versucht, den Gedanken der Prävention in einer dialektischen Bewegung einzufangen, gesellschaftliche, soziale und bildungspolitische Aspekte integrierend. Das Plädoyer für einen fundamentalen Begriff der Prävention ist dann aber keineswegs eine zwingende Schlussfolgerung, sondern eher ein Orientierungsangebot. Denn es lenkt die Aufmerksamkeit eines gesellschaftlichen Problems – der Unterkühlung gesellschaftlicher Beziehungsfähigkeit – lediglich auf Kompromisse mittlerer Reichweite. Der pädagogische Begriff der Prävention kann dementsprechend gar nicht anders verstanden werden denn als ein unvollkommenes, tröstendes, kompensierendes Instrument.

2.1 Die dunkle Seite der Kindheit

Die Aussagen und Handlungsmöglichkeiten, die wir dem Gedanken der Prävention entnehmen können, sind von daher ein wenig vage, weil es eine allgemeingesellschaftliche Debatte gibt, die von der fachlichen Perspektive bei sozialen und emotionalen Störungen zu differenzieren wäre. Was in der einen Perspektive möglicherweise bedenkenlos gilt, ist in anderer Hinsicht zu spezifizieren und unter prinzipiell anderen Gesichtspunkten zu betrachten. Dies betrifft unter anderem die voraussetzungsreichen Begriffe der Gebundenheit, der Beziehungs- und der Betreuungsqualität. In der internationalen Dimension spricht man von „early child care". Damit klingt bereits das fürsorgliche Beziehungselement an, das im Allgemeinen für eine fürsorgliche und gut gelingende Betreuung vorausgesetzt wird. Die entwicklungspsychologischen Erkenntnisse ergeben in diesem Zusammenhang zur Relevanz früher Bindungen eindeutige Befunde: die Entwicklungschancen und Entwicklungsrisiken eines Säuglings wie eines Kleinkindes werden von der Qualität früher Bindungen bestimmt (Fegert 2012). Das explorative Sozial- und Spielverhalten des Kindes wird dann in die normalen Bahnen gelenkt, wenn Kinder im Horizont einer emotional sicheren Beziehung agieren und wenn feinfühlige Bezugspersonen vorhanden sind. Man spricht von sicher gebundenen Kindern, die insgesamt besser als unsicher gebundene Kinder in der Lage sind zu lernen. Der Begriff der unsicheren Bindung trifft dabei den zentralen Punkt. In der frühen Kindheit werden durch entsprechende Arrangements, Anregungen, Reize und Kontexte emotionale, soziale und kognitive Fortschritte ermöglicht, das betrifft auch das Explorations- und Neugierverhalten, das betrifft aber auch die Fähigkeit und Bereitschaft, neue, alternative, wechselnde Bindungen einzugehen. In diesem Sinne kann man durchaus pauschal davon ausgehen, dass sicher gebundene Kinder von Fremdbetreuung eher profitieren als unsicher gebundene. Sichere Bindungen gelten als Erfolgsvoraussetzung für die Bereitschaft, qualitativ gute Anregungen zur Förderung der kognitiven Fähigkeiten aufzunehmen, eine Erkenntnis mithin, die schnell in eine politische Qualitätsdiskussion umgemünzt wird: „Zahlreiche wissenschaftliche Untersuchungen aus den vergangenen Jahren haben im Detail gezeigt, dass Bindungssicherheit und Qualität von Beziehungen die Voraussetzung für viele weitere Entwicklungsprozesse im Leben darstellen. Auch der Umgang mit Stress und die Fähigkeit zur Regulation starker Emotionen werden in den frühen Beziehungen erlernt. Insofern ist es besorgniserregend, dass die Frage der Beziehungsqualität in der öffentlichen Debatte über den scheinbaren Antagonismus Krippe versus Familie kaum thematisiert wird" (ders. S. 8). Das kann man sicherlich so sehen. Freilich müssen wir im Hinblick auf die speziellen Bedingungen des Fachs den Aspekt der Bindungssicherheit differenzieren und ihn in einen möglichst ideologiefreien Zusammenhang stellen. Denn zunächst einmal könnte man ja aus der Erkenntnis, dass Bindungssicherheit für Entwicklungsprozesse von entscheidender Bedeutung ist, die „logische" Schlussfolgerung einer interventionsfreudigen Familienpolitik ziehen. Ob dies innerhalb eines familialen Systems durch entsprechende Beratungsformen oder durch die vorübergehende Inobhutnahme geschieht, das wären dann Detailfragen. Dieser Weg ist freilich komplizierter und voraussetzungsreicher, als es scheint.

Wiederum ist es hilfreich, von einem gesellschaftlichen oder sozialen Normalfall auszugehen. Einen konstruktiven Weg, um die Beziehungsqualität in familialen Lebenswelten zu erhöhen, erkennen wir am Aspekt sogenannter Erziehungspartnerschaften. Darunter wären Erziehungs- und Beziehungsmodelle zu verstehen, bei denen beispielsweise Großeltern oder ältere Menschen aus der Nachbarschaft, die eine Großelternrolle einnehmen können, die Beziehungsqualität in der Betreuung verbessern – eine Alternative, die sich insbesondere vor dem Hintergrund von endlosen Qualitäts-, Struktur- und Finanzierungsdebatten als vorteilhaft erweisen kann, weil sie eben der Mitte des gemeinsamen Lebens entspringt und weniger einem Dienstleistungskontext. Die anthropologische Dimension spielt hier eine wichtige Rolle, denn Kinder sind faktisch gut in der Lage, schon in der frühen Kindheit mit mehreren Bezugspersonen engere Bindungen einzugehen. Dies gilt nicht nur unter modernen Vorzeichen, auch biologisch betrachtet ist der Mensch nicht, wie man vermuten könnte, für die Entwicklung in der sogenannten Mutter-Kind-Dyade geschaffen. Die Kernfamilie – eine familiale Normstruktur mit ein bis zwei Kindern – ist entwicklungsbiologisch betrachtet ein junges Phänomen. Familienverbände waren lange Zeit generationenübergreifend und schlossen Hausangestellte im Sinne eines weiteren Begriffs der römischen „familia“ ein. Von Beginn an hatten Kinder hier verschiedene Bezugspersonen, wie eng die primäre Beziehung zur Kindesmutter jeweils war, darüber darf man spekulieren. Auch aus diesem Grund spricht einiges dafür, die gegenwärtigen Debatten über Fremdbetreuung an einen Begriff und Maßstab der jeweiligen Betreuungsqualität zu knüpfen (in diesem Sinne Fegert 2012).

Für eine tiefenscharfe Erfassung der spezifischen behindertenpädagogischen Fragestellungen, die sich in diesem Zusammenhang ergeben, müssen die Dinge freilich ungeschminkt benannt werden. Denn es ist schwierig, eindeutige Maßstäbe anzugeben, die im Falle von unsicheren Bindungen greifen könnten. Die Erfahrungen, die Kinder mit emotionalen und sozialen Entwicklungsstörungen in den frühesten Jahren gemacht haben, können die ohnehin scharfe Polarisierung in der allgemeinen Debatte noch einmal zuspitzen. Was geschehen kann, geschehen muss oder geschehen sollte, wenn die sichere Basis innerhalb der Familie nicht gegeben ist; wenn also unsichere Bindungen, Beziehungs- und Verhaltensstörungen zu entstehen drohen, kann im Grunde nicht verbindlich „normiert“ werden. Dies wird freilich leicht übersehen: eine lückenlose Überwachung und restlose Kontrolle durch sozialstaatliche Agenturen ist nicht durchsetzbar und nicht wünschenswert, in vielen Fällen käme es gesellschaftlichem Unrecht gleich. Auf der anderen Seite ist die Notwendigkeit, in Familiensysteme aufgrund akuter Kindeswohlgefährdungen zu intervenieren, mit Händen zu greifen. Diese Debatte zielt, wenn man sie zu führen bereit ist, auf rechtsstaatliche Detailfragen, für unsere Fragen ist aber eine Problemstellung zu klären. Kinder, die in ungünstigen sozialen Verhältnissen aufwachsen, können sich durch weitergehende Beziehungsangebote in ihrem Bindungsverhalten weiter entwickeln, „etwa durch eine liebevolle, geduldige Förderung in der Kita, durch die Großmutter, die

Nachbarin und andere hilfreiche, feinfühlige Beziehungspersonen" (ebd.). Es kommt an diesem Punkt auf die besondere Differenzsensibilität der einbezogenen Professionellen an, um diesen Möglichkeitsraum nicht vorschnell zu verschließen. Die realen Erfahrungen, die man in den Einrichtungen der Kinder- und Jugendhilfe nachvollziehen kann, sprechen zwar eine andere Sprache; oft werden Kinder zwischen verschiedenen Personen buchstäblich psychisch zerrieben, oft werden mangelnde Basiskompetenzen zu spät erkannt, nicht selten sind es die häufigen Beziehungsabbrüche, Beziehungsumschichtungen und -widersprüchlichkeiten, die die individuelle Entwicklung hemmen. Aber dies darf den Blick auf die Möglichkeiten, die sich gleichwohl ergeben, nicht verstellen. Auch unter Kindern, die unter prekären Verhältnissen aufwachsen, gibt es immer diejenigen, die gegenüber Entwicklungsrisiken resistent sind und aus den Beziehungsmöglichkeiten, die sie erfahren haben, einen positiven Aspekt herausfiltern konnten. Man könnte unter diesem Gesichtspunkt, der ja keineswegs nur den Fall der Inobhutnahme betrifft, sondern auf ein breites sozialpädagogisches Spektrum der Familienhilfe zielt, insofern ein Plädoyer für die Erweiterung für Beziehungsangebote schlussfolgern. Jenseits der dominierenden Gleichbehandlungs- und Gerechtigkeitsdebatten liegt der Schwerpunkt für das Fach auf dem Vorhaben, unsicheren Bindungen durch hinreichend differenzierte Betreuungs- und Beziehungsangebote entgegen zu wirken.

2.2 Eine Gesellschaft permanenter Optimierung?

Mit den bisherigen Überlegungen haben wir freilich nur eine bestimmte Seite des Präventionsgedankens angesprochen. Eine Kehrseite wird angesprochen, wenn wir die jüngeren bildungspolitischen Entwicklungen betrachten. Im Zusammenhang des modernen Bildungssystems ist der Gedanke der Prävention in ein Feld von widersprüchlichen und zum Teil gegenläufigen Tendenzen eingespannt. Zwei Sachverhalte wären genauer zu untersuchen: zum einen die gesamtgesellschaftliche Tendenz zur Optimierung der Kindheit, die sich vor dem Hintergrund der modernen kapitalistisch verfassten Gesellschaft abzeichnet, zum anderen der widersprüchliche Zusammenhang von Inklusion und Prävention im Bildungssystem. Zunächst kann man im Hinblick auf die Entwicklung moderner kapitalistisch verfasster Gesellschaften festhalten, dass mit der Zunahme unsicherer Lebenswelten, fragiler Bindungen und brüchiger Lebensverläufe allgemeine Angstzustände die modernen Individuen seit längerem ergriffen haben, zumindest wenn man dem Tenor der modernen Risikosoziologie folgen mag (hierzu: I. Beck 1996; U. Beck 1988, ders. 1997, ders. 1998). Diese Angst blickt auf unterschiedliche Ausprägungen und Stilmittel zurück, aber bezüglich der Gestaltung von Bildungskarrieren führt dies zum Problem der Multioptionsgesellschaft (Gross 1996). Es ist an diesem Punkt zwar problematisch, eine zeitgebundene Gesellschaftsdiagnose abzugeben, aber immerhin muss ein allgemeingesellschaftliches Problem beschrieben werden, das in dem Streben nach einer makellosen Schulleistung einen bezeichnenden Ausdruck findet. Sehr verkürzt und plakativ gesprochen sind Kinder zum Projekt einer permanenten Optimierung geworden. Dazu muss man nicht auf den Spielplatz gehen, um elterliche Neurosen zu begutachten, dazu genügt ein Blick in die grassierende Verunsicherungsliteratur, in der beginnende Elternschaft mit einem Selbstbehauptungskampf in der globalen Ökonomie gleichgesetzt wird. Aber diese Problematik, die in einer Zeit wirtschaftlicher Um- und Zusammenbrüche immer stärker gefühlt wird, hat sicher weiterreichende Hintergründe. Der Wunsch nach einer leidfreien Normalität (Mürner 2002; Mürner et. al. 2000) verweist nicht nur auf die Ambivalenz eines anthropologischen Prinzips, sondern auch auf die problematische Überschneidung von Behindertenpädagogik und Medizin. Insbesondere dort, wo „Heilung" zum Prinzip einer heilenden Pädagogik auserkoren wird, ist der „kinetische Impuls" in der Pädagogik gegenwärtig. Dass Gesundheit zum Leitbild einer auf Leistungsfähigkeit getrimmten Gesellschaft erhoben wird, ist eine triviale Erkenntnis. Der gesellschaftlich etablierte Zwang zur körperlichen Selbstbeherrschung spiegelt ein herrschaftliches Prinzip wider, auf das Adorno und Foucault schon vor der Blütezeit moderner „Körperkulturen" verwiesen haben. Der Selbstzwang zur körperlichen Einpassung steuert nicht nur das Körperverhalten, er provoziert auch Unzufriedenheit und Frust, Frust gegen sich selbst, gegen den widerspenstigen Körper, gegen das Abnorme. Fatal ist hierbei zum einen die schleichende Eugenik, die erst in privater Perspektive zur Entfaltung kommt. Fatal ist aber auch die Verschärfung des soziokulturellen Klimas. Die Idealisierung von Leistung und Gesundheit dient Zielen, die erst auf den zweiten Blick erkannt werden mögen: Qualifizierung und Machbarkeit. Der Körper muss fit sein, um die Angebote der Konsumgesellschaft nutzen zu können. Die Normalisierung durch Fitness zielt also auf die Mitte der Gesellschaft, deren Ausgeschlossenes nur noch als krank, hässlich oder erschöpft definiert werden kann.

Es ist nicht weiter schwierig, die Konsequenzen zu beschreiben, die solche gesellschaftlichen Entwicklungen für die vermeintlich schwächeren und unsicheren Individuen mit sich bringen. Der konstruktive, aber anspruchsvolle Gedanke der Prävention von Lern- und Verhaltensstörungen wird dort erheblich konterkariert, wo er durch einen aggressiven Leistungsgedanken durchkreuzt wird. Gegen das logische Prinzip des Utilitarismus, dass es auf den faktischen Erfolg einer Mehrheit ankommt, kann sich eine präventive *Pädagogik ausgehend vom Schwächsten* nicht behaupten. Wie aber sind dann die jüngeren Reformimpulse zu bewerten, die im Hinblick auf Inklusion und Prävention eine Reihe von Veränderungen angestoßen haben? Dies zu beantworten, erzwingt noch einmal die Kultur und Praxis der Inklusion ins Zentrum zu rücken – diesmal aber besonders die Frage des Kindeswohls einzubeziehen und den Effekt zu bewerten, den Selektionseffekte im Bildungs- und Lebenslauf besitzen können.

3 DIE SCHULE ALS KRANKMACHENDE INSTITUTION

Die neueren Debatten über die Zukunft einer inklusiven Lernkultur, in deren Rahmen Kindern mit erschwerten Lebensbedingungen gemeinsames Lernen ermöglicht werden soll, sind mit diversen gesellschaftlichen und bildungstheoretischen Leitbildern durchsetzt, aber sie geben meist implizit ein bestimmtes „Bild" der Schule wider, ein Bild mithin, das mit Wirkungen, Effekten und starken Konsequenzen für die kindliche Entwicklung durchsetzt ist. Auf einen sehr einfachen, aber durchaus theoretisch plausiblen Nenner gebracht, erscheint die Schule, sofern man sie in ihrer selektiven „Normalform" betrachtet, als geradezu krankmachende Institution. Dem Inklusionsforscher Hans Wocken ist in diesem Zusammenhang ein provokativer Essay zu verdanken, der Schule in eben jenen Kategorien beschreibt: Schule als krankmachende Institution, Schule als Gefährdung für das Kindeswohl (Wocken 2013). Diese Position gibt den Anlass für die folgenden Überlegungen, die aber im weiteren Verlauf in eine bestimmte Erkenntnisrichtung gelenkt werden sollen. Wenn Hans Wocken Recht hat, wenn Schule in ihrer gegenwärtigen, selektiven Form krankmachende Effekte hat, dann stellt sich zum einen die Frage, auf welche Weise inklusive Praktiken und inklusive Strukturen, die sich explizit auch dem Kindeswohl der vermeintlich schwächsten Mitglieder des Bildungssystems widmen, umgesetzt werden können. Es ruft aber auch die Frage hervor, ob die „global" behaupteten Effekte im gleichen Maße positiv auf alle Schülerinnen und alle Gruppen von Kindern mit sonderpädagogischen Förderbedarf wirken – oder ob der Maßstab der Überwindung einer 2-Gruppen-Theorie hier an Grenzen stößt. Die Gruppe der Kinder und Jugendlichen mit Auffälligkeiten in der emotional-sozialen Entwicklung kann als eine solche Risikogruppe definiert werden, die hier keineswegs plakativ als „nicht integrierbar" beschrieben werden soll, die aber doch so hohe Voraussetzungen für das Gelingen inklusiver Praktiken ansetzt, dass intensivierte Diskussionen notwendig werden. Davon müssen folglich auch die Prinzipien einer inklusiven Pädagogik berührt werden, wenn sich diese nicht als dogmatisch erweisen will. Wenn man an diesem Punkt schließlich an einen Konflikt stößt, der nicht dialektisch aufzulösen ist, dann wären gleichsam aus theoretischer Sicht die Konsequenzen zu ziehen: einerseits institutionelle Alternativen darzulegen, die einen Schwarz-Weiß-Dualismus vermeiden helfen, andererseits aber auch aufzuzeigen, dass die von der inklusiven Pädagogik kritisierte 2-Gruppen-Theorie auch eine sinnvolle, eine produktive Seite hat, sie kann als „Störungsphänomen" im vermachteten Alltag als Korrektiv fungieren.

3.1 Zum Verhältnis von Kindeswohl und inklusiver Pädagogik

Zunächst gilt es die erwähnte Position von Hans Wocken noch einmal in ihren Begründungen und Herleitungen darzustellen, schon insofern hier die Grundüberzeugungen der Inklusiven Pädagogik in vielen Aspekten, besonders aber im Hinblick auf die Relevanz von Strukturentwicklungen ausgedrückt werden. Wocken macht auf einen interessanten und übersehenen Punkt aufmerksam, der das Verhältnis von Schulstruktur, Schulorganisation und dem rechtlichen Kindeswohl thematisiert. In welchen Kontext der Begriff des Kindeswohls gestellt wird, ist entscheidend für die gesellschafts- und bildungstheoretischen Forderungen, auch für die leitenden, oft unbewusst zugrunde gelegten Überzeugungen über das System Schule. Zwei gegenteilige Positionen lassen sich gegenüber stellen: auf der einen Seite werden die Umbrüche im Bildungssystem und die Schaffung inklusiver Bildungsräume als eine Belastung und Gefährdung für das Kindeswohl im allgemeinen Sinne betrachtet, diese Gefährdung kann dann in Kraft treten, wenn bestimmte Kinder durch die Anwesenheit anderer, störender oder irritierender Kinder in ihrer Entwicklung und ihrem Lernvermögen gehemmt werden. Auch bei einem nur oberflächlichen Blick wird die Reichweite dieser Problematik offensichtlich: eine Mehrheit von Bildungsbürgern hat ein Interesse an der freien Entfaltung und Ausschöpfung individueller Begabungen, ohne dass es zu nachhaltigen Störungen kommt. Dieses Interesse kann bis zu kontroversen Auseinandersetzungen in der Rechtswissenschaft führen (Poscher, Rux, Langer 2008). Auf der anderen Seite, die über die formaljuristischen Rechte und Grundsätze hinaus führt, ist ebenso einsichtig, dass das Ausmaß der Störung, Ablenkung oder Hemmung durch die bloße Existenz „anderer" Kinder eine so starke subjektive Komponente hat, dass globale Aussagen über z. B. gebotene räumliche Seperation problematisch erscheinen.

Wocken argumentiert gegenüber solchen Positionen, die das Kindeswohl einer Mehrheit gerade durch neuere inklusive Entwicklungen gefährdet sehen, für das *übersehene Kindeswohl* der sogenannten Risikoschüler/innen. Dass Schule in ihrer bestehenden selektiven Struktur krank macht und die kindliche Entwicklung nachhaltig negativ beeinflusst, wird wie folgt begründet (Wocken 2013, S. 1-35). Es gibt zunächst eine Reihe von empirischen Belegen, die Stressbelastungen im Kindesalter darstellen (Beisenkamp et. al. 2011; Kammermeyer/Martschinke 2004). Man kann die Aussagen dahingehend zusammenfassen, dass es vielfältige Stressbelastungen im Kindesalter gibt, die sich mit den Effekten von Leistungs- und Allokationsprinzipien in ein Verhältnis bringen lassen. Es gibt Untersuchungen, die belegen, dass es eine deutliche Stressbelastung bei Kindern besonders ab der dritten Jahrgangsstufe gibt, die man als Übergangstress bezeichnen kann. In der 3./4. Klasse stehen bekanntlich schuladministrative Entscheidungen an, die den Übergang auf die weiterführenden Schulen bestimmen, die also einer wichtigen, mit Stress einher gehenden Zukunftsweisung gleich kommen. An diesem Punkt der Entwicklung lassen sich erhöhte Stresswerte der betreffenden Kinder belegen (Beisenkamp et al. 2011, Robert-Koch Institut). Darüber hinausgehend kann man ferner ein erhöhtes Stressrisiko bei denjenigen Kindern nachweisen, die zu spezifischen Risikogruppen zählen, etwa Kinder aus Migrantenfamilien, sozial schwachen Familien und ähnliches. Für diese Gruppen zählt in besonderen Maße, dass die Stressbelastung an dem Zeitpunkt, an dem Übergangs-, Leistungs- und Allokationsentscheidungen anfallen, zu gesundheitlichen Gefährdungen und nachweisbaren Störungen in der psychosozialen Entwicklung führen. (Wocken zieht hier etwa den BEK Arzt-Report hinzu). Nun sind diese Effekte nicht unbekannt und müssen sehr vorsichtig aufgrund der insgesamt dünnen Forschungslage interpretiert werden, aber entscheidend ist sicherlich, in welchen größeren bildungs- und schultheoretischen Rahmen diese Daten gestellt werden. Für den Inklusionsforscher steht diese Stressbelastung in offensichtlichem Zusammenhang mit schulischen Selektionsprozessen. Die erhöhte Anfälligkeit für Stressbelastungen, ferner für Zugehörigkeits- und Leistungsangst zählt in dieser Lesart zu den „typischen" Nebenfolgen eines in seiner Grundstruktur selektiven Schulsystems. Ein Schulsystem, das auf seine funktionalen, selektiven und meritokratischen „Funktionen" hin betrachtet wird, stellt das Prinzip des Wettbewerbs über alle weiteren Aspekte. Die Funktion, über die Güte der individuellen Qualifikationen und die Tauglichkeit für gesellschaftliche Aufgaben hoheitlich zu verfügen, produziert unweigerlich rigide Selektionen – Erfolge und Misserfolge, Qualifizierte und Unqualifizierte, Bildungsgewinner und -verlierer. Die Produktion von Schulversagern ist auf dieser Interpretationslinie das zwangsläufige Resultat eines unhinterfragten Prinzips – gesellschaftlich legitimiert und anerkannt.

Wie positioniert sich demgegenüber die Inklusive Pädagogik? Der Aufbau des inklusiven Schulwesens schreitet voran und es gibt eine Reihe von interessanten und wegweisenden Zukunftsmodellen, in denen sich weitreichende Veränderungen ergeben – besonders hinsichtlich des Umgangs mit selektiven Strukturen. Auch wenn die Dinge hier noch sehr im Fluss sind und voreilige Aussagen gerade auch angesichts eines politischen Reformeifers schwierig sind, so ist festzustellen, dass herkömmliche Feststellungsverfahren zum sonderpädagogischen Förderbedarf nach und nach überflüssig werden, dass sie in dem Maße nachrangig werden, als Sonderschulstrukturen in das allgemeine Schulwesen eingefügt werden. Das, was mit Hans Wocken und anderen sich als permanenter Schulstress angesichts von Leistungs- und Allokationsdruck erweist, löst sich im Rahmen einer Schulorganisation auf, die von prinzipiell multiprofessionellen Teams in einem Begleitprozess ausgeht. Nicht rigide Selektionen und Prüfungen von einem hoheitlichen Standpunkt aus werden verfügt, sondern es geht um den kontinuierlichen Zusammenhang von Lernstandserhebung, mitlaufender Diagnostik, kontinuierlicher Dokumentation und individuellen Lernplänen. Dies hat nicht unbedingt nur etwas mit inklusiven Praktiken zu tun – die lernprozessbegleitende Diagnostik ist bereits seit den siebziger Jahren in der Lernbehindertenpädagogik bekannt und sie wurde auch von seiten der Grundschulpädagogik verfolgt (Liebers/Seifert 20123; Eggert 1997; Jürgens 2002, ders. 2005, ders. 2008). Insgesamt ist von einer Zuweisungsdiagnostik, deren Zweck die Platzierung in oder außerhalb der allgemeinen Schule über strikte Personenmerkmale lag, Abstand genommen worden; diese Form macht der Tendenz nach einer

Diagnostik Raum, bei der soziale, familiäre und schulische Kontexte beachtet, Kind-Umfeld-Relationen beschrieben und ganzheitliche Förderkonzeptionen zu Grunde gelegt werden. Eine mitentscheidende Frage ist freilich, inwieweit dies mit der Maßgabe einher geht und einhergehen kann, dass von Leistungsbewertungen, Klassifikationen und hierarchischen Relationen Abstand genommen wird. Jüngere Reformen haben hier die Schulwirklichkeit verändert – es wird von frühen Leistungsbewertungen und Notengebungen Abstand genommen, es wird ein längeres Lernen in der Grundschulzeit avisiert, usw. – aber wie weit führen diese inklusiven Strukturmomente? Hier ist es nötig, von einer recht oberflächlichen Beschreibung inklusiver Ideale zur pädagogischen Realisierbarkeit zu gelangen: im Allgemeinen spricht die inklusive Pädagogik davon, dass Vielfalt kultiviert wird, indem nicht der interpersonale Vergleich, sondern der individuelle Lernfortschritt ermittelt (und unbedingt wertgeschätzt wird), indem nicht stressinduzierende Fremdbewertungen, sondern kontinuierliche Dokumentationen und feed-backs über Lernfortschritte vermittelt werden, indem nicht etikettiert, klassifiziert und getrennt wird, sondern indem individuelle förderbedarfsspezifische Strategien verfolgt werden (Prengel 2012; Liebers 2012). Ein mithin ideal gedachtes Bildungsverständnis, denn es geht davon aus, dass individuelle Rückmeldungen nicht auf einen Vergleich in der sozialen Gruppe hinauslaufen, und es geht auch davon aus, dass Kinder mit Entwicklungsstörungen prinzipiell ein vorrangiges Interesse an ihrer Weiterentwicklung besitzen. Man geht von Individuen aus, die ein erhöhtes Interesse an sich selbst haben und man setzt auf unbedingten anthropologischen Optimismus, dass Lernen sich stets dann selbstläufig ergibt, wenn die äußeren Rahmenbedingungen die Möglichkeiten bieten – an diesem Punkt wären möglicherweise die spezifischen Bedingungen bei sozial-emotionalen Entwicklungsstörungen in die Diskussion einzubringen. Zudem stellt sich die Frage, inwiefern sich in inklusiven Kontexten selektive Strategien verflüssigen oder ob sie in anderen Formen zum Einsatz kommen. Hierzu werden unterschiedliche Ansätze deutlich: Werning (1996) spricht etwa ausgehend von systemisch-konstruktivistischen Rahmungen davon, dass pädagogisches Handeln nur Lernprozesse anregen und nie determinieren könne; daher müsse sich Unterricht auf die Entwicklung entwicklungsförderlicher Prinzipien beschränken, sich der Individualität öffnen, Unterricht in heterogenen Gruppen mit bestimmten Präferenzentscheidungen verknüpfen und die Solidarität der Personen unterstützen und anregen. Sander (2004, S. 242) fordert einen Begriff der optimierten Integration, bei der Unterschiedlichkeit nicht als Störfaktor, sondern als Ziel und Ausgangslage verstanden wird. Verschiedene Bedürfnisse finden individuelle Beachtung – man kann schnell einsehen, dass dieses pädagogische Selbstverständnis nicht nur ressourcenabhängig ist und hoch individualistisch konzeptualisiert ist, es kommt einer Infragestellung überlieferter Normen des Bildungswesens gleich, insofern es jeglicher funktionaler Betrachtungsweise gegenüber skeptisch ist und die Theorie einer heterogenen Gruppe als unbedingten Ausgangspunkt setzt. Im Fluchtpunkt einer Synthese von allgemeiner Schul- und Sonderpädagogik werden die Interessen der Gesellschaft auf gemeinsame Anliegen und gemeinsame Aufträge hin projiziert (Hinz 2004).

Gleichwohl ist zu fragen: enthält sich dieses Modell jeglicher Leistungsmessungs-, Bewertungs- und Vergleichsverfahren? Und wird damit auch der Stress gemildert, der die oben beschriebenen krankmachenden Effekte hervorruft? Sicherlich, aber es geht in diesem Zusammenhang auch um die Frage der semantischen Bezüge – man kann „Vielfalt kultivieren“ und „individuelle Prozesse anregen“, aber dies dispensiert nicht von der Maßgabe, dass regelmäßige „screenings“ vollzogen werden, um frühzeitig diejenigen Kinder zu erfassen, welche zusätzliche Unterstützung benötigen; auch wird der Lernbedarf beispielsweise in sogenannten „Assessment-Verfahren“ mit curriculumbasierten Instrumenten, normierten Testverfahren oder etwa nationalen Vergleichsarbeiten dokumentiert (Huber/Groschke 2012; Liebers/Seifert 2012). Und auch in solchen Rahmungen wird es dann unter Umständen notwendig, Schülerinnen mit vermutetem oder diagnostizierten Förderbedarf intensivierte Förderung zukommen zu lassen, bestimmte Maßnahmen aufrecht zu erhalten oder umfangreichere differenziertere Diagnostiken einzuleiten.

3.2 Sozial-emotionale Entwicklungsstörungen als Grenze der Inklusion?

Die Schule als krankmachende Institution wird in dem Maße obsolet, indem man den Leistungs- und Allokationsdruck mildert, weniger fremdgesteuerte Verfahren einsetzt, durchgängig individualisiert und den Prozess der Wissensvermittlung hauptsächlich als Lernbegleitung gestaltet. So weit sind die Dinge einsichtig. Ein wichtiger Punkt ist zu betonen: die gesamte Konstruktion hängt an dem Grundgedanken, dass es eine kategoriale Klassifizierung im überlieferten Sinne nicht mehr geben solle, dass die Perspektive einer grundsätzlich heterogenen Gruppe die rigide 2-Gruppen-Theorie ablösen solle. Erst mit dem Bekenntnis, dass alle Kinder zu einem umfassenden gemeinsamen System gehören und dass sie sich ihre Zugehörigkeit nicht erst durch besondere Qualifikationen verdienen müssen, wird die Zugehörigkeitsangst überwunden.

Um diesem normativen Gesichtspunkt zu entsprechen, sind zahlreiche Forschungsvorhaben und praktische Umsetzungen in Gang gesetzt worden: Wie kann Inklusion unter „realen“ Bedingungen gelingen, wie können inklusive Praktiken vor Ort umgesetzt werden? Diese Fragehaltung verweist auf die systemischen Lernbedingungen, denen sich professionelle Pädagoginnen gegenüber sehen. Das Spektrum von Kontakt, Kooperation und Konfrontation prägt die leitenden Erfahrungsmuster der Handelnden. In der Theorie wird die Synthese von allgemeiner Schulpädagogik und spezieller Sonderpädagogik als eine der wichtigeren Variablen gesetzt – aber wie gehen die Praktiker vor Ort mit diesen Vorgaben um? Erfahrungsberichte etwa zu Regionalen Integrationskonzepten machen auf folgende Punkte aufmerksam: es sind vor allem die neuen Erfahrungen und neuen Erwartungen, die die Beteiligten angesichts des sanften Zwangs zur Kooperation registrieren und zu neuen professionellen Herausforderungen führen. Sonderpädagoginnen können in den neu erschlossenen Arbeitsfeldern mitunter autonom arbeiten; die klassischen Handlungsformen der Diagnostik und Förderung bleiben aber durchaus beibehalten, wenn und insofern die überlieferten kategorialen Maßstäbe fortgeschrieben werden. Angesichts einer geringen Ressourcenbasis, sich nur langsam verändernden Strukturen und dem Vorrang einer Ergebnisqualität werden äußere Differenzierungen beibehalten und geraten die sonderpädagogischen Akteure in eine kompensatorische, vermeintlich nachrangige Rolle. Dies führt mitunter zu Rollenunsicherheiten, wenn Arbeitsplatzbeschreibungen von oben oder von den Kooperationspartnern einseitig festgelegt werden, auch wenn man auf keine ausgearbeiteten Konzeptionen integrativen Handelns zurück greifen kann (vgl. die Berichte zu regionalen Integrationsmodellen bei Lütje-Klose, Urban, Werning, Willenbring 2005). In diesem Fall sind es also die institutionellen und interindividuellen Bedingungen der Schule, die eine besondere Abhängigkeit der professionellen Kompetenz ausmachen. Fehlt es nicht nur an Anerkennung und Wertschätzung der sonderpädagogischen Arbeitsprofile, werden Sonderpädagoginnen nur externe, exklusive und additive Rollen zugedacht, sind also konkret die inklusiven Voraussetzungen einer authentischen gemeinsamen Aufgabe nicht gegeben, dann mindert dies die Qualität integrativen Handelns. Mehr noch, man kann sich leicht vorstellen, dass die Zielstellung einer Überwindung des kategorialen Denkens und der Verflüssigung des 2-Gruppen Schemas auf diesem Wege nicht erreicht werden kann.

Nun gibt es zu diesem Thema vielfältige Zugänge und unterschiedliche Erfahrungswerte. Im Kontext von präventiv orientierten Modellen schulischen Lernens wird beispielsweise Wert darauf gelegt, dass integratives Lernen auf den gezielten Einsatz von differenzierten Lehr- und Lernmaterialien verwiesen ist. Dies ist keine bloße Floskel, die jahrzehntelange didaktische Erfahrungen einfach nur auf den Punkt bringt – sondern von Differenzierungen zu sprechen heißt auch, autonome, eigenständige und eigenwillige Prozesse zuzulassen, sich also der Autonomie des Lerners radikal zu öffnen. Herkömmliche Differenzierungsmuster im klassischen didaktischen Sinne unterscheiden zwischen Binnen- und Außendifferenzierung oder der Differenzierung unter hierarchischen Leistungsgesichtspunkten (kritisch hierzu: Jürgens 2003, ders. 2005). Dies ist unverzichtbar, aber in gewissem Sinne immer noch zu sehr den klassifikatorischen und homogenisierenden Vorstellungen verhaftet. Ein Unterricht, der sich auch der Realität extremer Heterogenität stellt, kann aber nicht durch Fremdsteuerungen und Fremdkontrollen allein bewältigt werden, sondern er muss sich der Herausforderung autonomer, selbstgesteuerter Prozesse öffnen. Wie es Franz Wember betont: „Lehrkräfte der Allgemeinen Schule und Lehrkräfte für sonderpädagogische Förderung müssen nicht nur zusammen arbeiten, sondern *zusammenarbeiten*" (Wember 2013, S. 383, Hervorhebung von mir, C. W.). Dies aber verlangt auch: den Einsatz nonpersonaler Hilfen als Mittler zwischen Lerngegenstand und Lernendem, variierende Hilfen, vorbereitete Lernumgebungen mit entwicklungsförderlichen Variablen; es verlangt ferner die Öffnung gegenüber spontanen, offenen oder natürlichen Differenzierungen, die sich im Prozess von selbst ergeben, dann nämlich wenn sich verunsicherte und entmutigte Schüler ihre eigenen Wege in einer feindlichen Umgebung bahnen.

Es ist freilich die Frage, wie weit sich die institutionellen Strukturen diesen Vorgaben anpassen werden und können. Von einem kritischen Standpunkt aus ist zu fragen: in welchem Ausmaß genügen diese Konzeptionen, um nicht nur entmutigte und sozial unsichere Kinder, sondern alle Formen von Entwicklungsstörungen zu erfassen und zu integrieren? An diesem Punkt bleibt also zu fragen, ob es nicht eine bestimmte Gruppe von Kindern mit Entwicklungsstörungen gibt, die trotz aller Umorientierungen und trotz inklusiver Bemühungen gefährdet sind. Man kann es sich an diesem Punkt nun einfach machen und fragen, ob die Gruppe der Kinder mit emotional-sozialen Entwicklungsstörungen ganz einfach aus dem skizzierten Schema herausfallen, dass sie in vielen Fällen einer dramatischen Situation ausgesetzt sind, dass einfach begründete Ausnahmen inklusiver Ideale denkbar sind. Man muss diese Bedenken, die von nicht wenigen Theoretikern geteilt werden, ernst nehmen. G. Opp weist beispielsweise drauf hin, dass die bislang gemachten Erfahrungen, die gesetzlichen Bestimmungen folgen, die Integration verhaltensschwieriger Schüler/innen erheblich erschweren (Opp/Puhr/Sutherlan 2006). Das Wegbleiben und der innere Rückzug vom Unterricht ist ein ernstzunehmendes Problem, zu dem die Schulen einen erheblichen Beitrag leisten. „Die Schulgesetze der einzelnen Bundesländer sehen bei massiven Verhaltensschwierigkeiten von Schülerinnen und Schülern in der Schule unter anderem Ordnungsmaßnahmen vor, die nicht nur als schulrechtlich oder auch pädagogisch legitimierte Bestrafungen gewertet werden können, sondern auch als Interventionen, mit denen sich die Schule den Bildungsansprüchen verhaltensschwieriger Schüler verweigert“ (ders. S. 59). Untersuchungen belegen in diesem Zusammenhang, wie zu erwarten, starke Unterschiede in der internationalen Dimension: im amerikanischen Schulsystem ist etwa eine als skandalös zu bezeichnende Abkopplung von den rechtlichen Verpflichtungen individueller Förderung zu registrieren. Schulen entledigen sich ihrer gesetzlichen Verpflichtung auf verschiedensten Wegen: durch faktische Exklusionen auf gesetzlicher Basis, durch Intensivierung der Disziplinarmaßnahmen der inneren Schulordnung, teilweise auch flankiert durch religiöse Semantiken von „Nicht-Erlösungsfähigen“ (Amos 2006; Ayers/Dohrn/Ayers 2001). Verschiedene Maßnahmen haben in diesem Kontext mit dem Problem des Kontrollwiderspruchs zu kämpfen: strafende schulische Disziplinmaßnahmen demonstrieren öffentliche Macht und Handlungsfähigkeit, machen auf faktische Regelverstöße aufmerksam, erhöhen aber die Exklusionsintensität. Ordnungen müssen aufrecht erhalten und Leistungsmaßgaben erfüllt werden, so dass sich die Wahrnehmung von Schülern, die diesen Ansprüchen nicht gerecht werden, hiervon abhängig wird. Die Frage des Verzichts auf Etikettierung ist hier in einer Widersprüchlichkeit befangen, denn auch bei einem Verzicht auf diagnostische Instrumente kann es sein, dass Kinder aufgrund schulrechtlicher Maßnahmen exkludiert werden, während sich andere Schüler mit Entwicklungsrückständen möglicherweise in diesem Kontext frei bewegen können.

Es sind einerseits die sozialen und kulturellen Differenzen, die hier den Unterschied ausmachen, aber auch generell die Einschätzungen zur Integrationsfähigkeit einer sonderpädagogisch relevanten Gruppe. Ein Blick auf die fachspezifischen Diskurse verdeutlicht, von welchen Spannungen zu reden ist: Wie gezeigt, fragt Günther Opp (2006) ausdrücklich, ob sich die moderne Schule den besonderen Bildungsansprüchen verhaltensschwieriger Schüler verweigert. Die Ordnungsmaßnahmen mit schulrechtlichem Eingriffscharakter können als pädagogisch legitimierte Bestrafungen gewertet werden, was, sehr vereinfacht gesprochen, die soziale Ausgrenzung der Schüler verstärken kann.

Roland Stein und Stephan Ellinger (2012) warnen in diesem Zusammenhang explizit vor einer Abschaffung der Förderorte bzw. Förderschulen für „verhaltensauffällige" Kinder: sie drücken, vereinfacht gesprochen, eine erfahrungsgestützte oder intuitive Skepsis gegenüber integrativen Annahmen aus, die davon ausgehen, dass sich diese Gruppe quasi ohne wesentlichen Mehraufwand in eine Großgruppe integrieren ließe. Die vermeintlich undifferenzierten Wahrnehmungen von Förderbedarf und Beeinträchtigung führen im inklusiven Rahmen dazu, dass manifeste psychische Störungen, die sich etwa als Folge von Traumatisierung oder sozialen Brucherfahrungen beschreiben lässt, mehr oder weniger übersehen, überspielt und mithin unterschätzt würden. Schließlich eine weitere skeptische Einschätzung: Rainer Winkel (2011) und Bernd Ahrbeck (2011, ders., 2014) fragen explizit nach den Grenzen einer schulischen Inklusion, die sie aus der Perspektive einer sozialen und emotionalen Bedürftigkeit heraus formulieren. Sie plädieren für den Erhalt differenzierter Strukturen, aber auch für eine Entideologisierung, für Entkrampfung. Kategorien wie Klassifikationen seien keine Vorurteilsstruktur, sondern ein grundsätzlich authentisches Mittel, um soziale und individuelle Problemzusammenhänge zu beschreiben.

Diese Befunde stimmen zunächst nachdenklich. Wenn man es sich einfach macht, müsste man schlussfolgern, dass Schüler und Schülerinnen mit Verhaltensstörungen sich schlechter und ungenügender integrieren ließen, dass es also gewissermaßen für alle Beteiligten hilfreicher wäre, sie in exklusiven Räumen zu unterrichten, vor allem, weil es hier über didaktische und lerntheoretische Fragen hinausgehend um externalisierende Störungen und extreme negative Auswirkungen geht. Fällt also die Gruppe der Kinder mit sozialen und emotionalen Entwicklungsstörungen einfach aus dem inklusiven Muster heraus?

Dazu könnte man noch einmal die zu Beginn gemachten Aussagen rekapitulieren, die auf die krankmachen Effekte des allgemeinen Bildungssystems zielten. Lassen sich krankmachende Effekte in puncto Allokations- und Leistungsdruck feststellen, so gibt es für die Gruppe verhaltensschwieriger Schüler durchaus vergleichbare Erfahrungen im Lebenslauf. Disziplinarische Maßnahmen, die ohne gleichzeitige Hilfeangebote verfügt werden, unangemessene Reaktionen von seiten der Schulleitungen und Lehrkräfte auf Schul- und Bildungsferne, Stigmatisierung von sozialer Randständigkeit – es gibt viele Reaktions- und Aktionsmuster, in deren Folge sich Problemverschärfungen negativ verstärken und Brüche im Bildungslauf ergeben können. Der krankmachende Effekt der Selektion ist hier fatalerweise mit einem Entlastungseffekt verbunden: sowohl Schülerinnen und Schüler, Lehrer und weitere Betroffene können die Abwesenheit des „Störers" als Entlastung als Befreiung empfinden. Man muss hier sicherlich realistische psychologische Phänomene beschreiben und gleichsam für das spezifische Bildungsrecht einer besonderen Gruppe Aufmerksamkeit einfordern. Darüber hinaus ist es aber auch nicht unwichtig, die generelle These der institutionellen

Effekte und die besonderen Bedingungen im Lebenslauf entwicklungsgestörter Kinder zu verknüpfen und Aussagen hierzu zu riskieren. Die Gruppe von Schülern mit emotional-sozialen Entwicklungsstörungen und Lernschwächen erleben zu einem großen Teil verschiedene Formen der Abwertung und Separierung. Der Prozess, der eine nicht geringe Gruppe von Kindern und Jugendlichen betrifft, ist ein schleichender und sich negativ verstärkender. Der langfristige innere Rückzug vom Schulleben, die erfahrene Unsicherheit, den Vorgaben des Unterrichts langfristig nicht folgen zu können, das Mangelerleben fehlender schulischer und sozialer Kompetenzen und besonders die Niederlagen, die mit dem Abgang von Bildungseinrichtungen ohne entsprechende Qualifikationen verbunden sind, bilden einen stabilen Erfahrungswert: Schule als Ort des Lernens nicht annehmen zu können (Opp et a. 2006; KMK 2003). So nachvollziehbar die Zusammenhänge einerseits sind, so schwierig erscheint aber dann doch die generelle Einschätzung, die eine einseitige Last dem allgemeinen Bildungssystem und dem Element der Selektion zuschreibt. Zwar dürfen Selektionseffekte nicht übergangen werden und muss die Notwendigkeit pädagogisch sinnvoller Hilfen bei negativen Karriereentwicklungen betont werden – aber gleichwohl liegt in der Betonung eines in seinen Grundstrukturen ausgrenzenden Bildungssystems, das nichts außer Leistung und Selektion gelten lässt, in diesem Kontext eine Gefahr der Vereinfachung. Dies gilt in besonderem Maße für die beschriebene Gruppe der Schülerinnen mit Verhaltensschwierigkeiten: sind es allein die sozialen und institutionellen Variablen der Schule, die Muster der Störung hervorrufen?

Zu einem großen Teil, denn Verhaltensstörungen sind kontextuelle, in einem bestimmten Erwartungsrahmen gebundene *Störungswahrnehmungen*. Sie sind aber auch durch gesellschaftliche Marginalisierungen, Exklusionsverkettungen oder Armut hervor gerufene Störungen, worauf verschiedene Inklusionstheoretiker hinweisen (Hinz 1999, Wocken 2013). Vollständig wird dieses Bild aber erst durch den Verweis auf das System Familie, das zwar in besonderem Maße von gesellschaftlichen Strukturen betroffen ist, aber immer auch eine eigenständige soziale Realität darstellt. Daher spricht man von der Notwendigkeit der Beachtung systemischer Kompetenzen.

In welchem Maße der Institution der Schule hier nun eine Verursachung und Verantwortung zugeschrieben wird, ist nicht unwichtig für die Einschätzungen der Möglichkeiten, die sich aus Sicht des Fachs in besonderem Maße ergeben. Denn der Blick auf die Schule ist zwar notwendig realistisch und in all seinen selektiven Effekten nüchtern darzustellen, aber dies sollte nicht isoliert geschehen. Es führt möglicherweise nicht weiter, die Schule als Ort vorzustellen, der sämtliche gesellschaftlichen Erwartungen, Leistungsprinzipien und Legitimationsfunktionen außer Kraft setzen kann. Anders formuliert, das Leistungsprinzip, das mit stabilen Selektionen einhergeht, ist zu kritisieren, aber die Sicht auf die Schule darf nach Möglichkeit nicht verengt werden. Zwischen dem sozialdarwinistischen Bild der Schule als Gewaltraum der Ausgrenzung und Auslese und dem Bild einer Schule, das Anerkennung, Wertschätzung und Zugehörigkeit verspricht, lassen sich flexible, institutionelle Arrangements denken, die die genannten Probleme durchaus realistisch einschätzen. Denken wir an Schulformen, die Organisationsstrukturen unterrichtsbegleitender Hilfen implementieren, die etwa unterrichtsbegleitende Dienste mit einem pädagogischen Selbstverständnis verknüpfen, denken wir an Schulen, die subsidiäre Formen der Sonderpädagogik konsequent weiter entwickeln (Hiller 2007, Katzenbach 2007). Auch die Weiterentwicklung von Förderzentren, Schulen für Erziehungshilfe mit offenem bzw. Durchgangscharakter oder die Gestaltung milieusensibler kommunaler Bildungslandschaften lässt sich in die Aufzählung von Versuchen einreihen, den vielfältigen sozialen Problemstellungen und Gefahren der Exklusion entgegen zu wirken. Jeweils ist zu betonen, dass nicht die Elemente der Selektion und Leistungserwartungen in ihrer schädlichen Form an sich eliminiert werden, sondern dass sich ein Bewusstsein dafür entwickelt, dass sich Bildungsgänge an Lebenslagen orientieren, Nachtteile der sozialen Verhältnisse ausgeglichen werden, Potentiale durch innovative Projekte gefördert werden und ferner inhaltliche und methodische Passgenauigkeit hergestellt wird. Inwieweit diese Möglichkeit dann mit dem Verzicht auf Leistungsbewertungen und Allokationen einhergehen müsste, wäre zu diskutieren.

4 IM SCHATTEN DER GESELLSCHAFT – ÜBERSEHENE MOTIVE IM LEBENSLAUF?

Die Orientierung im Lebenslauf stellt aus Sicht des Fachs emotionaler und sozialer Entwicklungsstörung eine Herausforderung und im gleichen Maße eine besondere Schwierigkeit dar. Nicht nur geht es um besonders erschwerte Lebens- und Bildungsbedingungen und Brüche im Lebenslauf, um Erfahrungen mithin, die schwerlich in einen pädagogischen Gesamtzusammenhang zu bringen sind, sondern es gibt darüber hinaus einige Motive, die schon als solche eine wissenschaftliche Auseinandersetzung erschweren. Prävention, Integration und Inklusion bilden Themen, die pädagogische Probleme und Methodik sinnvoll aufeinander beziehen, aber es gibt eben auch Themen, deren Zugang erschwert ist. Dazu zählen die Aspekte der Gewalt und Kriminalität sowie das Problem der Kultur bzw. der Zugehörigkeitskonstruktion. Beide Aspekte sind im Lebenslauf in unterschiedlichem Ausmaß relevant, aber inwieweit sie überhaupt als fundamentale Größen der Pädagogik bei Entwicklungsstörungen zu betrachten wären, dies müsste zuvorderst gefragt werden. Die folgenden Überlegungen sind daher schwierig, weil sie Themen berühren, die man mitunter übersehen und überspielen kann und die unbequeme Fragen aufwerfen. Es sind Fragen, die nicht im Zentrum der Gesellschaft stehen und durchaus die Grenzen der gewohnten Pädagogik berühren. Eben daher sollten sie in der vorliegenden Auseinandersetzung nicht fehlen.

Die Kategorien der Kultur und das Phänomen der Gewalt stehen im Folgenden exemplarisch für die Probleme im Lebenslauf, die durch existentielle Brüche gekennzeichnet sind bzw. sein können. Sie stehen quer zu den vorherigen Überlegungen zur Kultur und Praxis der Inklusion, auch quer zu Überlegungen gängiger Präventionsmethoden. Aus Sicht der Inklusiven Pädagogik ist Kultur im herkömmlichen Sinne eine überflüssige Kategorie, sie ist verzichtbar in dem Maße, in dem sich die pädagogischen Verhältnisse von allen Klassifikationen verabschiedet haben und alle denkbaren Dimensionen von Heterogenität vorurteilsfrei begrüßen (Hinz 2004). Kultur wäre im diesem Sinne unproblematisch, sofern die inklusiven Praktiken unterschiedliche Kulturformen anerkennen und sich auch gegenüber marginalisierten und randständigen Gruppierungen öffnet. Dies führt allerdings hier zu der Frage, ob es überhaupt möglich und sinnvoll ist, Schattierungen des Kulturbegriffs aufzuzeigen, wenn sie pädagogisch relevant werden. Die Missverständnisse sind an diesem Punkt nicht unbeträchtlich, müssen aber in Kauf genommen werden. Denn es besteht die Gefahr, Kulturen ausschließlich in ihrer positiven, wertzuschätzenden Dimension wahrzunehmen und die möglichen kritischen Auseinandersetzungen, die sich von der Ebene der kulturellen Formationen zu pädagogischen Entwicklungsmustern vollziehen, zu überspielen.

Das Phänomen der Gewalt stellt einen weiteren Aspekt dar, der Gefahr läuft, in bestimmtem Ausmaß unterschätzt zu werden. Zwar lassen sich kriminalpädagogische Maßnahmen, präventive Programme und therapeutische Dimensionen beschreiben, aber das zentrale Problem für das Fach besteht in dem Element der Erfahrung, die sich über die Orientierung im Lebenslauf erstreckt. Vereinfacht gesprochen: Gewalterfahrungen, die Individuen an bestimmten Punkten ihrer Entwicklung machen, begleiten diese auf ihrem weiteren Weg. Weder einseitig positivistische noch anthropologisch-skeptische Positionen sind hier hilfreich, aber es ist notwendig, die Begriffe zu schärfen. Zwei Extrembeispiele verdeutlichen das generelle Problem: im Bereich der sexuellen Gewalt und des Missbrauchs ist eine tragisch zu bezeichnende Erfahrung zu formulieren: so eindeutig das missbrauchte Kind ein Opfer ist, so schwierig wird die weitere Behandlung und Aufarbeitung des traumatischen Geschehens im weiteren Lebenslauf. Die Unterscheidung zwischen Opfer- und Tätertherapie ist notwendig, aber nie ganz eindeutig, denn das Kind kann im Verlaufe der Entwicklung erfahrene Gewalt möglicherweise nachstellen und reproduzieren. Was für die extreme Erfahrung des Missbrauchs steht, gilt für die Gewalt im Allgemeinen. Sie ist eine entwicklungsbeeinträchtigende Erfahrung, die Beachtung benötigt. Ein weiteres Beispiel lässt sich an der Diskussion über sogenannte Intensivtäter belegen. Auch hier stehen Erfahrungen im Vordergrund, die ein Problem fortschreiben und den herkömmlichen Erwartungen zuwider laufen, dass eine pädagogische Maßnahme einer Weichenstellung gleich kommen müsste. Die folgenden Überlegungen laufen nun keineswegs auf radikales Denken hinaus, dass zwiespältige gesellschaftliche Problemlösungen offeriert – im Gegenteil, es soll gezeigt werden, dass die genannten Aspekte im Lebenslauf, dadurch dass sie randständige Probleme ohne zentrale Aufmerksamkeit sind, Beachtung finden müssten. Dies soll hier in Form einer berufsethischen Selbstreflexion geschehen.

4.1 Kultur im Spannungsfeld der Moderne

Der Begriff der Kultur, so umstritten er in der politischen Anerkennungsdebatte ist, beschäftigt wissenschaftliche Diskurse der Interkulturellen Pädagogik, der Sozialen Arbeit, der Sozialpädagogik. Inwieweit hat er auch in der jüngeren behindertenpädagogischen Diskussion Beachtung gefunden? Stark zusammengefasst, ist der Blick primär auf die Dimensionen der Anerkennung und Umverteilung gerichtet (Honneth/Fraser 2003). Der Begriff der Kultur wird dann relevant, wenn es um Exklusionsprozesse marginalisierter Gruppen geht, denen kulturelle Zugehörigkeiten zugeschrieben werden, er wird ferner dann relevant, wenn spezifische Anpassungsleistungen artikuliert werden. Es geht folglich meistens weniger um die Fragen einer kulturellen Identität, einer kulturellen Praxis, sondern eher um die diskursiven Umschreibungen, um Zuordnungen, Konstruktionen, schwach artikulierte Praktiken der Ausgrenzung, mithin um modernen Rassismus im Gewand politischer Praktiken (Fragner 2007; Weisser 2007). Diese Perspektive besitzt im wissenschaftlichen Diskurs eine eigene Dignität, ihr kommt der Verdienst zu, auf die unbemerkten und unsichtbaren Praktiken der Macht aufmerksam gemacht zu haben. Die nun folgenden Überlegungen finden jedoch auf einer anderen Ebene statt und sie müssen im Vergleich zu diesen macht- und diskurskritischen Perspektiven als vereinfacht erscheinen. Im Vordergrund steht jedoch die Frage, ob es unterhalb der dominanten Diskurse um Umverteilung und Anerkennung Aspekte der kulturellen Formationen gibt, die sich für die Pädagogik bei Entwicklungsstörungen als relevant erweisen – nicht in einem einfachen kausalen Sinne, dass etwa „kulturelle Prägungen" Einfluss auf sozial-emotionale Entwicklungen hätte, dass also eine homogene Kultur als Entwicklungsfaktor dargestellt würde. Sondern: es soll gezeigt werden, dass kulturelle Identität und kulturelle Praxis, so sehr sie mit gesellschaftlichen Konstruktionen und der Politik der Mehrheitsgesellschaft einhergehen, pädagogische Auseinandersetzungen benötigen. Dies erfordert aber einen Umweg, um die Dinge nicht all zu sehr zu verkürzen: zunächst sollen Typen der Migrationspolitik dargestellt werden, die zuletzt auf das Phänomen des Transnationalismus und Transkulturalismus hinaus laufen. Die Anerkennung einer hybriden Subjektivität ist jedoch zu thematisieren, da sie in behindertenpädagogischen Zusammenhängen doch sehr einseitig thematisiert wird.

Zunächst gilt es darauf hinzuweisen, dass sich die Terminologie der einschlägigen Kultur-Diskurse in den letzten Jahren verändert hat. Die zugrunde liegenden Migrationsprozesse sind bekannt: Migration führt zu kultureller Pluralisierung, zur Differenzierung soziokultureller Milieus und zur Veränderung des gesellschaftlichen Schichtungsgefüges (Otto/Schrödter 2006). Moderne Gesellschaften sind mit der Tatsache konfrontiert, dass diese Transformationsprozesse mit der ethnischen Unterschichtung der Gesellschaft, mit sozialhierarchischen Ordnungen, ungleichen Statuspositionen und sozialräumlichen Konzentrationen einhergehen. Eine der größeren Schwierigkeiten besteht bekanntlich darin, dass diese Prozesse der sozialkulturellen Hierarchien als problematische ethnische Konzentration beschrieben werden. Soziale Probleme werden als ethnopolitische Konflikte überschrieben. Ferner ist die alltagsweltlich oft gebrauchte Wendung eines Multikulturalismus zu hinterfragen, die darauf hinaus läuft, dass von spezifischen, kulturell homogenen Gruppen besondere Anpassungsleistungen zu erbringen wären, um Integration zu ermöglichen. Dieses herkömmlich gedachte Assimilations- und Kulturalismusschema ist freilich viel zu einfach gedacht. Neuere Ansätze sprechen hiergegen von unterschiedlichen Typen von Migrationspolitiken (Pries 2010, ders. 2011, ders 2011a). Die Unterscheidung dieser möglichen Konstellationen tragen insgesamt dazu bei, dass die sozial- und gesellschaftspolitischen Grundprobleme der Zeit nicht in der rigiden Unterscheidung zwischen Eigenem und Fremden, Alteingesessenen und Neuen verhandelt werden müssen. Im Kontext älterer Kulturvorstellungen ging es noch um die Einhaltung von Grenzen; kulturelle Gruppierungen galten als homogen, fix und statisch, Migranten aus fremden Herkünften sollten in diesem Schema Anpassungsleistungen an die Mehrheitsgesellschaft erbringen, indem sie von ihrer eigenen Kultur in die Kultur der Aufnahmegesellschaft wechseln und Teile ihrer Identität aufgeben. Sowohl auf der Ebene der konkreten Migrationspolitik als auch auf der Ebene der kulturellen Formationen lässt sich diesem Schema das Phänomen des Transnationalismus und Transkulturalismus entgegen gehalten. Dabei geht es keineswegs um die Akzeptanz und den Erhalt multikultureller Milieus. Das Schema des Multikulturellen schreibt die überlieferte Vorstellung fort, dass Kulturen als überdauernde, zeitlich stabile und handlungsleitende Deutungsmuster bestehen, dass sie gewissermaßen in frühester Kindheit und primärer Sozialisation habituell erworben werden und demnach auch nicht mehr überschreitbar sind. Solche Modelle der multikulturellen Gesellschaft besitzen zwar Plausibilität, können aber letztlich der Evidenz transnationaler Entwicklungen nicht entsprechen. Daher spricht man im Zusammenhang der sozialen Arbeit der Migrationsgesellschaft von transnationalen und transkulturellen Entwicklungen, die sowohl die Differenzen der Kulturen anerkennen, aber letztlich die Vielfalt der ineinander fließenden, kulturellen Selbst- und Fremddeutungen zu etwas Neuem zusammenfügen.

Die Perspektive des Transkulturalismus ist sowohl für die Soziale Arbeit als auch für behindertenpädagogische Kontexte wegweisend. Im Hintergrund erkennen wir normative Ideale des antiken Kosmopolitismus, eines aufgeklärten Weltbürgertums und der transnationalen Identität der globalisierten Weltgesellschaft. Konkreter werden diese Perspektiven in der Anschauung transnationaler und transkultureller Milieus und Sozialräume. Damit wird die vereinfachte Vorstellung, dass Kulturen feste Blöcke sind, die in einem ständigen Gegeneinander des Kulturkampfs befangen sind, von einer alternativen Deutung unterwandert. „Aus der Perspektive des Transnationalismus stellt sich heute weniger das Problem der allgemeinen Anerkennung verschiedener Formen der Moderne, sondern wie verschiedene Formen der Moderne in den nationalen Beschränkungen der Migrationsgesellschaft praktisch folgenreich anerkannt werden können" (Otto/Schrödter 2006, S. 9).

Die Konsequenzen für konkrete Sozialpolitik oder die Theorie der Sozialen Arbeit sind jedoch andere als für die Theorie der Pädagogik bei Entwicklungsstörungen. Auch ist im Folgenden zwischen einer Erkenntnisebene und einer Ebene konkreter Handlungsvollzüge zu trennen. Die kulturelle Dimension einer transnationalen Realität ist durch den Übergang zwischen verschiedenen Positionen geprägt, sie greift auf kulturelle Traditionen zurück und gilt als Resultat komplizierter Kreuzungen. Hybride Identitäten und hybride Zugehörigkeiten werden in einer solchen als globalisiert beschriebenen Welt üblich. Man spricht von einer Politik der Unreinheit, was bedeutet, dass die Frage der Anerkennung der Differenz auf die Anerkennung des Hybriden, Unreinen, des Unvollkommenen und Unentschiedenen hinaus läuft (Mecheril 2003). Diese Politik (und Pädagogik), die sich dem Anderen und Fremden öffnet, ist von daher so schwierig, weil das Phänomen sozialer und nationaler Mehrfachzugehörigkeiten verwirrend ist und weil es letztlich immer das Leichteste ist, klare Grenzen und Regeln der Mitgliedschaft auf kulturelle Vertrautheit und Eindeutigkeit zu beziehen. Die Auflösung des Wir/Nicht-Wir-Schemas hingegen ist die große Herausforderung: sie verlangt Sparsamkeit bei Klassifikationen, Zurückhaltung gegenüber homogenen Leitideen, Skepsis bei unterstellten Reinheits- und Zugehörigkeitskonstruktionen (Waldenfels 1997).

Es gibt nun eine Vielfalt von Ansätzen Interkultureller Pädagogik, die sich diesen Aspekten widmen und somit entscheidende Berührungspunkte haben. Man kann Interkulturelle Pädagogik in verschiedene Schwerpunkte unterteilen, die jeweils die Leitmotive der Anerkennung und der Gleichheit betonen (im Folgenden: Auernheimer/Blumenthal/Stübig/Willmann 1996; Auernheimer 2003). Multiperspektivische Bildung versucht, historische Aspekte von unten zu erhellen und den Geschichtsunterricht auf spezifische Kollektiverfahrungen und kulturelle Leistungen hin zu konzentrieren, um im weitesten Sinne einer Dezentrierung des eurozentrischen Weltbildes nahe zu kommen. Dies umfasst interreligiöse Bildung und Dialog, Sprachvergleiche und Einblicke in verschiedene kulturelle Lebens- und Denkweisen. Einen Schritt weiter geht in bestimmter Hinsicht die antirassistische politische Bildung, bei der es um die Anerkennung der Vielfalt von Differenzen und fremden Identitäten geht. Im Fluchtpunkt dieser Aufklärung steht die Kritik an der unterschwelligen Unterstellung, dass fremde Kulturen in schroffem Gegensatz stünden und mithin unvereinbar seien (Biewer/Luciak/Schwinge 2008). Sie werden durch soziologische Forschungen über gegenwärtige gesellschaftliche Syndrome gruppenbezogener Menschenfeindlichkeit flankiert (Heitmeyer 2008). Schließlich ist die Förderung interkultureller Differenz zu erwähnen, bei der die Bedeutung der zugeschriebenen „Ethnizität" in dialogischen Formen oder pädagogischen Interaktionen ermittelt wird. Hier wird also eine gewisse Sensibilität gegenüber sozialen Realitäten gefördert, um bestimmten Kulturdifferenzen ihre Brisanz zu nehmen und um das Spektrum von Machtasymmetrien, Kollektiverfahrungen und Kommunikationsproblemen zu durchmessen. Auch hier steht die pädagogische Möglichkeit im Vordergrund, dass Lernprozesse im Bildungssystem bestimmten Konfliktlinien entgegen wirken und dass Anerkennung und Differenz in einem nachhaltigen pädagogischen Dialog vereint werden können. Aber wenn der Möglichkeitsspielraum so groß ist, dann können auch die in ihm enthaltenen normativen Konflikte artikuliert werden.

Die Anerkennung des Anderen entspringt wie gezeigt einer großen sozialphilosophischen Tradition – aber der Brückenschlag zu pädagogischen Verhältnissen ist nicht ganz einfach, denn die Versuchung, sich einer Sprache zu bemächtigen, die sich der affirmativen Anerkennung des Gemischten und Unreinen verschreibt, ist groß. Dann aber überdeckt möglicherweise (!) die Semantik einer unbedingten Anerkennung des Anderen eine brisante Gleich-Gültigkeit. Besteht nicht auch die Gefahr, dass sich die Pädagogik der Vielfalt, die kulturelle Bedingungen als unbedenkliche Mitbringsel von einzelnen Individuen erkennt, über eminente Probleme hinwegsetzt, sie überspielt? Wie können pädagogische Leitprinzipien formuliert werden, die sich auf einen negativistischen Impuls beziehen, in bestimmter Weise nicht miteinander umzugehen (Wingert 1998)? Das Problem wird besonders dann akut, wenn sich kulturelle Konflikte, die auf einer Großgruppen- oder familiären Ebene bestehen, auf die entwicklungsbezogene Lebenswelt des Kindes auswirken. Die Pädagogik bei emotionalen/sozialen Entwicklungsstörungen stünde in dieser Hinsicht quer zu den prinzipiellen Überzeugungen und Motiven der Interkulturalität.

Wie anderen Zusammenhängen, so steht auch hier das Prinzip der Überwindung des Zwei-Gruppen-Denkens im Zentrum der Überlegungen. Bestehen die konzeptionellen Eckpfeiler einer Kultur der Inklusion in der Zuwendung der Heterogenität von Gruppen und im Bemühen, allen Dimensionen von Heterogenität gerecht zu werden, so zieht dies gerade im Hinblick auf die kulturelle Dimension – ebenso wie auf die Dimensionen der Geschlechterrollen, ethnische

Herkünfte, Nationalitäten, Sprachen und Religionen – die Konsequenz nach sich, dass dichotome und klassifizierende Vorstellungen überwunden werden sollen – im Rahmen einer Pädagogik, die Unterschiedlichkeiten, Mehrfachzugehörigkeiten, soziale und kulturelle Besonderheiten produktiv nutzt. „Charakteristisch ist dabei, dass Inklusion sich gegen dichotome Vorstellungen wendet, die jeweils zwei Kategorien konstruieren: Deutsche und Ausländer, Männer und Frauen, Behinderte und Nichtbehinderte, Body-Maß-Index-Gemäße und Abweichler, Heterosexuelle und Homosexuelle, Reiche und Arme, etc. Diese dichotomen Kategorisierungen sind als alltägliche Zwei-Gruppen Theorien weit verbreitet und helfen, die Komplexität von Gruppierungen zu bewältigen, werden aber einzelnen Personen wenig gerecht" (Hinz 2009, S. 171). Ist es perfide oder gar polemisch darauf hinzuweisen, dass die aufgezählten Kategorisierungen in einem internen Widerspruchsverhältnis, gar in drastischem Konflikt stehen können? Kulturelle Leitvorstellungen können, dies lehrt die politische Realität der Gegenwart immer wieder aufs Neue, in striktem Gegensatz zu modernen rechtlichen und politischen Überzeugungen stehen. Der Einfluss und die Wirkungsmacht kultureller „Faktoren", ob sie nun in einem hybriden oder monologischen Kontext stehen, ist nicht per se „begrüßenswert". Die Öffnung für Widersprüche und Dissonanzen wäre insofern notwendig, was nun keineswegs mit einer Wiederauflage eines älteren Kulturkampfs einhergehen muss. Dies betrifft die Pädagogik, die allgemeine Erziehungswissenschaft im gleichen Maße wie die Pädagogik bei Entwicklungsstörungen. Kinder und Jugendliche sind in besonderem Maße von kulturellen Konstellationen betroffen bzw. kulturelle Dimensionen erweisen sich als hoch bedeutsam im Lebenslauf. Pädagogische Bemühungen, den nachteiligen Effekten von Diasporaerfahrungen, soziokultureller Randständigkeit, Marginalisierung und Diskriminierung entgegen zu wirken, etwa im Kontext einer Pädagogik der Vielfalt, sind in diesem Zusammenhang natürlich zu würdigen, aber sie benötigen mehr Tiefe.

Die Bedeutung der kulturellen Dimension für die einzelnen Individuen kann man an folgenden Beispielen benennen:

Nicht selten besteht ein Gefälle in familiären und sozialen Kontext hinsichtlich der kulturellen und lebensweltlichen „Muster" und den gesellschaftlichen Erwartungen. Dies führt zu Verunsicherungen und sozialer Auffälligkeit, aber die pädagogische Arbeit wird sich nicht darauf reduzieren lassen, kulturelle Besonderheiten zu begrüßen, sondern sie wird sie, zum Beispiel im Geschlechterverhältnis, umzustimmen versuchen.

Ein weiterer Punkt besteht im Umgang mit Gewalt. Dies auf eine „kulturelle Überzeugung" zu beziehen, wäre nicht nur missverständlich, sondern gefährlich. Aber es ist die Möglichkeit einzubeziehen, dass drastische Erziehungsvorstellungen, die modernem Menschenrecht widersprechen, einen tradierten Erfahrungshorizont entstammen, der an anderen Orten fortgeführt wird. Erziehungsvorstellungen im Spannungsfeld von traditionellen Familienbildern und gewaltbegünstigenden Überzeugungen sind sozialen Erfahrungen in bestimmten räumlichen und sozialen Kontexten entsprungen. Solche Vorstellungen über die richtige Erziehung finden in einem Dunkelfeld statt, aber müssen dann thematisiert werden, wenn etwa die kindlichen Störungsbilder hierin wurzeln.

Beide Beispiele erweitern das Feld der Pädagogik um einen wichtigen Gesichtspunkt. Wenn rigide Vorstellungen, etwa über Geschlechtergleichheit oder den Einsatz von Gewalt, wirksam werden, zeigen sich bestimmte Grenzen einer Pädagogik der Vielfalt, Grenzen diskursiver Aushandlungen und Grenzen von Ko-Autonomie. Es gibt durchaus *Unverhandelbares*, das Widerstreit und Konflikt nach sich zieht. Für die Professionellen ergibt sich die Schwierigkeit, dass sie auf unterschiedlichen Ebenen mit ganz unterschiedlichen Strategien agieren müssen – dem sozial unsicheren Kind gegenüber mit Differenzsensibilität und dem Bemühen um die Stabilisierung einer „guten Gruppe", den sozialen und kulturellen Systemen gegenüber aber wird die horizontale Beziehung obsolet. Es müssen also selbstbewusste Leitvorstellungen über richtig und falsch mit allen verfügbaren Mitteln einschließlich Sanktionsmitteln vertreten werden.

4.2 Gewalt als Problem

Gewalt in all ihren denkbaren Spielarten und Erscheinungsformen gehört zu den Herausforderungen, denen sich die Disziplin Pädagogik bei Entwicklungsstörungen widmen muss; trotzdem kann behauptet werden, dass Gewalt Gefahr läuft, unterschätzt, überspielt oder falsch wahrgenommen zu werden. Das komplizierte Verhältnis von Pädagogik und Gewalt überhaupt als solches wahrzunehmen, wäre insofern ein vorrangiges Ziel.

Es ist unumgänglich, die Probleme des Fachs, die gleichsam die Probleme der alltäglichen pädagogischen Praxis sind, beim Namen zu nennen: die Erfahrungen, die Kinder mit emotional-sozialen Entwicklungsstörungen in ihrer Vergangenheit und Gegenwart gemacht haben, gehen zu einem Teil auf Gewalterfahrungen zurück. Dazu zählen: „körperliche Übergriffe und sexuelle Misshandlungen, narzisstische Schädigungen und traumatisierende Lebensumstände, häusliche Vernachlässigungen und unzureichende Bindungserfahrungen, gewalttätige soziale Milieus und ausbeuterische Arbeitsverhältnisse" (Ahrbeck 2013, S. 35). Die Gewalt, die Kinder und Jugendliche ausdrücken, ist insofern zwar immer auch ein „Symptom" der dahinter stehenden Gewaltverhältnisse, aber sie ist leider auch ein biographisches Motiv. Es kann seine Bedeutung im Lebenslauf verlieren, aber auch ein gravierendes und persistierendes, ein überdauerndes Motiv bleiben. Es braucht an diesem Punkt nicht weiter darauf hingewiesen werden, dass die Gewalt einer Pädagogik der Vielfalt und Toleranz eine Grenze zieht, dass jedes wie auch immer begründete Plädoyer für die Akzeptanz des Verschiedenen hier nicht greift. Das Problem liegt in Zusammenhängen jenseits einer Kultur der Inklusion. Diese Zusammenhänge haben viel mit der Orientierung im Lebenslauf zu tun, für die es im Rahmen einer Pädagogik bei Entwicklungsstörungen – unter *diesem* Gesichtspunkt – keine kohärente Programmatik gibt. Versuchen wir, diese Zusammenhänge ein Stück weit zu erhellen.

Der herkömmliche Umgang mit deviantem und gewaltförmigem Verhalten umfasst individual- und sozialtherapeutische Reaktionsformen oder sozialpädagogische Interventionen. Man spricht in diesem Zusammenhang von Präventionsformen unterschiedlicher Ordnung. Das heißt, es wird versucht, der wahrgenommenen Entwicklungsprobleme durch verschiedene Interventionsformen Herr zu werden und die vermeintlich harmlose Gewalt, die einen vorrangigen Symptomcharakter besitzt, einzugrenzen. Dies kann soziale Interventionen ambulanter Erziehungshilfen im Rahmen des Kinderjugendhilfegesetzes (KJG) nach sich ziehen, Erziehungsberatung, soziale Gruppenarbeit, sozialpädagogische Familienhilfe, die kompensatorische Erziehung in einer Tagesgruppe bis hin zur intensiven sozialpädagogischen Einzelbetreuung (Günder 1997). Die intensive Kooperation und die vernetzte Förderung im Rahmen der schulischen Erziehungshilfe wäre in diesem Interventionsspektrum als eine sinnvolle Maßnahme zu betrachten, insoweit hier der Durchgangscharakter einer flexiblen Schulform zum Tragen kommt und die entsprechenden Hilfen in den entscheidenden sozialen Bezügen frühzeitig greifen können. Man kann dies im weitesten Sinne Prävention nennen, da versucht wird, dem Kind frühzeitig Hilfestellungen zu geben, um im weiteren Lebenslauf in normalisierten Kontexten Verhaltensorientierung zu erhalten. Sowohl die Fremdunterbringung in einer pädagogischen Gruppe als auch die Überweisung auf eine Förderschule könnte man unter Umständen als Interventionen verstehen, die dem Leitgesichtspunkt eines minimalen Bildungsrechts folgt, wenn man davon ausgeht, dass es bei schwereren Verhaltensstörungen bzw. Störungen der familialen Struktur zu dauerhaften Formen der Selbstexklusion kommt. Schwierig wird es an dem Punkt, an dem herkömmliche Interventionen versagen und sich Muster der Gewalt fortsetzen, verschlimmern, erhärten. Die Gesellschaft und mit ihr die pädagogischen Organisationen stehen dieser Entwicklung ein Stück weit ratlos gegenüber. Wenn sich abweichendes Verhalten im Lebenslauf verhärtet, werden aus den bislang geschilderten präventiven Programmen kriminalpädagogische Hilfen, die vom Jugendgerichtsgesetz für die Gruppe der Jugendlichen von 14-17 Jahren und der Heranwachsenden von 18-20 Jahren geregelt werden. An diesem Punkt der „schiefen“ Entwicklung werden Sanktionen ausdifferenziert: Erziehungsmaßregelungen wie die Unterstellung unter einen Betreuer oder die Erbringung einer Arbeitsleistung, Zuchtmittel wie die Wiedergutmachung oder der Jugendarrest, ferner Jugendstrafen als einzige Form von Kriminalstrafen, die in eigenen Jugendstrafanstalten vollzogen werden (Hillenbrand 1999, S. 153 f.).

Erziehung und Förderung im Rahmen von Institutionen im Jugendstrafvollzug finden jedoch unter erschwerten Bedingungen statt, denn sie leiden unter dem Widerspruch, dass die Überweisung in ein geschlossenes System einen nachhaltigen negativen Eindruck für die Betroffenen hinterlässt, dass aber gleichzeitig Erziehung und Sozialisationsverläufe korrigiert werden sollen, dass plausible Angebote und Wege aufgezeigt werden, um ein verantwortliches Leben in der Gesellschaft ohne kriminelle Handlungen führen zu können. Die Anreizstrukturen in einem solchen System erstrecken sich auf schulpädagogische Maßnahmen, Angebote beruflicher Bildung und der Freizeitgestaltung, es besteht also prinzipiell die Möglichkeit einer Korrektur einer belasteten Entwicklung. Schon aber die Tatsache, dass verschiedene Experten in diesem Zusammenhang auf den

Vorteil präventiver Programme verweisen (Walkenhorst 2010, ders. 2011, ders 2011a), deutet die Schwierigkeiten an.

Die Gewalt, die sich als ein überdauerndes Motiv im Lebenslauf einzelner Individuen erweist, überschreitet die Grenzen der Disziplin. Anders formuliert: es bieten sich „Problemlösungen" an, die eigentlich nicht der gewohnten Rationalität der Pädagogik entsprechen. Wenige Beispiele können dies verdeutlichen. In der internationalen Perspektive zeigt sich eine höchst problematische Entwicklung: unter anderem in den USA oder in Russland werden teilprivate Erziehungsanstalten als „Alternative" entwickelt, um Jugendlichen mit kriminellen Problemen einen Ausweg aus ihren bisherigen Mustern aufzuzeigen. Ein abschreckendes Beispiel scheinen die sogenannten US-amerikanischen „Boot-Camps" zu sein, die zuletzt in Verruf geraten waren aufgrund einer Reihe von Verfehlungen und fatalen Menschenrechtsverletzungen (im Folgenden: Wevelsiep 2008; ders. 2008a). Im Oktober 2007 kam es zuletzt zu einem Freispruch von sieben Aufsehern, die ein Jahr zuvor in einem Erziehungslager in Panama City (Florida) auf einen schwarzen Jugendlichen eingeprügelt hatten, der einen Tag später im Krankenhaus verstarb; der Junge hatte sich in den Augen der Aufseher geweigert, an einem Geländelauf teilzunehmen, litt dazu noch an Atemnot.

Es gibt eine Reihe von weiteren Untersuchungen zu verschiedenen Vorfällen, die insgesamt zu alarmierenden Ergebnissen mit diversen Todesfällen und „tausenden Misshandlungsvorwürfen" (FAZ vom 13. 10. 2007: 9) kommen, die von der Bundesprüfbehörde „General Accounting Office" untersucht werden. Auch wenn es dabei schwierig ist, einen genaueren Überblick über Ausmaß und Qualität von Verfehlungen zu erhalten, da manche Bundesstaaten darauf verzichten, privat betriebene Einrichtungen zu regulieren, auch wenn ferner versucht wird zu verhindern, dass sich derartige Tragödien wiederholen, indem Bootcamps und ähnliche Einrichtungen unter strengere staatliche Aufsicht gestellt werden, stehen diese Einrichtungen aber symbolisch für eine hoch problematische Entwicklung, da sie Ertüchtigungs- und Erziehungsmaßnahmen allein in den Kategorien von Disziplinierung verstehen und mit einer Semantik der *letzten Chance* umkleiden. In den USA gibt es etwa 400 vergleichbare Lager, in denen Jugendliche durch militärischen Drill und hartes körperliches Training diszipliniert werden sollen, die also durch betont hartes Vorgehen darauf zielen, aus straffälligen oder sozial auffälligen Jugendlichen „anständige" Mitglieder der Gesellschaft zu machen, was in der amerikanischen Rhetorik auf die Internalisierung von Disziplin und Patriotismus hinausläuft. Neben der offensichtlich problematischen Aushöhlung menschenrechtlicher Minimalia sind in diesem Zusammenhang vor allem die religiösen Obertöne zu kritisieren, die exkludierte und gewaltbereite Jugendliche als „nicht erlösungsfähig" beschreiben (Amos 2006).

An diesem Punkt können wir einen heiklen Vergleich ziehen. Der Bezug von privaten Einrichtungen zur gesellschaftlichen Ertüchtigung hin zu therapeutischen und sozialpädagogischen Praxen mag konstruiert sein, aber er macht vor dem Hintergrund der Gestalt der Disziplinierung durchaus Sinn. Denn es gibt im internationalen Raum pädagogische Konzepte, die zumindest ein Minimum an Gewalt zulassen oder als legitim betrachten, freilich unter der normativen und handlungsleitenden Prämisse, dadurch „Schlimmeres“ verhindern zu können. Der minimale, bewusst eingesetzte und an die Wahrung grundlegender Menschenrechte zurück gekoppelte Einsatz von Gewalt soll zukünftige Gewalt verhindern oder reduzieren. So oder ähnlich lauten zumindest neuere, sogenannte „konfrontative“ Prinzipien im Rahmen der Erziehungshilfe.

Hier ist es zuletzt im Besonderen die Debatte um die sogenannte „konfrontative Pädagogik“ gewesen, die nachhaltige Resonanz erzeugt hat (vgl. zur Methodik: Musial/Trüter 2005; weiterhin: Weidner/Kilb 2004, Walkenhorst 2004). Die Vertreter dieser Methodik können sich zugute halten, dass sie eine wesentliche Diskussion um die Rolle professioneller Pädagogen als auch um die Wert- und Normorientierungen in der Arbeit mit jungen Straftätern angestoßen haben. Dies vor allem in der Hinsicht, dass sie die Bedingungen von Pluralisierung und Individualisierung konsequent auf die Frage nach den gemeinsamen Normen und Werten, die bestimmte Gemeinschaften zusammenhalten, gelenkt haben. Die durchaus variantenreiche Methodik konfrontativer Begegnung begründet dabei zwar keine eigenständige Pädagogik, aber sie rückt bedeutende normative Vorgaben der harten, aber fairen Auseinandersetzung, des schnellen und konsequenten Reagierens, der Pflege einer gesunden Streitkultur und die Bedeutung einer strukturierten und Halt gebenden Umgebung für junge Menschen in den Mittelpunkt. Meistens handelt es sich um betont eklektische Ansätze, die sich aus Elementen der Gestalttherapie, der provokativen Therapie und selektiven lerntheoretischen Elementen zusammensetzt und sich dabei an diejenigen Klienten, resp. Kinder und Jugendliche wenden soll, die an verschiedensten Hilfemaßnahmen und -systemen scheiterten und deren destruktives Verhalten zu einem festen Lebens- und Überlebensmuster geworden ist.

Eine wesentliche Komponente dieses Konzepts besteht in der Inszenierung einer Konfliktsituation, in der das Fehlverhalten durch Handlungen und eine bewusst vulgäre Sprache dramatisiert wird, um so das Muster der Verweigerung zu durchbrechen (Musial/Trüter 2005; Weidner/Kilb 2004). Die Drastik der Konfrontation eröffnet dabei einen problematischen Interpretationsspielraum; einige Vertreter sehen hier durchaus die Möglichkeit angelegt, die mit bewusst entwürdigenden oder zumindest „harten“ Interventionen Verhaltensstrategien zu durchbrechen. Die Pädagogen berauben die Kinder und Jugendlichen ihrer abweichenden Lebensstrategien, was unumgänglich zu schmerzhaften Erlebenszuständen wie Angst, Verwirrung und Trauer führt und es geht in dieser Phase weniger um die kognitive Einsicht als mehr um die emotionale Erfahrung der Bedeutung von Regeln und Regelverstößen, also um einen von außen erzeugten Leidensdruck, zu dem die Kinder vermeintlich nicht mehr fähig sind. Kritische Beobachter betonen daher auch die Notwendigkeit, die Würde und allgemeinen moralischen Grundrechte dabei stets im Blick zu halten (Walkenhorst 2004, S. 80); trotzdem gäbe es eine lange Reihe von pädagogischen, psychologischen, moralischen und rechtlichen Implikationen, die hier zu klären wären.

Darüber hinaus ließe sich auch die Begründungsstruktur kritisieren, welche dazu veranlasst, ein pädagogisch intuitives Ausnahmerecht, resp. eine „ultima-ratio-Logik“ zu bemühen und dies betrifft die Ebene der Interventionsmethodik wie auch die Ebene der Persönlichkeitstheorie, da hier zunächst Beziehungs- und

Erlebenswelten in einem gewissen Sinne abgebaut werden, um sie anschließend wieder aufzubauen. Jenseits dieser psychologisch wie rechtlich streitbaren Ebene bleibt positiv festzuhalten, dass konfrontative Konzepte auf die hohe Bedeutung der Regelung und Strukturierung des Alltags in pädagogischen Einrichtungen aufmerksam machen, auf die Vorteilhaftigkeit einer dezidierten Werte- und Normenorientierung sowie auf die Notwendigkeit der Auseinandersetzung mit Standpunkten, die Konflikt, produktiven Streit, pointierte Auseinandersetzungen und eine insgesamt gepflegte Streitkultur ermöglichen. Ein solchermaßen angelegtes Konzept ist aber auf ein pädagogisches Selbstverständnis angewiesen, das Gewalt eben nicht als Ganzes ausschließt oder negiert, sondern als Mittel der Verhältnismäßigkeit betrachtet – mit dem hehren Ziel der Gewaltminimierung.

5 ZUR ANERKENNUNG EINER BESONDEREN DISZIPLIN

Der Umweg über die grenzwertigen Themen war notwendig, um die abschließenden Überlegungen zur Anerkennung einer besonderen Disziplin auf ein breites Fundament zu stellen. Das Ziel der Überlegungen ist, eine widerspruchsoffene Struktur zu ermöglichen, die für das Fach nicht unbedeutend ist. Zwei solcher denkbaren Widersprüche oder Streitpunkte wurden benannt: kulturelle Kontexte können in Widerspruch zu gesellschaftlich dominanten Überzeugungen treten; ferner können persistierende Gewaltmotive und die gewaltfreie Pädagogik in ein Spannungsverhältnis treten.

Ist es angesichts dessen möglich, eine spezifische Anerkennung des Fachs zu formulieren, die alle die beschriebenen kritischen Punkte umfasst? Die folgenden Überlegungen verstehen sich daher nicht als Resümee, bei dem normative Erwartungen zur Anerkennung erfüllt werden sollen, sondern eher als ein Standpunkt, der jedenfalls nicht auf den ersten Blick mehrheitsfähig erscheint. Das betrifft verschiedene Punkte, insbesondere aber den Zusammenhang zwischen der möglichen Störung der Bildsamkeit, die Besonderheit einer differenziellen Pädagogik und einer im Hintergrund wirksamen Figur der Anerkennung. Die kritischen Überlegungen zur Inklusion, die in ihrer konstruktiven Wirkung wahrgenommen werden sollten, resultieren aus diesem komplexen Zusammenhang.

Der Begriff der Bildsamkeit kann für die Entstehung und Ausdifferenzierung der Behindertenpädagogik bekanntlich kaum unterschätzt werden. Der universalistische Anspruch einer Bildung für alle ist eine europäische Tradition „seit 200 Jahren" (Ellger-Rüttgardt 2007, S. 242), er ist ein Kind der Aufklärung, der bis in die Gegenwart hineinwirkt. Er stimmt mit dem modernen Impetus überein, Bildungsanstrengungen für die im ökonomischen Sinn Armen und Ausgeschlossenen zu unternehmen und die „unteren" Schichten in das Ganze der Gesellschaft aufzunehmen. Freilich gilt ungeachtet des universalen Bezugspunkts der allgemeinen Bildsamkeit der Vorbehalt, dass die Pädagogik der Moderne nicht egalitaristisch, sondern differenzsensibel agieren muss. Die universale Idee der Bildsamkeit muss durch das Nadelöhr der praktischen Wirksamkeit geführt werden, sie muss die Ambivalenzen und Widersprüche der modernen Gesellschaft, aber auch die Besonderheiten eigener Methoden, eigener Organisationen, eigener Berufsgruppen integrieren. Die Pädagogik, die an Differenz orientiert ist, arbeitet sich gewissermaßen an einer zentralen Kategorie ab – der stets möglichen Störungen der Bildsamkeit. Dieses Kriterium der gestörten Bildsamkeit entspringt keineswegs einem strukturkonservativen Standpunkt, es ist viel eher als Reibungspunkt einer in der Gegenwart hoch emotionalisierten Debatte zu betrachten. Schon die Anerkennung des Phänomens, dass es faktisch zu spezifischen Störungsaspekten im Prozess der Bildung kommt, scheint schwierig. Unter dem Gesichtspunkt der „Pädagogik der Behinderten" (Bleidick 1978) erkennen wir gegenwärtig problematische Klassifikationen und Sortierungen, aber diese Erkenntnis sollte nicht davon ablenken, dass es zu jeder Zeit besondere Bedingungen, besondere Bildungsbedürfnisse und besondere Möglichkeiten des Umgangs mit ihnen gab. Es ist aus einer professionsethisch weiter führenden Sicht geradezu notwendig, vom Erfolg des umfassenden integrativen Gedankens und von der Spur einer bahnbrechenden Idee zu abstrahieren, um sich den Blick auf den singulären Bezugspunkt des Fachs nicht zu verstellen. Der Rekurs auf die Entdeckung der Bildsamkeit Behinderter führt an unserem Punkt nicht weiter. Es geht eben nicht mehr allein darum, die quasi revolutionären Ideen in eine gesellschaftliche Praxis umzusetzen, also höchst erfreuliche Entwicklungen unendlich weiter zu treiben. Die Behindertenpädagogik und selbstredend die flankierenden sozialen Bewegungen waren anerkanntermaßen ein entscheidender Motor sozialintegrativer Entwicklungen – und so sollte es natürlich weitergehen. Aber: die Durchsetzung einer „Idee" bedarf einer interexistentiellen Dimension bzw. sie muss auf diese immer wieder zurück geführt werden. Das heißt hier nichts mehr und nichts weniger, als dass die spezifischen Bedingungen der emotional-sozialen Entwicklungsstörung nicht vom Gipfel des Menschenrechtsgedankens, sondern in ihrer interexistentiellen Dimension zu betrachten sind.

6 ABSCHLIEẞENDE ZUSAMMENFASSUNG

In einem Buch, das sich der Geschichte und der Gegenwart einer behindertenpädagogischen Disziplin widmet, darf eigentlich der Bezug auf die betreffenden Menschen nicht zu kurz kommen. So könnte man argumentieren, wenn man von einer starken und selbstgewissen Position ausginge. Dass dies bei den vorliegenden Reflexionen nicht durchgängig der Fall war, ließ sich mit Bezug auf eine pädagogische Skepsis begründen. Gleichwohl gilt auch hier eine sinnvolle Parteinahme. Damit soll angedeutet werden, dass es im Rahmen des Fachs zu Umdeutungen des behindertenpädagogischen Bedeutungsfeldes um Theorien der Anerkennung kommt. Natürlich gilt hier, wie in einem übergreifenden behindertenpädagogischen Sinne, dass die ältere Figur der fürsorgenden Haltung durch Sinnfiguren der Autonomie abgelöst wird. Aber die einleitenden Kategorien der anthropologischen Verletzbarkeit und sozialen Fragilität zeigen auf eine durchgängige Brüchigkeit und Unsicherheit auch im Verhältnis zur Solidarität und Parteinahme. Es deutete sich demgemäß im Verlauf des abschließenden Kapitels zum Lebenslauf ein Bruch zwischen Erfahrungen der Ausschließung und der Möglichkeit inklusiver Praktiken an. Die frühzeitige Hilfe in der Not bei Kindeswohlgefährdungen, die denkbaren Maßnahmen spezieller Beschulungen und psychiatrischer Hilfen, die diskontinuierlichen Verläufe von Maßnahmenkarrieren, die Gefahr von Risikokarrieren jenseits der Legalität – in all diesen Lebenslaufaspekten spiegeln sich Unsicherheiten und Unwägbarkeiten. Um diesen schwierigen Verläufen, die sich schwerlich auf einen Nenner biegen lassen, halbwegs gerecht werden zu können, folgte die Beschreibung einer sprunghaften, diskontinuierlichen Form. Es lässt sich im Kontext der Lebenslaufperspektive kein Rationalitätskontinuum nachzeichnen, das etwa „gelungene" frühe Interventionen in der Familie, „erfolgreiche" schulische Maßnahmen oder inklusive Praktiken in beruflicher Perspektive nahtlos verknüpfen könnte. Gleichwohl sind Erfolge auf jedem dieser Gebiete denkbar wie auch inklusive Praktiken und Kulturen ihren Sinn auch im Angesicht des Scheiterns beweisen können.

Eine Zusammenfassung, die gleichsam einer Rückschau über die Bedingungen des Fachs sowie einer Bewertung zukünftiger Handlungsperspektiven nahe kommt, muss insofern etwas weiter ausholen. Wenn man versuchen will, die Möglichkeiten des Fachs in der Gegenwart zu vermessen, aber auch die Bedingungen zukünftiger Herausforderungen abzuschätzen, ist eine Perspektive sinnvoll, die von historischen und anthropologischen Differenzen ausgeht. Im weitesten Sinne könnte man davon sprechen, dass sich das Fach der allgemeinen Behindertenpädagogik in den äußeren Bestimmungen von oben/unten, innen/außen und früher/später bewegt. Wie sich die Disziplin der emotionalen und sozialen Entwicklungsförderung in diesem Rahmen einordnen lässt, wäre im Folgenden zu fragen.

Oben und unten – diese Differenzbestimmung war seit jeher wegweisend für behindertenpädagogische Perspektiven. Gehört die Unterscheidung zwischen oben und unten nicht zu jenen alten Zöpfen, die seit längerem in den Sozialwissenschaften gekappt, aber zumindest gekürzt wurden? Die Relevanz ergibt sich, wenn man das Erkenntnisinteresse auf größere Zusammenhänge, auf weitere Zeitschichten und Zeitsignaturen legt. Zu den möglichen Bedingungen einer Theorie der Geschichte zählt die Unabdingbarkeit der Relation von oben und unten, Herrschern und Beherrschten – und dies unabhängig davon, ob die neuere Sozialgeschichtsschreibung die Kategorie der individuellen Erfahrung entdeckt hat oder ob beispielsweise Michel Foucault Macht „von unten“ mikrologisch interpretiert. Die Relation von unten und oben ist eine historische Endlichkeitsbestimmung (Koselleck 2000, S. 109), egal, in welchem Maße sich Ungleichheitsverhältnisse transformiert, Gewaltverhältnisse umgekehrt oder Herrschaftsverhältnisse demokratisiert haben, so spielen sich doch stets neue Bedingungen und Abhängigkeiten, soziale Ungleichheiten und Gewaltverhältnisse im äußeren vertikalen Rahmen ein. Hierbei handelt es sich, wie man leicht erkennen mag, um eine historiographische Erkenntnis, die in der Umwälzung von Gewaltverhältnissen in einem weiten Bogen stets neue Gewaltverhältnisse, neue Legitimationen, neue Rechtsprinzipien erkennt. Es ist freilich die Frage, wie sich diese skeptische geschichtliche Haltung in eine erziehungswissenschaftliche Position umformulieren lässt.

Es ist nicht schwierig darzulegen, inwiefern sich die sozialwissenschaftliche Forschung über die gesellschaftliche Bedingtheit des Erziehungssystems in den letzten Dekaden auf die Minderung der Selektion, auf integrative, kompensatorische und ressourcenorientierte Maßnahmen bezogen hat. Die Relation von oben und unten im Sinne einer sozialen Zuordnung, bei der Individuen Positionen weit oben oder eben zu weit unten in den sozialen Hierarchien zugewiesen werden, war und ist ein Stachel im Fleisch jeder kritischen Theorie. Der Zusammenhang von Schichtzugehörigkeit, institutionellen Zuweisungen und Chancenungleichheit war ein zwingendes Thema, das Schule als Ort sozialer Selektion begriff – und sie ist es gegenwärtig in vermutlich gleichem Ausmaße, auch wenn sich Differenzierungen und wissenschaftliche Rahmungen verändert haben mögen (Rolff 1972, Hurrelmann 1975; aktuellere Analysen: Wocken 2012; Lutz 2012; Wansing 2005). Die Frage, wohin die Kultur und Praxis der Inklusion in diesem Zusammenhang führt, ist in verschiedenen Argumentationsschritten dargelegt worden, bzw. war zu fragen, inwiefern die Relation von unten und oben aufgelöst und überwunden ist.

Das Thema der Macht ist schon immer ein heilpädagogisch relevantes. Heil- und sonderpädagogische Organisationsformen können dahingehend betrachtet werden, inwieweit sie auf Quellen der Macht zurückgehen, wie sie bestimmten Personen innerhalb ihre Organisationen Plätze und Rangordnungen zuweist. Heilpädagogische Institutionen sind bekanntlich mit dem Ziel entstanden, für gesellschaftliche Problemlagen institutionelle „Lösungen“ zu schaffen, dass sie ein plausibles Angebot bereit stellen, um die in der Gesellschaft wahrgenommenen Unsicherheitszonen zu minimieren (Greving/Ondracek 2011, S. 202). Lange Zeit galt „die“ Heil-, Sonder- oder Behindertenpädagogik als eine exklusive Mandatsträgerin, was einem Alleinvertretungsanspruch hinsichtlich bestimmter Informationen, Maßnahmen und Interventionen gleichkam. Durch die bloße Existenz heilpädagogischer Organisationen wurde ein gesellschaftlicher Bedarf gedeckt, aber in gleichem Maße auch erst hervorgebracht – „der Ruf nach Normalisierung und Empowerment aus dem Munde heilpädagogischer Organisationen erscheint vor diesem Hintergrund beinahe als Alibiargumentation des faktischen Weiterbestehens im Prozess der scheinbaren Auflösung" (ebd.). Auf der Ebene der Schulwirklichkeit kann man diesen Prozess leicht zur Anschauung bringen. Man spricht von einem unteren oder niederem Schulwesen; die Gliederung des Schulwesens in höhere und niedrige Bildungsgänge wurde durch die Existenz von „Sonderschulen" auf eine Weise vertieft, dass nicht nur die betroffenen Subjekte an Allokationseffekten „leiden" (Wocken 2012), sondern dass auch einem ganzen Berufsstand ein gesellschaftliches Monopol zugewiesen wurde. Die schulische Erziehung von Kindern mit Behinderungen und mit Schulversagern wurde professionellen Expert/innen überlassen, in der Hoffnung, dass dieses Mandat von den Erfordernissen der „Normalpädagogik" entkoppelt würde, ein Denken der unteren Schule als Schonraum, in dem soziale Belange relativ autonom behandelt wurden. Wie es zur Trennung der Normal- und Sonderpädagogik kam, ist dann aber mitunter eine Frage der jeweiligen Semantik – man kann etwa die erste Hilfsklasse als Keimzelle einer Entsorgungsmentalität verstehen, man kann aber auch auf die Ausblendung der therapeutischen Dimension im Kontext der Beschränkung auf Wissens- und Normvermittlung rekurrieren (Oevermann 1996). Unstrittig ist sicherlich, dass die sonderpädagogischen Organisationen am unteren Rande der Gesellschaft angesiedelt waren und sind und dass es gesellschaftlich starke Interessen gab, an dieser Zuweisungs- und Allokationsfunktion festzuhalten, was sich bis auf das Selbstverständnis berufsständischer Interessen erstrecken kann. Als schwierig erweist sich jedoch die Frage, inwieweit die Kritik der inklusiven Pädagogik, die sich auf jene Effekte der Macht konzentriert, selbst als machtgeneriert versteht bzw. inwieweit sie das Verhältnis der inklusiven Kultur und Prozessen der Macht durchdringt. Die vergangene Zukunft der Sonderpädagogik als emanzipatorisches Projekt zielte auf die Quellen, die Wirkungen und die Effekte der Macht, sie zielt auf die Kritik der mannigfachen Exklusionsdrohung, die in vielfachem Gewande auftreten konnte: durch ausgeprägte Kontrollfunktionen in geschlossenen Institutionen, im Zuge der Profilierung der einzelnen Vertreter als unersetzlich für das jeweilige Aufgabenfeld, durch das rigide Festhalten an einer 2-Gruppen Theorie oder durch Organisationen, deren Bedarf durch ihr bloßes Vorhandensein legitimiert wurde.

Wenn nun alle diese Problematiken erfasst wurden und auf die inklusive Pädagogik sich dementsprechend als Kritikerin der Macht erwiesen hat, dann bleibt zu fragen, wie sich diese Ordnungsvorstellungen für die Disziplin der emotionalen und sozialen Entwicklungsförderung ausprägen und inwiefern sie nicht erhebliche Differenzierungen erfahren müsste. Ziehen wir eine weitere Differenzbestimmung hinzu, die ebenso einprägsam und sinnvoll erscheint: *innen und außen*. Die Bedeutung dieser Differenz für die Behindertenpädagogik muss nicht weiter betont werden, sie drückt nicht nur eine formale Bestimmung, sondern eine Wertbestimmung aus. In bezug auf die Positionierung von Menschen gilt, dass die Platzierung außerhalb oder am Rande der Gesellschaft zu vermeiden ist oder zu kompensieren ist. In der historischen Rückschau erweist sich dieses Motiv für die Behindertenpädagogik als geradezu konstitutiv. Als eine Grundfigur der Unterscheidung von innen und außen lässt sich das Begriffspaar von gesund und krank benennen. Zum Menschsein gehört einerseits, dass Krankheit, Schädigung und Schwäche ebenso wie Gesundheit, Stärke zu den Grundbedingungen der Existenz zählen. Dies hat die vormodernen Gesellschaften nicht davon abhalten können, diese bio-psycho-soziale Realität in das rigide Begriffspaar von brauchbar und unbrauchbar zu zwingen. Dieses hat sich bekanntlich in unterschiedlichen Epochen und Zeitschichten in unterschiedlicher Weise ausgeprägt. Unumkehrbare Schädigungen, chronische Krankheiten, nicht regenerierbare Schwächen markieren nicht nur einen Bereich der Unvollkommenheit, sondern auch notwendiger Ablehnung und Andersartigkeit. Nicht allein die zeitspezifische Unterscheidung ungleichartiger Klassen von Menschen, sondern der Zusammenhang von individueller Verfassung, sozialer Position, sozialer Hierarchie und transzendentaler Einordnung war relevant.

Der stärkste und intensivste Umbruch in diesem Zusammenhang lässt sich bekanntlich in der Epoche der Aufklärung verorten: galten im Mittelalter geschädigte, verunstaltete und behinderte Menschen als Signaturen des Bösen, deren Leiden als Strafen für die Nichtbeachtung von Bestimmungen und Geboten der Macht Gottes interpretiert wurden oder als Signaturen des Heiligen, deren Existenz gewissermaßen eine Probe der Barmherzigkeit darstellte, so wandelt sich das Verhältnis von menschlichem Leiden und Sinngebung grundsätzlich. Der aufklärerischen Haltung in ihren diversen Spielarten von Rousseau bis Kant entsprach ein neuartiges Bildungsideal, das prinzipiell jedem Menschen zukommen sollte. Jedem Menschen? Der Ausstieg aus der Unmündigkeit war aus gegenwärtiger Sicht revolutionär – er ging auf ein offenes Menschenbild zurück, das die Aneignung bewusster Erziehungsprozesse ermöglichte, das also eine neue Semantik der Erziehungs- und Bildungsfähigkeit und die Richtschnur der Vernunft ausweist. Der Blick auf die Menschen mit Behinderungen blieb gleichwohl verdunkelt, was sehr verkürzt gesagt auf die Ausrichtung der Erziehung auf die Prinzipien der Disziplinierung, Kultivierung, Zivilisierung und Moralisierung zurück geht (Moser 1995; Greving/Ondracek 2010, S. 39). Der Gebrauch der Pädagogik als Instrument zur Erlangung von Mündigkeit trübte die möglichen Ansichten über Menschen mit defizitären Anlagen. Comenius spricht von der Möglichkeit des „Liegenlassens", wenn die Gottesebenbildlichkeit nicht erreicht würde, Rousseau artikulierte eine profunde Missachtung von kranken und siechen Kindern und auch für Kant galten Wesen mit Gemütsschwäche als seelenlose Geschöpfe (Greving/Ondracek 2010, S. 40). Zwei Erkenntnismotive ergeben sich von dieser kritischen Position aus: zum einen kann man fragen, an welchem Punkt erstmalig und dann in verschiedenen Schüben kranken und gebrechlichen Kindern explizite Aufmerksamkeit zuteil wurde, wann sie institutionell und gesellschaftlich erfasst wurden. Ein solcher Weg würde auf Pestalozzi, Wichern, Georgens, Deinhardt und andere Vertreter des 19. Jahrhunderts Bezug nehmen und aus dem engeren Normalitätsgerüst der Aufklärung hinausweisen (Haeberlin 1996). Ein anderer Weg kann hiergegen an der Frage beschrieben werden, wie tief die Innen/Außen-Unterscheidung in die Gegenwart reicht. Damit ergeben sich aber auch Lesarten, in welcher Form und unter welchen Bedingungen gegenwärtig die Innen/Außen-Unterscheidung gehandhabt wird. Die neuere Kultur der Inklusion ist ein Produkt und Ausdruck eines fundamental gewandelten Rechtsverständnisses, die Inklusion als prinzipiell universal und grenzenlos beschreibt, aber der Gedanke der Ausweitung ihrer Prinzipien und der Entwicklung hin zum Besseren ist ihr nicht fremd. Die Entdeckung der Bildsamkeit Behinderter ist eine Vision seit 200 Jahren (Ellger-Rütgardt 2007), aber diese Kultur der Inklusion führt doch auch weit über die Aspekte der gemeinsamen Unterrichtung hinaus. Sie zielt auf eine neue Ordnungsvorstellung (Rödder 2014), stellt Gegenentwürfe zu einem herrschenden Ordnungsmodell zur Disposition und muss insofern zu einem neuen inneren Ordnungsentwurf gelangen. Welche Form der Unterscheidung von innen/außen tritt nun an ihre Stelle? Die Schwierigkeit beginnt damit, dass inklusive Praktiken meist universalistisch argumentieren, und gewissermaßen *nichts und niemanden* außen vor lassen. Was damit nun in sowohl pädagogischer als auch historischer Perspektive schwierig wird, lässt sich nur dann ergründen, wenn man eine weitere Differenzbestimmung von früher/später hinzuzieht.

Der Maßstab einer inklusiven Kultur wird, wie angedeutet, in räumlichen Kategorien begriffen. Er zehrt von der Vorstellung, dass keine gesellschaftliche Gruppe außen vor bleibt und dass sich vertikale Abschichtungen im Verlaufe auflösen. Aber diese Ordnungsvorstellung ist erst dann als vollständig begriffen, wenn man die Ausdifferenzierung von Zeitstufen, Zeitschichten und Zeitsignaturen integriert. Zeitbrüche verdeutlichen, dass Gegenwart und Zukunft eine Neubestimmung und Aufwertung erfahren, eine Umwertung gleichsam, die auf Kosten einer spezifischen Entwertung und Abspaltung vollzogen wird (zur Theorie der Zeitschichten: Koselleck 2000; zum Thema der Zeitregime besonders: Assmann 2013, S. 132-178). Diese Problematik gilt im besonderen Maße für die Allgemeine Pädagogik und die Sonderpädagogik, wenn man die entsprechenden Semantiken zu interpretieren weiß. Im Kontext einer inklusiven Kultur geht es nicht nur um den Einbezug bestimmter Gruppen, es geht gleichsam um eine Selbstthematisierung der modernen Gesellschaft, die sich durch universalistische Normen, inklusive Praktiken und ähnliches definiert. Zwar ist der Begriff der Neubestimmung in dem Maße irritierend, als emanzipatorische Projekte keine Erfindung der Gegenwart sind, aber es lässt sich durchaus behaupten, dass die inklusive Neubestimmung mit einer fundamentalen Entwertung einher geht: wer in Vergangenheit und partieller Gegenwart untere Bildungsgänge besuchte oder in gesonderten Institutionen versammelt wurde, wurde streng „sortiert", „ausgesondert", nahezu „exkludiert". Spitzt man die Verhältnisse auf diese Weise zu, könnte man gar von Epochengrenzen und Zäsuren gesellschaftlicher und pädagogischer Selbstbeschreibungen ausgehen: ein modernes Bildungssystem im besten Sinne des Wortes grenzt sich von „schlechter", halbherziger, unvollkommener Integration ab und bricht in radikalem Sinne mit einer institutionellen Vergangenheit, die sich als Gefährdung des Kindeswohls durch Selektion entpuppt (zu diesem Thema: Wocken 2013).

Es gehört allerdings zu den Kennzeichen von Zeitschichten und Zeitbrüchen, dass im Zuge der Etablierung eines neuen Bewusstseinsraums natürlich neue Grenzen und neue Ordnungen entstehen, hinter die man nicht mehr zurück kann und die schwerlich hinterfragt werden können; es entstehen ferner im Zuge von harten und weichen, langfristigen oder radikalen Einschnitten aber auch diskrete Bruch-Erfahrungen, die den Zeitgenossen mitunter verschlossen bleiben können und erst nachfolgenden Generationen erkennbar werden. Man kann es auf die beliebte Formel bringen, dass jeder Fortschritt, sei er sozialer oder technologischer Natur, humane Kosten mit sich bringt, aber näher an dem Phänomen ist die komplexere Aussage, dass sich in zeitlichen Brechungen Öffnungen und Lücken ergeben, die gleichsam Auskünfte über bestimmte Zeitregime erteilen (Koselleck/Meier 1975). Für den Bruch, den wir in verschiedenen Zeitstufen erkennen können, ist maßgeblich, dass seine trennende Kraft neue Differenzen produziert; dass beispielsweise gesellschaftliche Sphären von Kunst, Wissenschaft, Politik, Recht und Religion auf neuartige Weise getrennt werden, dass aber auch neue Differenzierungen von Menschengruppen entstehen. Die Kluft zwischen Vergangenheit und Zukunft wird dadurch problematisch, dass Übergangzeiten erfahren werden, die Neues und Unerwartetes hervortreiben, für die es keine bisherigen Erfahrungen gibt und die in besonderem Maße einen Spalt zwischen Erfahrungsraum und Erwartungshorizont (Koselleck 1979) öffnen. Ein genuin neuzeitliches Problem: Erwartungen entfernen sich von allen bis dahin gemachten Erfahrungen und verkoppeln die Gegenwart mit einem Projektions- und Planungspotential des Zukünftigen (Hölscher 1999).

Nun sind diese historiographischen Zugänge, etwa wenn sie auf die revolutionären Umwälzungen oder die Erfahrungen von Kriegen bezogen werden, im Lichte einer inklusiv-universalistischen Sprache ganz anderer Natur. Gleichwohl ist es nicht uninteressant, unter dem Blickwinkel von zeitspezifischen Brucherfahrungen nach den Zusammenhängen zu fragen, die sich im Zuge einer inklusiven Neuorientierung ergeben, insbesondere welche neu definierten Zukunftserwartungen sich mit möglicherweise übersehenen Sollbruchstellen kreuzen. Andreas Rödder fragt in diesem Zusammenhang nach der Zukunft der inklusiven Kultur (Rödder 2014, S. 6). Nicht allein der institutionelle Einbezug von Kindern mit Behinderungen in das allgemeine Bildungssystem ist mit diesem Kulturbegriff verbunden, sondern ein viel umfassender, tiefer reichender Prozess. Rassische, religiöse oder geschlechtliche Benachteiligungen werden gesellschaftsweit zu verhindern versucht, am Leitfaden der Anerkennung der Verschiedenheit werden Rollen und Strukturen, das Verhalten Einzelner und die Leitlinien von Institutionen neu bestimmt. Die Kultur der Inklusion erstreckt sich aber auch über die Grenzen des Nationalen hinaus: sie betrifft das Verhältnis von vermeintlich eurozentrischer Perspektiven und der Selbstkritik des westlichen Fortschrittsnarrativs, mithin auch diskrete Ordnungsvorstellungen der bürgerlich-liberalen Gesellschaft in Richtung Geschlechterverhältnisse, wirtschaftliche Ordnungen, nationalstaatliche Muster und internationale Beziehungen und natürlich das neue Verhältnis zu den Menschenrechten, die seit ihrer Kodifizierung im 18. Jahrhundert auf eine lange Erfolgsgeschichte zurückblicken können. Letzterer Aspekt verdeutlicht aber auch, dass die Kultur der Inklusion, wie jede gesellschaftliche Ordnungsvorstellung, Schattenseiten hat, die eben dann schwierig sind, wenn sie im Dunkel einer Unartikuliertheit verbleiben. Menschenrechte sind zum Beispiel „nicht eindeutig, sondern Fragen der Aushandlung, mithin

Machtfragen" (ebd.). Zwar folgt vielleicht nicht auf jede Form der Inklusion eine eindeutige Exklusion, aber Inklusion und Exklusion sind doch viel enger zu fassen, als dies im Imaginationshorizont der inklusiven Erwartungen der Fall zu sein scheint.

Konkret auf die pädagogischen Aufgabestellungen bei emotional-sozialen Entwicklungsstörungen lässt sich in diesem Sinne hinterfragen, welcher Ordnungsvorstellung Entwicklungs-, Sozialisations- und Bildungsprobleme unterliegen, wenn und insofern sie sich nicht vorschnell einer humanistischen Illusion unterwerfen. Es ist sicherlich keine neue Erkenntnis, dass die pädagogische Reflexion sich um die Chiffre der Unverfügbarkeit herum zentriert und dass sich das Bildungsproblem nach der humanistischen Illusion, nach Nietzsche und Freud, an der Einsicht in die Unmöglichkeit der Verfügung über sich selbst entzündet – ein Problem, das wie gezeigt für die Disziplin ein durchgängiges und persistentes ist (Schäfer 1996). Dies führte in spezifischen Diskursen zu einem Unbehagen in der gegenwärtigen Kultur und ähnlichem, aber es genügt an dieser Stelle anzumerken, dass es durchaus ernstzunehmende Versuche gegeben hat, das *gespaltene Subjekt*, das an seiner eigenen Differenz leidet, als Motor einer pädagogischen und gesellschaftlichen Kritik zu betrachten. Wieviel von diesem Motiv übernimmt die Theorie der Inklusion – und wieviel bleibt für die Pädagogik emotionaler und sozialer Entwicklungsförderung vorbehaltlich reserviert – etwa als gesellschaftliches Spezialproblem? Scheint sich in manchen Entwürfen nicht ein Rationalitätsanspruch auszudrücken, der einer quasi humanistischen Harmonielehre entspringt, die sich früher oder später im Bildungsprozess als Illusion erweisen muss? Folgt sie nicht dem Modelle einer Versöhnungsperspektive, die von einem zentralen Ort der inklusiven Ermächtigung die unvollkommene Gesellschaft „bewältigt"? Inklusive Praktiken zielen auf die Überwindung des 2-Gruppen-Denkens, auf Dekonstruktion einer klassifikatorischen Praxis. Aber damit wird doch auch einem unbedingten anthropologischen Positivismus das Wort geredet, der keinen Raum mehr für die langwierige Verletzung und Fragilität, für den Schmerz eines lebenslangen Bildungsprozesses oder auch für die Erfahrung des beschädigten Lebens hergibt. Dies sind, wie man weiß, keine sozialtherapeutischen Maßstäbe, sondern die Motive, der sich heil- und behindertenpädagogisches Denken in der Geschichte verdankt – unabhängig welche hegemonialen Irrwege sich dann ergeben haben. So führt der Weg der Inklusiven Kultur, die ja trotz aller Kritik normativ zu verfolgen ist, doch zwangsläufig über die historische Reflexion mit einer bescheideneren Zielstellung: nicht individuelle Strukturen dürfen alleine als gesellschaftlich hergestellte beschrieben werden, sondern die Erfahrung des beschädigten Lebens führt in die vage Zielstellung eines weniger unbeschädigten Lebens. Solches Denken kommt ohne Letztbegründungen aus.

Die Parteinahme für die besondere Gruppe, die emotionale und soziale Belastungen erfahren hat, ist insofern schwierig, aber unverzichtbar. Es gilt, ausschließende Semantiken der Nutzlosigkeit ebenso zu kritisieren wie die Möglichkeit anzuerkennen, dass es spezifisch menschliche Formen der Selbstexklusion gibt. Die Hilfemöglichkeiten umfassen ebenso ein weites Spektrum, das sich aus einer Logik der „ultima ratio" ergeben kann und daher auf Begründungsformen einer „letzten Chance“ verwiesen ist. Und es gibt gleichwertige Strategien, die vom klassischen „Empowerment“ bis zu einer erfahrungsnahen Pädagogik reichen. Hier wie dort wird der mühsame Weg begangen, Entwicklungsblockaden zu lösen und sinnvolle Perspektiven der individuellen Entwicklung anzubahnen. Aber hier wie dort gilt, dass auch bei nachhaltigen Misserfolgen die Erfahrung der sozialen Randständigkeit nicht mit sozialer Nutzlosigkeit überschrieben werden sollte.

LITERATUR

Abbott, A.: Conceptions of Time and Events in Social Science Methods. In: Historical Methods 23 (1990), S. 140-150

Ahrbeck, B.: Das Gleiche ist nicht für alle gleich gut. In: Frankfurter Allgemeine Zeitung vom 08. 12. 2011, S.8

ders.: Inklusion – eine Kritik. Stuttgart 2014

Albrecht, F. u. a. (Hrsg): Perspektiven der Sonderpädagogik. Disziplin- und professionsbezogene Standortbestimmungen. Neuwied 2000

Alisch, L. M.: Professionalisierung und Professionswissen. In: Alisch, L. M./Baumert, J./ Beck, K. (Hrsg.): Professionswissen und Professionalisierung Seminar für Soziologie. Technische Universität Braunschweig, (Einleitung) 1990

Amos, S. K.: Zero Tolerance an öffentlichen Schulen in den USA – amerikanisches Syndrom oder Symptom für eine Neubestimmung gesellschaftlicher Mitglieds- und Erziehungsverhältnisse? In: Zeitschrift für Pädagogik 52, Heft 5 (2006), S. 717-713

Angerhoffer, U./Heilmann, B.: Kinder und Jugendliche mit Lern-, Gefühls- und Verhaltensproblemen – (Sonder-)pädagogische Konsequenzen für die Bildungsprozesse im Übergang von Schule zu Beruf und eigenständiger Lebensführung. In: Schröder, U./Wittrock, M. et. al. (Hrsg.): Lernbeeinträchtigung und Verhaltensstörung. Stuttgart/Berlin/Köln 2002

Antonovsky, A.: Gesundheitsforschung versus Krankheitsforschung. In: Franke, A./Broda, M. (Hrsg): Psychosomatische Gesundheit. Versuch einer Abkehr vom Pathogenesekonzept. Tübingen 1993, S. 3-14

Antor, G.: Die Förderung schwerstbehinderter Menschen – Ethische und pädagogische Fragen. In: Zeitschrift für Heilpädagogik 42 (1991), S. 217 – 229

Antor, G. & Bleidick, U. (Hrsg.): Recht auf Leben – Recht auf Bildung. Heidelberg 1995

Ariès, P.: L`énfant et la vie familiale sous ancien régime. Paris 1960

Assmann, A.: Ist die Zeit aus den Fugen? Aufstieg und Fall des Zeitregimes der Moderne. München 2013

Auernheimer, G.: Einführung in die Interkulturelle Pädagogik. 3., neu bearb. u. erw. Aufl. Darmstadt 2003

Auernheimer, G./v. Blumenthal, V. & Stübig, H. & Willmann, B.: Interkulturelle Erziehung im Schulalltag. Fallstudien zum Umgang mit der multikulturellen Situation. Münster 1996

Ayers, W/Dohrn, B. & Ayers, R. (Hrsg.): Zero Tolerance. Resisting the Drive for Punishment in Our Schools. New York: New Press 2001

Barmer GEK Arztreport 2013: Schwerpunkt ADHS. Siegburg (Schriftenreihe zur Gesundheitsanalyse, Band 18), 2013

BayEU (o. J.): Bayerisches Gesetz über das Erziehungs- und Unterrichtswesen (BayEUG) www.gesetze-bayern.de/...

Basaglia, F.: Gesundheit, Krankheit. Das Elend der Medizin. Frankfurt. a. M. 1985

Beck, I.: Norm, Identität, Interaktion. Zur theoretischen Rekonstruktion und Begründung eines pädagogischen und sozialen Reformprozesses. In: Beck, I. u. a. (Hrsg.): Normalisierung:: Behindertenpädagogische und sozialpolitische Perspektiven eines Reformkonzepts. Heidelberg 1996, S. 19-44

Beck, U.: Gegengifte. Die organisierte Unverantwortlichkeit. Frankfurt a. M. 1988

Beck, U.: Was ist Globalisierung? Irrtümer des Globalismus – Antworten auf die Globalisierung. Frankfurt a. M. 1997

Ders.: (Hrsg.): Perspektiven der Weltgesellschaft. Frankfurt a. M. 1998

Beisenkamp, K./Müthing, K./Hartmann, S. & Klöckner, Chr.: Große Ohren für kleine Kinder. Ergebnisse des Erhebungsjahres 2011. Ein Projekt von Elefanten Kinderschuhe in Zusammenarbeit mit dem Deutschen Kinderschutzbund (DKSB). Herten 2011

Bielefeld, H.: Zum Innovationspotential der UN-Behindertenkonvention. In: Deutsches Institut für Menschenrechte (Hrsg.). Berlin 2006

Biewer, G. & Datler, W.: Mikrodynamik und Makrostrukturen – Herausforderungen und Gefahren zukünftiger Entwicklungen von der Heilpädagogik zur Inklusiven Pädagogik. In: Zeitschrift für Heilpädagogik 11 (2011), S. 460-463

Biewer, G./Luciak, M. & Schwinge, M. (Hrsg.): Begegnung und Differenz: Menschen – Länder – Kulturen. Beiträge zur Heil- und Sonderpädagogik. Bad Heilbrunn 2008

Bleidick, U.: Pädagogik der Behinderten. Grundzüge einer Theorie der Erziehung behinderter Kinder und Jugendlicher. Berlin 1978

ders.: Zur Legitimation von stellvertretenden Advokaten oder unerwünschte Messkriterien für eine Selektion von Nicht-Personen. In: Sonderpädagogik 22 (1992), S. 90 – 96

Boban, I. & Hinz, A.: Inclusive Education – Annäherungen an Praxisentwicklung und Diskurs in verschiedenen Kontexten. In: Biewer, G./Luciak, M. & Schwinge, M. (Hrsg.): Begegnung und Differenz: Menschen – Länder – Kulturen. Beiträge zur Heil- und Sonderpädagogik. Bad Heilbrunn 2008, S. 314-329

Böhm, R.: Die dunkle Seite der Kindheit. In: Frankfurter Allgemeine Zeitung vom 4. 4. 2012, S. 7

Böttger, A.: Gewalt und Biographie. Eine qualitative Analyse rekonstruierter Lebensgeschichten von 100 Jugendlichen. Baden Baden 1998

Bollnow, O. F.: Die anthropologische Betrachtungsweise in der Pädagogik. Essen 1965

Bonacker, T.: Modernitätskonflikte in der Weltgesellschaft. Zur kulturellen Konstruktion globaler Konflikte. In: Soziale Welt 57 (2006), S. 47-63

Booth, T. & Ainscow, M. (Eds.): Index for Inclusion. Developing Learning and Participation in Schools. Bristol, Center for Studies on Inclusive Education. 2002

Bröckling, U.: You are not responsible for being down, but you are responsible for getting up. Über Empowerment. In: Leviathan, Heft 3 (2003), S. 323-344

BRK: Übereinkommen über die Rechte von Menschen mit Behinderungen. (Behindertenrechtskonvention). Schattenübersetzung des Netzwerk Artikel 3 e. V. Berlin 2009

Brumlik, M.: Kriminologie, Jugendstrafe und Gerechtigkeit. In: Peters 1993, S. 201-217

Brunkhorst, H.: Solidarität. Von der Bürgerfreundschaft zur globalen Rechtsgenossenschaft. Frankfurt a. M. 2002

Brunner, E.: Zur systemischen Analyse von Lehr-Lernprozessen. In: Huschke-Rhein 1994, S. 82-91

Bude, H.: Die Herrschaft der Zertifikate. In: Süddeutsche Zeitung vom 16. 1. 2008, S. 13

Ders.: Konstruktionen des sozialen Konflikts. In: Giegel, H. (Hrsg.): Konflikt in modernen Gesellschaften. Frankfurt a. M. 1998, S. 153-173

Bueb, B.: Lob der Disziplin. Hamburg 2006

Bundschuh, K.: Einführung in die sonderpädagogische Diagnostik. München 1999

Christie, N.: Limits to pain. Oslo 1981

Combe, A. & Helsper, W. (Hrsg.): Pädagogische Professionalität. Untersuchungen zum Typus pädagogischen Handelns. Frankfurt a. M. 1996

Cruickshank, B.: The Will to empower. Democratic Citizens and Other Subjekcts, Ithaca/ London 1999

Damolin, M: Makarenko für die bösen Kinder in: FAZ vom 22. 9. 2007, S. 3

Dederich, M.: Behinderung–Medizin–Ethik: behindertenpädagogische Reflexionen zu Grenzsituationen am Anfang und Ende des Lebens. Bad Heilbrunn 2000

Ders.: Disability Studies und Integration. In: Behinderte Menschen ¾ 2007, S. 22-30

Derrida, J.: Grammatologie. Frankfurt a. M. 1974

Ders.: Politik der Freundschaft. Frankfurt a. M. 2000

Deutscher Bundestag: Bericht über die Lebenssituation junger Menschen und die Leistungen der Kinder- und Jugendhilfe in Deutschland (13. Kinder- und Jugendbericht). Berlin: Drucksache 16/12680, 2009

Deutsches Institut für Menschenrechte: Stellungnahme der Monitoring-Stelle: Eckpunkte zur Verwirklichung eines inklusiven Bildungssystems (Primarstufe und Sekundarstufen I und II). Empfehlungen an die Länder, die Kultusministerkonferenz (KMK) und den Bund. Berlin: http://www.institut-fuer-menschenrechte.de/... 2011

Dewe, B. & Frechhoff, W./Frank, O. (Hrsg.): Erziehen als Profession. Opladen 1982

Eberwein, H (Hrsg.): Handbuch Lernen und Lernbehinderungen. Weinheim 1996

Edelmann, W.: Lernpsychologie. Eine Einführung. Weinheim 1994

Eggert, D.: Mehrdimensionale psychologische Diagnostik als Entscheidungshilfe? – Zur Problematik des psychodiagnostischen Prozesses bei der Diagnose der Lernbehinderung. In: Kornmann, R. (Hrsg.): Diagnostik bei Lernbehinderten – Heidelberger Symposion 1974. Rheinstetten 1975, S. 146-172

Ders.: Von den Stärken ausgehen ... Individuelle Entwicklungspläne in der Lernförderungsdiagnostik. Ein Plädoyer für andere Denkgewohnheiten und eine veränderte Praxis. Dortmund 1997

Ders.: Von den Stärken ausgehen ... Individuelle Entwicklungspläne in der Lernförderungsdiagnostik. Ein Plädoyer für andere Denkgewohnheiten und eine veränderte Praxis, Dortmund 2007

Ellger-Rüttgardt, S.: Eine europäische Vision seit 200 Jahren: Bildung für alle. In: Zeitschrift für Heilpädagogik 7, 2007, S. 242-249

Dies.: Nationale Bildungspolitik und Globalisierung. In: Zeitschrift für Heilpädagogik 12 (59. Jg.), 2008, S. 442-451

Ellger-Rüttgardt, S. & Wachtel, G. (Hrsg.): Pädagogische Professionalität und Behinderung. Stuttgart 2010

Ellinger, S. & Hechler, O.: Beratung und Entwicklungspädagogik: zur Begründung einer pädagogischen Handlungsform. In: Zeitschrift für Heilpädagogik 7, 2012, S. 270-278

Epstein, D.: Kulturen des Klassenzimmers in der Veränderung – Die Arbeit mit Kindern. In: Quehl, Th. (Hrsg.): Schule ist keine Insel. Britische Perspektiven antirassistischer Pädagogik. Münster 2000, S.197-238.

Fegert, J. M.: Die deutsche Debatte um Glenn Mills Schools vor dem Hintergrund konkreter Reiseeindrücke. In: Deutsches Jugendinstitut e. V. (Hrsg.): Die Glenn Mills Schools Pennsylvania, USA. Ein Modell zwischen Schule, Kinder- und Jugendhilfe und Justiz? Eine Expertise. München 2001, S. 29-41

Ders.: Qualität – in jeder Beziehung. In: Frankfurter Allgemeine Zeitung vom 17. 11. 2012, S. 8

Fend, H.: Neue Theorie der Schule. Einführung in das Verstehen von Bildungssystemen. Wiesbaden 2006.

Feuser, G.: Integration – eine conditio sine qua non im Sinne kultureller Notwendigkeit und ethischer Verpflichtung. In: Greving, H & Gröschke, D. (Hrsg.): Das Sisyphos-Prinzip. Bad Heilbrunn 2002, S. 221-237

Fragner, J.: Disability Studies. In: behinderte menschen. ¾ 2007, Einleitung

Fuchs, A.: Erziehungsklassen für schwererziehbare Kinder in der Volksschule. Halle 1930

Fuchs, P.: Das seltsame Problem der Weltgesellschaft. Opladen 1997

Furch-Krafft, E.: Diagnostik von Verhaltensstörungen. In: Goetze/Neukäter 1989, S. 1018 ff.

Geyer, C.: Keine Schule für alle. Kann man Behinderungen wegdiskutieren? In: Frankfurter Allgemeine Zeitung vom 03. 08. 2011, S. 27

Ghadban, R.: Die Libanon-Flüchtlinge in Berlin. Zur Integration ethnischer Minderheiten. Verlag Das arabische Buch. 2006

Giese, M.: Der Inklusionsdiskurs in der Heil- und Sonderpädagogik. In: Zeitschrift für Heilpädagogik 6 (2011), S. 218-222

Giesecke, M.: Vom Anfang und vom Ende der Erziehung. In: Combe/Helsper 1996, S. 391 - 401

Goertz, H. J.: Unsichere Geschichte. Zur Theorie historischer Referentialität. Stuttgart 2002

Götz, B.: Die Erfahrung, dass es nicht so ist wie angenommen. Über die Schwierigkeiten, benachteiligten Jugendlichen mit Respekt zu begegnen. In: Baur, W./Mack, W. & Schroeder, J. (Hrsg.): Bildung von unten denken. Aufwachsen in erschwerten Lebenssituationen – Provokationen für die Pädagogik. Bad Heilbrunn/Obb., 2004, S. 173 – 205.

Goetze, H. & Neukäter, H. (Hrsg.): Handbuch der Sonderpädagogik. Pädagogik bei Verhaltensstörungen. Berlin 1989

Goetze, H.: Die Bedeutung der humanistischen, personzentrierten Psychologie für die Pädagogik bei Verhaltensstörungen. In: Goetze/Neukäter 1989, S. 765-782

Grell, J.: Techniken des Lehrerverhaltens. Weinheim 1978

Greving, H. & Gröschke, D. (Hrsg.): Geistige Behinderung. Reflexionen zu einem Phantom. Ein interdisziplinärer Diskurs zu einem Problembegriff. Bad Heilbrunn 2000

Greving, H. & Gröschke, D. (Hrsg.): Das Sisyphos-Prinzip. Bad Heilbrunn 2002

Greving, H. & Ondracek, P.: Handbuch Heilpädagogik. Troisdorf 2010

Grimm, A. (1999): (Hrsg.): Kriminalität und Gewalt in der Entwicklung junger Menschen. Rehburg

Gröschke, D.: Für eine Heilpädagogik mit dem Gesicht zur Gesellschaft. In: Greving/Gröschke 2002, S. 9-33

Ders.: Was auf dem Spiel steht – die normativen Grundlagen der Wohlfahrt und des Sozialstaats. In: Greving/Gröschke 2002a, S. 271-293

Gross, P.: Die Multioptionsgesellschaft. Frankfurt a. M. 1996

Günder, R.: Ambulante Erziehungshilfen. Freiburg i. B. 1997

Haeberlin, U.: Schulschwache und Immigrantenkinder in der Primarstufe. Forschungen zu Separation und Integration. In: Schnell, I./Sander, A. & Federolf, C. (Hrsg.): Zur Effizienz von Schulen für Lernbehinderte. Forschungsergebnisse aus vier Jahrzehnten. Bad Heilbrunn 2011, S. 95-108

Haeberlin, U./Bless, G./Moser, U. & Klaghofer, R.: Die Integration von Lernbehinderten. Versuche, Theorien, Forschungen, Enttäuschungen, Hoffnungen. 4. Aufl. Bern 2003

Hänsel, D.: Die physiologische Erziehung der Schwachsinnigen. (Edouard Seguin 1812-1880). Freiburg Br. 1974

Häußler, M.: Skepsis als heilpädagogische Haltung. Reflexionen zur Berufsethik der Heilpädagogik. Bad Heilbrunn 2000

Ders.: Ordnungen des Handelns – Überlegungen zu einer heilpädagogischen Berufsethik vom Einzelnen her. In: Greving/Gröschke 2002, S. 237-271

Hanselmann, H.: Einführung in die Heilpädagogik. Praktischer Teil. Zürich 1930

Heitmeyer, W. (Hrsg.): Deutsche Zustände. Folge 6. Frankfurt a. M. 2008

Hensel, H.: Die autonome öffentliche Schule. Das Modell des neuen Schulsystems. Liechtenau 1995

Hentig, H.v.: Die Schule neu denken. München, Wien 1993

Hielscher, H. (Hrsg.): Die Schule als Ort sozialer Selektion. Heidelberg 1972

Hiller, G.G. Milieusensible kommunale Bildungslandschaften als Antwort auf die Pluralisierung der Lebenslagen. In: Katzenbach, D. (Hrsg.): Vielfalt braucht Struktur. Heterogenität als Herausforderung für die Schul- und Unterrichtsentwicklung. Frankfurt a. M. 2007, S. 107 ff.

Hinz, A.: Heterogenität in der Schule. Integration – interkulturelle Erziehung – Kodedukation. Hamburg 1993

Ders.: Von der Integration zur Inklusion. In: Zeitschrift für Heilpädagogik, 9 (2002), S. 354-361

Ders..: Inklusive Pädagogik in der Schule – veränderter Orientierungsrahmen für die schulische Sonderpädagogik? der doch deren Ende? In: Zeitschrift für Heilpädagogik 5 (2009), S. 171-180.

Hölscher, L.: Die Entdeckung der Zukunft. Frankfurt a. M. 1999

Hörster, R. & Müller, B.: Zur Struktur sozialpädagogischer Kompetenzen. Oder: wo bleibt das Pädagogische der Sozialpädagogik? In: Combe, A. & Helsper, W. (Hrsg.): Pädagogische Professionalität. Untersuchungen zum Typus pädagogischen Handelns. Frankfurt a. M. 1996, S. 614-649

Hoffmann, C.: Wie Inklusion misslingen kann. In: Frankfurter Allgemeine Zeitung vom 30. 08. 2012, S. 8

Hollstein-Brinkmann, H.: Soziale Arbeit und Systemtheorien. Freiburg 1993

Holzbrecher, A.: Wahrnehmung des Anderen. Zur Didaktik interkulturellen Lernens. Opladen 1997

Honneth, A.: Kritik der Macht. Frankfurt a. M. 1989

Ders.: Die zerrissene Welt des Sozialen. Frankfurt a. M. 1990

Ders.: Das Andere der Gerechtigkeit. Frankfurt a. M. 2000

Ders.: (Hrsg.): Befreiung aus der Mündigkeit. Paradoxien des gegenwärtigen Kapitalismus. Frankfurt a. M. 2002

Ders. & Fraser, N.: Umverteilung oder Anerkennung? Eine politisch-philosophische Kontroverse. Frankfurt a. M. 2003

Hops, S./Persien, H. & Rieker, P.: Zwischen Null Toleranz und Null Autorität. Strategien von Familie und Jugendhilfe m Umgang mit Kinderdelinquenz. Opladen 2000

Huber, C. & Grosche, M.: Das response-to-intervention-Modell als Grundlage für einen inklusiven Paradigmenwechsel in der Sonderpädagogik. In: Zeitschrift für Heilpädagogik, *8* (2012), S. 312-321

Hurrelmann, K.: Erziehungssystem und Gesellschaft. Reinbek 1975

Huschke-Rhein, R.: Systemisch-ökologische Pädagogik. Band 3: Systemtheorien für die Pädagogik. Köln 1992

Ders.: Systemisch-ökologische Pädagogik. Band 4: Zur Praxisrelevanz der Systemtheorie. Köln 1994

Illich, I.: Die Enteignung der Gesundheit. Reinbek 1975

Ders.: Die Nemesis der Medizin – von den Grenzen des Gesundheitswesens. Reinbek 1981

Jantzen, W.: Glück, Leiden, Humanität. Eine Kritik der „Praktischen Ethik" Peter Singers. In: Zeitschrift für Heilpädagogik 42 (1991), S. 217-229

Ders.: Das Ganze muss verändert werden. Zum Verhältnis von Behinderung, Ethik und Gewalt. Berlin 1993

Ders.: Am Anfang war der Sinn. Zur Naturgeschichte, Psychologie und Philosophie von Tätigkeit, Sinn und Dialog. Marburg 1994

Ders.: Die Zeit ist aus den Fugen. – Behinderung und postmoderne Ethik. Aspekte einer Philosophie der Praxis. Marburg 1998

Ders. & Lanwer-Koppelin, W.: Diagnostik als Rehistorisierung. Berlin 1996

Japp, K. P.: Soziologische Risikotheorie. Weinheim und München 1996

Jülisch, B.-R./Häuser, D. & Matthes, G.. Integrative Förderung – entwicklungsbegleitende Intervention bei auffälligen Vorschul- und Grundschulkindern. In: Seilfried, K. u. a. (Hrsg.): Schule zwischen Realität und Illusion. Bonn 2002, S. 289 – 298

Jürgens, E.: Schulprogramm und Schulentwicklung. Eine empirische Studie zur Erstellung, Umsetzung und Wirkung von Schulprogrammen (zusammen/unter Mitarbeit von Anne Niederdrenk und Martina Pahde) Oldenburg. Zentrum für Pädagogische Berufspraxis 2002

Ders.: Erfolgreiches Lehren und Lernen in schüleraktiven Unterrichtsformen. Modelle und Praxis. Lehrbrief des Instituts für berufliche Bildung und Weiterbildung. Göttingen 2002

Ders.: Schüleraktive Unterrichtsformen. Modelle und Praxisbeispiele für erfolgreiches Lehren und Lernen. Schulmanagement Handbuch 108. München 2003

Ders.: Wandel der Lernkultur in der Grundschule. Ideen und Praxisbausteine für einen schüleraktiven Unterricht. Lehrbrief des Instituts für berufliche Bildung und Weiterbildung. Göttingen 2005

Ders.: Leistungserziehung und Pädagogische Diagnostik in der Schule. Grundlagen und Anregungen für die Praxis. Stuttgart 2008

Kammermeyer, G. & Martschinke, S.: KILIA – Selbstkonzept und Leistungsentwicklung im Anfangsunterricht. In: Faust, G. u. a. (Hrsg.): Anschlussfähige Bildungsprozesse im Elementar und Primarbereich. Bad Heilbrunn 2004, S. 204-217

Katzenbach, D. (Hrsg.): Vielfalt braucht Struktur. Heterogenität als Herausforderung für die Schul- und Unterrichtsentwicklung. Frankfurt a. M. 2007, S. 107 ff.

Ders. & Schröder, J: Ohne Angst verschieden sein können. Über Inklusion und ihre Machbarkeit. In: Zeitschrift für Heilpädagogik 6 (2007), S. 202-213

Keller, W.: Grundzüge des Kinder- und Jugendhilfegesetzes der Bunderepublik Deutschland. In: Vierteljahresschrift für Heilpädagogik und ihre Nachbargebiete. 62 (1993), S. 232-237

Keupp, H.: Lebensbewältigung im Jugendalter aus der Perspektive der Gemeindepsychologie. Förderung präventiver Netzwerkressourcen und Empowerment-Strategien. In: Risiken des Heranwachsens. Materialien zum achten Jugendbericht, Bd. 3, hg. von: Sachverständigenkommission Achter Jugendbericht, 1-51; Bonn 1990

Klippert, H.: Eigenverantwortliches Arbeiten und Lernen: Bausteine für den Fachunterricht. Weinheim 2007

KMK (Hrsg.): Statistische Veröffentlichungen der Kultusministerkonferenz. Dokumentation Nr. 171, Berlin 2003

Kopp, B.: Inklusives Denken und Selbstwirksamkeitserwartungen als Voraussetzungen für den Umgang mit Heterogenität. In: Hanke, P. & Möller, K. (Hrsg.): Qualität von Grundschulunterricht entwickeln, erfassen, bewerten. Wiesbaden 2007, S. 119-122

Koselleck, R.: Vergangene Zukunft. Zur Semantik geschichtlicher Zeiten. Frankfurt a. M. 1985 (1979)

Ders.: Sprachwandel und Ereignisgeschichte. In: Merkur 43 (1989), S. 657-673

Ders.: Zeitschichten. Studien zur Historik. Frankfurt a. M. 2000

Ders.: Vom Sinn und Unsinn der Geschichte. Aufsätze und Vorträge aus vier Jahrzehnten. (Hrsg. v. C. Dutt). Frankfurt a. M. 2014

Koselleck, R. & Meier, C.: Art. Fortschritt. In: R. Koselleck et al. (Hrsg.): Geschichtliche Grundbegriffe. Bd. 2. Stuttgart 1975, S. 351-423

Küpper, B. & Zick, A.: Soziale Dominanz, Anerkennung und Gewalt. In: Heitmeyer 2008, S. 116-137

Kreissl, R.: Was ist kritisch an der Kritischen Kriminologie? In: Bussmann, K. D. & Kreissl, R. (Hrsg.): Kritische Kriminologie in der Diskussion. Opladen 1996, S. 19-45

Kriz, J.: Grundkonzepte der Psychotherapie. Weinheim 1991

Laclau, E. & Mouffe, C.: Hegemonie und radikale Demokratie. Zur Dekonstruktion des Marxismus. Wien 1991

Lang, E. & Grittner, F./Rehle, C. & Hartinger, A. (2009): Das Heterogenitätsverständnis von Lehrkräften im jahrgangsgemischten Unterricht der Grundschule. In: Hagedorn, J./ Schurt, V./Steber, C. & Waburg, W. (Hrsg.): Ethnizität, Geschlecht, Familie und Schule. Heterogenität als erziehungswissenschaftliche Herausforderung. Wiesbaden, S. 315-331

Lauth, G. W.: Strategien der kognitiven Verhaltensmodifikation. In: Goetze & Neukäter 1989, S. 852-870

Lazarus, A. A.: Multimodale Verhaltenstherapie. Frankfurt a. M. 1978

Lenhart, V.: Pädagogik der Menschenrechte. Opladen 2003

Ders.: Die Globalisierung aus Sicht der vergleichenden Erziehungswissenschaft. In: Zeitschrift für Pädagogik 53 (2007), S. 810-824

Liebers, K.: Die Gestaltung diagnostischer Aufgaben im Übergang – Die individuelle Lernentwicklungsanalyse ILEA T. In: Kosinar, J. & Carle, U. (Hrsg.), Aufgabenqualität in Kindergarten und Grundschule. Grundlagen und Praxisbeispiele. Baltmannsweiler 2012, S. 57-80

Liebers, K. & Seifert, C.: Assessmentkonzepte für die Inklusive Schule. Eine Bestandsaufnahme. In: Zeitschrift für inklusion.online.net 3, 2012

Lösel, F. & Bender, D.: Lebenstüchtig trotz schwieriger Kindheit. Psychische Widerstandkraft im Kindes- und Jugendalter. In: Psychoscope 7 (1994), S. 14-17

Lückert, H. R. & Lückert, I.: Einführung in die kognitive Verhaltenstherapie. München/ Basel 1994

Lütje-Klose, B.: Inklusion – welche Rolle kann die Sonderpädagogik übernehmen? In: Verband Sonderpädagogik (Hrsg.): Sonderpädagogische Förderung in NRW, 4, 2001 (49. Jg.), S. 8-22

Lütje-Klose, B.: Inklusion – Herausforderung für Schul- und Unterrichtsentwicklung. In: Von der Groeben, A. (Hrsg.): Auf dem Weg zur Inklusion. Pädagogik 9 (2013), S. 34-37

Lütje-Klose, B. & Urban, M.: Kooperation als wesentliche Bedingung inklusiver Schul- und Unterrichtsentwicklung. Teil 1: Grundlagen und Modelle inklusiver Schul- und Unterrichtsentwicklung. In: Vierteljahrsschrift für Heilpädagogik und ihre Nachbargebiete VHN, 83 (2014), S. 111-123.

Lütje-Klose, B./Urban, M./Werning, R. & Willenbring, M.: Sonderpädagogische Grundversorgung in Niedersachsen. In: Zeitschrift für Heilpädagogik 3 (2005), S. 82-95

Luhmann, N.: Soziologische Aufklärung. Band 3. Frankfurt a. M. 1981

Ders.: Soziale Systeme. Grundlegung einer allgemeinen Theorie. Frankfurt a. M. 1984

Ders.: Ökologische Kommunikation. Opladen 1986

Ders.: Die Gesellschaft der Gesellschaft. 2 Bde. Frankfurt a. M. 1997

Ders.: Die Politik der Gesellschaft. Frankfurt a. M. 2000

Ders. & Schorr, K. E.: Reflexionsprobleme im Erziehungssystem. Frankfurt a. M. 1979

Ders. & Fuchs, P. (Hrsg.): Reden und Schweigen. Frankfurt a. M. 1989

Lutz, R.: Verwundbarkeit und Erschöpfung von Kindern und Familien. In: Soziale Arbeit 10/11 (2011), S. 397-404

Matthes, G.: Diagnose des Lernens. Das Handlungsmuster der förderdiagnostischen Lernbeobachtung. In: Mutzeck, W. (Hrsg.) Förderdiagnostik. Konzepte und Methoden. Weinheim und Basel 2002

Matthes, G.: Diagnostik integrativer Lernsituationen. In: Grüning, E. (Hrsg.): Gemeinsam lernen. Integrative Prozesse für Schüler im Förderschwerpunkt „Geistige Entwicklung". Berlin 2002

Margalit, A.: Politik der Würde. Berlin 1994

Markowitsch, H. J. & Siefer, W.: Tatort Gehirn. Auf der Suche nach dem Ursprung des Verbrechens. Frankfurt a. M. 2007

Mecheril, P.: Politik der Unreinheit. Ein Essay über Hybridität. Wien 2003

Meichenbaum, D. W.: Kognitive Verhaltensmodifikation. München 1979

Merten, R.: Systemtheorie sozialer Arbeit. Neue Ansätze und veränderte Perspektiven. Opladen 2000

Meyer, K. U. (Hrsg.): Lebensverläufe und sozialer Wandel. Sonderheft 31 der Kölner Zeitschrift für Soziologie und Sozialpsychologie, 1990

Meyer-Drawe, K.: Illusionen von Autonomie. Stuttgart 1990

Möckel, A.: Geschichte der Heilpädagogik. Stuttgart 1988

Molnar, A. & Lindquist, B.: Verhaltensprobleme in der Schule. Dortmund 1992

Moor, P.: Heilpädagogische Psychologie. 2 Bde. Bern 1960

Moser, V.: Die Ordnung des Schicksals. Zur ideengeschichtlichen Tradition der Sonderpädagogik. Butzbach-Griedel 1995

Moser, V. & Stechow, E. v. (Hrsg.): Lernstands- und Entwicklungsdiagnosen. Diagnostik und Förderkonzeptionen in sonderpädagogischen Handlungsfeldern, Bad Heilbrunn 2005

Müller, S. & Peter, H. (Hrsg): Kinderkriminalität: Zur Konstruktion des bösen Kindes und über die Schwierigkeiten im Umgang mit schwierigen Kindern. Opladen 1998

Mürner, C.: Blinde sehen und Lahme gehen. Probleme der Kompensationstheorie und der technologischen Optimierung. In: ders.: (Hrsg.): Die Verbesserung des Menschen. Von der Heilpädagogik zur Humangenetik. Luzern 2002, S. 113-129

Mürner, C./Schmitz, A. & Sierck, U. (Hrsg.): Schöne heile Welt? Biomedizin und die Normierung des Menschen Hamburg/Berlin 2000

Musial, R. & Trüter, C.: Härte und Sanktionen statt Empathie und Mitgefühl – die konfrontative Pädagogik als letzte Chance für die Erziehungshilfe. In: Zeitschrift für Heilpädagogik 6 (2005), 219-225

Mutzeck, W.: Kooperative Beratung. Grundlagen und Methoden der Beratung und Supervision im Berufsalltag. Weinheim 1997

Ders. (Hrsg.): Förderdiagnostik bei Lern- und Verhaltensstörungen. Konzepte und Methoden. Weinheim 1998

Ders.: Verhaltensgestörtenpädagogik und Erziehungshilfe. Bad Heilbrunn 2000

Ders. (Hrsg.): Förderdiagnostik. Konzepte und Methoden. Weinheim/Basel 2002

Myschker, N.: Zur Geschichte der Pädagogik bei Verhaltensstörungen. In: Goetze, H. & Neukäter, H. (Hrsg.): Handbuch der Sonderpädagogik, Band 6, Pädagogik bei Verhaltensstörungen, Berlin 1989, S. 155 ff.

Ders.: Kinder und Jugendliche mit Verhaltensstörungen. Stuttgart 1993

Negt, O. (Hrsg.): Die zweite Gesellschaftsreform. 27 Plädoyers. Göttingen 1994

Oelkers, J.: „In der Sackgasse", Süddeutsche Zeitung vom 5. 4. 2006, S. 14

Oevermann, U.: Versozialwissenschaftlichung der Identitätsformation und die Verweigerung von Lebenspraxis: eine aktuelle Variante der Dialektik der Aufklärung. In: Lutz, B. (Hrsg.): Soziologie und gesellschaftliche Entwicklung. Verhandlungen des 22. deutschen Soziologentages in Dortmund 1984. Frankfurt a. M. 1985, S. 463-478

Ders.: Theoretische Skizze einer revidierten Theorie professionellen Handelns. In: Combe & Helsper 1996, S. 70-183

Opp, G., et. al.: Verweigert sich die Schule den Bildungsansprüchen verhaltensschwieriger Schülerinnen und Schüler? In: Zeitschrift für Heilpädagogik 2 (2006), S. 59

Otto, H. U. & Schrödter, M.: Soziale Arbeit in der Migrationsgesellschaft. In: Neue Praxis 2006 Sonderheft 8, S. 1-18

Pennac, D.: Schulkummer. Köln 2009

Pestalozzi, J. H.: Nachforschungen über den Gang der Natur in der Entwicklung des Menschengeschlechts. Hrsg. von H. Löwisch. Berlin 1797, neu 2002

Petermann, F. (Hrsg.): Lehrbuch der klinischen Kinderpsychologie. Modelle psychischer Störungen im Kindes- und Jugendalter. Göttingen 1995

Ders. & Petermann, U.: Training mit aggressiven Kindern. Weinheim 2001

Petermann, U.: Training mit aggressiven Kindern. Weinheim 1993

Peters, H. (Hrsg.): Muss Strafe sein? Zur Analyse und Kritik strafrechtlicher Praxis. Opladen 1993

Pfeiffer, C & Grewe, W.: Forschungsthema Kriminalität. Festschrift für Heinz Barth. Baden-Baden 1996

PISA-Konsortium Deutschland: PISA 2000 – Basiskompetenzen von Schülern und Schülerinnen im internationalen Vergleich. Opladen 2001

Poscher, R./Rux, J. & Langer, Th.: Von der Integration zur Inklusion. Das Recht auf Bildung aus der Behindertenrechtskonvention der Vereinten Nationen und seine innerstaatliche Umsetzung. Baden-Baden 2008

Prengel, A.: Egalität, Heterogenität und Hierarchie im Anfangsunterricht und darüber hinaus. In: Hinz, A. & Geiling, U. (Hrsg): Integrationspädagogik im Diskurs – auf dem Weg zu einer inklusiven Pädagogik. Bad Heilbrunn 2005, S.15-34

Dies.: Lern- und Förderplanung in inklusiven Schulen. Grundlagen, praktikable Instrumente, Ausblick. Vortragsdokumentation, Bremen.http://www.lis.bremen.de/sixcms/media.php/13/Vortragsskript%20Prengel.pdf , 2012

Prengel, A./Riegler, S. & Wannack, E.: „Formative Assessment" als Re-Impuls für pädagogisch-didaktisches Handeln. In: Röhner, C./Henrichwark, C. & Hopf, M. (Hrsg.), Europäisierung der Bildung – Konsequenzen und Herausforderungen für die Grundschulpädagogik. Wiesbaden 2009, S. 253-257

Pries, L.: Transnationalisierung. Theorie und Empirie grenzüberschreitender Vergesellschaftung. Wiesbaden 2010.

Pries, L.: Transnationalisierung der sozialen Welt als Herausforderung und Chance. In: Reutlinger, C./Baghdadi, N. & Kniffki, J. (Hrsg.), Die soziale Welt quer denken. Transnationalisierung und ihre Folgen für soziale Arbeit. Leipzig 2011, S.17-36

Ders.: Transnationale Migration als Innovationspotenzial. In: Engel, K./Großmann, J. & Hombach, B. (Hrsg.), 2011: Phönix flieg!: Das Ruhrgebiet entdeckt sich neu. Essen 2011a

Redlich, A. & Schley, W.: Kooperative Verhaltensmodifikation im Unterricht. München 1981

Reemtsma, J. P.: Vertrauen und Gewalt. Versuch über eine besondere Konstellation der Moderne. Hamburg 2008

Reiser, H.: Arbeitsplatzbeschreibungen – Veränderungen der sonderpädagogischen Berufsrolle. In Zeitschrift für Heilpädagogik 47 (1996), S. 178-186

Ders.: Sonderpädagogik als Service-Leistung? In: Zeitschrift für Heilpädagogik 2, 49 (1998), S.46-55

Rentsch, T.: Die Konstitution der Moralität. Frankfurt a. M. 1999

Riger, S.: What`s wrong with Empowerment? In: American Journal of Community Psychology, 21, S. 279-292

Robert-Koch-Institut (o. J.): Studie zur Gesundheit von Kindern und Jugendlichen in Deutschland (KiGGS). o.O.

Rödder, A.: Wohin führt die Kultur der Inklusion? In: Frankfurter Allgemeine Zeitung vom 7. 7. 2014, S. 6

Rogers, C.: Lernen in Freiheit. München 1974

Ders.: Die Kraft des Guten. München 1978

Rolff, H. G.: Sozialisation und Auslese durch die Schule. Heidelberg 1972

Roth, H.: Pädagogische Anthropologie. 2 Bde. Hannover 1971

Rotthaus, W. (Hrsg.): Erziehung und Therapie aus systemischer Sicht. Dortmund 1987

Sander, A.: Konzepte einer inklusiven Pädagogik. In: Zeitschrift für Heilpädagogik 5 (2004), S. 240-245

Schäfer, A.: Das Bildungsproblem nach der humanistischen Illusion. Weinheim 1996

Schmidt, M.: Referat. In: Arbeitsstelle Kinder und Jugendkriminalitätsprävention am deutschen Jugendinstitut Bundesjugendkuratorium (Hrsg.): Der Mythos der Monsterkids.

Schnell, I./Sander, A. & Federolf, C. (Hrsg.): Zur Effizienz von Schulen für Lernbehinderte. Forschungsergebnisse aus vier Jahrzehnten. Bad Heilbrunn 2011

Schumann, B.: "Ich schäm mich ja so!" Die Sonderschule für Lernbehinderte als "Schonraumfalle". Bad Heilbrunn. 2007

Schütze, F.: Sozialarbeit als Profession. Opladen 1992

Ders.: Organisationszwänge und hoheitsstaatliche Rahmenbedingungen im Sozialwesen: Ihre Auswirkungen auf die Paradoxien professionellen Handelns. In: Combe, A. & Helsper, W. (Hrsg.): Pädagogische Professionalität. Untersuchungen zum Typus pädagogischen Handelns. Frankfurt a. M. 1996, S. 183-276

Sennett, R.: Respekt im Zeitalter der Ungleichheit. Berlin 1994

Sennett, R.: Respekt im Zeitalter der Ungleichheit. Berlin 1994

Sherman, L. W.: Preventing crime. What works, what doesn`t, what`s promising? Maryland 1997

Sichrovsky, P.: Krankheit auf Rezept. Die Praktiken der Praxisärzte. Köln 1984

Sieder, R.: Sozialgeschichte auf dem Weg zu einer historischen Kulturwissenschaft? In: Geschichte und Gesellschaft 20 (1994), 445-468

Skepenat, M.: Jugendliche und Heranwachsende als Täter und Opfer von Gewalt. Godesberg/München 2000

Speck, O.: Sonderpädagogische Organisationsformen. In: Goetze/Neukäter 1989, S. 191- 221

ders.: System Heilpädagogik. Eine ökologisch reflexive Grundlegung. München/Basel 1996

Stark; W. (1996): Empowerment. Neue Handlungskompetenzen in der psychosozialen Praxis. Freiburg

Stein, R.: Zum Selbstkonzept im Lebensbereich Beruf bei Lehrern für Sonderpädagogik. Hamburg 2004.

Ders..: Grundwissen Verhaltensstörungen. Baltmannsweiler 2008

Ders.: Integration in Arbeit und Beruf bei Behinderungen und Benachteiligungen. In: Stein, R. & Orthmann-Bless, D. (Hrsg.): Integration in Arbeit und Beruf bei Behinderungen und Benachteiligungen. Baltmannsweiler 2008a, S. 16-30.

Ders.: Basiswissen Sonderpädagogik – eine Einführung. In: Stein, R. & Orthmann-Bless, D. (Hrsg.): Basiswissen Sonderpädagogik. Baltmannsweiler. Bd. 1 – 5. 2009 1-15.

Ders.: Erziehung und Bildung im Sekundarbereich Förderschule (Gefühls- und Verhaltensstörungen). In: Opp, G. & Theunissen, G. (Hrsg.): Handbuch schulische Sonderpädagogik. Bad Heilbrunn 2009a, S. 246-251.

Ders.. Förderung bei Ängstlichkeit und Angststörungen. Stuttgart 2012

Ders. & Ellinger, S.: Vor einer Abschaffung der Förderorte für verhaltensauffällige Kinder muss die inklusive Beschulung näher erforscht werden. In: Frankfurter Allgemeines Zeitung vom 08.11.2012, Bildungswelten (Politik), S. 8

Stelly, W./Thomas, J. & Kerner, H. J.: Verlaufsmuster und Wendepunkte in der Lebensgeschichte. Tübingen 2003

Stierlin, H.: Das erste Familiengespräch. Theorie-Praxis Beispiele. Stuttgart 1980

Störmer, N.: Du störst. Herausfordernde Handlungsweisen und ihre Interpretation als Verhaltensstörung. Berlin 2013

Strümpell, L. v.: Die pädagogische Pathologie oder die Lehre von den Fehlern der Kinder. Leipzig 1890

Tausch, A. & Tausch, R.: Erziehungspsychologie. Göttingen 1970

Tausch, R. & Tausch, A.: Gesprächspsychotherapie. Göttingen 1979

Tenorth, H. E.: Lehrerberuf vs. Dilletantismus. Wie die Lehrprofession ihr Geschäft verstand. In: Luhmann, N. & Schorr, K. E.: (Hrsg.): Zwischen Intransparenz und Verstehen. Frankfurt a.M. 1989, S. 275-322

Tent, L./Witt, L./Zschoche-Lieberum, Chr. & Bürger, W. (2013): Über die pädagogische Wirksamkeit der Schule für Lernbehinderte. In: Schnell, I./Sander, A. & Federolf, C. (Hrsg.): Zur Effizienz von Schulen für Lernbehinderte. Forschungsergebnisse aus vier Jahrzehnten. Bad Heilbrunn, S. 170-213

Theis-Scholz, M.: Das Konzept der Resilienz und der Salutogenese und seine Implikationen für den Unterricht. In: Zeitschrift für Heilpädagogik 7 (2007), S. 265-272

Theunissen, G.: Zur Bedeutung von Stärken und Widerstandskraft. In: Zeitschrift für Heilpädagogik 6 (1999), S. 278-284

Theunissen, G. & Plaute, W.: Empowerment und Heilpädagogik. Freiburg 1995

Tillmann, K. J.: System jagt Fiktion. Die homogene Lerngruppe. In: Friedrich Jahresheft 22 (2004), S. 6-9

Ders.: Viel Selektion – wenig Leistung. Erfolg und Scheitern in deutschen Schulen. In: Lehberger, R. & Sandfuchs, U. (Hrsg.): Schüler fallen auf. Heterogene Lerngruppen in Schule und Unterricht. Bad Heilbrunn 2008 , S. 62-78

Tischner, W.: Konfrontative Pädagogik – die vergessene „väterliche“ Seite der Erziehung. In: Weidner & Kilb 2004, 25-51

Tröster, H.: Chancen der Früherkennung aggressiv-dissozialer Verhaltensprobleme beim Übergang Kindergarten/Schule. In: Zeitschrift für Heilpädagogik 9 (2011), S. 337-345

UNESCO: The Salamanca Statement and Framework for Action on Special Needs Education. Access and Quality. Salamanca, Spain, 7-10 June 1994. Paris 1994

United Nations: The Standart Rules on the Equalization of Opportunities for Persons with Disabilities. New York 2003

United Nations: Convention of the Right of Persons with Disabilities and Optional Protocol (www.un.org/disabilities/default.asp?nvaid=12pid=150) 2006

Vernoij, M. A.: Anthropologische Grundfragen. In: Neukäter & Goetze 1989, S. 50-70

Wagner, A./Uttendorfer-Marek, I./Laible-Nann, R./Uttendorfer, J./Kais, P. & Mack, J.: Schülerzentrierter Unterricht. München 1976

Waldschmidt, A.: Behinderung neu denken,. Kulturwissenschaftliche Perspektiven der Disability Studies. In: Ders. (Hrsg.): Kulturwissenschaftliche Perspektiven der Disability Studies. Tagungsdokumentation, Kassel 2003, S. 15- 20

Waldenfels, B.: Topographie des Fremden. Studien zur Phänomenologie des Fremden 1 Frankfurt a. M. 1997

Walkenhorst. P.: Anmerkungen zu einer konfrontativen Pädagogik. In: Weidner & Kilb 2004, S. 51-91

Ders.: Jugendstrafvollzug. In: Aus Politik und Zeitgeschichte 7 (2010), 22 – 28 (Beilage zur Wochenzeitung „Das Parlament".‚ Hrsg. Bundeszentrale für Politische Bildung). 2010

Ders.: Schuld – Verantwortung – Jugendgefängnis: wie geht das zusammen? In: Körner, J. & Müller, B. (Hrsg.): Schuldbewusstsein und reale Schuld. Gießen 2010a, S. 239 – 263.

Ders.: Bildung im Strafvollzug. In: Ministerium der Justiz Brandenburg & Ministerium der Justiz Rheinland-Pfalz (Hrsg.): Tagungsdokumentation Fachtagung „Bildung im Justizvollzug". Potsdam/Mainz 2011, 18 – 21.

Ders.: Pädagogische Perspektiven des Jugendarrests: Bildung – Soziales Training – Prävention. In: Forum Strafvollzug 2 (2011a), 95 – 99.

Wansing, G.: Teilhabe an der Gesellschaft. Menschen mit Behinderung zwischen Inklusion und Exklusion. Wiesbaden 2005

Warschburger, P.: Aggression. In: Petermann, F. (Hrsg.): Lehrbuch der klinischen Kinderpsychologie. Modelle psychischer Störungen im Kindes- und Jugendalter. Göttingen 1995, S. 127-163

Weidner, J. & Kilb, R. (Hrsg.): Konfrontative Pädagogik. Wiesbaden 2004

Weidner, J.: Konfrontation mit Herz: Eckpfeiler eines neuen Trends in sozialer Arbeit und Erziehungswissenschaft. In: Weidner, J. & Kilb 2004, S. 11-25

Weiß, H.: Armut als gesellschaftliche Normalität: Implikationen für die kindliche Entwicklung. In: Opp, P. & Peterander, F. (Hrsg.): Fokus Heilpädagogik – Projekt Zukunft. München, S. 150-162

Ders. (Hrsg.): Frühförderung von Kindern und Familien in Armutslagen. München 2000

Weisser, J.: Bedürfnis und Bedarf: Radikale Dekategorisierung. In: Sonderpädagogische Förderung 50, 2 (2009), S. 187-209

Ders.: Rassismusanalyse und Behinderung. Über das Politische in den Disability Studies. In: behinderte Menschen. Heft ¾ (2007), S. 38-48

Wember, F. B.: Herausforderung Inklusion: Ein präventiv orientiertes Modell schulischen Lernens und vier zentrale Bedingungen inklusiver Unterrichtsentwicklung. In: Zeitschrift für Heilpädagogik 10 (2013), S. 380-388

Werning, R.: Das sozial auffällige Kind. Wiesbaden 1990

Ders.: Anmerkungen zu einer Didaktik des gemeinsamen Unterrichts. In: Zeitschrift für Heilpädagogik 11 (1996), S. 463-470

Ders.: Konstruktivismus. Eine Anregung für die Pädagogik? In: Ders.: Konstruktivismus. Eine Anregung für die Pädagogik? In: Pädagogik, 7-8 (1998), S. 39-41

Ders.: Inklusion zwischen Innovation und Überforderung. In: Zeitschrift für Heilpädagogik 8 (2010), S. 284-292

Ders./Balgo, R. et. al. (Hrsg.): Sonderpädagogik. Lernen, Verhalten, Sprache, Bewegung und Wahrnehmung. München/Wien 2002

Ders. & Balgo, R. (Hrsg.): Lernen und Lernprobleme im systemischen Diskurs. Dortmund 2003

Ders. & Lütje-Klose, B.: Einführung in die Behindertenpädagogik. München 2003.

Wevelsiep, C.: Ausnahmerecht oder Empowerment? Zu den gesellschaftspolitischen Implikationen zweier antagonistischer Modelle. In: Theorie und Praxis der sozialen Arbeit 1 (2007), S. 60-67

Ders.: Anerkennung als sozialpädagogische Kategorie. Einige professionsethische Anmerkungen. In: Theorie und Praxis der Sozialen Arbeit 6 (2007), S. 61-67

Ders.: Erziehungsnotstand? Berufsethische Folgerungen aus dem Problem doppelter Kontingenz. In: Neue Praxis 4 (2007), S. 347-358

Ders.: Nicht der Erlösung fähig? Professionstheoretische Reflexionen im Anschluss an Perspektiven des Transnationalismus. In: Zeitschrift für Sozialpädagogik 6, 2 (2008), S. 145-158

Ders.: Diskurstheoretische Aspekte einer Politik der Anerkennung. In: Migration und Soziale Arbeit Heft 3,4 (2008a), S. 391-398

Ders.: Charisma oder Professionalität? Blinde Flecken der Debatte um Jugendkriminalität. In: Der pädagogische Blick 16, 1 (2008b), S. 54 – 65

Ders.: Systemtheoretische Perspektiven in der Behindertenpädagogik. In: Enzyklopädie Erziehungswissenschaft Online (EEO). Juventa Verlag GmbH 2010

Ders.: Interexistenz, Nähe, Vulnerabilität – anthropologische Kategorien in inklusiven Konstellationen. In: Zeitschrift für Heilpädagogik 63, 4 (2012), S. 154-162

Ders.: Überwindung der Zwei-Gruppen-Theorie? In: Zeitschrift für Pädagogik 61,4 (2015), S. 565-579.

White, H.: Der historische Text als literarisches Kunstwerk. In: Conrad, C & Kessel M. (Hrsg.): Geschichte schreiben in der Postmoderne. Beiträge zur aktuellen Diskussion. Stuttgart 1994

Wingert, L.: Unpathetisches Ideal. Über den Begriff eines bürgerschaftlichen Wir. In: Brunkhorst, H. (Hrsg.): Demokratischer Experimentalismus. Politik in einer komplexen Gesellschaft. Frankfurt a. M. 1998, S. 33-44

Winkel, R.: Das neue Wunschbild: alles inklusiv. In: Frankfurter Allgemeine Zeitung vom 8. 12. 2011, S. 8

Wilken, H: Die Gewinnung einer sozialen Gerechtigkeitsperspektive. In: Greving & Gröschke 2002.

Willmann, M.: Steigerung der erzieherischen Kompetenzen von Lehrern durch sonderpädagogische Konsultation. In: Zeitschrift für Heilpädagogik 6 (2007), S. 214-221

Wimmer, M.: Zerfall des Allgemeinen – Wiederkehr des Singulären. Pädagogische Professionalität und der Wert des Wissens. In: Combe, A. & Helsper, W. (Hrsg.): Pädagogische Professionalität. Frankfurt a. M. 1996, S. 404-447

Wocken, H.: Leistung, Intelligenz und Soziallage von Schülern mit Lernbehinderungen. Vergleichende Untersuchung an Förderschulen in Hamburg. In: Zeitschrift für Heilpädagogik 51 (2000), S. 492-503

Wocken, H.: Über die Gefährdung des Kindeswohls durch die Schule. Ein unmögliches Essay zur Therapie einer krankmachenden Institution. In: Zeitschrift für Inklusion-online.net, 2, 2013

Wolf, C. & v. Dick, R.: Wenn anders nicht schlechter bedeutet. Die Wertschätzung von Vielfalt fördert die Gleichwertigkeit der Gruppe. In: Heitmeyer 2008, S. 137-154

Wustmann, C.: Die Blickrichtung der neuen Resilienzforschung. Wie Kinder Lebensbelastungen bewältigen. In: Zeitschrift für Pädagogik 51 (2005), S. 192-208

Ziehe, T.: Zeitvergleiche. Jugend in kulturellen Modernisierungen. München 1991